Das große Buch der Horoskope

Erika Sauer

Das große Buch der Horoskope

BASSERMANN

Zum gleichen Thema sind bei Bassermann auch Geschenkeinzelbändchen erschienen:
Sternstunden Widder (0081)
Sternstunden Stier (0082)
Sternstunden Zwillinge (0083)
Sternstunden Krebs (0084)
Sternstunden Löwe (0085)
Sternstunden Jungfrau (0086)
Sternstunden Waage (0087)
Sternstunden Skorpion (0088)
Sternstunden Schütze (0089)
Sternstunden Steinbock (0090)
Sternstunden Wassermann (0091)
Sternstunden Fische (0092)

Die Deutsche Bibliothek – CIP-Einheitsaufnahme

Sauer, Erika:
Das grosse Buch der Horoskope : Charakter, Liebe, Erfolg, Gesundheit / Erika Sauer. – Niedernhausen/Ts. : Bassermann, 1993
ISBN 3-8094-0106-4

ISBN 3 8094 0106 4

Titelgestaltung: Grafik-Design-Studio Lothar Mielau

Gesamtkonzeption: Bassermann'sche Verlagsbuchhandlung, D-6272 Niedernhausen/Ts.

817 2635 4453 6271

Inhaltsverzeichnis

Wie man das Buch lesen sollte

Es ist ebenso spannend wie interessant, in das Geheimnis der Astrologie einzudringen, das vor Jahrtausenden von Priestern und Gelehrten sorgsam gehütet wurde. Wir wollen Ihnen in diesem Buch alles über Astrologie und Horoskope verraten und Sie damit in die Lage versetzen, sich selbst und Ihre Mitmenschen besser zu erkennen und zu verstehen. Wenn Sie zunächst die Charakterbilder der zwölf Tierkreiszeichen kennenlernen möchten, so schlagen Sie am besten die Kapitel über Sonnenstandshoroskope (ab Seite 42) auf, und lesen Sie dort nach, was über jeden einzelnen Typ über seine berufliche und private Sphäre geschrieben steht. Berechnen Sie dann mit Hilfe der von uns zusammengestellten, leicht verständlichen Tabellen (ab Seite 221) Ihren eigenen Aszendenten oder den Ihrer Bekannten. Danach können Sie das, was im einzelnen über diese Aszendenten gesagt wird, mit dem Sie interessierenden Tierkreiszeichen kombinieren. Im Anschluß daran sollten Sie versuchen, sich mit Hilfe der Beschreibungen von Gestirnen, Tierkreiszeichen, Aszendenten und Aspekten selbst einmal ein Horoskop zu stellen oder wenigstens aus guten Illustrierten- und Tageszeitungshoroskopen einiges mehr für sich herauszulesen, wenn dort von Venus, Jupiter, Uranus oder anderen Gestirnen die Rede ist. Wir wünschen Ihnen jedenfalls viel Freude beim Lesen dieses Buches.

Astrologie: Aberglaube oder Wissenschaft?

Eine beliebte Lektüre – das Horoskop

»Haben Sie zufällig in den letzten Monaten in einer Zeitung oder Zeitschrift Ihr Tages- oder Wochenhoroskop gelesen?« fragten die Allensbacher Interviewer zweitausend erwachsene Bundesbürger. Sechsundvierzig Prozent, also knapp die Hälfte, bekannten sich zum Blick ins Horoskop. Achtundzwanzig Prozent wußten sogar noch, ob die Sterne günstig oder ungünstig für sie standen. Dabei war der Prozentsatz der astrogläubigen Frauen weit höher als der männlicher Horoskopleser. Und noch etwas Erstaunliches kam heraus: Fast jede fünfte Frau, aber nur jeder vierzehnte Mann gaben zu, das Zeitungshoroskop habe gelegentlich genau gestimmt.

Was steckt nun wirklich hinter der Astrologie? Ist sie ernstzunehmende Wissenschaft oder nur Scharlatanerie einzelner, die sich den Aberglauben der Hälfte unseres Volkes bezahlen lassen? Wir sind der Meinung, daß alles ein Spiel ist, bei dem immer wieder erstaunliche Ergebnisse herauskommen, das nie zu Ende geht und stets von neuem aufgenommen wird – das große Schicksalsspiel der Menschheit, das seit Jahrtausenden bekannt ist: Aus der Stellung der Gestirne sollen Charaktere zu bestimmen und Zukünftiges abzulesen sein.

Von alters her glauben die Menschen an den Einfluß der Gestirne

Die Götter aus dem Weltall

Götter, Geister und Dämonen belebten nach den Vorstellungen der Urmenschen die Natur. Die Gestirne, besonders die Sonne, der Mond und die Planeten, galten als Gottheiten, die direkt in das Geschehen auf der Erde eingriffen. Seit Urgedenken verfolgten die Menschen den Lauf der Gestirne und verglichen ihn mit den Geschehnissen auf der Erde. So entstand in Jahrtausenden ein Katalog für Schicksalsvorhersagen.

In Babylonien und Assyrien waren die ersten Astrologen Priester, die aus den Stellungen der Planeten, aus Finsternissen und atmosphärischen Erscheinungen den Willen der Götter erforschten. Die frühesten astrologischen Aufzeichnungen stammen aus Assyrien. In den Ruinen von Ninive wurden in den Überresten der ehemaligen Bibliothek des Königs Assurbanipal (668-626 v. Chr.) Keilschrifttexte gefunden, die das älteste bisher bekannte Schrifttum zur Astrologie enthalten. Diese Quellen lassen bereits Einflüsse der Sumerer aus dem 3. Jahrtausend v. Chr. erkennen.

In der Zeit der frühgeschichtlichen Hochkulturen waren Astronomie und Astrologie eine Einheit

Über Jahrhunderte und Jahrtausende zeichneten die damaligen Wissenschaftler die Planetenbahnen exakt auf, und ihre Berechnungen waren auch ohne optische Geräte so genau, daß sie nur geringfügig von den astronomischen Messungen unserer Tage abweichen. Aus der genauen Beobachtung von Gestirnen entstand die Astronomie, die aber in früheren Zeiten nicht von der Astrologie zu trennen war. Auch auf diesem Gebiet leisteten die Babylonier Erstaunliches. Sie entwickelten unter anderem schon früh einen Kalender, der zwölf Monate zu dreißig Tagen enthielt. Da sie aber mit den Jahreszeiten nicht immer hinkamen, schoben sie von Zeit zu Zeit ziemlich willkürlich einen Schaltmonat ein.

Geschäfte mit Tageshoroskopen

Astrologie und Astronomie wurden auch schon im alten Ägypten betrieben. Die ägyptischen Astronomen beschäftigten sich vor allem mit der Zeitrechnung: Das Kalenderjahr begann mit der regelmäßig einsetzenden Nilschwelle und hatte 365 Tage, die in zwölf Monate mit je dreißig Tagen und fünf Zusatztagen unterteilt waren.

Ägyptische Astrologen erstellten bereits Tageshoroskope. Allerdings wurden solche Prognosen auch von geschäftstüchtigen Gauklern unters Volk gebracht. Die Sonnenreligion der Ägypter verkam schließlich zur reinen Wahrsagerei, wozu

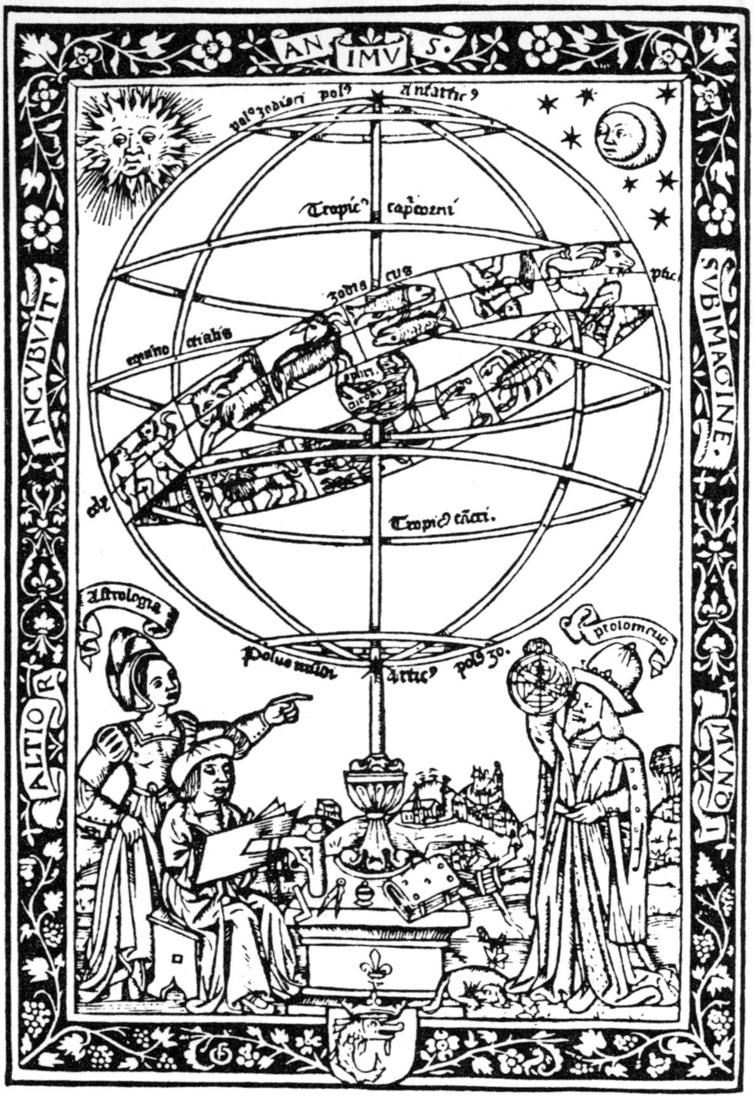

Das Weltbild des Ptolemäus, wie er es um 150 n. Chr. in seinem jahrhundertelang gültigen Standardwerk der Astrologie »Tetrabiblos« beschrieb; Holzschnitt aus dem Jahre 1515

später auch so manche Orakelschrift beitrug, die sich bis in unsere Zeit in Form von sogenannten ägyptisch-arabischen Traum- und Wahrsagebüchern erhalten hat.

Trotz der Auswüchse im östlichen Mittelmeerraum betrieben die alten Griechen sehr ernsthaft die Astrologie. Auch hier galt sie zunächst als Geheimwissenschaft, die nur wenigen Eingeweihten und Priestern zugänglich war.

Um 150 n. Chr. schrieb der Astronom Claudius Ptolemäus das jahrhundertelang gültige Standardwerk der Astrologie

»Tetrabiblos«. Er faßte auch das gesamte astronomische Wissen seiner Zeit in dem mehrbändigen Werk »Syntaxis mathematica« zusammen.

Sein Weltbild mit der Erde im Mittelpunkt und den auf sieben Sphären sich um sie herum bewegenden (damals bekannten) sieben Planeten, zu denen auch Sonne und Mond gezählt wurden, blieb bis ins 16. Jahrhundert hinein astronomischer Glaubenssatz. Erst Nikolaus Kopernikus (1473-1543), mehr aber noch Johannes Kepler (1571-1630) rückten das Weltbild zurecht: Nicht die Erde ist Mittelpunkt unserer Welt, sondern die Sonne. Heute wissen wir, daß auch unser Sonnensystem nur eines von vielen ist.

Ein Mathematiklehrer stellt Horoskope

Trotz ihrer genialen astronomischen Kenntnisse waren Kopernikus und Kepler keinesfalls Gegner der Astrologie. Johannes Kepler besserte sogar sein karges Gehalt als Lehrer und Mathematiker in Graz durch die Herstellung von schwarz und rot gedruckten Kalendern auf, denen er »Prognostica« beifügte: Aussichten auf das Wetter, politische Prophezeiungen und auch kleinere Jahreshoroskope für den einzelnen, die er aus den Sternen gelesen hatte.

Im ganzheitlichen Weltbild der frühen Neuzeit blieb die Astrologie Bestandteil ernsthafter Sternenkunde

Er blieb sein Leben lang Astronom *und* Astrologe, was er einmal so begründete: »Wenn Gott jedem Tierlein Werkzeuge zur Erhaltung seines Lebens gegeben hat, warum soll es dann nicht recht sein, wenn er in derselben Absicht den Astronomen die Astrologie zuteilt?« Später fügte er dann an: »Es ist wol diese Astrologia ein närrisches Töchterlin, aber lieber Gott, wo wollt ihre Mutter die hochvernünftige Astronomia bleiben, wann sie diese ihre närrische Tochter nit hette, ist doch die Welt noch viel närrischer.«

Kepler glaubte an die kosmische Gebundenheit des Menschen: »Alles, was in der Astrologia einer Erfahrung gleich sihet und sich nicht offenbarlich auff kindische fundamente

Der Astronom Johannes Kepler (1571–1630) rückte das Weltbild zurecht: Nicht die Erde, sondern die Sonne ist das Zentrum, um das sich alles dreht. Er blieb ein Leben lang auch Astrologe und stellte dem kaiserlichen Feldherrn Wallenstein Anfang des 17. Jahrhunderts das nebenstehende Horoskop

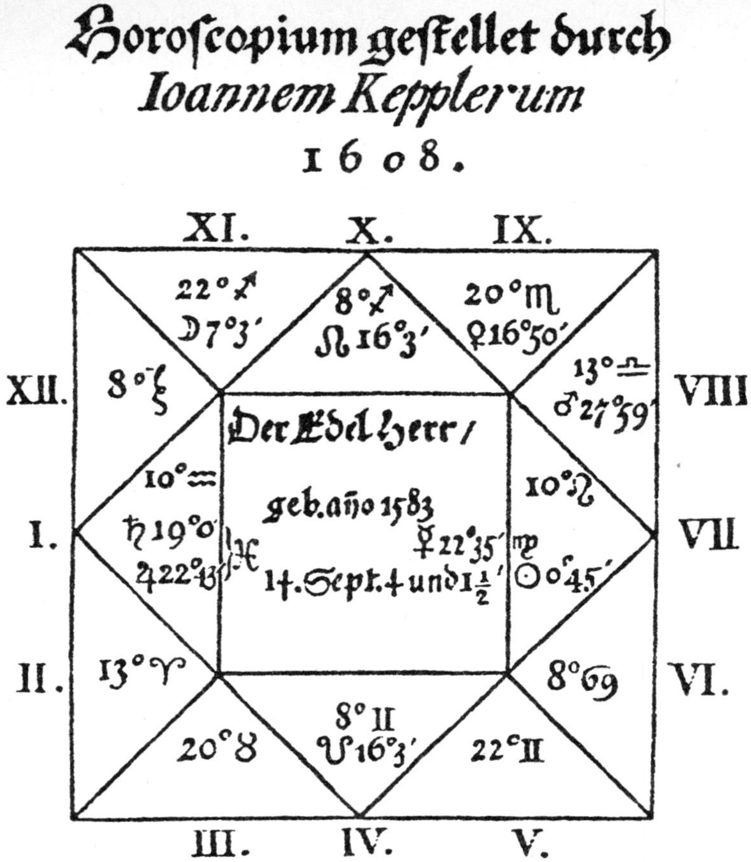

zeucht, das halte ich für würdig, daß man darauff achtung gebe.« Und er hoffte, »solche scientia werden neben vielen Stücken der Medicina sich dürffen sehen lassen«. Kepler stellte Anfang des 17. Jahrhunderts auch dem Feldherrn Wallenstein ein Horoskop, dessen Prognosen, wenn man sie im nachhinein betrachtet, einigermaßen genau eintrafen.

Bis zum Beginn der Neuzeit beherrschte die Astrologie im christlichen Gewand das abendländische Denken. Sie wurde noch bis ins 18. Jahrhundert an Universitäten als Wissenschaft gelehrt. Dann verschwand sie von den Lehrplänen, ihre Gegner behielten die Oberhand – für sie hatte die »exakte« Wissenschaft gesiegt.

Die Verschiebung des Frühlingspunktes

Kritik aus den Reihen der »exakten« Naturwissenschaft

Naturwissenschaftlich sei die Astrologie durch nichts zu erklären, hieß es, ein Einfluß der Gestirne auf den Charakter und das Schicksal des Menschen sei nicht nachzuweisen. Diese Meinung blieb bei ihren Gegnern bis auf den heutigen Tag erhalten. Wichtigster Punkt der Kritik an der Astrologie aber ist die Tatsache, daß Sternbild und Tierkreiszeichen nicht mehr wie vor etwa zweitausend Jahren, übereinstimmen.

Damals wanderte die Sonne zum Frühlingsanfang, dem 21. März, in das Sternbild des Widders. Heute liegt der Frühlingsbeginn längst im Sternbild der Fische und nähert sich schon dem des Wassermanns, weil sich dieser Zeitpunkt im Laufe von etwa 2160 Jahren um ein Sternbild verschiebt. Erst nach 25 900 Jahren wird er sich wieder im Sternbild des Widder befinden. Und deshalb folgern Naturwissenschaftler, die jahrtausendealten Berechnungen, auf die Astrologen auch heute noch stolz verweisen, seien für die Katz.

Um diesen scheinbaren Fehler auszumerzen, deuteten die Astrologen das Tierkreiszeichen um. Es hat nichts mehr mit dem Sternbild gleichen Namens gemein. Widder bleibt für sie Widder, auch wenn die Sonne zur Geburtszeit im Sternbild der Fische steht.

Astrologie und Weltraumfahrt

High-Tech und Astrologie – unvereinbar?

Natürlich haben auch die Weltraumfahrt und die Eroberung des Mondes den Gegnern der Astrologie Zündstoff gegeben. Im Zeitalter künstlicher Satelliten und Weltraumraketen, so behaupten sie, sei kein Platz mehr für Vorstellungen, daß im Augenblick der Geburt eines Menschen, des ersten Atemzuges also, wirksame kosmische Einflüsse den weiteren Lebensweg

Albrecht Dürer schuf um 1515 eine der schönsten Sternkarten, auf der er die Tierkreiszeichen ihrem Namen nach verbildlichte. Unsere Abbildung zeigt den nördlichen Himmel

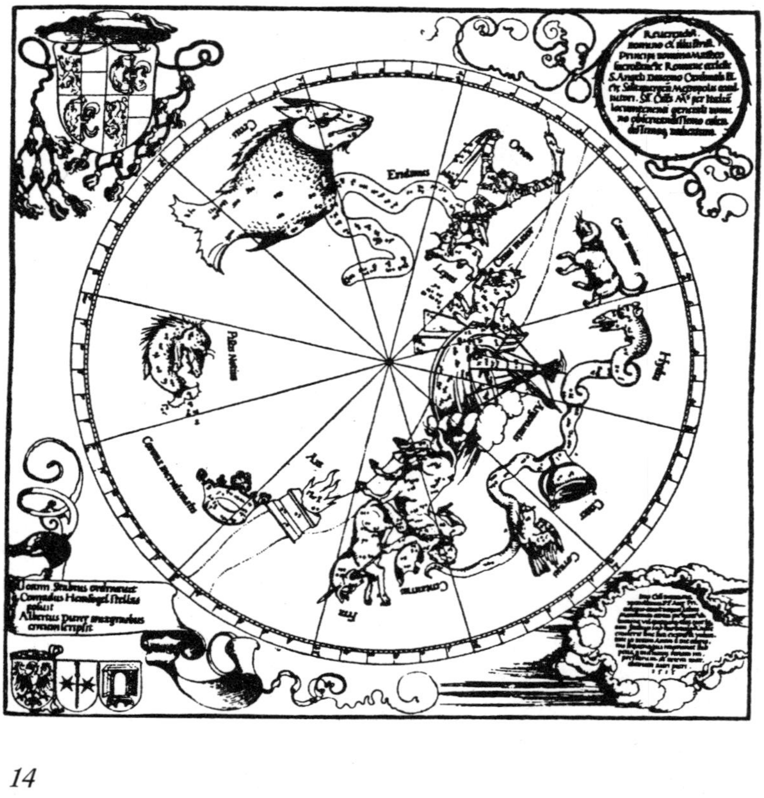

Der nördliche Himmel aus der um 1515 entstandenen Sternkarte Albrecht Dürers

des Individuums bestimmen. Allerdings wird hierbei übersehen, daß der Einfluß des Erdtrabanten auf Ebbe und Flut noch nicht schlüssig erklärt wurde, daß es nach wie vor »mondfühlige« Menschen gibt, die in Vollmondnächten unter Kreislaufschwäche und Schlafstörungen leiden.

In unseren Tagen erlebt die Astrologie, trotz der starken Gegnerschaft in den Reihen der Naturwissenschaftler, einen großen Aufschwung. In amerikanischen Hochschulen steigt die Zahl der Studenten, die unter dem Stichwort »Experimentelle Parapsychologie« auch Astrologie wissenschaftlich betreiben, ganz zu schweigen von den 32 Millionen erwachsener Amerikaner, die – nach einer Umfrage des weltberühmten Gallup-Instituts – an die Astrologie »glauben« und von ihr Lebenshilfe erwarten. Vor einer Generation, als es noch viel mehr Tageszeitungen in den USA gab, brachten nur hundert Blätter regelmäßig Horoskope. Heute sind es 1250 (zwei Drittel der gesamten US-Presse), obwohl wegen der vielen neu hinzugekommenen Fernsehsender weniger Zeitungen erscheinen.

»Es gibt mehr Ding' im Himmel und auf Erden, als eure Schulweisheit sich träumen läßt« – viele Menschen erhoffen sich Rat bei den Sternen

Hilfe für Tiefenpsychologie

Der schlechte Ruf, den die Astrologie durch mancherlei Kurpfuscher und Marktschreier in den letzten Jahrhunderten bekam, ist nicht so leicht wegzuwischen. Wer aber die Ernsthaftigkeit und wissenschaftliche Akribie kennt, mit der heute viele Astrologen arbeiten, der vermag nur zu unterstreichen, was der bedeutende Schweizer Psychotherapeut C. G. Jung schon vor über dreißig Jahren sagte: »Die moderne Astrologie nähert sich mehr und mehr der Psychologie und klopft bereits vernehmlich an die Tore der Universitäten!« Und ein so angesehener Psychoanalytiker wie Fritz Riemann schrieb in seinem Ende 1976 erschienenen Buch »Lebenshilfe Astrologie«, er glaube, bei Patienten beobachtet zu haben, daß deren Neurosen oft von einem Auseinanderlaufen zweier natürlicher Prägungen herstammten – der des Typs, der sie, ihrem Tierkreiszeichen und ihrer Geburtssituation entsprechend, eigentlich sein sollten, und einer vom Milieu bedingten Prägung, die keine

Psychologische Beobachtungen sprechen für den Einfluß der Sterne auf die Psyche

Rücksicht auf »kosmische Konstellation« nähme. »So festigte sich in mir«, schreibt Riemann, »aus der wechselseitigen Ergänzung der beiden Gebiete, der tiefenpsychologischen Therapie und der Astrologie, die Erfahrung, daß die alte Lehre von der Entsprechung zwischen den kosmischen Konstellationen und dem Wesen des Menschen ernst zu nehmen sei.«

Tatsächlich findet man die seltsame charakterliche Übereinstimmung zwischen Menschen aus dem gleichen Tierkreiszeichen, die auch von »exakten« Wissenschaftlern nicht ganz geleugnet wird, selbst wenn diese die Gründe dafür nicht gerade in den Sternen suchen. Als »Scharlatanerie« und »Geschäftemacherei« wird die astrologische Zukunftsdeutung von Naturwissenschaftlern abgetan, was der vor einigen Jahren verstorbene Fernseh-Wissenschaftsautor Professor Hoimar von Ditfurth in dem Satz zusammenfaßte, Astrologie sei »eine Form von Aberglauben, die sich anmaße, dem lieben Gott in die Karten zu schauen«.

Wie hoch die Astrologen dagegen bei den Großen der Welt in Kurs stehen, mag sich daraus erhellen, daß zum Beispiel der frühere indische Ministerpräsident Jawaharlal Nehru, ein nüchterner Realpolitiker, oft dem Rat seines Astrologen vertraute. So wurden einmal die Unabhängigkeitsfeiern vorgezogen, weil dem Sterndeuter ein Termin um Mitternacht günstiger erschien als der am nächsten Morgen.

Führungskräfte per Horoskop

In unseren Breiten schweigen Astrologen über ihre prominenten Kunden aus Politik und Wirtschaft. Bekannt aber ist die Tatsache, daß in der Bundesrepublik einige bedeutende Unternehmer Einstellungen von Führungskräften nicht nur von graphologischen, sondern auch von astrologischen Gutachten abhängig machen. Daß dabei die beratenden Astrologen eine Menge Geld verdienen, braucht nicht erst erwähnt zu werden (der Preis für ein exaktes Individualhoroskop, von einem anerkannten Astrologen erstellt, ist eine drei-, manchmal sogar vierstellige Summe, die durch die zeitraubenden Berechnungen und Analysen jedoch durchaus vertretbar erscheint).

Wir möchten jedoch jede der gestellten Prognosen anzweifeln, die nicht auf der genauen Geburtsminute basiert; denn schon eine Verschiebung von wenigen Minuten kann einen anderen Aszendenten bescheren. Aber weiß jeder Bewerber auf die Minute genau, wann er geboren wurde?

Sie sehen: Astrologen haben es schwer, exakt zu arbeiten. Und wenn man ihre mit mathematischer Genauigkeit erstellten Ausrechnungen eines auf die Geburtsminute basierenden Horoskops sieht, ahnt man schon, daß es sich hier um eine Wissenschaft handeln muß, auch wenn das die Naturwissenschaftler leugnen.

Exakte Daten sind Voraussetzung für exakte Horoskope

Der »Horoskop-Normalverbraucher« fragt nicht danach, ob die Astrologie eine anerkannte Wissenschaft oder nur ein Aberglaube ist – er liest sein tägliches Horoskop in der Tageszeitung und stellt an manchen Tagen fest, daß es fast genau mit den wirklichen Geschehnissen übereinstimmt. Und manch einer freut sich über solch ein Horoskop, wenn es ihm Glück verspricht, und vergißt schnell kleine Unebenheiten, die auf eine kritische Phase in seinem Leben hindeuten.

Das Spiel für Millionen

Millionen und Abermillionen Menschen spielen dieses Spiel mit der Zukunft – täglich, wöchentlich, monatlich. Astrologen, die für Zeitungen durchaus ernsthafte Prognosen erstellen, geben zu, daß ein noch so gutes Zeitungshoroskop im Durchschnitt allerhöchstens zu zwanzig Prozent für den einzelnen zutreffen kann. Das mag einmal an der Kürze der Aussagen liegen, vor allem aber an den Mittelwerten, die für solche Horoskope zur Berechnung herangezogen werden; denn für Zeitungen können sie ja nicht mit feststehenden Zahlen aufwarten, die sie bei einem auf die Geburtsminute genau erstellten Horoskop vorliegen haben. Und deshalb ist die Wahrscheinlichkeit, daß die auf diese Weise errechnete Prognose eintrifft, nicht allzu hoch.

Grenzen eines Zeitungshoroskops

Das Horoskop

Für den Astrologen ist der Augenblick der Geburt, wenn das Kind den Mutterleib verläßt, maßgebend, um den Aszendenten zu berechnen. Unser Bild zeigt einen Holzschnitt aus »der selen wuczgart«, gedruckt von Konrad Dinckmut in Ulm 1483

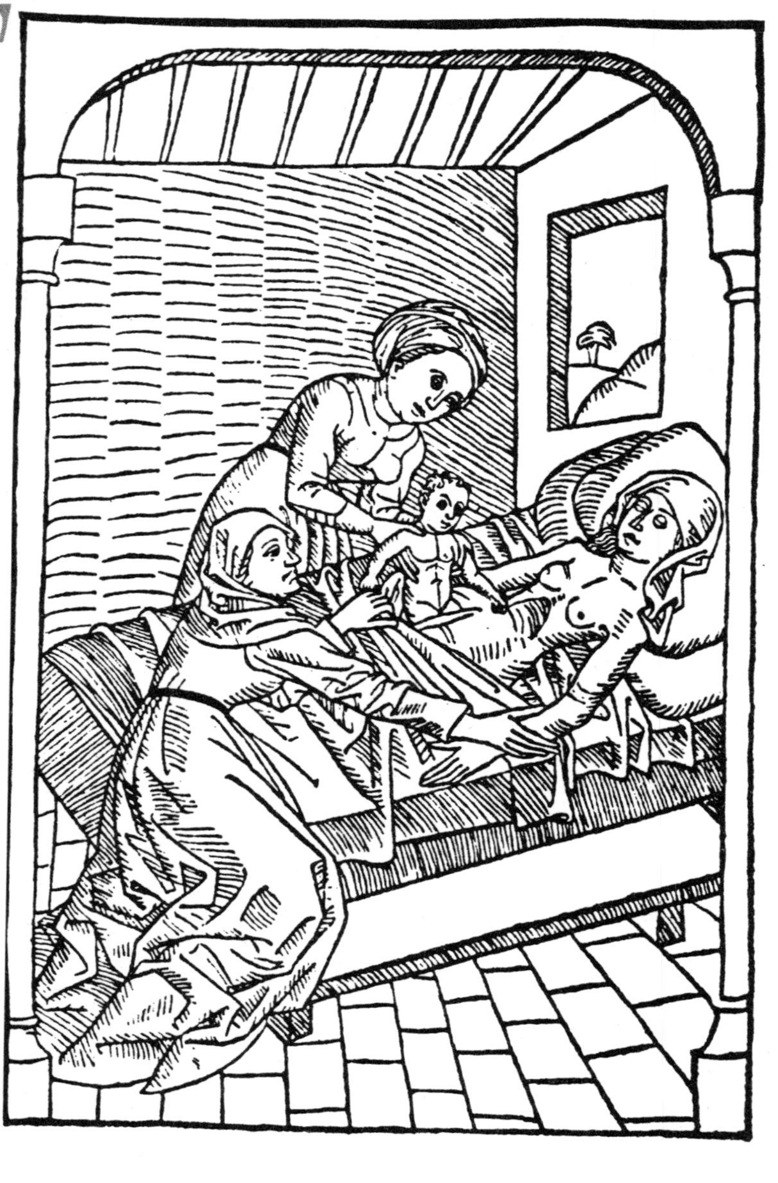

Das folgende Wissen ist von entscheidender Bedeutung, wenn man ein genaues Horoskop erstellen will: die geographische Länge und Breite des Geburtsortes und die Minute der Geburt. Längen- und Breitengrad eines Ortes lassen sich leicht auf einer Landkarte ablesen, aber auch anhand der Tabelle im Kapitel »Der Aszendent im Tierkreis verändert das Charakterbild« ab Seite 223 dieses Buches feststellen.

Die Geburtsminute

Es gibt verschiedene Möglichkeiten, die genaue Geburtsminute zu erfahren

Leider kennen viele Menschen nur vage oder gar nicht die Minute ihrer Geburt. Sie wissen also nicht die genaue Zeit, da sie das Licht der Welt erblickten. Einige werden ihre Mutter fragen, die vielleicht Auskunft geben kann. Bei Jüngeren unter uns steht die genaue Uhrzeit eventuell schon auf dem Geburtsschein oder im Familienstammbuch. Jede Klinik registriert heute neben dem Datum auch auf die Minute genau den Zeitpunkt der Geburt. Sind diese Möglichkeiten erschöpft, sollte man beim Standes- oder Einwohnermeldeamt seines Geburtsortes eine große Geburtskurkunde bestellen; denn seit Ende des 19. Jahrhunderts sind diese Ämter verpflichtet, die vom Arzt oder der Hebamme angegebene Geburtszeit zu registrieren. Nur so kann ein Astrologe ein Horoskop auf gesicherten Daten aufbauen.

Wer seine Geburtsminute nicht kennt, muß sich mit einem Horoskop begnügen, das nur die Tageskonstellationen aufzeigt, die er freilich mit Millionen anderen Menschen gemeinsam hat, die am gleichen Tag wie er geboren wurden. Findige Astrologen versuchen darum, wenigstens die ungefähre Stunde der Geburt zu erfragen, was dann schon genauere Schlüsse auf das Schicksal zuläßt.

Sind Geburtszeit und Geburtsort bekannt, braucht der Astrologe nur noch einige wenige Faktoren zu berücksichtigen, um ein Horoskop zu erstellen.

Der Tierkreis

Da ist zunächst der Tierkreis. Das ist die Bahn, die Sonne, Mond und Planeten am Himmel wandern, wie man es von der Erde aus beobachten kann.

Ist die Sonne in Bewegung?

Ihr Einwand ist jetzt durchaus berechtigt: Die Sonne, meinen Sie, ist ein Fixstern, der von der Erde in einem Jahr einmal umrundet wird. Astronomisch ist das richtig. Aber für den Astrologen ist, anders als für den Astronomen, die Erde ein fester Standplatz, von dem aus betrachtet die Sonne (und nicht die Erde!) am Himmelszelt von Ost nach West wandert.

Diese scheinbare Bahn der Sonne nennt der Astrologe die Ekliptik. Sie ist derjenige größte Kreis am Himmelsgewölbe, in dem sich die Sonne Jahr für Jahr zu bewegen scheint.

Der Umfang eines Kreises – das lernten wir schon in der Schule – beträgt 360 Grad. Das trifft auch auf diesen größten Kreis der Sonne zu, wie wir es von der Erde aus sehen. Der Astrologe teilt nun den Sonnenweg in zwölf Abschnitte zu je etwa 30 Grad ein, die wir Tierkreiszeichen nennen. Der Sektor, in dem sich die Sonne zum Zeitpunkt unserer Geburt befindet, ist unser spezielles Tierkreiszeichen. Wer zum Beispiel am 1. April Geburtstag hat, bei dem stand die Sonne am Tage seiner Geburt im ersten Zeichen des Tierkreises auf der Ekliptik, im Widder. Er ist also, wie man landläufig sagt, ein Widder-Mensch.

Bestimmung der Tierkreiszeichen

Die Zwölfteilung des Tierkreises ist übrigens durch den Mond bedingt, der in einem Sonnenjahr etwas mehr denn zwölfmal als Trabant die Erde umkreist. Von alters her wird darum das Jahr kalendarisch in zwölf Monate eingeteilt, die in etwa den zwölf jährlichen Mondumläufen entsprechen.

Ein neues Jahr in jedem März

Das astrologische Jahr beginnt am 21. März im Tierkreiszeichen Widder, also nicht mit dem Kalenderbeginn am 1. Januar. Das ist so zu erklären: Die Ekliptik, der Weg, den Sonne, Mond und Planeten am Himmel scheinbar entlangziehen, liegt schief zum Äquator und zwar um zirka 23½ Grad. Der Äquator wird durch sie in zwei einander gegenüberliegenden Punkten durchschnitten. Diese Punkte heißen Äquinoktial- oder Tagundnachtgleiche-Punkte; wenn die Sonne an einem dieser beiden Punkte steht, sind Tag und Nacht gleich lang. So haben

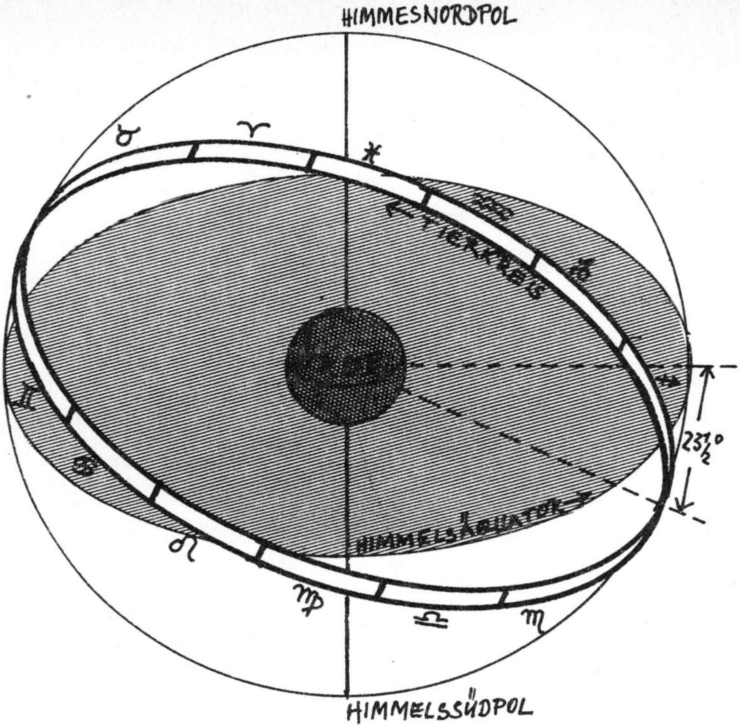

Der Himmelsäquator ist gegen die Ekliptik (den Tierkreis) um 23½ Grad geneigt. Er bildet eine Linie mit dem Erdäquator. Die gedachten Pole am Himmelsgewölbe stehen in einer Linie mit den Erdpolen. Die Schnittpunkte des Tierkreises mit dem Himmelsäquator sind die Tag- und Nachtgleichen

wir den Frühlings- und den Herbstpunkt. Steht die Sonne am Frühlingspunkt, beginnt das astrologische Jahr.

Die zwölf Abschnitte auf der Ekliptik benannte man schon vor Jahrtausenden nach Sternbildern, die in einer Vielzahl die Namen von Tieren hatten. Daher also stammt der Name Tierkreis für die Gesamtheit der zwölf Zeichen Widder, Stier, Zwillinge, Krebs, Löwe, Jungfrau, Waage, Skorpion, Schütze, Steinbock, Wassermann und Fische.

Tatsächlich deckten sich die gleichnamigen Sternbilder, wie wir gesehen haben, vor weit über zweitausend Jahren noch halbwegs mit den Tierkreisabschnitten. Damals wanderte die Sonne zum Frühlingsanfang, dem 21. März, ins Sternbild Widder. Heute liegt der Frühlingspunkt längst im Zeichen Fische und rückt aufs Zeichen Wassermann vor – Ansatzpunkt für die Gegner der Astrologie, diese daraufhin insgesamt in Frage zu stellen.

Nun sagen die Astrologen: Die Tierkreiszeichen sind nicht mit den gleichnamigen Sternbildern identisch. Sie sind nichts anderes als Einteilungen auf der Sonnen- und Planetenbahn.

Man hat nur die Namen der Sternbilder, die ja tatsächlich am Himmel zu sehen sind, für die Tierkreiszeichen übernommen. Sie sind die Sektoren der Ekliptik – eine Einteilung, die auf jahrtausendealter Erfahrung beruht.

Die Tierkreiszeichen

Der scheinbare Lauf der Sonne geht, von der Erde aus betrachtet, von Ost nach West. Deshalb sind auf einem Horoskopformular die Tierkreiszeichen auch von Ost nach West eingezeichnet, also im umgekehrten Uhrzeigersinn. Der Tierkreis beginnt im Osten etwa am 21. März, dem Frühlingspunkt, mit dem Tierkreiszeichen Widder. Die Sonne zieht danach in nördlicher Richtung durch Stier und Zwillinge, wendet sich nach Westen zu Krebs, Löwe und Jungfrau, geht nach Süden durch Waage, Skorpion und Schütze und kommt schließlich in öst-

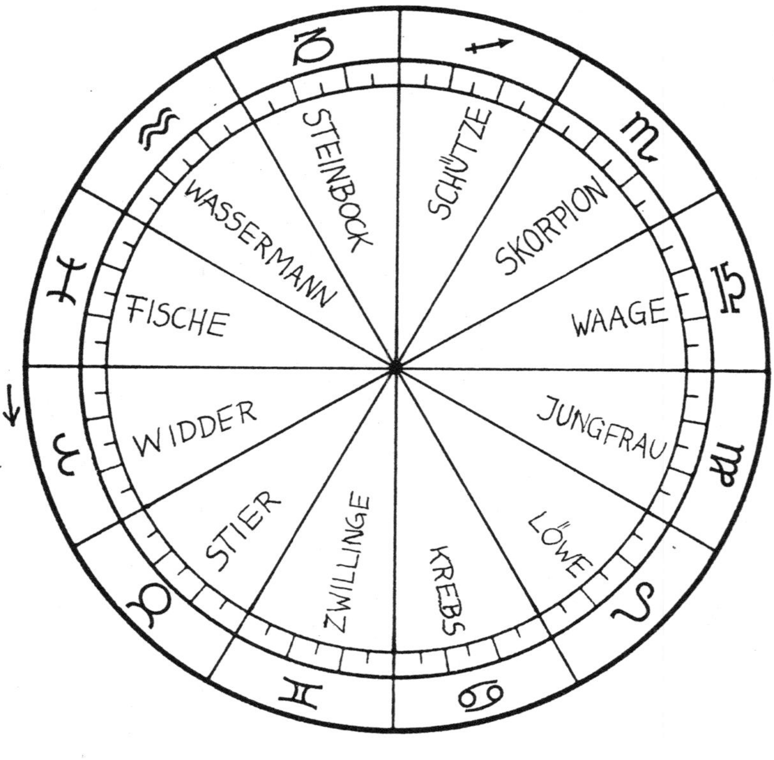

Entgegengesetzt zum Uhrzeigersinn verläuft der Tierkreis. Er beginnt am 21. März, dem Frühlingspunkt, mit dem Tierkreiszeichen Widder. Die Symbole der Tierkreiszeichen sehen Sie auf dem äußeren Rand unseres Horoskopschemas

licher Richtung durch Steinbock, Wassermann und Fische wieder auf den Frühlingspunkt zurück. Das ist das astrologische Jahr. Übrigens: Im Gegensatz zu Zeichnungen auf Landkarten ist in Horoskopformularen der Osten links, der Westen rechts, der Süden oben und der Norden unten.

Im Verlauf des astrologischen Jahres durchwandert die Sonne die Tierkreiszeichen

Eine genaue Festlegung der Tierkreiszeichen ist wegen einiger Verschiebungen, die sich aus den Planetenstellungen ergeben, nicht gut möglich; jedoch sind nachstehende Zeiten in unseren Breiten die gebräuchlichsten:

Widder	vom 21. März bis 20. April
Stier	vom 21. April bis 20. Mai
Zwillinge	vom 21. Mai bis 21. Juni
Krebs	vom 22. Juni bis 22. Juli
Löwe	vom 23. Juli bis 23. August
Jungfrau	vom 24. August bis 23. September
Waage	vom 24. September bis 23. Oktober
Skorpion	vom 24. Oktober bis 22. November
Schütze	vom 23. November bis 21. Dezember
Steinbock	vom 22. Dezember bis 20. Januar
Wassermann ...	vom 21. Januar bis 19. Februar
Fische	vom 20. Februar bis 20. März

Wer ein paar Minuten oder wenige Stunden vor oder nach dem Anfangs- oder Enddatum eines Zeichens geboren ist, müßte einmal selbst ausrechnen oder ausrechnen lassen, zu welchem Tierkreiszeichen er wirklich gehört. Man kann dies auch in einem Jahrbuch der täglichen Gestirnsstände, den Ephemeriden, nachlesen. Doch darüber später mehr.

Diese Überschneidungen aber sind in den meisten Fällen so minimal, daß sie kaum ins Gewicht fallen. Wir können uns im allgemeinen also durchaus an die oben genannten Daten der Tierkreiszeichen halten.

Tierkreiszeichen, nach Gruppen geordnet

Die Tierkreiszeichen können in Gruppen zusammengefaßt werden, aus denen ersichtlich wird, wie unterschiedlich sie im einzelnen zu beurteilen sind. Man kann sie zunächst den Jahreszeiten entsprechend gruppieren, also je drei Tierkreiszeichen von je 30 Grad zu 90 Grad der Ekliptik zusammenlegen.

Das ergibt dann folgendes Bild:

Frühling:	Widder	Stier	Zwillinge
Sommer:	Krebs	Löwe	Jungfrau
Herbst:	Waage	Skorpion	Schütze
Winter:	Steinbock	Wassermann	Fische

Das Viereck

Viereckgruppierungen gehören zu den ältesten astrologischen Zeichenverbindungen

Nach ältester astrologischer Tradition werden die Tierkreiszeichen auch in kardinale, feste und bewegliche Zeichen unterteilt, in sogenannte Viereckgruppierungen. Die kardinalen oder bewegten Zeichen zeigen stets besondere Leistungen an, wenn sie beherrschend sind. Zu ihnen gehören die ersten der vier Jahreszeiten, die auch Eckzeichen genannt werden.

Die festen oder fixen Zeichen sind die mittleren in den vier Jahreszeiten. Sie haben einen besonders großen Einfluß im Horoskop. Schließlich künden die letzten Zeichen der vier Jahreszeiten, die beweglichen oder angleichenden, Wechsel und Umschwünge an, wenn sie eine beherrschende Stellung in einem Horoskop einnehmen. Im einzelnen sieht das so aus:

Kardinale Zeichen:	Widder	Krebs	Waage	Steinbock
Feste Zeichen:	Stier	Löwe	Skorpion	Wassermann
Bewegliche Zeichen:	Zwillinge	Jungfrau	Schütze	Fische

Wie sind nun kardinale, feste und bewegliche Zeichen in einem Horoskop zu deuten? Hier die Merkmale im einzelnen:

Kardinale Zeichen stehen für Selbstbewußtsein

Kardinale oder bewegliche Zeichen: Wer in diesen vier Zeichen Sonne, Mond, Aszendent und Planeten gehäuft in seinem Horoskop stehen hat, den kann man als einen Menschen bezeichnen, der sich durchsetzt, mit sehr viel Verstand arbeitet und zu überragenden Leistungen befähigt ist. Er wird sicher ein guter Schüler gewesen sein und sich in seinem Beruf schnell nach oben gearbeitet haben. Er hat ein starkes Selbstbewußtsein, seine Gefühle gründen tief. Aber wie das so ist im Leben, kann der, dem solche Eigenschaften zugeschrieben werden, leicht auch über das Ziel hinausschießen und sich von einem gefühlsbetonten in einen triebhaften Menschen verwandeln. Oder er kann die ihm eigene Aktivität ins Maßlose steigern. Der *Widder* ist für die egoistische Grundtendenz verantwortlich, aber auch für starke Willenskraft. Der *Krebs* liefert die Gefühle, die von innen kommen und dafür sorgen, daß man nicht so hart mit seiner Umwelt umspringt. Die *Waage* sorgt für

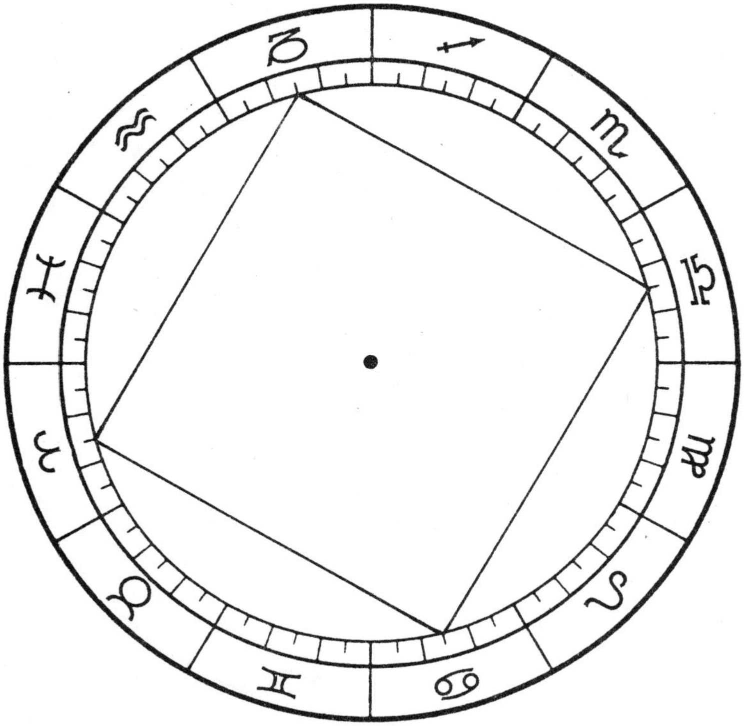

Das Viereck mit den vier kardinalen Zeichen Widder, Krebs, Waage und Steinbock

den Gemeinschaftssinn, sicher auch für jenen Feinschliff, den Leute aus solchem kardinalen Zeichen benötigen, um zu Rang und Würden zu kommen. Der *Steinbock* schließlich steuert Ausdauer und realistische Denkungsart bei. Stehen Sonne, Mond, Aszendent und Planeten gehäuft jedoch nur in einem der kardinalen Zeichen, so äußert sich das hier Gesagte meist überspitzt und wird möglicherweise sogar ins Negative verkehrt.

Geduld und Beständigkeit zeichnen feste Zeichen aus

Feste oder fixe Zeichen: Wenn in diesen vier Zeichen besondere Ballungen von Sonne, Mond, Aszendent und Planeten auftreten, wird das als Hinweis auf Beständigkeit eines Individuums gedeutet. Ein Mensch, dessen Horoskop auf feste Zeichen ausgerichtet ist, wird eher dem Traditionellen verhaftet sein. Was er auch tut – er wird besonnen zu Werke gehen. Geduld ist seine starke Seite. Er ist treu und anhänglich. Wenn er etwas verspricht, dann wird er es auch halten. Er ist arbeitsam und fleißig, so daß er sich wahrscheinlich leicht Besitz schaffen kann. Negativ kann man freilich sein stures Festhalten an veralteten Prinzipien, seinen Eigensinn und seinen manchmal über-

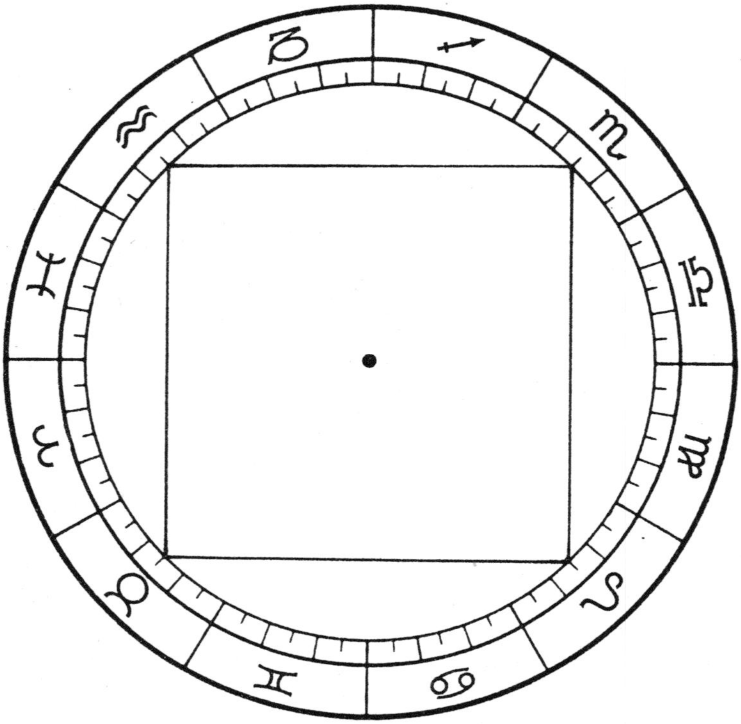

Das Viereck mit den vier festen Zeichen Stier, Löwe, Skorpion und Wassermann

spitzten Fanatismus vermerken, seine Eifersucht und sein ganz privat oft zur Despotie neigendes Wesen. Der *Stier* ist für die materielle Seite in den festen Zeichen zuständig, gleichzeitig für die praktische Umsetzung von Plänen in die Tat. Der *Löwe* stellt sich als sehr willensstark, aber manchmal auch als allzu selbstherrlich dar. Der *Skorpion* betont das Ich und das Durchsetzungsvermögen, koste es, was es wolle. Und schließlich neigt der *Wassermann* dem Ideellen zu, was mit sehr viel Freiheitswillen gepaart ist, wobei er nur zu leicht in Oppositionen zu den eigenen festen Zeichen geraten kann. Wie schon bei den kardinalen Zeichen kann eine besondere Anhäufung der erwähnten Aspekte in einem einzelnen festen Zeichen das hier Gesagte besonders negativ beeinflussen.

Bewegliche Zeichen: fügsam und gelassen

Bewegliche oder angleichende Zeichen: Hier ist eine Ballung von Sonne, Mond, Aszendent oder Planeten so zu deuten, daß der Mensch, bei dem eine solche Anhäufung im Horoskop auftritt, weicher und fügsamer ist. Ihm gilt der innere Frieden mehr als äußerer beruflicher Glanz. Er will nicht um jeden Preis

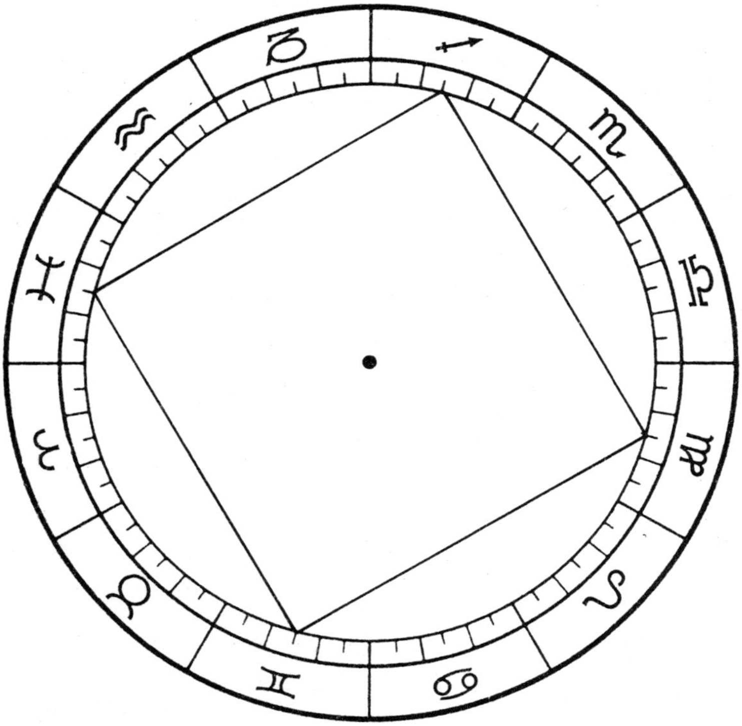

Das Viereck mit den vier beweglichen Zeichen Zwillinge, Jungfrau, Schütze und Fische

vorankommen. Er läßt sich leicht vereinnahmen, bricht aber ebenso leicht aus dem gesellschaftlichen Gefüge aus. Bewegliche Zeichen künden oft heftige Umschwünge sowie krisenhafte Wechsel in eine etwas ungewisse Zukunft an. Trotzdem sind Menschen, die in diesen vier Zeichen Planetenanhäufung haben, gelassen und ergeben sich manchmal geradezu lethargisch in ihr Schicksal. Die *Zwillinge* steuern hier das geistvolle Streben bei, das freilich oft nur an der Oberfläche treibt. Die *Jungfrau* ist für das nüchterne Denken verantwortlich, das manchmal zu einer Unterordnung führt, die peinlich wirkt. Der *Schütze* steht in dieser Zusammensetzung für das Rastlose, Temperamentvolle, das sich aber leicht vergaloppieren kann. Und die *Fische* lassen die Gefühle wuchern, aber auch die Probleme, die zu Schicksalsschlägen führen können, gegen die man kaum ankommt. Ballungen nur in einem der vier Zeichen können das hier Gesagte ins Negative verfälschen.

Das Dreieck

Im Dreieck den Elementen zugeordnet

Auch Dreiecke können zur Deutung eines Horoskops herangezogen werden. Dazu ordnet man die Tierkreiszeichen den vier Elementen Feuer, Erde, Luft und Wasser zu:

Feuer:	Widder	Löwe	Schütze
Erde:	Stier	Jungfrau	Steinbock
Luft:	Zwillinge	Waage	Wassermann
Wasser:	Krebs	Skorpion	Fische

Die vier Elemente spiegeln sich bildhaft im Charakter und Schicksal des Menschen wider, die in den Feuer, Erde, Luft oder Wasser zugeordneten Zeichen zur Geburtsstunde eine Anhäufung von Sonne, Mond, Aszendent oder Planeten haben.

Feuerzeichen deuten darauf hin, daß Menschen im Horoskop positiv zu beurteilen sind. Sie sind sehr beweglich und wissen sich immer im rechten Augenblick durchzusetzen. Hier liegt eine vielseitige Erfahrung vor, die dafür sorgt, daß man nicht im »Fußvolk« steckenbleibt. Das Feuer heizt gewissermaßen zu großer Selbständigkeit an, zu Taten, die in der Öffentlichkeit anerkannt werden. Im negativen Sinne ist eine Überbetonung der Triebe und Leidenschaften auf vielen Gebieten vorhanden. Eine Ballung der erwähnten Aspekte im Feuerzeichen *Widder*

Im Zeichen des Feuers sind oft selbständige und durchsetzungsfähige Menschen zu finden

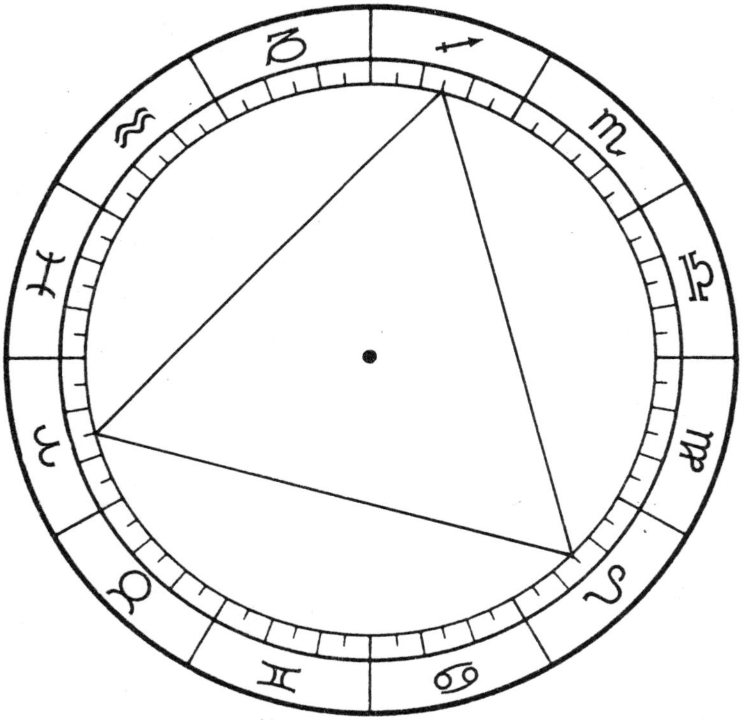

Das Dreieck der drei Feuerzeichen Widder, Löwe und Schütze

zeigt die Entschlossenheit der davon betroffenen Menschen an, sich in jedem Fall – zur Not auch unter Zuhilfenahme der Ellenbogen – durchzusetzen; hier wird krisenfest geplant. Eine Überbetonung im *Löwen* wird als Hinweis auf überragende Führungseigenschaften gedeutet; Manager dürften mit dieser Konstellation im Horoskop der Konkurrenz erfolgreich das Nachsehen geben. Anhäufungen im *Schützen* bewirken eine ideelle Haltung, das Streben nach mehr Menschlichkeit in harten Jobs.

Erdzeichen deuten auf realitätsbezogene Entschlüsse hin, wenn in einem Horoskop dort gehäuft Sonne, Mond, Planeten oder auch der Aszendent stehen. Hier ist man praktisch veranlagt und überlegt bewußt nüchtern. Auch eine gute Hand bei finanziellen Transaktionen wird bescheinigt. Da ist vor allem der *Stier* federführend. Wenn sich in diesem Erdzeichen die Konstellationen ballen, wird das immer auf Besitz oder eine gute Beziehung zu Geld und festen Werten hinweisen; ohne zu spekulieren wird man sein Schäfchen ins Trockene bringen. Bei

Das Dreieck der drei Erdzeichen Stier, Jungfrau und Steinbock

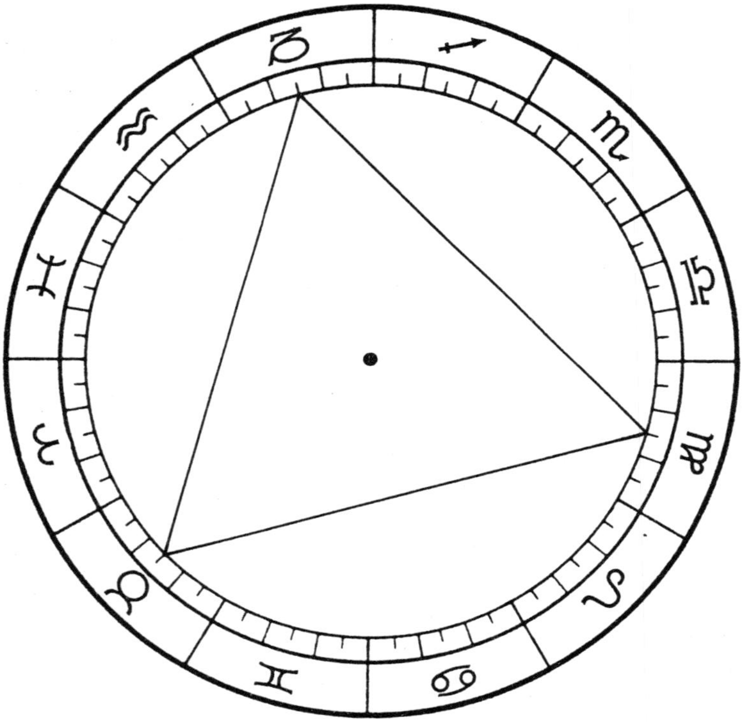

Eigenwillig bis eigenbrötlerisch sind bisweilen die Erdzeichen

der *Jungfrau* ist der Verstand im Spiele, der die praktischen Fähigkeiten in Erfolg umzusetzen versteht. Ist der *Steinbock* betont, wird sich das in einem ausgesprochenen Organisationstalent ausdrücken, das in irgendeiner Weise nutzbringend angewandt werden kann. Auf negativer Seite muß bei den Erdzeichen verbucht werden, daß man sich wegen zu großer Eigenwilligkeit nicht recht anpassen kann. Es kommt, wenn Gestirne mit negativen Aussagen angehäuft sind, zu einer gewissen Eigenbrötelei, zur Schlitzohrigkeit, die unsympathisch wirkt. Im allgemeinen aber sind Ballungen der Erdzeichen positiv zu werten.

Luftzeichen zeigen geistige Fähigkeiten an. Ideen werden gründlich durchdacht, man schindet Eindruck und wird von den Mitmenschen wegen guter Anpassungsfähigkeit und einer lockeren Beweglichkeit geschätzt. Man ist gesellig, aber oft nicht allzu zuverlässig. Hier kann sich der Verstand auch in Hochmut äußern. Menschen, in deren Horoskop Aspekte der

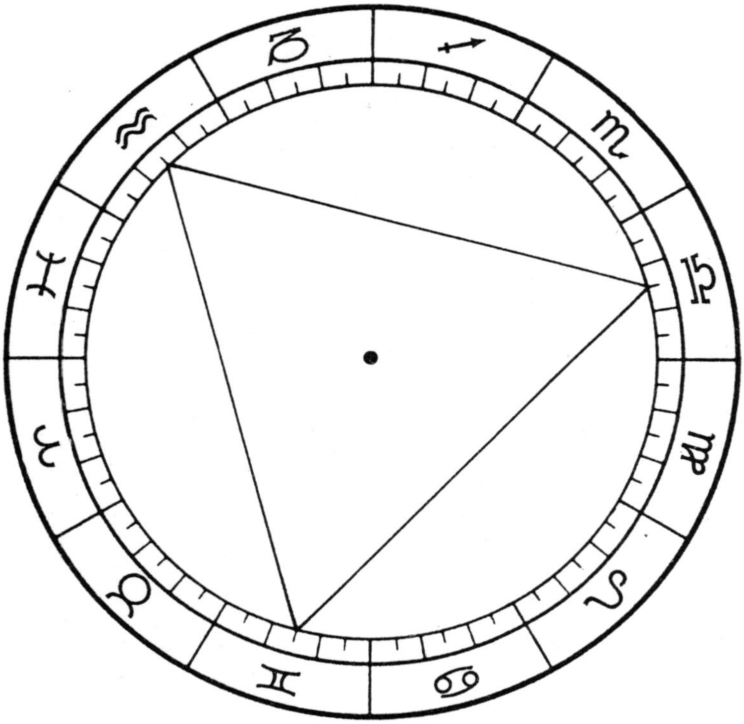

Das Dreieck der drei Luftzeichen Zwillinge, Waage und Wassermann

Luftzeichen übermäßig vorkommen, neigen oft zu Kurzschlußhandlungen, die plötzliche Wechsel im Beruf oder in den Gefühlen leicht möglich machen. Aber das Luftelement fördert auch die schönen Künste und läßt dort Großes erreichen. Sind in den *Zwillingen* die Planeten, zu denen ja astrologisch auch Sonne und Mond zählen, besonders angehäuft, haben wir es hier mit intellektuellen Begabungen zu tun; originelle Ideen kommen dabei heraus, die aber möglicherweise schnell wieder durch andere ersetzt werden. In der *Waage* deuten Ballungen

Gesellig, launisch, künstlerisch begabt: Die Luftzeichen

auf ein vorsichtiges Abwägen aller Möglichkeiten hin; ständig versucht man, sich den augenblicklichen Gegebenheiten anzupassen. Hier wird seelischer Tiefgang bevorzugt, der im zwischenmenschlichen Bereich auch zu Krisen führen könnte. Planetenhäufungen im *Wassermann* wirken eher stabilisierend, weil meist eine feste Haltung eingenommen wird.

Wasserzeichen deuten auf eine ausgeprägte Gefühlswelt hin. Man schürft im seelischen Bereich tief und reagiert sehr sensi-

Das Dreieck der drei Wasserzeichen Krebs, Skorpion und Fische

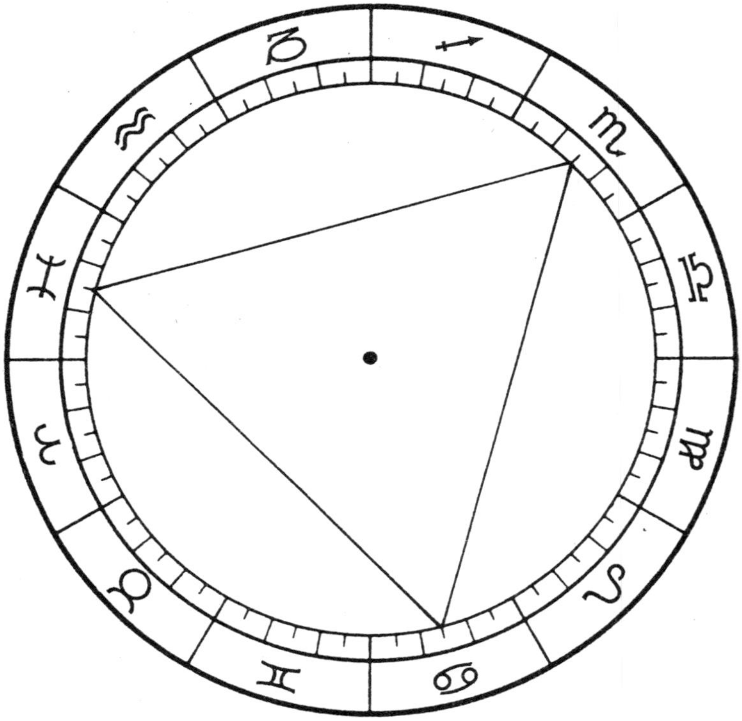

Sensibilität und Sinn für Romantik zeichnet die Wasserzeichen aus

bel auf die Umwelt. Man hat viel Gemüt, aber auch königliche Launen. Wer es mit Ballungen in einem Wasserzeichen zu tun hat, kann durchaus einen erfolgreichen Berufsweg beschreiten, er wird es jedoch eher mit Spekulation und Hoffnung aufs große Glück versuchen als mit hartem Durchsetzungsvermögen. Die romantische Ader ist betont. Man hat es mit Schwärmern zu tun, die echte Menschenfreunde sind und durch ihre Höflichkeit und ihr sympathisches Wesen angenehm auffallen. Etwas unentschieden sind die Deutungen, wenn im *Krebs* die erwähnten Anhäufungen auftreten. Man hat viel Gemüt, wird aber zeitweilig auf Härte umschalten, um im Leben vorankommen zu können. Widerstandsfähigkeit auch im seelischen Bereich erwartet man, wenn sich im *Skorpion* solche Ballungen zeigen; hier wird das Unbewußte öfter nach oben streben, man hat gewissermaßen einen sechsten Sinn. Negative Schlüsse läßt eine übermäßige Besetzung im *Fische*-Zeichen zu, wenn nicht andere starke Einflüsse das Bild verändern. Man ist von allen möglichen und unmöglichen Ereignissen stark beeindruckt, läßt sich leicht geistig überfahren, ist oft auch faul und unduldsam. Im gefühlsmäßigen Bereich reagiert man dagegen überwiegend positiv.

Männliche und weibliche Zeichen

Der älteste Gegensatz – männlich-weiblich – spiegelt sich auch in der Sterndeutung wider

Analog zum Prinzip der chinesischen Astrologie von Yin und Yang teilt man den Tierkreis auch noch in männliche und weibliche Zeichen ein, in Kraftfelder also, die typisch männliche oder typisch weibliche Energien widerspiegeln. In alten Darstellungen rücken dabei die weiblichen Zeichen in ein etwas schiefes Licht, weil sie allzu negativ dargestellt werden, während die männlichen überwiegend als positiv gelten.

Moderne Astrologen haben mit solchen antiquierten Anschauungen aus einer Welt, in der stets das Patriarchat den Ton angab, gründlich aufgeräumt.

Männliche Zeichen sind die Feuer- und Luftzeichen, also Widder, Zwillinge, Löwe, Waage, Schütze und Wassermann. Finden sich in männlichen Zeichen eines Horoskops betont positive Planetenkonstellationen, weist das auf starke Typen hin, die gern die Initiative ergreifen, manchmal aber auch mit allzu großer Aggressivität zu überzeugen suchen. Sie schöpfen Kraft aus sich selbst und vertrauen meist nur sich und den eigenen Handlungen. Man wird seine Ziele tatkräftig ansteuern und sich, ohne lange zu fackeln, ins volle Menschenleben stürzen. In alten astrologischen Überlieferungen wurde die Betonung eines männlichen Zeichens eindeutig positiv, für ein weibliches Zeichen aber negativ bewertet, weil man eine aggressive Lebensführung als unweiblich ankreidete.

Ist sie wirklich immer sanft und friedfertig – die Frau?

Weibliche Zeichen sind die Erd- und Wasserzeichen Stier, Krebs, Jungfrau, Skorpion, Steinbock und Fische. Die Betonung dieser Zeichen in einem Horoskop deutet auf eine mehr passive Lebenshaltung hin. Man zögert, ehe man sich zum Handeln entschließt, was oft auch als Klugheit ausgelegt werden kann. Positiv zu bewerten ist eine ausgesprochene Friedensliebe. Man will sich mit nichts und niemandem anlegen, sondern friedliche Koexistenz üben. Die in den männlichen Zeichen vorhandene Angriffslust ist nicht gegeben, und man ergreift auch nicht gern die Initiative, sondern überläßt, wenn in den weiblichen Zeichen die Planeten gehäuft auftreten, lieber anderen die Entscheidung. In Horoskopen von Frauen wurde diese Veranlagung bei solchen Konstellationen früher meist als sehr weiblich geschildert, in Horoskopen für Männer dagegen wurde sie eher als Mangelerscheinung beklagt; dann hieß es, dem Mann fehle der Mumm, sich im Leben durchzusetzen. Im Zeichen der Gleichberechtigung sehen das freilich moderne Astrologen ein wenig anders, zumal in unserer Zeit Frauen genauso »ihren Mann« stehen müssen wie die sogenannten Herren der Schöpfung. Oder sind Sie anderer Ansicht?

Was die Tierkreissymbole aussagen

Jedes Zeichen hat seine besondere Eigenart

Wenn wir die eben geschilderten Vierer-, Dreier- und Zweierkombinationen abschließend zusammenfassen, sehen wir, daß kein Tierkreiszeichen dem anderen gleich ist. Nun heißt es zu kombinieren, was wir als Merkmale von Sonne, Mond, Aszendenten und Planeten in den einzelnen Zeichen herausgestellt haben; dann haben wir schon ein Gerippe, mit dem der Astrologe arbeiten kann. Hier unsere Zusammenfassung:

Widder:	kardinal	Feuer	männlich
Stier:	fest	Erde	weiblich
Zwillinge:	beweglich	Luft	männlich
Krebs:	kardinal	Wasser	weiblich
Löwe:	fest	Feuer	männlich
Jungfrau:	beweglich	Erde	weiblich
Waage:	kardinal	Luft	männlich
Skorpion:	fest	Wasser	weiblich
Schütze:	beweglich	Feuer	männlich
Steinbock:	kardinal	Erde	weiblich
Wassermann:	fest	Luft	männlich
Fische:	beweglich	Wasser	weiblich

Höchstens zwei Eigenschaften können bei verschiedenen Zeichen übereinstimmen

Die Aspekte

Und nun kommen wir zu den Planeten, zu denen – astrologisch gesehen – auch der Fixstern Sonne und der Erdtrabant Mond gerechnet werden, weil sie großen Einfluß auf das Geschehen auf der Erde haben. Wie die Sonne durchwandern ja ebenso die Planeten die Ekliptik, die gedachte Himmelsbahn, die in einem Horoskop als sogenannter Tierkreis dargestellt wird.

Auch unsere Erde ist ein Planet. Sie wird im Horoskop zum Standpunkt des Betrachters, um den sich alles andere dreht – auch die Sonne, obwohl diese eigentlich – für die um sie rotierende Erde – ein feststehender Himmelskörper ist. Für den Betrachter auf der Erde bewegt sie sich allerdings Tag für Tag von Ost nach West.

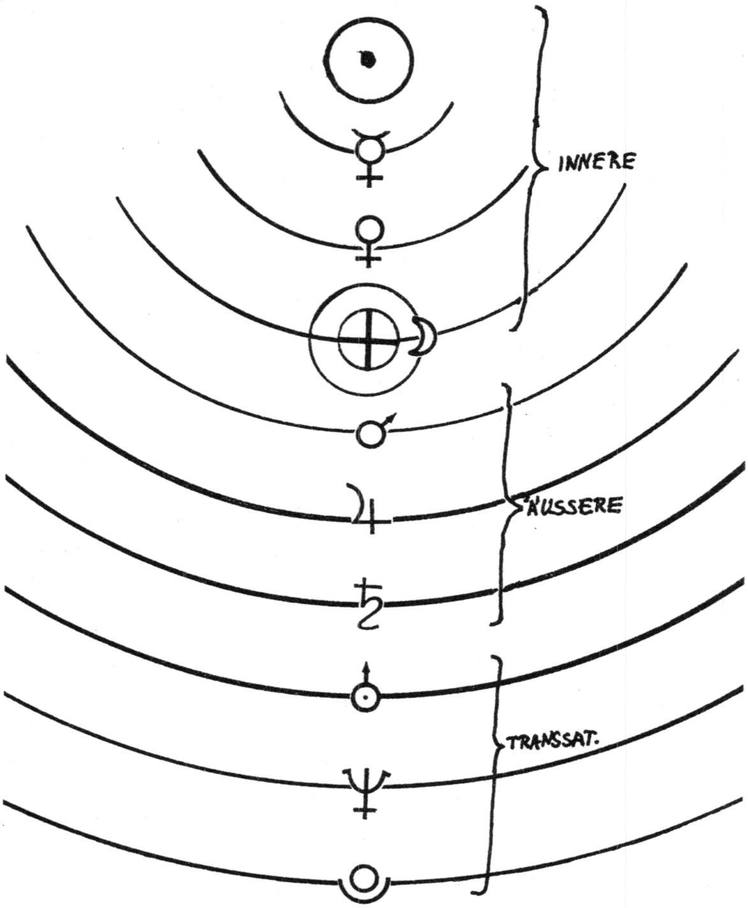

Unser Sonnensystem, wie es der Astrologe deutet. Oben die vier inneren Planeten mit der Sonne, dann Merkur, Venus und der Mond, der um die Erde kreist. In der Mitte die drei äußeren Planeten (von oben): Mars, Jupiter und Saturn. Und schließlich die drei transsaturnischen Planeten (von oben): Uranus, Neptun und Pluto

Seit es astrologische Forschung auf dieser Welt gibt, werden Sonne und Mond in die Planetenbewegungen einbezogen. Zu den Planeten gehören die hellsten Leuchtpunkte am Himmel, aber auch andere, die für das bloße Auge gar nicht zu erkennen sind. Als die »Lichter unserer Welt« haben sie astrologisch eine Sonderstellung.

Betrachten wir einmal dieses Planetensystem. Da ist zunächst die Sonne, gewissermaßen das Zentrum unserer Welt, um die sich alles dreht. Dieses Sonnensystem – das wissen wir inzwischen – rotiert wieder um ein anderes. Aber die Fixsternbewegung unserer Sonne ist für die Dauer eines Menschenlebens so unerheblich, daß wir sie getrost als ruhende Kraft bezeichnen können.

Sonne und Mond sind in der Astrologie den Planeten gleichgestellt

Der Sonne am nächsten ist Merkur, der zweitnächste Planet die Venus. Als dritter Planet kommt die Erde, um die sich der Mond dreht. Danach folgen Mars, Jupiter und Saturn. Damit ist die Reihe der sieben Planeten (Sonne und Mond eingeschlossen, aber nicht die Erde!) abgeschlossen, die den antiken astrologischen Forschern bekannt waren. Später wurden dann noch drei transsaturnische Planeten entdeckt: Uranus, Neptun und Pluto.

Die innerhalb der Erdbahn laufenden Gestirne, also Sonne, Merkur, Venus und Mond, werden auch »innere Planeten« genannt, die Planeten außerhalb der Erdbahn, Mars, Jupiter und Saturn, »äußere Planeten«.

Im Zentrum: der Beobachterstandort Erde

Alle diese Himmelskörper bewegen sich mit unterschiedlichen Geschwindigkeiten um die Sonne. Vom Standplatz Erde aus gesehen, bilden die einzelnen Planeten (und demnach auch Mond und Sonne, die sich für das Auge des Betrachters ja um die Erde bewegt) Winkel, die in Graden, Minuten und Sekunden gemessen werden.

Wir können, wenn wir den genauen Stand zweier Planeten zur Geburtszeit haben, den Winkel leicht ausrechnen: Die Schenkel bilden zwei gedachte Geraden, die sich, von den Planeten ausgehend, im Standplatz auf der Erde treffen.

Solche Winkel zwischen zwei Planeten werden Aspekte genannt. Winkel können aber auch – das haben wir bei den Dreiecks- und Vierecksverbindungen in den Tierkreiszeichen schon gesehen – von anderen festen Punkten im Horoskop bestimmt werden.

Günstige und ungünstige Aspekte

Die fünf wichtigsten Aspekte sind Verbindungen im Horoskop, die einen Winkel von 0 Grad *(Konjunktion)*, 60 Grad *(Sextil)*, 90 Grad *(Quadrat)*, 120 Grad *(Trigon)* und 180 Grad *(Opposition)* bilden.

Die Konjunktion ist ein Aspekt, bei dem die Gestirne die gleiche Länge haben, also 0 Grad oder nur wenig mehr voneinander abweichen. Je nach Stellung der anderen Gestirne im

Horoskop wird durch sie bei guter Stellung eben das Gute, bei schlechter das Schlechte verstärkt.

Das Sextil ist ein Aspekt mit einem Winkel von 60 Grad. Es läßt eine günstige Horoskopdeutung zu.

Das Quadrat ist ein Aspekt von 90 Grad, der in den meisten Fällen nur ungünstige Deutungen erlaubt.

Das Trigon ist ein Aspekt von 120 Grad. Es gilt als der freundlichste und günstigste unter den Horoskopaspekten.

Die Opposition ist ein Aspekt von 180 Grad, bildet also einen Halbkreis. Sie wird im allgemeinen als ungünstiger Aspekt angesehen.

Es ist meist unerheblich für die Horoskopdeutung, wenn die Aspekte um Minuten oder gar einige Grade ungenau sind, wie wir sehen werden, wenn wir auf die Erklärung einzelner Aspektierungen später noch zurückkommen.

Der Aszendent

Entscheidend für jede Berechnung: der Aszendent

Wichtigster Punkt der Ekliptik im Horoskop ist der Aszendent. Seine möglichst genaue Bestimmung ist die Grundlage jeder astrologischen Untersuchung. Es ist der Punkt der Ekliptik, der für einen gegebenen Ort und Zeitpunkt gerade am Osthorizont aufgeht. Meistens ist dieser Punkt durch Geburtsort und genaue Geburtszeit gegeben.

Infolge der Erdumdrehung scheinen sich alle zwölf Zeichen im Tierkreis innerhalb von 24 Stunden um die Erde zu drehen, so daß etwa alle zwei Stunden ein neues Tierkreiszeichen am östlichen Horizont aufsteigt. Wer sich in seiner Geburtszeit nur um ein paar Minuten irrt, könnte schon einen anderen Aszendenten am Osthorizont gehabt haben.

An diesem Beispiel sieht man, wie wichtig es bei einem Geburtshoroskop ist, wenn man die genaue Uhrzeit weiß, in der man den Mutterleib verlassen hat und das Licht der Welt erblickte.

Mehr über den Aszendenten lesen Sie ausführlich später. Wie man ihn in etwa errechnet, können Sie schließlich ab Seite 221 f. erfahren.

Die Felder

Der Aszendent bestimmt auch die Schicksalsfelder in einem Horoskop. Er bildet die Spitze des ersten Feldes (oder Hauses) in unserem Horoskop. Wie die Tierkreiszeichen gliedern sich diese Felder in unseren Breiten in zwölf nicht in jedem Fall gleiche Abschnitte (etwa im Winkel von 15 bis 45 Grad).

Feld I sagt über die persönlichen Anlagen (Vererbung, Herkunft, Umwelt) und den Charakter dessen aus, dem man ein Horoskop stellt.

Feld II behandelt den materiellen und ideellen Besitz und das Vermögen.

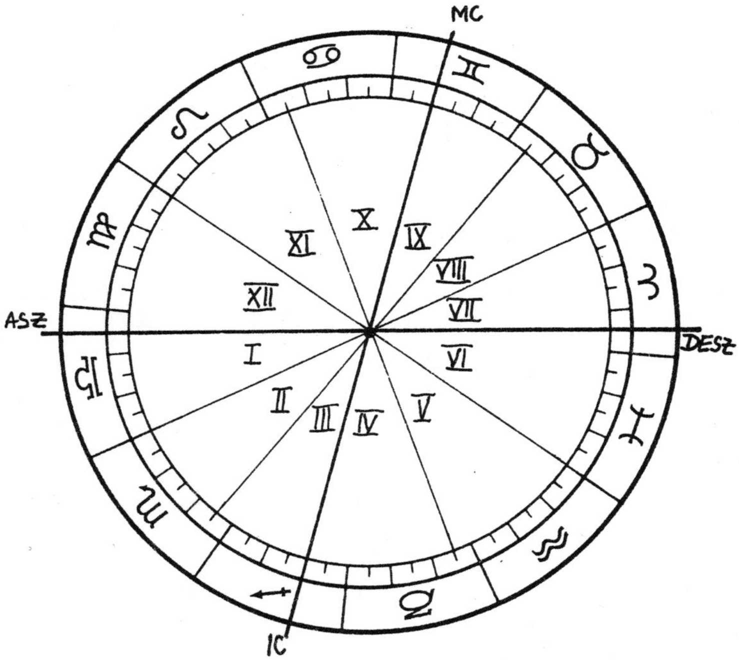

Feld III bezieht sich auf die Nachbarschaft des Horoskopeigners, aber auch auf kleine Reisen, Nachrichten, Briefe und Dokumente.

Feld IV beschäftigt sich mit dem eigenen Heim, dem Elternhaus (und Erbmöglichkeiten) und mit Grund und Boden.

Feld V fragt nach dem persönlichen Glück. Das kann in Verbindung mit Kindern und Geschwistern gesehen werden,

Das Medium Coeli (MC) bildet die Spitze des zehnten Feldes, das über das Weiterkommen unseres Ichs in der Öffentlichkeit Auskunft gibt. Hier ist 5 Grad Waage die Spitze des ersten Feldes, bei dem man auch die Grundtendenz des Widders, des Herrschers in Feld I, bei Deutungen ins Kalkül ziehen sollte. Die Feldergrößen differieren. In unserem Falle sind die Felder 1–3 und 7–10 kleiner als die sechs anderen

jedoch auch im Hinblick auf Spielleidenschaft oder Spekulationen und auf den zwischenmenschlichen, sexuellen Bereich.

Feld VI steht für den Bereich Arbeit und den damit verbundenen Anstrengungen, aber auch für bestimmte Leidenssituationen, die körperlich und seelisch krank werden lassen.

Feld VII beschäftigt sich mit Partnerschaftsfragen. Es läßt Schlüsse auf Ehe, Freundschaft, Kollegen und Mitarbeiter zu, also auf das Gegenüber des Horoskopeigners; damit können im negativen Sinn auch Gegner und aus Feindschaft erwachsene Prozesse gemeint sein.

Feld VIII drückt Betrübnisse, Leid und Krankheit aus. Es spricht aber auch von geheimen Kräften, die aus dem Unbewußten oder dem Okkulten entsprießen.

Feld IX beschäftigt sich mit Wissenschaft, Religion und Politik. Auch große Reisen kündigen sich hier an.

Im Horoskop dient die Feldertheorie zur Verfeinerung der Aussagen, sie ist aber bei vielen Astrologen umstritten

Feld X ist gewissermaßen das königliche Haus. Es bedeutet Würden, Ehre und Ruhm, gleichzeitig den Höhepunkt eines Tages oder Jahres, das Ich im Glanze der Öffentlichkeit.

Feld XI beleuchtet den inneren Gehalt von Freundschaften, Hoffnungen und Wünschen.

Feld XII läßt uns gewissermaßen zu innerer Einkehr kommen. Es stellt freilich auch den Grad unserer Vereinsamung heraus.

Die Himmelsmitte

Neben den Planetenstellungen und dem Aszendenten ist die Spitze des Feldes X ein wichtiger Punkt im Horoskop. Man nennt ihn den oberen Meridian oder die Himmelsmitte (Medium Coeli, abgekürzt MC). Er bildet den oberen Teil der Vertikalachse des Horoskops. Die Himmelsmitte zeigt die Persönlichkeit des Menschen an, für den ein Horoskop gestellt wird, ebenso seine Position in der Öffentlichkeit oder die Möglichkeiten zum beruflichen Aufstieg.

Der Punkt am unteren Teil der Vertikalachse heißt übrigens unterer Meridian oder Himmelstiefe (Imum Coeli, abgekürzt IC). Er ist die Spitze des Feldes IV und spiegelt die Beziehungen zum Elternhaus und zur Heimat wider.

Tips für die Berechnung eines Horoskops

Es ist gar nicht so schwer, ein Horoskop zu erstellen

Bevor wir zu Einzelheiten über das Sonnenstandshoroskop mit den Charakteristiken der zwölf Tierkreistypen und der Behandlung von Planeten, Aszendenten, Aspekten und Feldern übergehen, wollen wir noch ein paar Tips geben, wie jeder sein eigenes Horoskop selbst ausrechnen kann.

Über die *Geburtszeit* haben wir in diesem Zusammenhang schon gesprochen. Wichtig ist die annähernd genaue Minute der Geburt, die auch über den Aszendenten Auskunft gibt.

Beim *Geburtsort* ist die geographische Länge und Breite wichtig, (siehe die Tabelle auf Seite 223).

Um die Planetenstellungen für jeden Tag des Jahres zu wissen, brauchen wir Tabellen, die man *Ephemeriden* nennt, aus denen man die jeweils dazugehörige Sternzeit ablesen kann. Diese Ephemeriden hier abzudrucken würde den Rahmen dieses Buches sprengen. Empfehlenswert sind vor allem die »Europa Ephemeride« aus dem Metz Verlag in Zürich (zwei Bände von 1900 bis 2005) und »Die Deutsche Ephemeride«, die in sieben Bänden von 1850 bis 2000 im Otto Wilhelm Barth Verlag in München erschienen ist, aber auch amerikanische und englische Ephemeriden-Bücher, die man auch in guten Volksbüchereien und Bibliotheken ausleihen kann.

Ephemeriden geben Auskunft über die Planetenstellung

In einigen Ephemeriden-Bänden kann man auch einzelne *Feldertabellen* finden. Leider waren die deutschsprachigen Tabellen nach Placidus lange Zeit vergriffen, nur noch in Bibliotheken einzusehen oder auch im Antiquariat zu erstehen. Nun aber sind sie im Verlag »Die Deutsche Ephemeride« (Otto Wilhelm Barth Verlag, München) unter dem Titel »Die globalen Häuser-Tabellen«, vervollständigt und neu computerberechnet, wieder erschienen. Man kann es auch mit den »Häusertabellen des Geburtsortes für 0°-60° nördliche Breite« von Dr. Walter A. Koch und Elisabeth Schaeck aus dem Rohm Verlag, Bietigheim, probieren. Man kann aber die Felderberechnung auch aus dem eigentlichen Horoskop ausklammern.

Über *Zeitumstellungen*, besonders die Sommerzeiten, gibt Seite 221 f. erschöpfend Auskunft.

Sonnenstandshoroskop für die zwölf Sterntypen

Die Sonne; Holzschnitt von Hans Sebald Beham, um 1535. Sie wird als Zepterkrone des Monarchen dargestellt, der auf einem Wagen thront, dessen Rad den Löwen zeigt, Schützling der Sonne im Tierkreis

Die Sonne ist der Energiespender der Erde, die Kraft, die erst das Leben auf unserem Planeten ermöglicht. Sie steigert unser geistiges Vermögen und unsere Vitalität, wodurch zum Beispiel Krankheiten leichter zu überwinden sind; nach alter astrologischer Ansicht beherrscht sie Herz und Kreislauf. Sie verleiht den von ihr Beeinflußten Stolz und Mut, der sich aber auch in überspitztem Sinn als Hochmut erweisen kann. Menschen, die unter starkem Einfluß der Sonne stehen, strahlen Autorität aus, die sich im ungünstigen Falle, wenn etwa negative Planetenstellungen hinzukommen, freilich in Herrschsucht und übertriebenen Egoismus umsetzen kann.

Energie- und Lebenszentrum Sonne

Die Sonne, im Altertum als Gottheit verehrt, fördert aus astrologischer Sicht unsere schöpferischen Fähigkeiten und bestimmt unseren geistigen Standpunkt. Im Horoskop verrät sie, wieviel Erfolg wir im Leben haben werden, ob wir ehrenvoll das Leben meistern oder die ewig Abhängigen bleiben werden.

Ihre Stellung im Horoskop enthüllt den Charakter

Die Position der Sonne im Einzelhoroskop läßt Positives wie Negatives zutage treten. Sie zeigt uns die Persönlichkeit, die wir mit allen Stärken, aber auch allen Schwächen auf unserem Lebensweg sein werden.

Am nachhaltigsten spiegelt sich das Kraftfeld der Sonne in dem Tierkreiszeichen Löwen wider, als dessen Geburtsherrscher sie von alters her fungiert. Hier fallen die ihr nachgesagten Eigenschaften gewissermaßen auf fruchtbaren Boden. In diesem Feuerzeichen setzt sich ihre Energie kraftvoll durch, während sie vor allem in den Wasserzeichen (das sind Krebs, Skorpion, Fische) zum Beispiel mehr im Gefühlsmäßigen ein Kraftfeld bildet.

Die Sonne ist wichtigster Bestandteil jeder astrologischen Prognose, die sich auf die Geburtsminute des Menschen bezieht. Solche Vorhersage wird deshalb auch das *Sonnenstandshoroskop* oder – kurz – das *Solarhoroskop* genannt.

Sonnenstand in der Geburtsminute

Wie sich der Einfluß der Sonne in den einzelnen Tierkreiszeichen niederschlägt, mag unsere *Charakteranalyse der zwölf Sterntypen* beweisen, die gewissermaßen die Grundlage für die Erstellung eines Horoskops ist. Schließlich muß man zunächst den Typ mit allen seinen Stärken und Schwächen kennen, um dann auf seine gegenwärtigen oder zukünftigen Möglichkeiten schließen zu können.

Widder-Menschen schreiten stets mit Macht zur Tat

Erstes Zeichen im astrologischen Jahr: der Widder

Das Jahr des Tierkreises beginnt mit dem 21. März, dem Frühlingsanfang, wenn die Sonne auf der Ekliptik in das Tierkreiszeichen Widder (21. März bis 20. April) tritt.

Menschen, die unter diesem vom Planeten Mars beherrschten Feuerzeichen geboren wurden, sind angriffslustig, jedoch ebenso naturliebend. Sie wollen sich, koste es, was es wolle, durchsetzen. Leider sind sie wie das Wetter von Ende März bis in den April hinein ein wenig unbeständig.

Widder-Menschen schreiten stets zur Tat. Sie sind leicht zu begeistern, aber diese ihre Begeisterung klingt ebenso schnell wieder ab. Sie spielen den Starken oft nur, um die eigenen Schwächen zu vertuschen. Mal sind sie fröhlich und beschwingt, und dann wieder wirken sie unsicher und grüblerisch, was ein wenig das Unstete in ihrem Charakter widerspiegeln könnte, wenn sie nicht die seltene Gabe hätten, eigene Schwächen im rechten Augenblick zu übertünchen.

Haben sie sich einmal etwas in den Kopf gesetzt, lassen sie sich kaum davon abbringen, selbst wenn Vernunftgründe anscheinend dagegen sprechen sollten. In schwierigen Situationen ist ihre Entschlußkraft etwas gehemmt, sie kommen jedoch auf Umwegen in den meisten Fällen dann doch zum Ziel, zumal sie Meister im Aussitzen von verzwickten Problemstellungen sind. Es ist der sprichwörtliche Dickkopf, der manchmal sogar die besten Freunde an den Widder-Menschen zweifeln läßt.

Diese vom Mars beherrschten Menschen sind meist von guter Gesundheit, weil ihre ureigene Energie Krankheiten schnell besiegt. Allerdings sind Kopf und Gesicht, vor allem die Gehörorgane, die Augen und die Bronchien gesundheitliche Schwachstellen. In jungen Jahren sind viele unter ihnen wegen ihres Mutes verletzungsanfällig. Ältere Widder-Menschen sind große Feinschmecker und haben daher des öfteren Gewichtsprobleme, die sie mit viel Energie durch oft tagelanges Hungern oder Diätkuren zu bekämpfen suchen.

Zweifelhafte Diätkuren können der robusten Gesundheit des Widders schaden

Rot ist die Glücksfarbe der unter dem Widder-Zeichen Geborenen, ihr Metall das Eisen. Glückssteine sind nach alter Überlieferung der härteste Edelstein der Welt, der Diamant, und der Blutstein, ein dunkelgrüner Jaspis mit roten Flecken. Als Talisman gilt für Widder-Geborene der durchsichtige violette Amethyst, ein Halbedelstein aus der Familie der Quarze, der von jeher als Stein der Liebenden galt, weshalb man ihn im Mittelalter den Widder-Männern wärmstens zur Erhaltung ihrer sowieso übergroßen Potenz empfahl. Der braune Sardonyx war nach Meinung mittelalterlicher Astrologen nur dann für Widder-Menschen nützlich, wenn man in diesen Stein das Zeichen des Mars einschnitt.

Wer die Sonne im Widder-Zeichen stehen hat, braucht jedoch kaum auf solche Hilfmittel zu bauen. Er ist in jedem Falle begeisterungsfähig und aktiv. Auch ohne Talismane und Mittel, die der Aberglaube verschreibt, schreitet er ungestüm zur Tat, was dem Einfluß seines Geburtsplaneten Mars zuzuschreiben ist, der – wie wir gesehen haben – in diesem Feuerzeichen charakterliche Akzente setzt.

Charakteristisch für den Widder sind Tatkraft und Elan

Selbst Widder-Menschen mit schwächerer Planetenkonstellation im Schicksalshoroskop fallen in der Öffentlichkeit durch aufgesetzte Forschheit auf. Hier hat der Widder gewissermaßen streitlustig die harten Hörner gesenkt, um mögliche Gegner auf Anhieb zu verschrecken.

Der Widder braucht den Platz an der Sonne

Chefs mögen die nach vorne strebende Art des Widder-Typs. Seine Ideen und sein Arbeitseifer scheinen den Erfolg zu programmieren. Freilich ist da auch manchmal Blindwütiges im Spiel: Was der Widder einmal als richtig erkennt, hinter dem steht er, selbst wenn er hinterher feststellen muß, daß er sich in eine erfolglose Sache verrannt hatte. Sein Dickkopf spielt ihm gerade im Berufsleben manchen Streich.

Erhält der Widder nicht genügend Anerkennung, wird er bald den Arbeitsplatz wechseln

Widder-Menschen sind gute Arbeiter. Keine Überstunde ist ihnen zuviel, wenn nur der Laden läuft. Ihre Chefs wären gut beraten, von Zeit zu Zeit an eine Gehaltsaufbesserung und an eine Rangerhöhung zu denken. Doch beim Widder-Menschen hängt nicht alles am Geld – ein aufmunterndes Wort zur rechten Zeit genügt, um ihn zu neuer Höchstleistung anzuspornen.

Widder-Männer sind Weltmeister im Aussitzen schwieriger Situationen. Probleme kennen sie nicht; denn wenn es mal problematisch wird, schalten sie auf stur um und tun so, als sei nichts gewesen, oder lassen möglicherweise auch andere die Suppe auslöffeln, die sie sich selbst eingebrockt hatten.

In dieser Hinsicht verhalten sich Frauen und Männer unter diesem Zeichen nahezu gleich. Nur: die Widder-Männer sind ungeduldiger als ihre Sternenschwestern. Sie sind immer auf der Suche nach einer noch besseren Position, in der sie mehr zu sagen haben als in der, die sie nicht befriedigte. Es gibt Widder-Männer, die in einem einzigen Jahr dreimal die Stellung wechseln können nach dem ihnen von der Natur mitgegebenen Motto: Das Wandern ist des Müllers Lust.

Jeden Widders Ziel: nach vorn zu kommen

Hausfrau – nur ein Zweitberuf!

Eine Widder-Frau ordnet sich nicht gern unter. Zwang erzeugt bei ihr Widerstand. Sie will auch in untergeordneten Stellungen frei in ihren ganz persönlichen Entscheidungen sein. In einem freien Beruf fühlt sie sich daher am besten aufgehoben oder in einer Stelle als Lehrerin, wo sie einer Klasse unmündiger Kinder ihren Stempel aufdrücken kann. Und wenn sie endlich »ihren« Beruf gefunden hat, wird sie ihn nur ungern aufgeben wollen. Als Hausfrau eines »Herrn der Schöpfung« das Mädchen für alles zu sein, liegt ihr nicht. Aber sie bekennt gern, daß Hausfrau der ideale Zweitberuf für sie sein könnte, wenn der Mann ihrer Wahl ihr bei der Hausarbeit eifrig zur Hand geht.

Freiheitsliebend und eigenwillig ist die Widder-Frau

Viele moderne Managerinnen, Politikerinnen und Unternehmerinnen wurden in dem Mars-Zeichen geboren. Sie machen den Männern vor, wie man lenkt und führt. Chefinnen unter diesem Zeichen sind wahre Genies im Aussuchen von Fachleuten, deren Fähigkeiten sie nur zu koordinieren brauchen, um zu überdurchschnittlichen Ergebnissen zu gelangen.

Und in diesem Punkt treffen sie sich wieder mit den Männern aus diesem Feuerzeichen, die ebenfalls die Gabe haben, die richtigen Leute an die richtige Stelle zu setzen, damit sie selbst frei sind für die gewaltige Aufgabe, die Richtlinien zu bestimmen. Der einzige Nachteil für allzu machtbesessene Widder-Menschen: Sie können niemanden neben sich dulden, der auf Mitbestimmung pocht. So kommen ihnen vielleicht die besten Mitarbeiter auf Nimmerwiedersehen abhanden.

Die Ellenbogen spielen mit

Widder-Menschen sind hart gegen sich selbst und gegen andere, wenn es darum geht, voranzukommen. Sie haben ein cholerisches Temperament, das sie des öfteren zu Kurzschlußreaktionen verleitet. Bester Zug: Sie sehen ein, wenn sie Unrecht haben, und reichen dann dem Gegner versöhnlich die Hand. Sie schließen gern Freundschaften und fördern Freunde, so gut sie es vermögen. Das brachte schon manchem unter ihnen den Ruf ein, »Vetterleswirtschaft« zu treiben.

Offen für den Fortschritt zu sein, ist ein weiteres Widder-Charakteristikum

Die vom Mars Begünstigten wollen stets das Neue, Fortschrittliche, verlieren jedoch leicht die Lust an einem Projekt, das den Höhepunkt überschritten hat. Gern überlassen sie dann anderen die Abschlußarbeiten und wenden sich selbst einem neuen Betätigungsfeld zu.

Ohne Rücksicht auf Verluste drängt jeder Widder-Mensch zum Erfolg. Das macht ihn bei Arbeitskollegen nicht unbedingt beliebt, zumal sie hin und wieder auch seine Ellenbogen zu spüren bekommen. Hat er aber sein Ziel erreicht, mehr zu sein als all die anderen, lernt man ihn als liebenswürdigen Kollegen kennen, der niemanden seine neue Stellung spüren läßt.

Viel Erfolg haben übrigens Widder-Männer in Berufen, in denen man mit Energie und Autorität zum Ziele kommen kann. Ihnen liegen Technik und Handwerk, das Militär und die Polizei. Im Verkehr stellen sie hervorragende Flieger, Lokomotivführer und Taxichauffeure. Sie sind draufgängerische

Rennfahrer und Testpiloten, Forscher und Chirurgen. Als Buch- und Zeitungsverleger fördern sie gern junge Autoren. Als Politiker gehen sie keine Umwege zur Macht. Sie kennen nur das selbstgesteckte Ziel, das sie erreichen wollen.

Von den Widder-Frauen im Beruf sprachen wir schon. Sie tendieren mehr zu Berufen, in denen sie sich frei entfalten können. Etwa als Sekretärin, die selbständig die Arbeiten für ihren Chef erledigt und dabei eine Machtstellung bezieht, die sie manchmal als die heimliche Chefin erscheinen läßt. Viele vorzügliche Ärztinnen und geschickte Kunstgewerblerinnen stammen aus dem vom Mars beherrschten Zeichen.

Ihr Durchsetzungsvermögen macht die Widderfrau zur begabten Politikerin

In den sogenannten Männerberufen hat die Widder-Frau als überzeugte Vorkämpferin der Gleichberechtigung von Mann und Frau längst Fuß gefaßt. Überdurchschnittliches wird sie daher auch als Politikerin leisten, weil sie sich in entscheidenden Fragen stets durchzusetzen versteht. In Wissenschaft und Forschung steht sie »ihren Mann«.

Der Lehrmeister in Sachen Sex

In den zwischenmenschlichen Beziehungen trennen sich – anders als im Beruf – die Wege von Mann und Frau aus dem Widder-Zeichen. Zwar sind beide besitzergreifend und wollen den Partner mit sanfter Gewalt beherrschen, aber ansonsten sind ihre Charaktere (und natürlich auch ihre Beurteilung im Horoskop) doch etwas unterschiedlich.

Der Widder-Mann ist ein Eroberertyp. Frauen, die an ihn gerieten, wissen: Man weint diesem Lehrmeister in Sachen Sex viele Tränen nach, wenn ihn vorzeitig die Wanderlust packt. Er kauft niemals die Katze im Sack. Liebe auf den ersten Blick gibt es für ihn kaum.

Es dauert lange bis der Widder seine Herzensdame gefunden hat

Spricht ihn ein hübsches Mädchen an, fühlt er sich geschmeichelt und wittert ein Abenteuer. Es muß ja nicht gleich Liebe sein ... Flirtbereite Damen bestätigen ihm seine Männlichkeit. Auf Dauer werden sie den Marsjünger kaum fesseln; denn obwohl er selbst oft oberflächlich reagiert, kann er oberflächliche Frauen nicht ausstehen.

In zerrissenen Jacken geht der Widder-Mann kaum auf die Jagd. Er wirft sich in Schale, um Eindruck zu schinden, und in die Brust (das macht ihn gleich zwei Zentimeter größer).

Schmachtende Frauenblicke saugt er auf wie Honigseim. Ein echter Widder ist immer davon überzeugt, daß er Adonis und Herkules in einer Person sei.

Der Widder-Mann liebt Sex in allen Spielarten, den Gruppensex vielleicht eingeschlossen. Fürs Herz aber braucht er etwas ganz anderes: ein möglichst unberührtes Mädchen, das ihm allein zu Willen ist. Wehe, es würde anderen Männern schöne Augen machen! Auch wenn er selbst ein wildbewegtes Vorleben hat, wünscht er sich die Unschuld vom Lande eher als die liebeserfahrene, wissende Frau.

Was den Schmusebär anmacht

Je ernster sein Interesse am weiblichen »Objekt« ist, desto länger kann es dauern, bis er endlich intim wird. Hat er sich jedoch fürs Bett entschieden, wird er jeden Widerstand im Keime zu ersticken suchen. Das Ventil, das den Dampf abläßt, heißt beim Widder-Mann restlose Hingabe an die Partnerin. Wer da prüde ist, wird schnell umgeschult oder abgehalftert. Wer bei ihm die Liebesprobe besteht, den wird er führen – von Höhepunkt zu Höhepunkt.

Ganz feuriger Liebhaber, aber auch einfühlsam und rücksichtsvoll – so kennen Frauen den Widder-Mann

Für lange Vorspiele ist er kaum zu haben. Doch wer ihn feuriger haben will, massiere leicht seine Kopfhaut, kraule die Haare und – falls vorhanden – den Bart. Sanftes Berühren seiner Lippen mit den Fingerkuppen erotisiert ihn, und Küsse, die man auf Augen, Ohrläppchen und den Nacken haucht, machen ihn wild. Die Nervenenden am Kopf sind seine empfindsamsten Stellen.

Der Widder-Mann ist ein Schmusebär aus Leidenschaft, die freilich im Feuer des Liebesgefechts übersprüht und der Partnerin manchmal Verrenkungen zumutet, die an artistische Höchstleistungen erinnern. Wer ihn liebt, macht mit oder meldet sich beizeiten bei ihm krank. Er kennt trotz seiner sprichwörtlichen Potenz auch zarte Rücksichtnahme.

Frauen, die es auf ihn abgesehen haben, sollten seine Männlichkeit bewundern, ihm aber im rechten Augenblick Zunder geben. Der Widder verträgt Widerspruch. An ihm entzündet sich sein Temperament. So kommt es zu Diskussionen, an deren Ende eine kluge Frau ihm, dem Einzigartigen, den Sieg gönnt oder ein akzeptables Unentschieden, das neuen Gesprächs- und Zündstoff offenläßt.

Sanfte Frauen kommen bei ihm an, aber sie müssen Charakter und Rückgrat haben, auch mal wider den Stachel zu löcken. Bei allzu willigen Damen, die alles mit sich machen lassen, spürt er zuwenig Widerstand, den er nun einmal braucht, um auch im Bett zur Höchstform aufzulaufen.

Sanft, aber nicht allzu fügsam soll die Gefährtin des Widders sein

Im Gespräch mit der Frau, die er liebt, mag der Widder-Mann manchmal über das Ziel hinausschießen und mit Gebrüll fehlende Argumente zu ersetzen suchen. Man sollte ruhig zurückbrüllen. Diese Sprache versteht er. Rechtzeitiges Umschalten auf die sanfte Tour wird ihn dann davon überzeugen, daß man seinen Ausfall nicht übelnahm.

Er ist kein Kind von Traurigkeit

Der Widder-Mann liebt die Wahrheit, auch wenn sie einmal grob dahergesagt wird. Er liebt auch die Pünktlichkeit. Man lasse ihn darum nie mit langsam verwelkenden Blumen lange am Treffpunkt warten. Sonst wird er nämlich den Strauß aufs Pflaster knallen und in der Kneipe an der Ecke seine Wut Schluck für Schluck in sich hineintrinken. Und seine Liebe wird im Dunst der Kneipe verrauchen.

Er ist eben nie lange ein Kind von Traurigkeit. Er wird's mit einer anderen erneut versuchen. Bis er es endlich leid ist und eine dritte aufs Standesamt führt. Vielleicht wird er – wie ein anderer aus einem Feuerzeichen, der Löwe – um sie einen goldenen Käfig bauen, in dessen Mitte sie als Paradiesvögelein sitzt und ihm zuzwitschert – ihm allein.

Eintönige Sex-Routine kann den Widder-Mann auf Abwege treiben

Widder-Männer sind treu, solange der Gesprächsstoff in der Ehe oder in einem eheähnlichen Verhältnis nicht ausgeht, und sie sich wegen der vielen Arbeit im Beruf keine Nebenbeschäftigung in Sachen Sex leisten können.

Der Widder-Mann ist der Feldherr, der daheim selbst auf weichem Polster die Strategie des Liebesspiels bestimmt. Er ist der perfekte Liebhaber, der auch in der Ehe immer noch etwas hinzulernen möchte.

Die Beste für den Lebenskampf

Man sieht: die Frau eines Widder-Mannes hat es schwer. Sie müßte schon eine langjährig geschulte Psychologin sein, um alle Tiefen und Untiefen seines Charakters und seiner Nachtseele ausloten zu können. Aber wer kann das schon? Am ehe-

sten gelänge es der *Löwe*-Geborenen, die in ihrer Sexbereitschaft das gleiche Feuer versprüht wie der Widder. Sie braucht Komplimente – auch im Bett. Der alte Schmeichler wird sie ihr geben und erhält zum Lohn dafür ein »sexy girl«.

Die *Schütze*-Frau tut im allgemeinen nur das, was sie selber will. Das imponiert dem Widder, den es reizt, jeden Widerstand zu brechen. Oft bis in die Nacht hinein wird manch heißes Gefecht geliefert, das beiden immer besser gefällt. Selbst noch nach der silbernen Hochzeit ist kaum Routine im Spiel.

Sexuelle Hemmungen kennt die *Zwillinge*-Frau nicht, wenn sie den Richtigen gefunden hat. Aber auf Dauer wird sie den Widder zu bremsen suchen, weil sie einfach mehr Spaß am geistreichen Vorspiel als am schnellen Aus und Vorbei hat.

Bei der *Wassermann*-Frau kann der Marsjünger viel lernen. Sie erfindet Lustspiele, die ihm gefallen, und das Seltsame: Er fragt kaum je danach, woher sie das alles kennt. Leider setzt die *Waage*-Frau dem Kämpfer zu sehr auf Harmonie.

Jungfrau, Löwin, Waage – welches Sternzeichen paßt zum Widder?

Wenn es allzu heiß zwischen zwei *Widder*-Typen hergeht, kann leicht das teure Porzellan darunter leiden: Nicht immer sind Menschen aus dem gleichen Tierkreiszeichen ideale Partner. Da kann es der Widder-Mann eher mit einer *Skorpion*-Frau, die wie er zu kämpfen versteht, aber im Kampf der Geschlechter rechtzeitig einlenkt. Die *Stier*-Frau dagegen ist ihm oft zu herrisch.

Die unterkühlte Art der *Jungfrau*-Geborenen macht den Widder neugierig, ihre Kritiklust danach eher rasend. Aber er könnte es mit ihr ebenso versuchen wie mit den Frauen aus dem *Steinbock-*, *Krebs-* oder *Fische*-Zeichen. Seine Sexualität überzeugt selbst zarte Seelchen. Aber ob auf Dauer?

Was er gar nicht mag

Wenn der Widder-Mann sich einmal für eine Frau entschieden hat, wird er zäh wie Kleister und klebt an seinem Schatz. Es ist schwer, ihn loszuwerden. Wer es versuchen will, sollte ihn in aller Öffentlichkeit einen Pantoffelhelden schimpfen oder seine Potenz in Frage stellen – oder im Hoppla-hopp-Verfahren aus der gemeinsamen Wohnung ausziehen. Wenn er seine Partnerin liebt, wird er ihre »Entgleisung« zu entschuldigen suchen. Lenkt sie dann immer noch nicht ein, wird er endlich Stellung beziehen – und zwar demonstrativ gegen sie!

Widder-Mädchen muß man lieben!

Wer sie erobern will, kann lange warten. Zwar träumt das Widder-Mädchen, wie viele ihrer Sternenschwestern, von dem Helden, der sie im Sturme nimmt, aber noch längst nicht jeder hergelaufene Rittersmann kommt für solchen Sturm und Drang in Frage.

Eine Widder-Frau ist wählerisch. Sie weiß, daß sie bei den Männern Eindruck schindet. Für verliebte Blicke wirkt sie so verspielt, so schmusig und anschmiegsam, daß man sie auf der Stelle zum häuslichen Kuscheltier machen möchte: Dieses Mädchen muß man lieben.

Ein Traummann soll es sein für die Widder-Frau

Doch der Schein trügt. Ist ein Mann ihr erst völlig verfallen, zeigt sie gern die Tatzen. Dann hat das scheinbar sanfte Ding mit dem treuen Blick den Mann ihres Herzens längst als ihr ausschließliches Eigentum vereinnahmt.

Dieses Prachtstück ist sich schon im Teenageralter seiner Wirkung wohl bewußt. Und es weiß sich durchzusetzen – zur Not mit Tränen. Ihr Typ ist kaum der Schaumschläger, der ihr täglich sagt, was er alles an ihr – vom Leberfleck am Busen ansatz bis zu den Grübchen in den Wangen – toll findet. Es ist auch nicht der Softie, der immer zu allem ja und amen sagt. Nein, es muß schon ein gestandenes Mannsbild sein! Ein Mann, der sich durchsetzen kann, an ihrer Seite aber der perfekte Kavalier bleibt und tut, was sie wünscht.

Sie hat für Sex und Liebe immer Zeit. Trotzdem sucht sie oft lange nach dem einzig Richtigen. Wenn sie den gefunden zu haben glaubt, läßt sie ihn nicht mehr aus ihren Fängen. Und wenn sie ihm selbst den Heiratsantrag machen müßte!

Das sollte den Tollkühnen, der ein Auge auf dieses Vollblutweib geworfen hat, nicht schrecken – vor allem, wenn er den Eindruck hat, ihrem überschäumenden Temperament gewachsen zu sein. Zeigt er Interesse und bei ihr funkt's zurück, geht es ihr zunächst nur um ein Spielchen, das aber, wenn er gekonnt mitspielt, schon gleich am ersten Tag in ihrer Wohnung enden kann.

Ihr Auserwählter kann sich freuen

Da mag mancher an ein leichtes Mädchen denken – die Widder-Frau ist es nicht. Sie hat nur ein Gespür dafür, wie man mit Männern umgeht, um sie zu fangen. Eine Widderin kann nie zwei Männer auf einmal lieben. Sie sucht immer nur den einen. Und man sollte sich freuen, wenn man auserwählt ist.

Sie will gestreichelt werden

Die Widder-Frau braucht Aufgaben und Ziele, die sie anfeuern und begeistern. Sie muß sich einer Sache verschreiben und einen Traum erfüllen können. Man könnte sagen, daß sie – obwohl es da natürlich Ausnahmen gibt – ohnehin eine bessere Geliebte als Ehefrau ist. Der Grund: Sie braucht in ihren Beziehungen ein romantisches Element und Herausforderungen, die sie mutig bewältigen will. Außerdem ist sie leidenschaftlich unabhängig und zieht oft einen leicht zu zähmenden Partner an, der nach einer Jungfrau von Orleans suchte.

Sexuell aktiv, ergreift die Widder-Frau gern die Initiative

Wenn es den Sex nicht gäbe – die Widder-Frau hätte ihn sicherlich erfunden: auf die schönste Nebensache der Welt hat sie immer Lust. Aber sie will die Dinge selbst in die Hand nehmen und bestimmen, wann, wo und wie man sich zu zärtlichem Stelldichein zusammenfindet. Hingebungsvolle Liebhaber sollten aufpassen: Ihre Stimmungsumschwünge hauen bisweilen den stärksten Mann um.

Praktischer Tip für Männer, die sich mit einer Widder-Frau einlassen: Sie will gestreichelt werden! Kopf und Gesicht sind ihre empfindsamsten Zonen. Sie reagiert lustvoll auf sanftes Streicheln ihrer Haare, aufs »Köpfchen-Kraulen« und auf zart gehauchte Wangenküsse. Wer gern an Ohrläppchen nagt, bringt sie rasch in Fahrt, Lippen- und Zungenküsse steigern ebenfalls ihr Lustbarometer. In solchen Stunden will sie wissen, wie reizend sie ist und wie sehr man sie liebt. Es macht ihr Freude, wenn die Augen des Partners wie unbeabsichtigt über ihre Figur wandern, wenn er bewundert, was sie selbst am meisten liebt: die zarten Rundungen ihres Körpers, die sie geschickt durch ihre modische Kleidung unterstreicht.

Sex ist für die Widder-Frau die selbstverständlichste Sache der Welt. Sie hat Phantasie und wünscht sich einen phantasievollen Partner, der ihr zuliebe viele Lustspiele erfindet, um sie zu erfreuen. Sie ist in den sogenannten schwachen Stunden des Lebens aggressiv, möchte aber auch den Liebhaber angriffslustig sehen. Und sie verlangt Hingabe – bis zur Erschöpfung!

Jederzeit ist die Widderin bereit, zu vergeben und zu vergessen

Wo es blitzt und donnert, ist die Marstochter zu Hause. Sie wird keinem Krach aus dem Wege gehen. Aber sie wird kaum jemals etwas nachtragen. Keine noch so schändliche Kränkung hindert sie am Verzeihen. Die Verzeihung erwartet sie auch von den anderen, die von ihr beleidigt wurden.

Ehekrach mit Happy-End

In der Ehe liegt es am Mann, den sich die Widder-Frau geangelt hat, was er daraus macht. Er sollte es ruhig mal krachen lassen, die Versöhnung mit ihr ist hinterher um so schöner. Wer bei ihr erst nach Kampf die Segel streicht, ist ihr Partner.

Sie wird aber in jedem Falle versuchen, sich durchzusetzen, zur Not – wie schon erwähnt – mit dem weiblichsten aller Kampfmittel: mit Tränen. Man sollte sie ihr wegküssen und sie zum Lachen bringen. Fröhlichkeit lenkt sie von den Abgründen ihrer Nachtseele ab. Im Grunde ihres Herzens ist die Widder-Frau doch ein recht einsichtiges Menschenkind.

Ehe und Beruf unter einem Hut – kein Problem für die Widder-Frau

Nur ein Heimchen am Herd wird sie nicht werden. Sie hat auch in der Ehe meist noch Ambitionen, in ihrem erlernten Beruf weiterhin »ihren Mann« zu stehen. Solch einem Prachtweib reicht es nicht, nur Hausfrau und Mutter zu sein.

Welcher Mann zu ihr paßt

Mit lauwarmen Liebhabern und schon gar mit Ehemännern, die am Abend gleich in ihre Pantoffeln schlüpfen, vor der Glotze Entspannung suchen und den Sex hinterher als Pflichtübung absolvieren, kann die Widder-Frau nichts anfangen. Und deshalb paßt nicht jeder Sternentyp zu ihr.

Heiß geht es mit einem Mann aus ihrem eigenen *Widder*-Zeichen her. Er hat dieselbe aggressive Sexbereitschaft. Probleme bleiben da nicht aus: Er will ebenso wie sie im Bett das Kommando führen. Da wird selbst die sogenannte Missionarsstellung zum Machtkampf.

Selbst den Löwen bringt die Widderin zum Schnurren

Anders ist das, wenn ein *Löwe*-Mann von ihr angeworben wurde. Er wird trotz königlicher Haltung bei ihr zärtlich schnurren und sie nur im Notfall böse anfauchen – vor allem, wenn er schon manchen heftigen Einsatz in Liebesgefechten hinter sich hat.

Der auf Abenteuer bedachte *Schütze*-Mann könnte bei der sexbereiten Widderin seine auf Abwechslung ausgerichteten Gelüste schlichtweg vergessen und bei ihr zum schmachtenden Liebhaber werden.

Mit dem *Zwillinge*-Mann liefert sich die Widder-Frau schon beim Vorspiel heiße Wortgefechte, die nach ihrer Meinung nur nicht übermäßig in die Länge gezogen werden dürften; denn sie geht nun einmal gern direkt und sehr offen zur Sache.

In seiner Betulichkeit kann sich der *Fische*-Mann auf die heißblütige Art einer Widder-Frau schnell einstellen. Hier hat man eine spannende Kombination der Gegensätze.

Der *Wassermann* mimt immer den verständnisvollen Liebhaber, selbst wenn er manchmal auf Abwege sinnt. Die Widder-Frau verteidigt ihren Alleinanspruch und wird ihm einheizen, daß er über wonnigen Spielchen vergißt, daß es auch noch andere gibt. Und so kommt es zur Kampfgemeinschaft, bei der jeder das letzte aus sich und dem Partner herausholt.

In Opposition zum Widder-Zeichen steht der *Waage*-Mann. Er sucht die Konfrontation. Das reizt die Widder-Frau, diesen Widerstand zu brechen. Am Ende kommen beide aber trotz aller Widersprüche auf ihre Kosten.

Nach längerem Zusammenleben liebt ein *Stier*-Mann seine Bequemlichkeit über alles. Er ist treu und zuverlässig, was die Widder-Frau an ihm schätzt, aber was nicht unbedingt ihre feurigen Gefühle entfachen kann.

Bei dem *Jungfrau*-Mann kehrt sich die sonst bei ihm so sprichwörtliche Zurückhaltung in gefühlvolle Liebeslust, wenn ihm eine Widder-Frau das Jawort abgerungen hat. Er gleicht sich gern ihrer rasanten Art an und könnte auch ohne Trauschein für eine Weile mit ihr glücklich sein.

Der *Krebs*-Mann mag es gern etwas ruhiger, obwohl er jederzeit mit der temperamentvollen Widder-Frau mithalten könnte. Aber wenn er zu nörgeln beginnt, vergißt die Widderin vielleicht ihre gute Erziehung und zählt taktlos seine schwachen Seiten auf.

Im Zeichen der Sterne ist nichts unmöglich

An der Seite eines *Steinbock*-Mannes fühlt sich die Widder-Frau ein wenig zurückgesetzt. Er jagt seinen Geschäften nach und vergißt darüber manchmal ganz die ehelichen Pflichten. Hier hängt ebenso wie in einer Verbindung mit einem *Skorpion*-Mann des öfteren der Haussegen schief – doch es gibt unterm Sternenzelt keine unmöglichen Verbindungen.

Wie man die Feurige loswerden kann

Nichts ist einfacher, als eine Widder-Frau zu vergraulen. Der Mann ihrer Wahl muß nur den Müden spielen, wenn sie die Lust packt, oder im Bett lesen, wenn sie anderes im Sinn hat.

Schlimm wird's, wenn man ihr in aller Öffentlichkeit widerspricht oder – noch schlimmer – sich mit ihrer Mutter in ihrem

Beisein über ihre Unarten unterhält. Zunächst wird sie das alles nur kühl registrieren oder möglicherweise sogar fröhlich darüber hinwegsehen – bis sie eines Tages die Wut packt und sie sich anderwärts nach jemandem umsieht, der sich besser auf sie einstellt als der ekelhafte Kerl, der sie nicht tun ließ, was sie wollte, und sich sogar über sie lustig machte.

Die Pluspunkte des Widder-Menschen

Im Zeichen des Widders geborene Menschen sind selbstbewußt und zupackend, impulsiv, zielgerichtet, jähzornig und aufbrausend – aber nie nachtragend

Der Widder-Mensch ist ein dynamischer Typ, der sich eigentlich keine Gedanken um seine Gesundheit zu machen braucht, zumal es ihn in jeder freien Minute hinaus in die Natur zieht. Hier findet er die körperliche Betätigung: Er wandert gern, und er ist auch einem kleinen Waldlauf oder einer anderen sportlichen Betätigung nicht abgeneigt. Selbst Frauen aus diesem Zeichen joggen für ihr Leben gern. Wer in des Widders persönlichem Horoskop negative Gesundheitswerte feststellt, sollte immer seine Widerstandskraft ins Kalkül ziehen.

Mars gibt seinem Schützling auch auf anderen Gebieten die Selbstsicherheit und Energie, sich durchzusetzen. Ein Widder-Mensch reagiert schnell und hat eine klare Zielvorstellung. Er ist ein Kämpfer, für den es Hindernisse nur gibt, um sie wegzuräumen. Seine Impulsivität läßt ihn jeden Gegner sofort attackieren: Es ist der Überraschungseffekt, der den Widder siegen läßt.

Die Schwachstellen des Widder-Typs

Seine Ungeduld macht manches zunichte, seine Verwegenheit läßt ihn Gefahren, die am Lebensweg lauern, oft erst erkennen, wenn es fast schon zu spät ist. Der Widder-Mensch will mit dem Kopf durch die Wand und denkt nicht an die Beulen, die er sich holen wird. Er ist jähzornig und braust beim geringsten Anlaß auf. Da er Unrecht schnell einsieht, wird die Wut über eigenes Fehlverhalten größer sein als die über seine Gegner. Das kostet Nerven.

Er müßte sich beherrschen lernen. Aber welcher echte Widder kann das schon? Es ist das eigene ungestüme Ich, das selbst dem widerstandsfähigsten Widder-Typ eine Fallgrube graben kann.

Stier-Menschen haben viel Selbstvertrauen

Am 21. April tritt die Sonne astrologisch in das Tierkreiszeichen Stier (21. April bis 20. Mai). Das Wetter wird zusehends beständiger. Es färbt auch auf die Stier-Menschen ab: Ihr Charakter ist ausgeglichen, ihr Selbstvertrauen überwindet selbst stürmische Zeiten.

Selbstbewußt und ausgeglichen sind unter dem Frühlingszeichen Stier-Geborene

Sie schätzen die Bequemlichkeit und lieben gutes Essen, aber auch geistige Nahrung. Sie wollen in Frieden leben. Wer sie aber reizt, lernt eine Unebenheit in ihrer Nachtseele kennen: Ohne Rücksicht auf Verluste können sie auf jeden losgehen, der ihnen nach ihrer Meinung Unrecht getan hat. Wer sie so erlebt, sollte schnell das Weite oder bessere Argumente suchen.

Stier-Menschen sind, wenn es darauf ankommt, ordnungsliebend, ihre Nonchalance läßt sie Unordnung jedoch durchaus ertragen. Sie bemühen sich, stets korrekt gekleidet zu gehen, pingelig genau sind sie aber nicht.

Als robuste Naturen sind sie nicht so leicht umzuwerfen. Erkrankungen drohen vor allem im Bereich des Halses, der Kehle

und der Schultern. Manchmal machen ihnen auch die Nieren und der Stoffwechsel Kummer. Und natürlich die Figur.

Ein Zeichen unter dem Einfluß der Venus

Der Planet Venus beherrscht dieses Erdzeichen. Hellgrün ist seine Farbe und Kupfer sein Glücksmetall. Zu seinen Glückssteinen zählt der wasserhelle Saphir, der nach alter astrologischer Weisheit den Wohlstand mehrt. Der grüne Moosachat, ein weiterer Glücksstein für den Stier-Menschen, sollte von diesem besonders in Zeiten getragen werden, in denen Epidemien das Land heimsuchen, und der dunkelblutrote bis gelbe Karneol soll seine Seele von schwermütigen Gedanken befreien und Lebensängste vertreiben. Wer bei seiner Geburt die Sonne im Zeichen Stier stehen hatte, ist praktisch veranlagt. Er denkt nicht allzu schnell, dafür um so gründlicher. So leicht kann ihn nichts aus der Ruhe bringen.

Der Stier-Mensch hat die Geduld, jede Sache zu einem guten Ende zu bringen. Die Zeit, die er dazu braucht, spielt für ihn keine Rolle. Im Grunde seines Wesens ist er freundlich und hilfsbereit, aber auch emotionsgeladen, wenn es gilt, die eigene oder anderer Leute Sache zu verteidigen. Eifersucht und beleidigter Stolz machen ihm hier und da zu schaffen.

Der Dauerbrenner im Tierkreis

Geduld und Ausdauer sind Stiertugenden

In Wolkenkuckucksheim ist er nicht zu Hause: Der Stier-Mensch steht mit beiden Beinen fest auf der Erde. Der Spatz in der Hand ist ihm lieber als die Taube auf dem Dach. Eine feste Position weiß er zu schätzen. Zu gegebener Zeit wird er es schon zu etwas bringen. Im Beruf will er mehr Vorbild sein, die Ellenbogen gebraucht er nicht.

Felsenfest ist er davon überzeugt, daß er eines Tages ganz oben steht. Verantwortung trägt er gern. Der Stier ist gewissermaßen der Dauerbrenner unter den Tierkreiszeichen. Und das wissen Chefs zu schätzen.

Stiere sind friedfertig, aber nicht konfliktscheu

Am Arbeitsplatz liebt der Stier-Mensch die friedliche Koexistenz. Wenn ihm aber die Kollegen nicht passen und der Chef allzu autoritär ist, kann ein einziges schiefes Wort aus dem Dauerbrenner einen Dauerrenner machen. Manche unter diesen von der Venus begünstigten Sternenkinder wechseln so lange die Stellung, bis ihnen endlich eine paßt, in der sie bis zur Pensionierung in Treue fest bleiben können.

Chefs aus dem Stier-Zeichen – sie sind im weiblichen Sektor eher dünn gesät – sind freundlich und geduldig, solange ihre Mitarbeiter zum Wohle der Firma fleißig sind. Sie übersehen auch mal ein vorübergehendes Nachlassen der Spannkraft. Dauerfaulenzer aber sollten sich hüten: Ihr Stier-Chef wird sich eine Zeitlang das Spielchen anschauen, ohne die sprichwörtliche Freundlichkeit zu verlieren, bis dann ganz plötzlich per Einschreiben mit Rückantwort der blaue Brief ins Haus flattert.

Sicherheitsdenken geht vor Risikofreude

Stier-Menschen sind immer auf die Mehrung ihres Besitzstandes bedacht, stecken aber sofort zurück, wenn sie allzu viel wagen müßten. Ihnen ist die Sicherheit des Erarbeiteten lieber als noch so schöne Aussichten auf allerdings fraglichen Gewinn. Als Chefs möchten sie in allen Dingen die letzte Entscheidung haben. Eigensinnig halten sie an Leuten fest, die sie eingestellt haben. Dieses geduldige Beharren macht den Stier-Menschen nicht nur im Chefsessel so liebenswert.

Die besten Berufe für einen Stier-Menschen

Ideale Hausfrau? Die Stierin verneint's

Sagen wir es gleich vorweg und geben damit den Männern, die um ihre Gunst buhlten und von ihnen bekocht wurden, das Wort: Der beste Beruf, den eine Stier-Frau ausüben könnte, wäre der einer Hausfrau. Das sollte man ihr nicht zu laut sagen; denn auch die Stier-Frau lebt vom Widerspruch. Sie will in einem »richtigen« Beruf ihre Fähigkeiten beweisen. Zwar übt sie im stillen Kämmerlein gern Selbstkritik und beklagt sich mit dem alten Sokrates-Wort »Ich weiß, daß ich nichts weiß«, aber so ganz ernst nimmt sie diese stille Einkehr auch wieder nicht.

Ihr Tüftelsinn macht sie zur hervorragenden Wissenschaftlerin. In der Forschung haben Stier-Frauen längst Fuß gefaßt. Als pädagogische »Wunderkinder« stellen sie die besten Lehrerinnen, weil sie sich in ihre Schüler hineindenken können, wobei sie fortschrittliche Erziehungsmethoden bevorzugen. In den Finanzämtern wird ihre Sachkenntnis, gepaart mit viel Verständnis für ihre Kundschaft, die Steuerzahler, gelobt.

In der Modebranche kann die Venustochter ebenso Überragendes leisten. Künstlerische Fingerfertigkeit hilft ihr auch in anderen artverwandten Berufen. Ihr musisches Talent ist bekannt.

An der frischen Luft blühen sie auf

Die Männer aus diesem Tierkreiszeichen drängen sich oft nach erdverbundenen Berufen. Man findet sie in Gärtnereien, auf Bauernhöfen oder im Baugewerbe. Hier blühen sie auf, weil sie an der frischen Luft arbeiten können, die für sie lebenswichtig ist. Als Handwerker schaffen sie mit viel Geduld, wobei ihre Genauigkeit dem Kunden nützt. Sie haben ein Faible für die Naturwissenschaft, was sie nicht hindert, auch in weniger exakten Wissenschaften ein auskömmliches Einkommen zu erziehlen. Sofern die Venus in ihrem Geburtshoroskop betont ist, zieht es Stier-Menschen beiderlei Geschlechts zu den schönen Künsten hin. Viele Schauspieler und Sänger, Musiker und Maler wurden unter diesem Zeichen geboren.

Venus sorgt für die künstlerische Ader

Als Finanzgenies sind sie bekannt, obwohl sie bei den eigenen, ganz privaten Finanzen trotz dem Willen zu großer Sparsamkeit zeitweise schludern können. Trotzdem verstehen sie das Manipulieren mit Geld und festen Werten wie kaum sonst einer. Man kann ihnen vertrauen. Deshalb schätzen Banken und Versicherungen diese Venus-Kinder als gute Innen- und Außendienstmitarbeiter. Sie sorgen in diesem Sektor nicht nur für die eigene materielle Absicherung, sondern auch für die anderer Leute.

Fachmännischer Rat und Hilfsbereitschaft des Stiers sind gefragt

Es kommt natürlich auf das persönliche Horoskop an, wie sich der Stier-Mensch entwickelt. Je eindeutiger er vom eigenen Zeichen geprägt ist, desto eher wird sich unsere Charakterstudie auch in seinem weiteren Lebensweg bewahrheiten. Trotz seiner Erdverbundenheit zählt der Stier-Mensch zu den Typen, die am ehesten zu beeinflussen sind. Schon ein strenger Aszendent oder ein schiefstehender Planetenaspekt können hier Einschneidendes verändern.

Er ist ein Rosenkavalier

Freundschaften dauern beim Stier-Mann oft nur so lange, wie sie ihm Nutzen bringen können. In der Liebe ist das anders: Er sucht lange, bis er endlich die Traumfrau gefunden hat. Oft weiß diese dann noch gar nichts von ihrem Glück. Der Stier-Mann hat sie ausgesucht – nun wird er um sie freien. Mag sie über den »lästigen Vogel« auch schimpfen – er wird sie so lange beknien, bis sie ihn erhört.

Ein ausdauernder Freier: der Stier-Mann

Der sonnige Venus-Typ aus dem Stier-Zeichen hat nicht zu knapp Chancen bei Frauen, obwohl er als Playboy auf der Bühne des Lebens sicher durchfallen würde. Stürmisch ist er wahrhaftig nicht. Wenn er sich um eine Frau bemüht, hat das nichts mit einer flotten Anmache zu tun. Er versucht's zunächst mit einem tiefsinnigen Gespräch, um ihre geistige Tiefe auszuloten. Flirts, die ziemlich eindeutig zweideutige Absichten erkennen lassen, sind nicht seine Sache.

Wenn er das Gefühl hat, sie sei die Richtige, ist für den sonst so Sparsamen nichts zu teuer. Er wird ihr täglich unerkannt Blumen ins Haus schicken, so daß sie rätseln mag, wer da wohl den Rosenkavalier spielte. Eines Tages wird er die Neugierige in ein gutes Restaurant einladen und ihr bei Hummercocktail und trockenem Wein gestehen, was er ihr durch die Blume sagen wollte. Und dann – hofft er – wird es ihr wie Schuppen von den Augen fallen, daß es dieser und sonst keiner sein müsse, der ihr Herz gehören soll. Daß sich bei solchem Vorgehen mit der Zeit auch manche trübe Erfahrung beimischen wird, ist verständlich; denn jede Hoffnung ist trügerisch. Und anonyme Blumen kosten auf die Dauer ein Vermögen.

Champagner, Rosen, Hummer – der Stier-Mann wirbt stilvoll um die Dame seines Herzens

Ein Langsamstarter in der Liebe

Wenn er verliebt ist, kann auch der Stier-Mann Süßholz raspeln. Doch in dieser Rolle versagt er oft: Er kommt sich albern vor! In solchem Falle bleibt bei ihm der Flirt sozusagen im Ansatz stecken.

Damen, die an diesem Venus-Jünger Interesse zeigen, sollten ihm zuhören können. Er kann amüsant erzählen und kommt dabei vom Hundertsten ins Tausendste. Seine Gedankensprünge sind aber stets mit Bonmots gespickt. Über seine Witze kann man getrost lachen. Zweideutiges sagt er erst, wenn er sich mit der Zuhörerin einig wurde.

Mag sich ein Stier-Mann im Lebenskampf auch mit starken Männern messen und sie mit gar nicht so herkömmlichen Methoden zu Fall bringen – bei Frauen bleibt er immer Gentleman. Höflichkeit und Zurückhaltung dem sogenannten schwachen Geschlecht gegenüber sind für ihn Kavalierspflicht.

Der Stier-Mann gehört zu den Langsamstartern in der Liebe. Wenn aber die Frau seiner Wahl auf seinen Stil eingeht, wird es gar nicht so lange dauern, bis man sich einig ist.

Er ist durchaus für ein Zusammenleben auf Probe, weil er seine Schwächen kennt. Aber empfehlenswert ist das nicht: Er lernt dann auch die Schwächen seiner Partnerin kennen, die er bisher vielleicht liebevoll übersah. Am besten: man schleppt ihn gleich aufs Standesamt. Er läßt sich gern verführen, weil er eigentlich nicht allein sein kann. Das einzig Bedenkliche: Von nun an wird die Frau als sein unveräußerliches Eigentum betrachtet, das er eifersüchtig hüten wird.

Frauen, die um diesen Schwachpunkt in seiner Nachtseele wissen, wohnen so lange wie möglich getrennt von ihm, packen ihn bei den Hörnern oder kraulen ihm den Kopf. Das mag er, obwohl er sonst ein rechtes Kräutchen Rührmichnichtan ist. Was ihn mehr begeistert, sind gutes Essen und Trinken. Schon mancher Stier-Mann fiel auf eine Frau herein nur, weil sie gut kochen konnte. Das bringt mit den Jahren Gewichtsprobleme.

Die Frau des Stiers sollte es mit Cäsar halten: Laßt dicke Männer um mich sein!

Übrigens zieht ein Stier-Mann kaum den schwarzen Anzug an, um die Eltern seiner Liebsten um die Hand ihrer Tochter zu bitten. Das würde seinem antiautoritären Denken widersprechen. Eher schon könnte er sich ganz altmodisch vor die Geliebte hinknien und theatralisch mimen: Sei mein!

Sex ist sein Steckenpferd

Dieser Mann, der nach außen hin so nüchtern und abgeklärt erscheint, hat ein Steckenpferd, das er für sein Leben gern reitet: Liebesspiele sind für ihn die schönste Freizeitbeschäftigung! Aber es gilt, dabei einige Spielregeln zu beachten. Zum Vorspiel zum Beispiel gehört für ihn der festlich gedeckte Tisch mit silbernen Leuchtern und teurem Porzellan.

Ein Genießer nicht nur des guten Essens ist der Stier-Mann

Der Stier genießt langsam und bewußt, und gerade das macht viele Frauen schwach, die von Tisch- auf Bettgewohnheiten schließen. Sie haben gerade beim Stier-Mann mit ihren Vermutungen recht. Wer wie er sich weigert, Champagner aus dem Zahnputzglas zu trinken, liegt ungern auf feuchtem Rasen oder unbequemen Autorücksitzen. Er bevorzugt weiche Unterlagen und sanfte, anschmiegsame Partnerinnen.

Venus gab ihrem Schützling aus dem Stier-Zeichen die Leidenschaft, aber wohl auch die Bedächtigkeit mit, die den Genuß erhöht. Gerade so kühle Frauentypen wie aus der Jungfrau und dem Steinbock fließen bei ihm dahin.

Seine empfindsamen Zonen

Obwohl er zum Platzen potent ist, läßt er sich Zeit. Und wenn seine Partnerin keine Spielverderberin ist und mitmacht, wird auch sie bald von dem Stier-Mann als einem exzellenten Liebhaber schwärmen. Mit Sex-Akrobatik hat er wenig im Sinn.

Da muß viel Zärtlichkeit im Liebesgetriebe sein, wobei die erfahrene Frau seine empfindsamen Zonen an Hals und Nakken bei ihren zarten Streichelkünsten einbezieht. Seine Sinnesfreudigkeit verlangt Gefühl, kein schnelles Aus und Vorbei. Es ist die behutsame Bedächtigkeit des Stier-Mannes, die Frauen von ihm träumen lassen, auch wenn er in Sachen Sex nicht sehr einfallsreich ist und kaum als Erfinder berauschender Lustspiele gehandelt werden kann.

Für den Stier ist das Schlafzimmer kein Turnsaal, sondern der Raum, in dem man in Ruhe, aber ausdauernd genießt und sich danach wohlig unter der Daunendecke räkelt.

Spiele, bei denen der Körper in allen möglichen und unmöglichen Stellungen verrenkt werden muß, macht er schon wegen seiner Bandscheiben nicht mit, die ja bereits durch eventuelles Übergewicht genügend strapaziert werden. Frauen, die da anderer Meinung sind, sollten sich nicht mit dem Stier verbinden.

Bis daß der Tod euch scheide ...

Wer einen Stier-Mann heiratet, kann sich darauf einrichten, mit ihm auch die goldene Hochzeit zu erleben, sofern nichts Gravierendes dazwischenkommt. An dem Gebot »Bis daß der Tod euch scheide« hält er starrköpfig fest. Auch wenn er einige Ausflüge aus dem Eheleben starten mag – seine Frau darf sich solche nur in ihren Träumen wünschen. Wenn sie klug ist, wird sie auch diese für sich behalten; denn selbst auf Gespenster, die in alten Gemäuern spuken, ist ein Stier-Mann eifersüchtig.

Freilich ist es mit seinen außerehelichen Ausflügen meist nicht allzu weit her. Schließlich liebt jeder Stier-Mann, wenn er in die Jahre gekommen ist, ein trautes Heim mit vorgewärmten Filzpantoffeln. Er kann treu wie Gold sein, wenn seine Frau nicht nur gute Hausfrau und Mutter seiner Kinder ist, sondern auch die perfekte Geliebte bleibt.

Es könnte nichts schaden, wenn sie etwas Vermögen in die Ehe mitbrächte, das er als sparsamer Hausherr verwalten kann. Sollte das nicht der Fall sein, hat er nichts dagegen, wenn sie halbtags etwas hinzuverdient, wobei er sich aber ihre Kollegen vorher genau ansieht. Man weiß ja nie ... Auf jeden Fall aber müßte sie gescheit sein; denn dumme Frauen haßt der Stier.

Heißgeliebte Jungfrau

Es wurde schon erwähnt. Mit *Jungfrau-* und *Steinbock-*Geborenen würde der Stier-Mann das Glück seines Lebens machen. Seine behutsame Art zu lieben kommt diesen etwas kühleren Sterntypen entgegen und läßt sie in den Wonnestunden des Lebens Höhepunkte erleben, die sie sich bei anderen Männern nur erträumen können.

Idealpartnerinnen: Jungfrau- und Steinbock-Frauen; eher schwierig: Zwilling- und Wassermann-Geborene

Wollüstige Freude wird der Stier-Mann auch bei der *Schütze-* und der *Stier-*Frau wecken. Nur: Die Schützin schürt manchmal seine Eifersucht, und seine Sternenschwester neigt ihrerseits dazu. Mit den Jahren wird man sich aber zusammengerauft haben.

Er schätzt die tiefen Gefühle, die ihm eine *Krebs-*Frau entgegenbringt, vergrault die Empfindsame aber zu oft mit seinem aufbrausenden Wesen, das auch die liebevollen Frauen aus der *Waage* und aus den *Fischen* verschrecken und Sand ins Getriebe bringen könnte.

Als Kavalier vom Scheitel bis zur Sohle betet er die hoheitsvolle *Löwe-*Dame an. Das hebt ihre Stimmung nicht nur im Schlafzimmer. Auch mit *Skorpion-* und *Widder-*Frauen käme der Stier-Mann hervorragend zurecht, wenn sie sich nur besser auf seine bedächtige Art einstellen könnten.

Die *Zwillinge-*Frau ist ihm ein wenig zu direkt, er ihr manchmal etwas zu schwerfällig. Einigen sich die beiden vor der angestrebten Hochzeit auf eine längere Probezeit, könnten sie danach vielleicht besser miteinander auskommen.

Und die *Wassermann-*Frau möchte in einem Verhältnis mit dem Venus-Schützling trotz erotischer Übereinstimmung immer noch genügend Freiraum haben. Es ist die geistige Freiheit, die der Stier nicht versteht, weil er stets den Alleinanspruch stellt.

Die Nachtseele des Stier-Mannes

Kluge Frauen, die ein wenig in die Nachtseele eines Stier-Mannes blicken konnten, entziehen sich ihm möglicherweise gleich; denn je länger ein Verhältnis mit ihm dauert, desto schwerer wird es, ihn loszuwerden. Zeitweiliger Liebesentzug vermag ihn zu schocken. Aber da er nie den Grund bei sich selbst sucht und gern auch weiterhin den Kavalier spielt, ist das auch kaum die richtige Lösung, ihn zu vergraulen.

Die Superfrau fürs Herz

Venus gab fast jedem ihrer weiblichen Stier-Schützlinge alles mit, was Männer mögen: Weibliche Superformen, grazile Haltung, den verführerischen Augenaufschlag und jenes gewisse Etwas, das den Müdesten munter macht. Wer sie zum erstenmal sieht, könnte sie leicht mit jenen Playgirls verwechseln, die sich zur Schau stellen, um geliebt zu werden. Oder mit einem männermordenden Vamp, der in seinem ganz privaten Adreßbuch Strichlisten für den Sündenfall der Menschheit führt.

Eine treue Seele verbirgt sich hinter den Reizen der Stier-Frau

Das Bild täuscht: Die aufregende Stier-Frau ist in Wirklichkeit ganz solide. Unter ihrem zweifellos bemerkenswerten Busen schlägt das Herz meistens nur für den einen Mann ihres Lebens. Sie verliert es nicht planlos in Heidelberg, sie verschenkt es – möglichst nur einmal.

Obwohl dieses herzige Weibchen vorgibt, eine dicke seelische Hornhaut zu haben, ist diese zur Schau gestellte Robustheit Makulatur; denn im Grunde ihres Wesens ist die Stier-Frau ein leicht verletzliches Wesen.

Treue erwartet sie auch von ihrem Partner, die Stierin

Wer sie hintergeht, lernt ihre Eifersucht kennen, die das Inventar schon so manchen Haushalts dezimierte, weil eine wütende Stier-Frau mit allem um sich warf, was in ihrer Reichweite stand. Wir möchten nicht in der Haut eines Mannes stekken, den die Stier-Frau auf frischer Tat ertappt! Da wird aus dem sonst so reizenden und anschmiegsamen Kätzchen eine reißende Raubkatze.

Sie ist der Kunst, der leichten Muse sehr zugetan. Man findet die temperamentvolle Stier-Geborene daher häufig in literarischen Zirkeln und in Gruppen, die Revolutionen planen. Hier spricht sie mit, setzt ihre Meinung durch und – flirtet ganz nebenbei mit diesem und jenem. Sie fährt ihre Gefühlsantenne aus und testet, wer wohl am besten zu ihr passen könnte. Hier ist der geeignete Ansatzpunkt für Männer, die eine Stier-Frau erobern möchten.

Man lade sie ins Theater ein und diskutiere über das Gesehene hinterher in einem wirklich guten Restaurant. Wie ihr Sternenbruder ist sie eine Feinschmeckerin. So kommt man sich näher und darf sich rühmen, bald von ihr selbst mit ihren Lieblingsspeisen bekocht zu werden. Man lobe ihre Kochkunst, übersehe aber gentlemanlike, wenn sich diese bei ihr in einigen überflüssigen Pfunden angesetzt haben sollte.

Sex mit und ohne Trauschein

Obwohl die meisten Stier-Frauen irgendwann einmal heiraten, macht's ihnen nichts aus, auch ohne Trauschein mit dem Mann ihres Herzens zusammenzuleben. Sie sind nicht prüde, tun nur manchmal so, um ihren Wert zu erhöhen, weil sie wissen, wie sehr manche Männer auf scheinbare Jungfräulichkeit fliegen.

Schnelle Entschlüsse bei der Partnerwahl sind nicht Sache der Stier-Frau

Trotzdem gehen sie bedächtig an die Auswahl ihres zukünftigen Favoriten heran und versuchen, die Spreu vom Weizen zu trennen. Nur so kommen Stier-Frauen mit der Zeit zu einiger Lebenserfahrung und zu einem späten Glück mit einem Mann, der oft eigentlich so gar nichts mit dem Held ihrer Jungmädchenträume gemein hat, den sie sich aber als geschickte Bastlerinen nach ihrem Gefühl zurechtschnitzen.

Wenn ihr der Mann gefällt, ist die Stier-Frau zu allem bereit. Bei ihr ist es schließlich immer die Liebe auf den ersten Blick. Aber im Laufe ihres Lebens kann sie manche solcher Blicke verschwenden ...

Hat es ein Mann endlich geschafft, die Stier-Frau zu Liebesspielen zu animieren, macht sie willig mit. Nur die Umgebung muß stimmen: Hier ein rosarotes Kissen, dort schimmerndes Licht. Und vorher geht man zu Tisch und stärkt sich an den von der Venustochter gezauberten erlesenen Genüssen. Erst dann sollte man zur Sache kommen.

Ein romantisches Ambiente gefällt der Stier-Geborenen

Eine Stier-Frau verlangt viel von ihrem Liebhaber. Sie mag ausgedehnte Vorspiele, braucht Streicheleinheiten und Küsse, wobei der Herzensmann stets ihre erogenen Zonen – Hals und Nacken – in seine Liebkosungen einbeziehen sollte. Und außerdem: Sie möchte sich langsam in das frivole Vergnügen der reinen Körperlichkeit hineinsteigern. Männer, die sich da ungeschickt anstellen, werden schnell abserviert oder umerzogen, wenn die Liebe auf den ersten Blick noch anhält.

Draufgänger mag sie nicht

Es ist nicht leicht für den Mann, bei einer Stier-Frau auch sexuell zu bestehen. Sie mag zum Beispiel jene Draufgänger nicht, die ihre Potenz gleich mehrmals hintereinander beweisen wollen. Was eben noch von den ausgedehnten Vorspielen gesagt wurde, gilt auch für die Zwischenspiele: Je länger ihr Partner es versteht, die Zeit charmant zu überbrücken, desto mehr hat die Stier-Frau davon.

Ihr Liebhaber sollte Zeit mitbringen

Gefühl ist bei ihr alles. Der Geschlechtsakt selbst, so macht sie glauben, ist eigentlich nur ein Nebenbei, das sie duldet, um dem Mann einen Gefallen zu tun. Die »schnellen Brüter« sind bei ihr nicht gefragt. Oft genügt ihr schon ein intensiv ausgedehnter Flirt zur erotischen Befriedigung. Dann rückt sie ganz nahe an ihr Zielobjekt heran und läßt es ihren Körper spüren.

Solch körperliche Flirtbereitschaft trug mancher dieser Venus-Jüngerinnen den Vorwurf ein, sie seien leichtsinnige Luder, die es um jeden Preis auf die Männer abgesehen hätten. In Wirklichkeit haben Stier-Mädchen nur Lust am fröhlichen Spiel und denken sich nichts dabei, wenn sie einem Mann allzu nahe auf den Pelz rücken.

Es ist das beinahe kindliche Spiel, das Stier-Frauen bevorzugen. Um ihre Spiellaune noch zu unterstreichen, benutzen sie beim zärtlichen Tête-à-tête oft auch die Kindersprache. Männer, die das albern finden, sollten schleunigst das Weite suchen. Die Stier-Frau hat ihren eigenen schrulligen Humor, den man – so komisch das klingt – ernst nehmen sollte.

Fröhlich, kindlich, ja verspielt – Stier-Frauen sind meist sonnige Wesen

Am Ende findet jede Stier-Frau ihren Hafen, in dem sie glücklich ist. Alle Tändelei hat schließlich nur den einen Zweck, den einen zu finden, der zu ihr paßt. Als Ehefrau oder Festverbandelte ordnet sie sich sogar auch mal unter, wenn der Herzensmann ansonsten ihre Wünsche erfüllt. Er müßte lieb und häuslich sein und mit ihr alles besprechen, was er auf dem Herzen hat. Sie kann zuhören, vor allen Dingen aber müßte er ihr zuhören können. Sie kann am laufenden Band Geschichten erzählen. Wehe dem Mann, der sich dabei langweilt!

Die Favoriten einer Stier-Frau

Zu den Favoriten einer Stier-Frau zählt vor allem der *Jungfrau*-Mann. Er will sich wie sie langsam ins intime Vergnügen steigern. Und er lehrt sie, wie man sein Geld sparen und überhaupt Ordnung halten kann. Er ist zärtlich zu ihr wie zu seinem Kätzchen, das Mittlerin zwischen den beiden im Temperament so unterschiedlichen Typen sein kann.

Die an sich sprichtwörtliche Kühle eines *Steinbock*-Mannes wird sie allmählich auftauen, weil bei ihm sonst alles stimmt – auch die Kasse. Und beim *Stier*-Mann könnte nur der beiderseitige Eigensinn das ansonsten angenehm gleichgeschaltete Vergnügen stören.

Mit dem *Schütze*-Mann verbindet die Stier-Frau die gleiche erotische Ausstrahlung, nur der Leichtsinn des Schützen könnte der Idealverbindung im Wege stehen – besonders dann, wenn seine Abirrungen die Eifersucht des Venus-Schützlings schüren.

Da wären für sie die Männer aus dem *Fische*- oder aus dem *Krebs*-Zeichen besser. Beide profitieren von der Erfindungsgabe der Stier-Frau, die sie schon beizeiten umerziehen und auf ihr Naturell einstimmen wird.

Fisch und Krebs passen nicht schlecht zu ihr

Mehr Temperament haben *Skorpion*- und *Widder*-Männer. Diese beiden könnten sie aber mit allzu rasantem Vorgehen ein um das andere Mal verschrecken. So mancher Krach stünde ins Haus. Ob das der Stier-Frau auf die Dauer gefällt, ist fraglich. Vielleicht macht's ihr geniales Geschick im Umerziehen auch schwieriger Typen möglich.

Auf gleicher Venuswelle funkt der *Waage*-Mann, der ihr aber oft zu oberflächlich reagiert. Da wäre der *Wassermann* schon besser. Er beflügelt die Stier-Frau mit seiner Phantasie. Leider hat er meist aber ihr gegenüber so seine Heimlichkeiten, die sie beargwöhnt.

Der *Zwillinge*-Mann ist in Sachen Sex ein Luftikus, weshalb es von Zeit zu Zeit zwischen ihm und der Stier-Frau gewaltig knistern könnte.

Bei Zwilling und Löwe kann es funken

Bliebe noch der *Löwe*-Mann, dessen Ritterlichkeit der Stier-Frau gefällt. Er schürt stets zur rechten Zeit ihr feuriges Temperament an. Seine erotische Ausstrahlung bringt sie richtig auf Trab.

Warum sie wegläuft ...

Nichts ist leichter, als eine Stier-Frau loszuwerden. Man schüre ihre Eifersucht, flirte in ihrem Beisein und schwärme von einer anderen Frau in den höchsten Tönen. Entweder geht die Stier-Frau dann gleich auf ihre verhaßte Rivalin los, oder sie zieht die Konsequenzen und läuft Hals über Kopf auf Nimmerwiedersehen davon.

Eifersucht ist ein Trennungsgrund

Was sie auch auf die Palme bringt: Man spreche tagelang nicht mehr mit der so Diskutierfreudigen und betrachte sie als Luft. Die Stier-Frau ist zwar treu, aber sie will beachtet sein. Jeder Mann, der das nicht begreift, den läßt sie ziemlich schnell sitzen.

Die Pluspunkte des Stiers

Der Stier-Mensch kann selbst die schwierigste Aufgabe mit Geduld und Ausdauer meistern. Er wägt viel und wagt nur dann, wenn er sicher sein kann, daß sein Einsatz nicht umsonst ist. Er hat einen guten Draht zu Geld und festen Werten. Seine Treue ist sprichwörtlich. Vertrauen ehrt ihn. Man schätzt seinen gesunden Menschenverstand und seinen praktischen Sinn.

Wenn der Stier-Mensch gute Aspekte in seinem Geburtshoroskop hat (etwa die Sonne-Jupiter-Konjunktion), ist er sehr zielsicher und nimmt gleich mehrere Hürden auf einmal. Sonst genügt ihm auch ein langsameres Vorwärtskommen. Er hat ein Beharrungsvermögen, das ihn schließlich doch das Zielband zerreißen läßt. Ehrgeizig ist er nicht allzu sehr. Mögen andere auch nach unerreichbaren Sternen trachten, er bleibt auf dem Boden der Tatsachen. Das kleine Glück ist jedem Stier-Menschen lieber als das große, das irgendwo nebelverhangen lockt. Er scheint der Genügsamste unter dem Sternenzelt zu sein, wenn es um den Erfolg geht.

Stärken und Schwächen im Zeichen des Stiers

So erscheint er als Phlegmatiker und ist doch etwas ganz anderes: Ein Mensch, der weiß, was er will. Und der darum vielleicht gerade mehr erreicht als die Stürmer und Dränger, die vergessen, ihren Erfolg beizeiten abzusichern.

Die Schwachstellen des Stiers

Der Stier-Geborene ist eigentlich ein recht barocker Menschentyp. Er liebt die Völlerei, die ihn mit den Pfunden wuchern läßt. Da das der Figur schadet, entschließt er sich, abzuspecken – tage- und auch wochenlang. Das schadet ihm noch mehr. Er treibt zu oft mit seinen Kräften Raubbau. Er strebt nach Harmonie und macht möglicherweise alles mit seiner Eifersucht kaputt.

Prüfungen machen ihn krank. Schon mancher Stier-Mensch bekam hohes Fieber aus Angst, das in schlaflosen Nächten Vorbereitete könne für ein Examen nicht reichen. Es ist eine gewisse Hysterie, in die er sich hineinsteigert.

Der Stier-Mensch liebt heiße Diskussionen und kann eine einmal als richtig erkannte Meinung bis zum Exzeß vertreten. Wenn es um seine persönlichen Belange geht, ist er leicht beleidigt und dann auch unduldsam.

Die zwei Seelen der toleranten Zwillinge

Sprichwörtlich ist die Hin- und Hergerissenheit der Zwillingsmenschen

Vom 21. Mai bis 21. Juni steht die Sonne im Tierkreiszeichen Zwillinge. Die Natur wechselt vom heiter beschwingten Frühling allmählich in den Sommer. Aus zarten Blüten bilden sich Fruchtansätze, die in der Sonne Glut reifen. Menschen, die in dieser Naturwende geboren wurden, haben zwei Seelen in ihrer Brust. Die eine drängt nach vorn und kennt kaum Skrupel, wenn es um den persönlichen Erfolg geht, die andere bringt moralische Grundsätze ins Spiel und verzögert manchmal sogar das, was sich erfolgreich anbahnte.

Das Doppelzeichen Zwillinge zeigt Höhen und Tiefen. Mal läßt es die unter ihm Geborenen himmelhochjauchzend, dann zu Tode betrübt sein. Oft kommen wichtige Entscheidungen wie aus der Pistole geschossen, können aber ebenso rasch wieder umgestoßen oder ins Gegenteil verkehrt werden.

Regent der Zwillinge ist astrologisch der Planet Merkur, der seine Schützlinge mit Vernunft begabte und ihnen einen sicheren Sinn für finanzielle Vorteile mitgab. Aber auch dieser Plane-

tenherrscher kommt nicht gegen die Doppelnatur der Zwillinge an: In den entscheidenden Augenblicken ihres Lebens lassen die in einem Luftzeichen Geborenen ihr Herz sprechen, auch wenn das wider alle Vernunft wäre.

Ihre Versprechungen und guten Vorsätze sind immer ernst gemeint, aber sie werden nicht immer eingehalten. Man sollte ihnen daraus keinen Vorwurf machen und lieber daran denken, daß man selbst ja ebenfalls nicht fehlerlos ist. Wer kann schon dafür, wenn in dieser schnellebigen Zeit etwas dazwischenkommt, das zu einem Kurswechsel zwingt?

Auf dem kürzesten Weg suchen sie den Erfolg und rennen dabei vielleicht ein Hindernis um, das sich plötzlich vor ihnen aufbaut. So kommen sie zu Lebenserfahrungen.

Das kostet natürlich Nerven, weshalb die Nerven der anfälligste Teil des Zwillinge-Menschen ist. Da sie sich nie schonen, haben sie leicht Erkältungen, die oft chronische Erkrankungen nach sich ziehen. Obwohl sie gegen Krankheiten mit allerlei Mittelchen und Traktätchen ankämpfen und für eine vernünftige Lebensweise eintreten, sündigen sie viel zu oft gegen ihren eigenen Standpunkt.

Glücksmetall ist das Quecksilber; es läßt auf das Temperament der Zwillinge schließen

Die Farbe des Luftzeichens ist hellgelb, das Glücksmetall Quecksilber. Starke Kräfte soll den Merkur-Schützlingen der gelbschimmernde Goldberyll, ein dem Smaragd verwandter Edelstein, verleihen. Glückstein ist in diesem Zeichen auch der Bergkristall, ein Quarz in sechsseitigen Säulen mit pyramidenförmigen Enden, der im fernen Osten als »Stein der Konzentration und Beharrlichkeit« gilt – Eigenschaften, die beim Zwillinge-Typ meist nicht allzu stark ausgeprägt sind.

In diesem beweglichen Zeichen baut man zwar auf sein Glück, gibt aber vor, nicht abergläubisch zu sein, trägt als Talisman eventuell ausgerechnet einen der beiden eben erwähnten Steine bei sich oder am Ringfinger einen wunderschönen Goldtopas, vielleicht auch einen hellblauen Aquamarin, die seit dem Altertum schon zu den Glücksbringern dieses Zeichens gehören. Man kann ja nie wissen …

Zwillinge-Menschen sind tolerant, haben sogar die seltene Gabe, auch einmal über sich selbst lachen zu können. Sie analysieren glänzend und gehören zu den Intellektuellen des Tierkreises. Es kommt allerdings auf ihr ganz persönliches Horoskop an, wie sie ihre Intelligenz einsetzen.

Die Talente des Zwillinge-Menschen

Ein wenig unstet ist das Leben eines Zwillinge-Menschen schon. Stundenlang möchte er unterwegs sein, um Neues zu erfahren. Ihn hält es nie lange an einem Platz. In untergeordneten Stellungen fühlt er sich nicht wohl. Aber auch dann wird er nicht so leicht kapitulieren. In solch seltenem Fall versucht er sich als Alleinunterhalter der Belegschaft oder als Betriebsrat, der die Belange seiner Kollegen vorzüglich vertritt. Er liebt die Betriebsamkeit, das Wohlergehen des Betriebs jedoch interessiert ihn erst in zweiter Linie.

Zwillinge-Männer werden ihre Talente als Journalisten oder Schriftsteller, als Lehrer oder Erzieher, vor allem aber auch als Politiker vorzüglich anbringen können. Reden können sie ja wie ein Wasserfall, und was sie sprechen, hat Hand und Fuß, auch wenn es des öfteren demagogisch verfärbt ist.

Viele erfolgreiche Bankiers wurden unter diesem vom Merkur beherrschten Zeichen geboren. Je nachdem, ob schlechte Aspekte in ihrem Horoskop durchschlagen sollten, könnte man sich einige wenige unter diesen doch so gewandten Typen auch als Scheckbetrüger vorstellen oder als Händler, die gute Ware feilbieten und bei Gelegenheit auch mal schlechte zu überhöhten Preisen verkaufen.

Seine Überzeugungskraft macht den Zwilling zum perfekten Verkäufer

Trotz der Zwiespältigkeit in des Zwillings Wesen unterstelle man ihm nie böse Absichten – verschlungen sind halt die Pfade, auf denen er den Erfolg um jeden Preis sucht. Er ist ein guter Kollege, der anderen hilft, wo er nur kann. Daß er sie bei dieser Hilfestellung möglicherweise aussticht, ist eine andere Sache. Er will keinem böse, aber seine hohe Intelligenz sagt ihm nun mal, daß ihm der bessere Platz gehört. Wer Schlechtes daran findet, dem ist nicht zu helfen.

Wie ihr Sternenbruder strebt auch die Zwillinge-Frau im Beruf nach oben. Sie wird manchen männlichen Kollegen aus dem Rennen werfen und dabei geschickt ihre Ellenbogen (oder auch ihre spitze Zunge) einsetzen, ohne daß es die anderen merken. Sie könnte mit List und Tücke Erstrebtes erreichen, aber meistens braucht sie das gar nicht: Ihr Charme wirkt so überzeugend, daß jene, die sie überflügelte, ihr ohne Arg Glück in der neuen Position wünschen. Futterneid wäre verfehlt; ohne selbst viel dazu beizutragen, sind Beförderung oder Gehaltsaufbesserung eigentlich nur noch eine Frage der Zeit.

Die Zwillinge-Frau ist eine gutherzige Kameradin, die jedem die Arbeit erleichtert, die selbstlos jede Vertretung übernimmt, nur damit der Kollege oder die Kollegin ein paar Ruhestunden mehr haben. Woraus zu ersehen wäre, daß auch im Beruflichen der Zwilling voller Widersprüche steckt.

Meister schneller Entschlüsse

Auf Tradition hält der Zwillinge-Mann als Chef kaum sehr viel, er urteilt mehr nach der Nützlichkeit seiner Mitarbeiter. Er ist ein Meister schneller Entschlüsse, die er aber oft ebenso schnell wieder verwirft, weil ihm plötzlich etwas anderes in den Sinn kam. Gute Vorschläge seiner Untergebenen übernimmt er gern als die eigenen. Urheberrechte übersieht er, wenn er kann.

Er hält auf Distanz: der Zwilling als Chef

Er ist nach außen hin stets höflich und verbindlich, aber hinter der Verbindlichkeit steckt nur zu oft etwas Abweisendes. Mitarbeiter, die mit einem persönlichen Anliegen zu ihm kommen, empfindet er als lästig. Trotzdem versucht er zu helfen, weil er sich überall gern ins rechte Licht gesetzt sieht.

Die Chefin aus dem Zwillinge-Zeichen ist ähnlich gelagert. Sie hält zwar die Finger aufs Geld, wenn jedoch ein Mitarbeiter hervorragende Leistungen vollbringt, wird sie ihm vielleicht sogar außer der Reihe das Gehalt erhöhen. Sie wird sich wie ihr Sternenbruder stets schnell für etwas entscheiden, aber ebenso schnell Entscheidungen zurückziehen, weil ihr möglicherweise von irgendeiner Seite zugeflüstert wurde, sie sei falsch informiert. Sie ist zu harter Kritik vor versammelter Mannschaft fähig, aber sie hält auch nicht mit Lob zurück.

Manch einem erscheint der Zwillinge-Mensch wankelmütig. Er ist es nur, weil er sich allzuoft zum Spielball der eigenen Launen machen läßt. Und die steigen und fallen mit den guten oder schlechten Aspekten in seinem Horoskop.

Er spielt gern den Frauenheld

Traue niemals einem Zwilling über den Weg, auch wenn er schon hoch in den Siebzigern ist. Er führt stets etwas im Schilde, wenn er schöne Frauen sieht. Sie wecken seinen Jagdinstinkt und beflügeln ihn zu außergewöhnlichen Ideen und ungewöhnlichen Taten.

So kommen junge Zwillinge zu Liebschaften und ältere zu Scheidungen. Wer aus diesem Zeichen etwas auf sich hält, ist von Zeit zu Zeit ein rechter Luftikus. Ist es da nicht mehr als verständlich, wenn mancher Zwillinge-Mann erst in der dritten Ehe seßhaft wird?

Charmant, aber ein bißchen leichtfertig: der Zwillinge-Mann

Der Charme eines Zwillings ist so umwerfend, daß seine Verflossenen noch Jahre lang später nicht nur feuchte Augen bekommen, sobald sie an diesen Adonis denken. Er selbst weint keiner eine Träne nach, beschreibt aber seine Affären und Liebesabenteuer in seinem Tagebuch oder erzählt sie lustvoll in kleinem Kreis, wobei er zur Ausschmückung gewisser Höhepunkte auf dichterische Freiheit nicht verzichtet.

Wer es auf einen Zwillinge-Mann abgesehen hat, sollte sich einen Rat zu Herzen nehmen: Machen Sie ihn neugierig! Die kluge Frau sollte ihn zunächst völlig im Unklaren lassen über ihre Gefühle und ihre Pläne. Ist sein Interesse erst mal erwacht, wird er unverschämt gekonnt zu flirten beginnen, wobei er nicht versäumt, seine eigenen Vorteile mehr oder weniger auffällig ins rechte Licht zu rücken.

Er wird die Dame, die seine Neugier weckte, auszufragen beginnen. Die gescheite Frau gibt ihm nie gleich erschöpfend Antwort, sondern überrascht ihn mit vielen Andeutungen, aus denen er dann Hoffnung schöpfen kann. Weiß er erst mal alles über sein Flirtobjekt, erlahmt vielleicht bald sein Interesse. Wer es unverbindlich macht, aber kräftig zurückflirtet, hat mehr Aussicht auf Erfolg.

Er lügt nicht; nur die Wahrheit des Zwillings wandelt sich oft

Die Frau, die ihn einfangen will, schlägt ihn also mit seinen eigenen Waffen. Und prompt wird er sie einladen und schon bald gestehen, daß sie diejenige ist, von der er schon immer träumte. Das ist in diesem Augenblick übrigens kein bißchen geflunkert. Jeder Zwilling glaubt, was er sagt. Seine Liebesschwüre kommen sicherlich von Herzen. Einziges Problem: Am nächsten Tag schlägt's vielleicht schon für eine andere.

Auch der Verstand spielt bei seinen Herzensangelegenheiten ein wenig mit: Gar mancher aus diesem luftigen Zeichen denkt, wenn er einen entsprechenden Aszendenten in seinem Geburtshoroskop hat, auch ein bißchen an das Bankkonto seiner Angebeteten, von dem sie ihm erzählt hat. So ganz uneigennützig ist kein Zwillinge-Mann, den Merkur mit einer gehörigen Portion Vernunft begabte ...

Wie er den Sex liebt

Sex ist nicht unbedingt das wichtigste in seinem Leben. Er ist oft nur Abrundung eines Erlebnisses, das mit Flirt begann und über neckische Spiele ins Bett führte.

Wie ein Schauspieler auf der Bühne will er im Lust-Spiel gesehen werden. Gedämpftes Licht verträgt die Show nicht. Der Kronleuchter mag sich in den Spiegeln vervielfachen, so wie der Held des Geschehens: der Zwillinge-Mann. Schüchterne Lämmchen, die schützende Dunkelheit vorziehen möchten, überzeugt er charmant von der Energiequelle Licht, die auch eigene Energie sichtbar macht.

Er ist zwar nicht unbedingt für die Gleichberechtigung, aber für die Frau, die ihn liebt, bleibt er der Kavalier der alten Schule, der alle Feinheiten des Liebesspiels beherrscht. Meist läßt er es langsam angehen und steigert's dann mit viel Gefühl, wobei seine Finger die zarten Rundungen seiner Partnerin ertasten, bevor sie das Zielgebiet ansteuern.

Um die Spannung zu erhöhen, legt er manchmal Kunstpausen ein. Und dann läßt er es lustvoll treiben bis zum kurzen, aber wilden Höhepunkt. Man spare nicht mit Beifall, bevor am Ende des Aktes der Vorhang fällt!

Frauen, die vor lauter Lust eigene Sexvarianten erfinden und ihn mit Küssen und Bissen zu erregen versuchen, kommen nicht so sehr an, wenn sie dabei seine empfindsamsten Körperstellen, Hände und Arme, auslassen. Wer ihn dort mit viel zärtlichem Gefühl stimuliert, erotisiert ihn im Nu.

Treu ist der Zwilling nur der Frau, die ihn mit immer neuen Überraschungen zu fesseln weiß und dem charmanten Plauderer vor allem zuhören kann

Ein Zwilling ist erfinderisch. Langeweile macht ihn krank. Liebe, die sich in alltäglichen Pflichtübungen erschöpft, läßt seine Launen sprießen und ihn im Laufe der Zeit auf Abenteuer außer Haus ausgehen.

Er sucht die Begegnung mit dem anderen Geschlecht wie kein zweiter. Aber er möchte, selbst in einer Ehe, seine Freiheit nicht verlieren.

Das machen die zwei Seelen in seiner Brust: Im Grunde sehnt er sich nach der Ruhe am heimischen Herd, sein Temperament jedoch drängt nach außen in die freie Welt. Er braucht seinen Stammtisch, noch mehr große Gesellschaften, in denen er sein Wissen und seine Diskutierwut ausspielen kann. Es ist kein leichtes Leben an der Seite dieses Mannes, auf dessen Launen man sich täglich neu einstellen muß.

Guter Tip: Er kann nicht allein sein

Die Scheidungsquote unterm Zwilling ist hoch. Manch einer aus diesem luftigen Zeichen kann es, wenn bestimmte Aspekte oder sein Aszendent nicht mildernd einwirken, nacheinander zu mindestens drei Ehefrauen bringen. Jede hat er auf seine Art geliebt, jede war ihm zugetan, aber am Ende zerbrach dann doch, was himmelhochjauchzend begann.

Eine liebende Frau sollte auf das Zwiespältige in einem Zwillinge-Charakter eingehen. Schließlich war sie ja vorher schon gewarnt und wollte es nur nicht hören. Sie sollte ihm die Freiheit lassen, sich draußen in der geschäftigen Welt umzuschauen. Sie müßte vor allem geistig mit ihm harmonieren und darüber hinwegsehen, daß er nun mal gern hübschen Mädchenbeinen nachschaut.

Ein Zwilling glaubt das, was er sagt, auch wenn es geflunkert ist

Und sie sollte bedenken, daß Liebesabenteuer, über die ein Zwilling spricht, meist dichterisch verbrämt sind: Das Lächeln einer Schönen verwirrt ihn so, daß er sich mit ihr schon im aufreizenden Liebesspiel sah.

Ein Glück für die Frau, die es auf ihn abgesehen hat: Der Zwillinge-Mann kann nicht allein sein. Er braucht jemanden, der für ihn sorgt und ihm seine Sorgen abnimmt.

Seine ganz private Bestsellerliste

Etwas Schnuckeliges zeigt er gern her. Er achtet auf Figur bei seiner Partnerin. Auf seiner ganz privaten Bestsellerliste steht darum stets die *Waage*-Frau an erster Stelle. Sie flirtet selbst nach dem verflixten siebten Jahr noch mit dem Einzigartigen und spielt – ihm zur Freude – das Betthäschen, das nicht müde wird, seine reifen Liebeskünste zu loben.

Forsche Frauen sind dem Zwilling nicht geheuer

Fast ebenso hoch im Kurs stehen bei ihm die *Wassermann*- und die *Zwillinge*-Frau. Da gibt es oft hitzige Debatten und fliegende Untertassen, die den gemeinsamen Haushalt dezimieren. Aber mit den beiden temperamentvollen Damen versöhnt er sich schnell; denn er weiß: hinterher herrscht immer Hochstimmung im Himmelbett ...

Die *Widder*-Frau ist dem Zwilling zu forsch – ein sexy Girl, das ihn unterbuttern will, was er so gar nicht mag. Und an der Seite einer *Löwe*-Frau fühlt er sich zeitweilig als der Prinzgemahl, der in aller Öffentlichkeit zu ihr aufblicken muß, um in der Nacht einen verständnisvollen Bettschatz zu haben.

Die *Krebs*-Frau will ihm nach den ersten Wonnewochen die Pantoffeln anziehen und mit seinen hochherrschaftlichen Launen um die Wette eifern. Aus purer Bequemlichkeit könnte es der Zwillinge-Mann bei ihr trotz der vielen Gegensätze unter Umständen recht lange aushalten.

Nicht ganz so bequem hat er es bei der *Schütze*-Frau. Sie läßt ihm mehr Freiheiten als jede andere, will jedoch selbst ab und zu ihre eigenen Wege gehen. Das führt zu häufigen Meinungsverschiedenheiten.

Ganz gleich für welche Frau er sich entscheidet, leicht seßhaft wird der Zwilling in keinem Fall

Die *Fische*-Frau bleibt längere Zeit seine Favoritin. Bis er es leid wird, ständig saubere Taschentücher parat zu haben, um ihre Tränen zu trocknen. Da kommt mit der Zeit leider Langeweile auf...

Auch mit Frauen aus dem *Jungfrau-*, *Skorpion-*, *Steinbock-* und *Stier*-Zeichen könnte ein Zusammenleben klappen. Nur müßte sich der Zwilling vorher bei anderen lustvoll die Hörner abgestoßen haben oder bei einer dieser Damen deren Erbschaft verwalten können.

Langeweile tötet die Liebe

Meist sucht der Zwillinge-Mann selbst das Weite, wenn er merkt, daß irgend etwas in der Partnerschaft nicht mehr stimmt, und flüchtet schnell in die Arme einer neuen Gespielin.

Sollte aber der recht seltene Fall eintreten, daß man ihn loswerden will und er es einfach nicht merkt, gibt es einige probate Mittel, ihn zu verscheuchen: Man öde ihn stets nur mit den eigenen Problemen an und höre bei seinen Leidensgeschichten einfach nicht zu. Man spiele die Frigide und lästere über seine vergeblichen Bemühungen, die Partnerin wieder fit zu bekommen.

Tödlich für die Gefühle des Zwillings: die Langeweile

Und wenn das alles nicht hilft, sollte man ihn mit Dingen langweilen, die er überhaupt nicht mag. Langeweile tötet bei ihm garantiert das letzte Fünkchen Liebe.

Träumen von der Zwillinge-Frau

Zwillinge-Frauen sehen aus, als ob sie Eva hießen. Allerdings sind ihre Äpfelvorräte nicht beschränkt, und ist der eine Mann aus dem Liebesparadies vertrieben, steht schon der nächste in der Schlange bei ihr an. Die Zwillinge-Frau ist ein Früchtchen

mit vielen Geschmacksvarianten. Mal ist sie zum Anbeißen süß, mal ist sie herb. Sauer oder gar verbittert ist sie nie. Wer einmal eine Zwillinge-Frau gekostet hat, leidet hinterher an Entzugserscheinungen.

Zwillinge-Frauen halten auf die Linie. Sie können sich zu asketischer Lebensweise erziehen, aber es fällt ihnen schwer, von Genußmitteln loszukommen, wenn sie sich erst einmal daran gewöhnt haben. Ihre Geheimwaffe ist der Flirt.

Genießerisch, aber wählerisch – auch bei den Männern; so läßt sich die Zwillinge-Frau charakterisieren

Jede Zwillinge-Frau kann Männer glauben machen, sie sei leicht zu haben. Aber mit weiblicher Schläue wird sie sich dem allzu Stürmischen entziehen, ohne daß er merkt, daß sie ihr Herz längst an einen anderen verloren hat.

Die Frau aus dem Luftzeichen Zwillinge probiert viel, nur entscheiden will sie sich nicht so schnell. Wer meint, er hätte sie erobert, dem kann sie von einer Minute auf die andere die kalte Schulter zeigen. Im Grunde genommen möchte sie es nämlich sein, die erobert. Sie will nicht die sturmreife Festung spielen, die der Ritter mit Gewalt nimmt.

Sie ist ein heiteres, stets dem Leben zugewandtes Menschenkind. Selbst auf der tiefsten Talsohle wird sie ein Liedchen trällern und beschwingt den Weg zurück nach oben wagen. Eine Zwillinge-Frau bringt so leicht nichts um.

Ihr Charme ist bei jedem Mann gefragt, ihr Temperament beflügelt ihn zu kühnen Träumen. Am Ende aber war es vielleicht doch nur der handfeste Flirt einer Frau, die Entspannung vom alltäglichen Einerlei suchte.

Trotz dieser scheinbar leichten Ader geht sie immer wieder auf die Suche nach dem einen, der sie glücklich machen wird. Da läppert sich mit der Zeit einiges zusammen, was dem kritischen Verstand der Zwillinge-Dame nicht standhalten konnte. Schließlich haben Heldenfiguren die Eigenart, daß ihr Lack mit der Zeit Brüche bekommt.

Männer, das weiß sie, sind austauschbar. Und wohl darum werden einige dieser Merkurkinder erst in der dritten Ehe glücklich. Verflossene Liebhaber einer Zwillinge-Frau werden es bestätigen: Eben noch war sie die hingebungsvolle, zärtliche Geliebte; und wenig später nörgelte sie an allem herum, was man auch machte. Schon zieht sie aus dem gemeinsamen Haushalt aus – denn Zwillinge sind nun einmal für völlig klare Verhältnisse.

»Vielweiberei« mit einer einzigen Frau

Wer diese Frau erobert, hat keine Langeweile mehr, aber er muß viel Durchstehvermögen beweisen und auch einen Hang zur »Vielweiberei« mitbringen; denn in dieser einzigen Eva vereinen sich neben den berühmten zwei Seelen, ach, auch eine Vielzahl widersprüchlicher Frauentypen.

Eine Frau mit vielen Gesichtern

Da ist die anhängliche Freundin, die viel Zeit zum Schmusen hat, und die andere, die ihren Geliebten mit ihren Launen auf Trab hält, so daß er manchmal nicht mehr hüh noch hott weiß. Eine dritte tut unbeschwert und fröhlich und hat es doch faustdick hinter den Ohren. Die vierte diskutiert noch im Bett, wenn der Mann schon an ganz etwas anderes denkt. Die fünfte spielt die Rolle des unwissenden Gänsleins, und die sechste ist die »große Dame«, die mit Charme und Esprit eine ganze Gesellschaft allein unterhalten kann. Man kennt auch die siebte, die als perfekte Hausfrau und Mutter agiert.

Die Anlagen all dieser Einzeltypen (und noch einiger mehr!) sind in dieser einen Zwillinge-Frau vereint. Da ist es kaum verwunderlich, daß bei ihr selbst die größten Frauenkenner mit ihrer Weisheit am Ende sind. Denn hat man sich auf den einen Typ eingestellt, schneit einem der andere ins Haus. Männer lernen bei dieser Frau nie aus.

Auf die Schnelle geht nichts

Frühstücken im Stehen neben dem Kühlschrank mag sie nicht. Sex zwischen Tür und Angel genauso wenig. Schnelle Hingabe nimmt sie in ihr Liebesrepertoire nicht auf. Der Weg zu ihrem Körper führt über ihren Kopf.

Die schönen Stunden ihres Lebens will die Zwillinge-Frau bis zur Neige auskosten. Sie ist eine perfekte Geliebte, aber sie will Liebe und Sex genießen. Ein zu kurzes Vorspiel kann alles verderben. Sie will ihren Höhepunkt erreichen. Zum Einstimmen können durchaus tiefsinnige Gespräche über Kunst und Wissenschaft oder über die Technik des Wankelmotors zählen.

Ob Scheune oder Himmelbett, abwechslungsreich wünscht sich die Zwillinge-Frau die Liebe

Gegen Abschweifungen vom Thema hat sie nichts. Gegen Ausschweifungen auch nicht. Das Umfeld amouröser Spiele braucht für sie nicht unbedingt in rosarotes Licht getaucht zu sein. In einer halbdunklen Scheune treibt sie's ebenso gern und so lang wie im Himmelbett, wenn der Liebhaber und seine zurückhaltende Taktik stimmen.

Eine temperamentvolle Gespielin, zugleich aber voller Zärtlichkeit – wie immer zeigt die Zwillinge-Geborene zwei Seiten

Empfindlich ist sie nur in einer Hinsicht: Wenn man sich bei ihr bedienen will, ohne zuvor nach ihren Wünschen zu fragen. Für Supermarkttypen hat sie dann nur noch eins im Angebot: Kälte bis hin zur Frigidität. Die Gespielin, der keine Position zu gewagt ist und die ihre Neugierde eben auch auf sexuellem Gebiet befriedigen will, ist dann ganz plötzlich überhaupt nicht mehr wiederzuerkennen.

Wer die Zwillinge-Frau an der zarten Innenseite ihrer Arme streichelt, beflügelt ihren Atem. Und wer bereits im Restauant beginnt, ihre Hände zu liebkosen, muß sich auf einen Spurt zum nächstbesten Taxi gefaßt machen. An Händen und Armen liegen bei der Zwillinge-Frau die empfindsamsten Nervenenden. Übrigens: Auch auf Kitzeln an allen möglichen und unmöglichen Stellen reagiert sie.

Wer mit ihr ein heimliches Verhältnis pflegt, sollte nur nichts übertreiben: Ihre Lustschreie werden durchs Haus schrillen. Ist sie erregt, bekommt das der Partner zu spüren. Sie zwickt und beißt ihn so, daß er möglicherweise nach blutstillenden Mitteln verlangt. Sie wird sich anschließend allerdings überaus rührend um den Geschockten bemühen und ihn mit ihrer ganzen Zärtlichkeit belohnen.

Alles in allem gesehen kann keine Frau behutsamer und zärtlicher sein als die Zwillinge-Frau, keine auch so variantenreich auf männliche Liebeskunst eingehen, wobei sie allerlei Experimenten und außerdem vom Zeit zu Zeit einem Rollentausch durchaus nicht abgeneigt ist.

Wer warum zu ihr paßt

Waage- und *Wassermänner* sind wie für die Zwillinge-Frau gebaut. Sie haben die richtige Konstitution für abendfüllende Gespräche und nächtelange Spiele. Und da die beiden schon als Twens absolut nichts gegen Vielweiberei haben, kommt ihnen auch die abwechslungsreiche Lebensart der Zwillinge-Frau sehr entgegen.

Auf der gleichen geistigen Wellenlänge funkt's unter astrologischen Geschwistern aus dem *Zwillinge*-Zeichen. Und die sexuelle Frequenz stimmt auch. In solchem Verhältnis kann es nur mal krachen, wenn die geistige Freiheit verwechselt wird mit jener, die in fremden Revieren sucht, was man genauso gut zu Hause bekommen könnte.

Was den Appetit auf Liebe angeht, passen *Widder*-Mann und Zwillinge-Frau zusammen, nur schlingt er alles für ihren Geschmack zu schnell hinunter. Und außerdem: Seine oft herrische Art spricht bei ihr nicht an.

Der *Löwe*-Mann macht ihr auch noch nach dem siebten Ehejahr galant den Hof. Bei ihm darf sie so lange Dame sein, bis er ihre Bluse aufknöpft und den alten Adam herauskehrt.

Der *Skorpion* kann sie zu höchster Leidenschaft anstacheln, aber er verdirbt manches, oft mitten im schönsten Liebesspiel, durch Eifersuchtsszenen, die bei ihr in einer Diskussion über das Ende der Beziehung münden können.

Sternzeichen, die zu ihr passen – mal mehr, mal weniger

Nicht unbedingt ihr Typ ist ein *Jungfrau*-Mann, auch wenn er ihr in seiner Diskutierfreude nahekommt. Bei ihm findet sie zwar wie bei *Stier*- oder *Steinbock*-Männern die langsame Steigerung der Lustgefühle, aber wenn diese drei ihren kessen Mini zu aufreizend finden und meinen, die Vorzüge der Zwillinge-Frau für alle Ewigkeit gepachtet zu haben, ist sie lieber haltlos und amüsiert sich vielleicht schon bald mit anderen Typen, die besser zu ihr passen.

Gegensätze ziehen sich in einer Zwillinge-*Fische*-Verbindung an. Der Fisch läßt sie nicht kalt; denn daß bei ihm viel Glück im erotischen Spiel ist, empfiehlt ihn wärmstens bei ihr.

Anfangs amüsiert schauen *Krebs*- und *Schütze*-Männer über die Eskapaden ihrer Zwillinge-Frau hinweg. Der Krebs versucht sie mit viel Liebe umzuerziehen, der Schütze geht wie sie das Leben locker an. Ob das reicht, kann nur die Zukunft erweisen.

Eifersucht kann sie nicht ausstehen

Eine so gescheite Frau wie die aus den Zwillingen bringt viel Verständnis auf, wenn man ihr gesteht, man liebe eine andere. Sie zieht dann den Schlußstrich und wird nicht lange dem Verflossenen nachtrauern.

Großzügig, wie sie ist, macht die Zwillinge-Frau dem Mann den Abschied leicht

Nichts ist also einfacher, als diese so selbständige und verstehende Dame loszuwerden. Wer nicht wagt, ihr einen Seitensprung zu gestehen, sollte es auf die wilde Tour versuchen, nicht mehr mit ihr diskutieren oder ihr kurz und bündig erklären, alles, was sie sage, sei Nonsens. Gerade in einer Verbindung mit einer Zwillinge-Frau darf ja der Gespächsstoff nie ausgehen, wobei sie schon mitreden möchte.

Die Pluspunkte der Zwillinge

Zwillinge-Menschen sind vielseitig interessiert und intelligent. Sie haben einen geistigen Horizont, der in allen Lebenslagen die richtige Wellenlänge erreicht. Sie sind tolerant und gönnen auch anderen Erfolge. Ihre Doppelnatur schillert zwar in allen Regenbogenfarben, aber gerade das macht sie in der Gesellschaft so interessant. Selbst durch einen nicht so forschen Aszendenten gehemmt, werden sie sich in den Vordergrund spielen. Das macht ihr scharfer Verstand.

Sie sind kontaktfähig, brauchen Diskussionen wie das tägliche Brot. Sie weichen bei Gelegenheit keinem Streit aus, suchen ihn aber mit diplomatischem Geschick stets zu schlichten. Trotz ihres oft wetterwendischen Wesens sind sie die geborenen Vermittler in schwierigen Rechtsfällen. Sie hassen Fanatismus und wollen Gegensätze lieber auf geistiges Gebiet verlagert wissen.

Zwillinge-Menschen lachen gern. Ihre Liebenswürdigkeit wird in allen Kreisen geschätzt. Sie lieben die Betriebsamkeit und hören sich gern reden. Aber was sie sagen, hat dann auch Hand und Fuß.

Gute wie schlechte Seiten sind gleichermaßen ausgeprägt – kein Wunder bei diesen Doppelwesen

Die Schwachstellen der Zwillinge

Ruhelos tändeln Zwillinge-Menschen durch die Welt. Sie haben so viele Interessen, daß sie sich nur schwer auf ein einziges Thema konzentrieren können. Ihr Gemüt bleibt oft an der Oberfläche, sie schürfen nicht allzu tief. Ihre Gefühle wechseln mit hochherrschaftlichen Launen, die andere, aber auch sie selbst Nerven kosten.

Ein schwaches Nervenkostüm ist bei Zwillingen symptomatisch und kann sogar zu schweren gesundheitlichen Störungen führen. Bei aller Zuwendung, die sie einem anderen entgegenbringen können, sind sie in Wirklichkeit unverbesserliche Egoisten, auch wenn sie ihr Ich meisterlich in ein Wir verpakken können.

Ihre Neugier läßt sie auch Klatsch und Tratsch aufnehmen und eventuell zu gegebener Zeit weitertragen. Wenn sie einmal die Unwahrheit sagen, tarnen sie diese so geschickt, daß sie nicht nur andere überzeugen, sondern auch am Ende selbst glauben, was sie erzählen.

Der Krebs: Rätselhaft, aber stets zum Verlieben

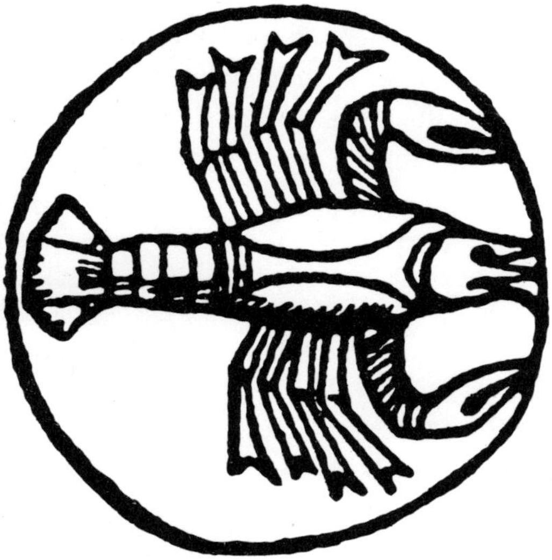

Die Sonne erreicht ihren höchsten Stand, wenn sie von den Zwillingen in das Tierkreiszeichen Krebs (22. Juni bis 22. Juli) wechselt. Nun beginnt der Sommer, die Reifezeit der Natur. Die Nächte werden wieder länger, der Mond regiert an einem meist wolkenlosen Himmel. Er ist der Regent des Krebses: Die Menschen, die unter diesem Zeichen geboren wurden, reagieren auf rätselhafte Weise wie Ebbe und Flut auf die Mondphasen. Mal sind sie heiter wie ein sonniger Sommertag, dann wieder launisch wie der Mond, der seine Gestalt scheinbar immer wieder wechselt, obwohl nur der Erdschatten sein Spiel mit ihm treibt.

Empfindsam und ein wenig introvertiert ist oft das Sommer-Zeichen Krebs

Krebs-Geborene sind Empfindungs- und Erkenntnismenschen. Sie sind leicht zu beeinflussen, auch wenn sie sich gegenüber ihrer Umwelt innerlich abzukapseln versuchen. Sie sind sehr von sich und ihrem Können überzeugt, auf der anderen

Seite aber oft unentschlossen und gehemmt. Kritik können sie schlecht vertragen. Lob nehmen sie als Bestätigung dessen, was sie selbst schon wußten.

Ärger fressen sie meist in sich hinein, woraus die erstaunlich große Zahl magen- und darmkranker Krebs-Menschen resultiert. Trotzdem bringt sie so leicht nichts um. Sie sind widerstandsfähig und erreichen – ihr persönliches Horoskop wird es beweisen – oft ein hohes Alter.

Ihre Farbe ist silberweiß, aber auch grün wird von ihnen bevorzugt. Ihr Glücksmetall ist Silber und ihr Glücksstein der grüne Smaragd.

Sensibel und verletzlich wie der Krebs ist, schirmt er sich gegen die für ihn so harte, falsche Welt ab.

Es ist nicht der Eigensinn, der den Krebs manchmal so streng erscheinen läßt, eher jener für die Mitmenschen unsichtbare Panzer, den er gegenüber allem trägt, das in sein Ich eindringen möchte. Aber unter dieser rauhen Schale hat er einen weichen Kern.

Seine lebhafte Phantasie entführt ihn immer wieder in Traumwelten, die er auf die Erde herunterholen möchte. Weil aber die meisten seiner Träume in ein Nichts zerrinnen, bleibt dem Krebs-Geborenen oft nur ein angekratztes Gemüt.

Der Krebs-Mensch und das liebe Geld

Der Krebs-Mensch hat eine gute Beziehung zu Geld und festen Werten. Obwohl er recht sentimental sein kann, ist er, was die Finanzen angeht, ein recht geschickter Taktiker. Er wird zwar immer klagen, wie schnell ihm das Geld durch die Finger rinne, dabei aber verschweigen, daß er es heimlich in Aktien und zinsgünstigen Rentenpapieren angelegt hat. Ein bißchen Sicherheit darf schon sein ...

Gute, zuverlässige Mitarbeiter: die Krebs-Menschen im Berufsleben

Jeder Chef sollte sich glücklich schätzen, einen Krebs-Menschen zum Mitarbeiter zu haben. Der kann wühlen und schuften. Auf Überstunden kommt es ihm nicht an, wenn sie nur gut bezahlt werden. Der Krebs-Geborene ist ausdauernd und zielbewußt. Sein Arbeitseifer steigt – sein Gehalt müßte es auch.

Er gibt so schnell keine Stellung auf, weil er nichts so leicht aufgibt, an das er sich gewöhnt hat. Aber wenn er sich nicht leistungsgerecht bezahlt sieht, packt er trotzdem umgehend die Koffer. Und dann mag der Prinzipal sehen, wer ihm jetzt die Arbeit zu solchem Hungerlohn macht! Kann der Krebs-Mensch

jedoch von seinem Gehalt etwas zurücklegen und nebenbei noch ganz gut leben, vergißt er seine Karriere und bleibt bis zur Pensionierung.

Im Betrieb gilt er als Einzelgänger. Auch wenn ihn die Kollegen sehr mögen, kapselt er sich ihnen gegenüber oft ab. Sie sehen seine Arbeitswut und halten ihn für einen Streber. Dabei will er ja nur vor sich selbst bestehen. Ruhm und Anerkennung sucht er nur, wenn dabei etwas für ihn herausspringt.

Erfinder des dreizehnten Monatsgehalts

Man sagt, der beste Beruf einer Krebs-Frau sei der einer Hausfrau. Sie wird es zornig bestreiten; denn sie haßt manchmal ihr eigenes Ich, das nur Fürsorge für die anderen kennt. Tatsächlich wird sie in jedem Beruf bestehen, falls sie nicht den richtigen Mann findet, mit dem sie eine Familie gründen kann. Als mitverdienende Ehefrau fühlt sie sich zwar überfordert, weil dann oft die Familie zu kurz kommt, aber auch das steht sie durch.

Die Krebs-Frau hat wie der Krebs-Mann beruflich die gleichen Neigungen. Man findet die beiden in Sozial- und Pflegeberufen, in Verwaltungen und im Dienstleistungsgewerbe. Krebs-Geborene haben eine stille Liebe zu Kunst und Kunsthandwerk. Als freischaffende Künstler fühlen sie sich möglicherweise aber überfordert, es sei denn, ein Mäzen würde ihnen beim Aufbau helfen.

Die Krebse hängen sehr am Gestern, das Morgen ist für sie nebulös, gefahrdräuend. Von der Vergangenheit weiß man schließlich, was sie brachte. Die Zukunft aber ist verschleiert, wird von den Krebsen ins Land der Träume versetzt, die sich nur zu oft in Angstbildern niederschlagen. Darum wagen viele Krebs-Menschen nicht, sich selbständig zu machen und als Chef über andere zu bestimmen. Für sie ist das ein Schritt ins Ungewisse; wo bliebe da die persönliche Sicherheit?

Er verlangt viel, der Krebs-Chef, aber es zahlt sich aus

Doch wenn den Krebs Geld, viel Geld lockt, bekommt er schon mal die Kurve. Und dann ist er einer, der seine Mitarbeiter, wenn der Laden läuft, am Verdienten teilhaben läßt. Der Krebs-Geborene ist nicht knauserig. Viele behaupten sogar, er sei der Erfinder des dreizehnten Monatsgehalts.

Was Krebs-Menschen im Beruf am meisten hassen, ist Zwang. Sie tun lieber alles freiwillig. Und sie setzen, wo sie nur können, ihren Willen durch. Wer sie kritisiert, mag sich augen-

blicklich auf einen Gegenangriff gefaßt machen, bei dem die Fetzen fliegen, oder auf eisiges Schweigen des Beleidigten.

Obwohl die Krebse gern und lange zögern, können sie plötzlich wild entschlossen sein. Schon mancher Ehemann zum Beispiel, der in einem Fragebogen die Hausfrauentätigkeit seiner Krebs-Frau als Berufslosigkeit bezeichnete, war wie vor den Kopf gestoßen, als sie sich in der freien Wirtschaft einen Job nahm und ihm bewies, daß sie auch in einem »richtigen« Beruf sehr viel zu leisten vermag.

Der Einzelgänger in der Liebe

Die Frau seiner Träume findet ein Krebs-Mann eigentlich nie. Er stellt zu hohe Ansprüche an sein Ideal. Das hindert ihn nicht daran, in der jeweiligen Freundin zunächst sein Traumbild zu erblicken, an dem er hin und wieder kratzt, um zu sehen, was unter der aufgetragenen Farbe alles zum Vorschein kommt. Meist kratzt er so lange, bis ihm die nackte Leinwand Risse offenbart. Und so wechselt der Krebs-Mann genau wie seine Launen auch seine Freundinnen. Ein schiefes Wort von ihr kann schon die Liebe löschen.

Es ist die Ungeduld der Frauen, die manchen Krebs-Mann vorzeitig das Weite suchen ließ!

Die Frau, die diesen Mann erobern will, müßte schon eine psychologisch geschulte Kraft sein, die sich in dem ewigen Wechselspiel zwischen Ebbe und Flut seiner Launen auskennt.

Als er die ersten Gehversuche ins Leben unternahm, stand schon »Mamas Liebling« auf seinem Lätzchen. An den Rockschößen der Mutter bleibt ein echter Krebs auch als Erwachsener immer noch etwas hängen. Er sucht sie später bei seiner eigenen Frau. Er braucht die nimmermüde Fürsorge, den Zuspruch. Aber auch das Schweigen, wenn er seine Gedanken im stillen Kämmerlein ordnen möchte. Nie stillstehende Plappermäulchen sind ihm ein Greuel.

Geprägt von den Mondphasen, erlebt man den Krebs als wandelbar

Wer diesen so gefühlvollen Mann für sich vereinnahmen will, hat gewiß keinen leichten Stand. Daß wir uns nicht falsch verstehen: Er ist kein Muttersöhnchen, sondern ein ganzer Kerl, der den einzigen Nachteil hat, von den Phasen des Mondes abhängig zu sein.

Bei Voll- oder Neumond kann man zum Beispiel bei diesem sonst so ausgeglichenen Mann seltsame Verwandlungen feststellen, die ihn für seine Umwelt zu einem schwer durchschau-

baren Menschen machen. Man müßte schon in den Untiefen seiner Nachtseele loten, um des Rätsels Lösung zu finden. Alternativ könnte man auch versuchen, hinter das Strahlengeheimnis des Mondes zu kommen, das trotz Raumflug und Landung auf dem Erdtrabaten immer noch nicht ganz erforscht ist.

Der Krebs-Mann ist ein Einzelgänger in der Liebe. Die Frau seiner Träume ist kein Playmate; denn bei fliegendem Partnerwechsel würde ihm schwindlig und bei allzu rasanten Kurven wird ihm flau im Magen. Eine feste Freundin reicht ihm, was ihn aber nicht daran hindert, hinter schlanken Beinen herzuschauen und künstlerische Studien zu treiben. Es ist auffallend, wie hübsch die Freundinnen eines Krebs-Mannes meist sind.

Sie ähnelt seiner Mutter: die Idealfrau des Krebs-Mannes

Wir sagten es schon: Der Krebs-Mann träumt stets von der Idealfrau, die die Züge seiner Mutter verrät. Aber da er klug und einsichtig ist, verweist er Träume ins Reich der Fabel und sucht sich das, was diesem Ideal am nächsten kommt, aus dem Reigen seiner zahlreichen Favoritinnen aus. Oder bleibt ewig Junggeselle mit Katze oder Hund als Gespielen.

So beißt der Krebs an

Junge Krebse geraten oft an ältere Frauen, von denen sie bemuttert werden. Vielfach bleiben sie Liaison, obwohl man schon auf Probe zusammenwohnte. Mit der Zeit werden die Herzensdamen immer jünger. Ein Krebs-Mann probiert und studiert lange. Und jede wird bestätigen: Er ist ein großartiger Liebhaber und bemüht sich um seine jeweilige Freundin wie sonst keiner!

Er pflegt mit ihr ein festes Verhältnis, das keine Nebenfrau duldet. Allerdings kann es geschehen, daß er aus nichtigem Anlaß die Sachen packt und geht. Für immer! Zurück bleibt die enttäuschte Schöne, die ihm nachweint: Einen bessern find'st du nicht!

Dieser Mann kennt noch (besser: immer wieder!) die Liebe auf den ersten Blick. Für den zweiten ist er meist zu scheu. Die Frau, die ihn haben will, muß schon viel weibliche Schläue anwenden, damit er auch bestimmt anbeißt. Sie sollte die mädchenhaft Tugendsame spielen. Das mag er. Er schaut nicht unbedingt darauf, ob sie vor ihm schon andere Männer kannte. Auf Unschuld ist er nicht fixiert.

Man kann diesen Mann um den Finger wickeln. Er liest die Wünsche von den Augen seiner Freundin ab und gibt nach, wenn sie mal schmollt. Er ist ein behutsamer Liebhaber, den man freilich nie ganz besitzen wird. Es gibt Stunden und Tage, da ist er kaum ansprechbar und brütet vor sich hin. Er verkriecht sich wie ein Meereskrebs in sein Haus und pflegt unter harter Schale den weichen Kern.

Kluge Frauen sind in solchen Zeiten besonders zärtlich zu ihrem »großen Bub« und enthalten sich jeder Kritik über sein seltsames Gebaren. Nie sollte man versuchen, hinter seine Geheimnisse zu kommen. Neugier kann er nicht ausstehen. So herzlich und einfühlsam wie ein Krebs-Mann sein kann, so verschlossen wirkt er gegenüber jedem, der sein doch so zerbrechliches Ich und seine Nachtseele ergründen will.

Geduld ist im Umgang mit dem Krebs-Mann unerläßlich

Sein Spieltrieb ist bekannt. Er liebt auch die ganz privaten Spielereien, die nicht nur in der Ehe erlaubt sind ...

Der Kavalier genießt und schweigt

Bei diesen fröhlichen Spielen kann er die Welt um sich herum vergessen. Gefühl ist bei ihm alles. Erfahrene Frauen sollten aber behutsam mit ihm umgehen. Er haßt Schulmeisterei. Wo kleine Hilfen angebracht wären, sollte man sie als seine eigenen Ideen verkaufen. Bei ihm heißt es auch in der Liebe und erst recht beim Sex: Selbst ist der Mann!

Und der ist zärtlich und geduldig. Der schätzt das sanfte Einpendeln, das der Draufgänger nach einer Weile sieghaft beendet. Geflüsterte Worte, in die Dunkelheit gesprochen, erhöhen den Reiz des Sichgehenlassens. Wer etwas zu verbergen hat, mag sich trösten: Er ist stets Kavalier, der genießt und schweigt!

Obszöne Gespräche führt kein echter Krebs. Aber er kann durchaus verstehen, wenn sich eine Frau in der Hitze des Liebesspiels wie eine Dirne benimmt. Er wird sie entschuldigen, weil sie ja nur ihm zuliebe in eine Rolle schlüpfte, die ihr sonst nicht liegt. Trotzdem sollte sich die Geliebte eines Krebs-Mannes immer soweit in der Gewalt haben, daß sie auch im Sturm auf selige Sexgefilde nie seine Gefühle verletzt.

Ein guter Liebhaber, aber bequem

Natürlich ist der Krebs-Mann kein Avantgardist, der immer neue Stellungen zur Freude seiner jeweiligen Partnerin probiert. Schon aus Bequemlichkeit liebt er eher die konventionelle Art. Zur Not verzichtet er nach einem sich allmählich steigernden Vorspiel sogar ganz auf den abschließenden Höhepunkt. Woraus man ersehen kann, daß der Krebs-Mann, wenn er will, seine Nerven ganz schön in der Gewalt haben kann.

Die Partnerin sollte mitspielen und sich aufs nächste Mal freuen, aber nur ja nicht Gleiches mit Gleichem vergelten, sondern lieber versuchen, seine empfindsamste Stelle, den Brustbereich, sanft zu stimulieren und ihn mit Zungenküssen zu erotisieren. Dann packt er es vielleicht doch noch und schont seine Nerven.

Mit dem Krebs in die Flitterwochen

Die Frau, die er liebt, wird der Krebs-Mann auf Händen tragen, selbst wenn bei ihr mit der Zeit die Pfunde wuchern. Hat er sie erst einmal geheiratet, bleibt er ihr Mann fürs ganze Leben. Wenn ihn nicht vorher seine Stimmungen und Launen aufreiben, schafft er sogar leicht die goldene Hochzeit.

Ist die Richtige gefunden, bleibt der Krebs treu – ein Leben lang

Die Flitterwochen dehnt er aus wie ein Gummiband; denn er fürchtet, seine ehrlichen und poetischen Bekenntnisse könnten im Ehealltag wirken wie eine Mozartsinfonie in einem Waschsalon.

Die *Fische*-Frau versteht es, seinen Liebestraum zu bewahren. Sie weiß, wie sie ihn bei Laune halten kann. Und wenn es mal bei den beiden so Gefühlvollen krachen sollte, findet die Wiedervereinigung im Schlafzimmer statt.

Die *Skorpion*-Frau bringt Feuer ins Leben eines Krebs-Mannes. Sie ist scharf wie eine Pfefferschote. Nur: der Krebs verträgt nicht zuviel Gewürz. Er vergißt zwar unter ihren geschickten Händen seine Launen, aber ihr handfestes Bekenntnis zur Sexualität irritiert ihn manchmal.

Da gibt es bei der *Krebs*-Frau weniger Meinungsverschiedenheiten. Sie versteht, daß für ihn sexuelle Befriedigung ohne seelischen Tiefgang keinen Höhepunkt bedeutet.

Zucht und Ordnung bringt ihm die *Steinbock*-Frau bei. Sie heizt ihn vor allem außerhalb des Bettes zu Taten an, während sie sonst für die gute Dosierung sorgt.

Stier-Frauen bringen den Krebs auf Touren

Mit der *Stier*-Frau glaubt er eine Sexbombe kennengelernt zu haben. Tatsächlich kann sie den Krebs-Mann so in Fahrt bringen, daß er in langen Nächten erotische Glanzleistungen vollbringt, so daß er sich selbst über seine Energie wundert. Ob

das für ein ganzes Leben lang genügt, kann erst nach dem siebten Ehejahr schlüssig gesagt werden.

Die *Jungfrau*-Geborene gönnt ihm schon aus Eigeninteresse schöpferische Pausen. Beide sind nicht allzu stürmisch – das verbindet.

Die Freude am Spiel hat der Krebs-Mann mit der *Waage*-Frau gemeinsam. Mit der Zeit könnte aber Langeweile aufkommen, zumal der ernsthafte Krebs seine etwas flatterhafte Waage nicht immer verstehen wird.

Schwierig, aber nicht unmöglich: Krebs und Zwilling

Ein schwieriger Fall wäre für ihn auch die *Zwillinge*-Frau. Bei dieser so kapriziösen Dame müßte er viel öfter nachgeben, als er eigentlich möchte. Trotzdem sind einige glückliche Ehen zwischen diesen beiden grundverschiedenen Typen bekannt.

Die *Wassermann*-Frau regt ihn möglicherweise mehr auf als an, aber auch mit ihr kann es zu einer guten Verbindung kommen, wenn die Wassermann-Dame mehr auf die jeweilige Seelenlage ihres Krebses Rücksicht nimmt.

Bei solch einem Prachtkerl von Mann sollte die *Löwe*-Frau lieber mal von ihrem Thron hinuntersteigen und sich das Köpfchen kraulen lassen. Ob sie das auf Dauer kann, ist die Frage. Er selbst müßte viel öfter nachgeben, als ihm lieb ist. Gut nur, wenn beide den passenden Aszendenten haben.

Guter Wille ist bei Krebs und Widder reichlich vonnöten

Die *Widder*-Geborene badet nicht gern in den Launen eines Krebses. Ihre temperamentvolle Art belächelt er in den ersten Wochen und Monaten vielleicht, danach aber wird's ihm möglicherweise lästig. Ausgerechnet dann, wenn sie die Forsche spielt, will er seine Ruhe haben. Da ist viel guter Wille nötig, um miteinander glücklich zu werden.

Auch die *Schütze*-Frau hat ihre Macken. Sie ist oft zu ungeduldig, um seinem Krebs-Gang (drei Schritte vor, zwei zurück) zu folgen. Hier entscheiden ebenfalls die beiderseitigen Aszendenten über das Glück des etwas ungleichen Paares.

Wenn sie ihn nicht mehr mag …

Schon aus finanziellen Gründen hält es ein Krebs-Mann sehr lange in einem staatlich verbrieften Verhältnis aus. Trotzdem wird er im Falle eines Falles seiner Partnerin keinen Stein in den Weg legen, wenn sie ihm eines Tages gesteht, einen anderen zu lieben. In einer Verbindung auf Probe kann man in solchem Falle einfach aus der gemeinsamen Wohnung ausziehen. Szenen, bei denen alles Umherliegende zu Bruch geht, liegen ihm nicht. Trotz anfänglicher Tränen über den schändlichen Verrat wird er die Trennung mit Fassung tragen und sich – Liebe auf den ersten Blick! – eine andere suchen. So einfach geht das bei dem gefühlvollen Krebs!

Eine Frau mit Herz und Gefühl

Die Krebs-Frau steht fest mit beiden Beinen auf der Erde, auch wenn sie eine romantische Träumerin zu sein scheint. Sie weiß sich in der Liebe durchzusetzen, und wenn sie zu weiblicher List greifen muß: Unter dem Krebs können die Tränen fließen, die andere zum Einlenken zwingen.

Diese Frau verliebt sich gern, aber es ist möglich, daß sie unter Liebe etwas ganz anderes versteht als der Mann, der um sie wirbt. Gefühl ist bei ihr alles; man packe es in Watte, um es nicht zu verletzen. Sie schätzt den Kavalier der alten Schule mehr als den feurigen Liebhaber, der auf sie wirkt wie der berühmte Elefant im Porzellanladen. Die drei Wörter »Ich liebe dich« kommen nur schwer über ihre Lippen; denn sie meint, Worte seien Schall und Rauch, man müsse das Gefühl dahinter schon selber spüren.

Für die Liebe gemacht ist die Krebs-Frau, aber mit ihren Gefühlen darf man kein Schindluder treiben

Die Krebs-Frau ist für die Liebe geschaffen. Das kommt nicht nur daher, weil ihr Schutzpatron der Mond ist, der die Nacht erhellt, in der bekanntlich die Liebe erwacht. Sie hat viel Herzenswärme und noch mehr Gefühl. Wer solche Frau für sich gewonnen hat, kann sich glücklich schätzen: Er wird umhegt und gepflegt. Da fehlt nichts, was sein Wohlbefinden beeinträchtigen könnte. Selbst Männer, die sonst dafür bekannt sind, daß sie nach außen streben, werden bei der Krebs-Frau ein wenig häuslicher.

Leider reagiert sie anfällig auf alle möglichen atmosphärischen Störungen, auf den Wetterwechsel ebenso wie auf Voll- und Neumond. Dann fühlt sie sich nicht wohl in ihrer Haut und läßt das launenhaft auch ihre Umwelt spüren. Ihre Kritiklust ist gefürchtet. Ein Stäubchen auf des Mannes Anzug kann sie anregen, gleich einen Wüstensturm daraus zu machen.

Ihre vorgefaßte Meinung ist kaum zu erschüttern. Einen Krach deswegen vom Zaun zu brechen, würde sie nur verstockter machen. Wer sie zum Lachen bringt, kriegt sie rum.

Wie man sie gewinnt

Leider gibt es nur zu viele Männer, die die zarten Gefühle einer Krebs-Frau verletzen, die Liebe heucheln und nur das eine wollen. Bevor die Krebs-Frau daran zerbricht, wird sie sonst seltene Entschlußkraft zeigen und die ungehobelten Liebhaber abservieren.

Takt und Zartgefühl schätzt die Krebs-Geborene

Wer aber taktvoll und zärtlich auf sie eingeht, hat gewonnenes Spiel. Nur sollte er nie zu dick auftragen; denn Angeber kann sie nicht ausstehen. Sie hat auch eine eigene Art, Komplimente aufzufassen. Sagt ihr ein Kavalier, sie sehe heute besonders hübsch aus, fragt sie todsicher zurück, ob das denn sonst nicht der Fall sei. Und der ungeschickte Komplimenteschmied wird zu stottern beginnen.

So ganz einfach ist es nicht, ihr Herz zu gewinnen, obwohl sie, abgesehen von einigen Untiefen in ihrer Nachtseele, ein recht unkomplizierter Typ ist. Die Kunst, diese Frau glücklich zu machen, ist durchaus zu erlernen: Man gehe nur ein wenig auf sie ein, höre ihr zu (was Männern oft besonders schwer fällt), nehme ihre Stimmungsumschwünge als Naturereignis und – man liebe sie.

Ohne große Worte kommt die Krebsin in der Liebe aus

Wenn sie liebt, bedarf es nicht vieler Worte. Sie wird mit ihrem Freund durch die Mondscheinnacht gehen, durch einen alten Park mit verschwiegenen Bänken. Oder auf seine Junggesellenbude: Man versteht sich – gut, dann kann man auch in anderer Weise miteinander verkehren. Wenn am Ende nichts daraus wird, geht man auseinander – es hat nicht sollen sein.

Ohne Liebe kein Sex

Sie ist eine wundervolle Geliebte, die mit der ihr eigenen Sensibilität den Mann glücklich machen will: Man darf sie nur nicht zu rauh anfassen. Obwohl sie dem Mann zuliebe alles mitmacht, was er von ihr verlangt, scheut sie vor allzu deftigen Sexpraktiken zurück. Und wenn sie dann doch einmal ja sagt zu einem etwas absonderlichen Wunsch, sollte man ihr zuliebe zur Ausführung die schützende Dunkelheit wählen.

Ihren Körper kann man getrost bewundern. Sie braucht sich seiner nicht zu schämen. Die meisten Krebs-Frauen haben Idealgewicht und die Pölsterchen genau an der richtigen Stelle. Aber man sollte die reine Körperlichkeit einer Verbindung nicht zu sehr herausstellen.

Eine Krebs-Frau würde nur widerstrebend auf dem Autositz lieben. Auf weichen Kissen bei gedämpftem Licht oder im Urlaub am einsamen Strand bei Mondschein und leise rauschenden Wellen hat sie es lieber. Und überdies hat sie eine recht eigene Einstellung zum Sex und meint, ohne ein Quentchen Liebe ginge da nichts.

Sie mag tiefe Küsse. Wie elektrisiert reagiert sie, wenn die Hände des Geliebten ihre Brüste streicheln, die zu ihren empfindsamsten Körperstellen gehören. Nicht unbedingt will sie im Bett das Sagen haben, vor eigener Initiative scheut sie meist zurück. Sie überläßt lieber dem Einfallsreichtum des Mannes, sie und sich selbst glücklich zu machen. Nur bei sogenannten Fehlzündungen greift sie einmal ein und beweist dann, daß sie durchaus nicht prüde ist und Lustvolles zum launigen Spiel beitragen kann.

Beim Liebesspiel ist die Krebs-Frau eher passiv

Mit wem sie es versucht

Die einfühlsame Art einer Krebs-Frau kann jeden Mann glücklich machen. Trotzdem sind dem Zusammenleben mit gewissen Typen Schranken gesetzt. Vor allem selbstsüchtige Männer mag sie nicht und schon gar nicht die Kraftmeier, die bei nächster Gelegenheit das zarte Pflänzchen zertreten. Eigentlich wartet sie wie viele ihrer Geschlechtsgenossinnen auf den Märchenprinzen, der sie heimführt. Aber ihr »Prinz« kann ruhig arm und das »Schloß«, in dem er wohnt, ein kleines Zimmer sein.

Vor einer Verbindung mit einem reinrassigen *Widder*-Typ scheut sie oft zurück. Wenn er dann doch seinen Willen bei ihr durchsetzt, versucht sie ihn umzuerziehen – ebenso wie den *Löwe*-Mann, der sich zwar als Kavalier erweist, aber stets seinen eigenen Willen durchsetzen möchte. Da scheint ein Krach ein um das andere Mal vorprogrammiert zu sein, der nur dadurch verhindert werden könnte, wenn der Löwe klein beigibt.

Scheu empfindet die Krebs-Frau vor Widder und Löwe

Dem *Schütze*-Geborenen begrenzt die Krebs-Frau sein Jagdrevier in den eigenen vier Wänden. Eifersüchtig ist sie nicht. Sie möchte nur nicht einen Mann, der in fremden Revieren wildert und daheim das Unschuldslamm spielt.

Getrennte Schlafzimmer sollte man dem *Wassermann* bei einer Krebs-Frau empfehlen, wenn sie in Vollmondnächten mit hochherrschaftlichen Launen reagiert. Ob das dann nützt,

solche Verbindung auf ewig zu kitten, muß mit einem Blick auf die Statistik bezweifelt werden.

Maßgeschneidert wäre für die Empfindsame ein *Fische*-Mann, der so gefühlvoll wie sie reagieren kann. Sie wird ihm seine Mutter ersetzen und mit ihm träumen. Es ist die seelische Übereinstimmung, die Krebs und Fisch ein Leben lang glücklich machen kann.

Sexuelle Harmonie: Krebs und Krebs-Frau

Diese Übereinstimmung findet die Krebs-Geborene auch bei einem *Krebs*-Mann. Da ist sexuell wohl alles im Lot. Nur könnten die beiderseitigen Launen zu Streitgesprächen führen, die an Lautstärke nichts zu wünschen übrig lassen. So kann sich eine Idealverbindung mit der Zeit verzerren.

Den leidenschaftlichen Typ aus dem *Skorpion*-Zeichen zieht die so gefühlvolle Krebs-Frau magisch an. Da sie sich bemüht, treu zu sein, wird seine sprichwörtliche Eifersucht keinen Ansatzpunkt finden. Auch die unterkühlte Art des *Steinbock*-Mannes wird die Krebs-Frau ertragen, solange sie nicht in seelische Grausamkeit ausartet.

Es könnte ihr langweilig werden mit Stier- oder Jungfrau-Mann

Bei *Stier*- und *Jungfrau*-Mann fühlt sie sich wohl, weil die beiden denselben Sinn für sparsame Haushaltsführung haben wie sie. Da jedoch eine Verbindung nach Meinung der Krebs-Frau nicht allein auf Geld und sicheren Wert aufgebaut werden kann, sondern auch auf Lustschlössern, wird sie mit der Zeit vielleicht bei beiden Langeweile verspüren.

Der *Zwillinge*-Geborene nutzt seine Krebs-Freundin ab und zu schamlos aus, kann sie aber meist mit einschmeichelnden Worten von seinen Qualitäten überzeugen. Dieser in allen Lebenslagen gewandte Mann könnte der einzige sein, dem die gescheite Krebs-Frau nicht auf die Schliche kommt.

Bliebe der *Waage*-Mann, der auf gleicher Gefühlswelle wie sie funkt. Die Krebs-Frau wird seine etwas oberflächliche Art oft kritisieren, worauf er sich schmollend zurückzieht. Der Groll mag den Tag überdauern, die Nacht garantiert nicht ...

So wird man sie garantiert los

Ihre Empfindsamkeit verletzt man nicht ohne Folgen

Wer quasi mit Nagelschuhen auf den zarten Gefühlen einer Krebs-Frau herumtritt, der wird sie schneller los, als er es sich vielleicht selber wünscht. Sie ist sehr empfindsam und mag es nicht, wenn man nach einem Konzertbesuch zu Hause gleich den Fernseher anstellt. Sie will ein Erlebnis stets abklingen las-

sen. Wer das nicht begreift, hat mit der Zeit bei ihr verloren. Die Krebs-Frau ist leicht verwundbar. Wenn ein Mann ihre dünne Haut behandelt, als sei diese ein dickes Fell, beugt sie Verletzungen vor: Sie verläßt den Gewalttätigen auf Nimmerwiedersehen.

Sie behält sich stets vor, den Schlußstrich unter eine Beziehung selber zu setzen. Wer partout frei sein will, erleichtert ihr diesen Schritt, indem er alle seine Kavalierstugenden verleugnet, mit ihr um Kleinigkeiten streitet und andere Frauen, die sie nicht leiden kann, über den grünen Klee lobt.

Die Pluspunkte des Krebses

Krebs-Menschen sind gutmütig und immer hilfsbereit. Sie sind kaum je egoistisch, auch wenn es manchmal den Anschein haben sollte. Für den, der sie liebt und auf ihre zarten Gefühle Rücksicht nimmt, gehen sie durchs Feuer.

Gutmütig, hilfsbereit, fröhlich, aber auch launisch, eigenbrötlerisch und spitzzüngig: So läßt sich der Krebs charakterisieren

Die Krebs-Geborenen können gut zuhören, verlangen das aber auch von dem Menschen, mit dem sie zusammenleben. Sie sind fröhlich, lachen gern und versuchen, sich in den Mitmenschen hineinzudenken. Wer Trost sucht, findet ihn bestimmt bei diesem so gefühlvollen Tierkreistyp.

Krebs-Menschen haben nur wenige Freunde; wer zu ihnen zählt, kann sich glücklich schätzen. Sie lieben den kleinen Kreis. Ein gemütliches Heim ist für jeden Krebs-Geborenen die kleine Welt, in der er sich geborgen fühlt. Er stattet es nach seinem eigenen (guten, aber dezenten!) Geschmack aus. Bei ihm kann sich jeder wohl fühlen.

Die Schwachstellen des Krebses

Es sind die Launen, die manchen Krebs-Menschen Sympathien kosten. In diesem vom Mond beherrschten Zeichen übertreibt man die seelische Empfindlichkeit manchmal so sehr, daß man selbst mit dem besten Freund wie aus heiterem Himmel einen zünftigen Krach vom Zaun brechen kann.

Von ihrer Umwelt kapseln sie sich innerlich oft zu sehr ab. Sie kritisieren zwar gern andere Menschen, können aber selbst kaum Kritik vertragen. Obwohl sie selbst leicht zu verletzen sind, können sie anderen manchen Hieb versetzen.

Die sonnigen Typen aus dem Löwe-Zeichen

Energisch und voller Selbstbewußtsein: der Löwe

Vom 23. Juli bis 23. August durchläuft die Sonne das Tierkreiszeichen Löwe. Sie leuchtet am Himmel mit voller Kraft. Auch die Menschen, die in diesen Sommertagen geboren wurden, sind von seltener Energie. Sie nehmen die Herausforderung Leben an. Durch nichts ist ihr Selbstvertrauen zu erschüttern. Sie haben viel Temperament, sind aber auch gutmütig und hilfsbereit. Die Mitmenschen sollten zu ihnen aufschauen; denn das königliche Wappenzeichen färbt auf den Charakter des Löwe-Menschen ab, der sehr großzügig, aber auch sehr egoistisch sein kann.

Die unter diesem Feuerzeichen Geborenen sind robuste Naturen, die sich freilich vor lauter Tatendrang oft übernehmen. Und deshalb wohl sind sie am ehesten von der sogenannten Managerkrankheit, von Herz- und Kreislaufstörungen oder Bandscheibenschäden bedroht. Wie alle Menschen, die rechte Kraftprotze sind, kann sie manchmal die kleinste Erkältung umwerfen.

Der Regent des Zeichens ist die Sonne, in deren Glanz sich die Löwen spiegeln. Gold ist ihr Glücksmetall, und der Rubin, ein besonders harter, stark lichtbrechender, tiefroter Edelstein aus kristallisierter Tonerde (Korund), ihr Glücksbringer. Als Talisman soll der Rubin nach alter Überlieferung Leidenschaft und siegreiche Kraft verleihen, als Amulett verwandten ihn unsere Altvorderen gegen Gift und böse Geister. Mittelalterliche Esoteriker behaupteten, konzentriere ein im Löwe-Zeichen Geborener seine sorgenvollen Gedanken auf diesen Stein, würden des Rubins verborgene Kräfte die Sorgen auf sich ziehen, und der Löwe wäre im Nu frei von allen Belastungen.

Sonnenkinder, die sie sind, können Löwen nicht im Schatten stehen

Man kann den Schützlingen der Sonne Bewunderung nicht versagen. Eigentlich sind sie schon von klein auf Persönlichkeiten. In ihrem ganzen Auftreten liegt etwas Königliches. Sie sonnen sich im Mittelpunkt jeder Gesellschaft. Und wenn das mal nicht so ist, sorgen sie dafür, daß man auf sie aufmerksam wird.

So planen Löwen ihre Karriere

Kein Mensch kann gleich als Generaldirektor anfangen. Auch ein Löwe nicht, obwohl er es gern möchte. Aber er kann seine Karriere planen wie kein anderer. Er hat den meisten Mitmenschen voraus, daß er seine Pläne – koste es, was es wolle – auch ausführt. Zunächst beweist er sein Pflichtbewußtsein, damit die Chefs sehen, daß er mit Ernst an die Sache herangeht. Dann zeigt er sehr viel Fleiß. Und damit setzt er sich ins rechte Licht.

Großzügigkeit macht dem Löwen viele Freunde

Natürlich hat er Neider unter den Kollegen. Bis sie seine Großzügigkeit kennenlernen: Ein Löwe-Mensch ist immer generös. Das schafft ihm bald mehr Freunde als Gegner. So sichert er seinen Aufstieg ab.

Löwe-Menschen, die ganz unten bleiben, sind selten. Die wenigen, die im Beruf ein Aschenbrödeldasein führen, spielen dann meist daheim ersatzweise den Haustyrannen. Schuld an solchem Schicksal sind sie nie selbst, sondern irgendein vertrackter Aszendent oder eine verkorkste Konstellation in ihrer Geburtsminute.

Selbst wenn Löwe-Menschen – was selten vorkommt – nicht die intelligentesten sind, werden sie es im Durchschnitt weiterbringen als viele ihrer Kollegen aus anderen Tierkreis-

zeichen. Ihr Typ ist einfach mehr gefragt. Sie können – auch im übertragenen Sinn! – vieles reparieren, was andere für hoffnungslos kaputt hielten. Außerdem wissen sie ihrem Gehabe das Flair zu geben, nach dem die Großen dieser Welt lechzen. So werden sie gefördert und hoch gelobt, bis sie möglicherweise selbst auf dem ersehnten Chefstuhl landen.

Er singt das Lied der Mächtigen

Eigentlich wäre der Löwe-Mann ein geborener Revolutionär, weil er weiß, wie man die Massen – via kleine Geschenke und freundliche Zuwendung – hinter sich bringt. Aber wenn ihm die Obrigkeit einen gehobenen Posten gibt, wird er das Lied der Mächtigen singen. So wandeln sich die Zeiten ...

Sogenannte Modeärzte, von deren Können die Reichen schwärmen, sind oft unterm Löwe-Zeichen geboren.

Man findet ihn als Kaufmann in vielen Branchen und im Handel. Er verdient sein Geld als begehrter Hausarzt, weil er auch einmal von der Schulmedizin abweichen kann und Mittelchen weiß, an die seine Patienten glauben. (Schließlich versetzt der Glaube gerade bei Kranken Berge!).

Auch unter den selbständigen Unternehmern sind diese sonnigen Typen recht zahlreich zu finden. Als kampffreudige Politiker sitzen sie in Regierungen und Parlamenten. So ganz unten bleibt von ihnen – wie gesagt – kaum einer.

Als Chef kann der Löwe-Mann endlich den Alleinunterhalter spielen. Seine Monologe vor versammelter Mannschaft sind berühmt. Dieser Boß bringt Leben in den Laden. Endlich kann der sonst so Arbeitswütige andere für sich schuften lassen und sich selbst aufs Organisieren beschränken.

Er liebt das Teamwork und fördert Talente, die schließlich seinen eigenen Ruhm vermehren. Keiner sollte ihm widersprechen. Wer jedoch seinen Widerspruch vorher mit einer Lobrede auf den einzigartigsten unter allen Chefs beginnt, dem hört der Geschmeichelte aufmerksam zu.

Für Schmeicheleien (zu) empfänglich: der Löwe als Chef

Das Traurige an dieser Geschichte ist, daß Schmeichler es bei diesem Chef oft leichter haben als jene, die keine Speichellecker sind. Das kommt wohl daher, daß die Menschenkenntnis eines Löwen durch Lobhudelei ein wenig beschränkt werden kann. Keiner sollte sich zu früh freuen: Am Ende siegt bei jedem Löwen der gesunde Menschenverstand. Aber es dauert eine Weile, bis er erkennt, wer für ihn nützlicher arbeitet.

Die selbstbewußte Löwe-Dame

Löwe-Frauen haben die gleichen beruflichen Ambitionen wie ihre Sternenbrüder. Sie sind genauso selbstbewußt und können durch ihren Wagemut schon in jungen Jahren vieles bewegen. Wenn sie die Arbeitsstelle oft wechseln, liegt das keinesfalls an ihnen. Dann gab man ihnen keine Aufstiegschance. Eine Löwe-Dame spielt nicht gern das unbeachtete Fräulein in einem Großraumbüro.

Eine Löwe-Sekretärin schmeißt den Laden

Der Chef, der eine Löwin zur Sekretärin hat, weiß, daß diese den Laden auch ohne ihn schmeißen kann. Er sollte ihr öfter ein kleines Geschenk (Lob eingeschlossen!) machen, damit sie auch wirklich bleibt. Das ist nur ein Beispiel von vielen, wie man die Löwe-Frau behandeln muß, damit sie zu Höchstleistungen fähig ist.

Immer wird diese von sich sehr überzeugte Frau aus ihrer jeweiligen Position das Beste machen und sich wegen ihrer Tüchtigkeit manche Freiheiten herausnehmen können, die man bei anderen nicht duldet. Sie wird allein schon durch ihre damenhafte Haltung die Aufmerksamkeit auf sich lenken. Oft steigt sie nur darum nicht in höhere Stellungen auf, weil sie vorher weggeheiratet wird und ihre Karriere aufgibt.

In hohen Positionen findet man häufig Löwe-Frauen

Die Löwe-Frau ist in vielen Berufen sattelfest. Sie kann leicht hohe Positionen besetzen. Sie besteht darauf, Verantwortung zu tragen. Als Chefin ist sie gerade am rechten Platz. Sie ist ihren Untergebenen gegenüber streng, aber gerecht. Nichts läßt sie durchgehen, was die Firma schädigen könnte.

Eigentlich müßte das Sonnenkind reich zur Welt kommen; denn Armut macht sie krank. Nur gut, daß die Löwe-Frau jederzeit in der Lage ist, sich mit Hilfe ihres Einfallsreichtums und ihrer Durchsetzungskraft ein Plätzchen an der Sonne zu erarbeiten.

Der königliche Liebhaber

Gern gesehen bei den Frauen ist der Löwe-Mann

Man muß es den Löwe-Männern lassen: Sie haben Charme und wissen sich wie echte Gentlemen zu benehmen. Und darum umschwärmen liebebedürftige Damen diesen königlichen Liebhaber wie die Motten das Licht. Sie sind klug beraten, wenn sie ihn anbeten und ihm nie und nimmer widersprechen. Widerspruch reizt den Löwen, seine angeborene Ritterlichkeit

zu vergessen und großes Geschütz aufzufahren gegen jene, die opponieren. Sein grenzenloser Optimismus gefällt den Frauen. Sie können vertrauensvoll zu ihm aufschauen und sich in seinen starken Armen geborgen fühlen. Und das spricht sich rum. Es ist daher nicht verwunderlich, daß der Löwe-Mann schon in jungen Jahren einen Fan-Club mit hübschen Mädchen um sich schart. Schließlich läßt er für seine Verehrerinnen gern auch etwas springen.

Seine Großzügigkeit kann den Löwen in Geldverlegenheit bringen

So geht ihm zeitweilig das Geld aus, und er muß auf Vorschuß leben, um sich den Status des Gönners zu erhalten. Irgendwo und irgendwann wird schon ein Mäzen auf ihn warten, der ihm beispringt, wenn einmal Ebbe in seiner Kasse ist. Das kann durchaus die reiche Witwe sein, die ihn in ihr Haus aufnimmt und mütterlich umsorgt. Löwe-Männer haben aber auch die Kraft, sich selbst aus dem Sumpf freizustrampeln. Sie fallen wie Katzen stets wieder auf die Füße. Leisetreter gibt es unter dem Löwe-Zeichen nicht. Man soll ihn sehen, soll ihn hören. Selbstbewußtsein bröckelt niemals ab.

Es ist viel Herzlichkeit im Wesen eines Löwen. Und wenn er sie ein wenig von oben herab verschenkt, sollte man ihm das nicht als Arroganz auslegen. Es ist die Leutseligkeit eines Königs, der seinem Volk huldvoll zugetan ist. Er ist charmant, er ist galant. Und das mögen die Frauen. Leider kommen bei ihm und soviel Glanz und Glorie die Mauerblümchen sichtlich zu kurz. Es sind die Rosen, die er knickt, wobei er freilich zeitig auch Erfahrungen mit den Dornen macht.

Tendenzen zum Playboy sind beim Löwen nicht zu übersehen

Wenn er es nicht auf einen Blitzsieg mit anschließender Triumphfahrt zum Standesamt anlegt, wird ein echter Löwe seine Gunst mal hier und mal dort verschenken. Ein so umworbener Mann kann ja gar nicht anders, als zu pflücken, was sich vor ihm aus zarten Knospen zu voller Schönheit entfaltet. Nur darum wurde mancher Löwe zum Playboy.

Frauen mögen seine weltgewandte Art, mit der er sich auf Gesellschaften bewegt. Und sie nehmen es ihm auch nicht weiter übel, wenn er ihre Schönheit als schmückendes Accessoire mißbraucht, um seinen sprichwörtlichen Glanz noch zu erhöhen. Obwohl der Löwe-Mann gern den Verführer spielt, wird er oft selber verführt von Frauen, die das verliebte Kätzchen spielten, sich danach aber, wenn er zu allem ja und amen sagte, als ausgewachsener Drache entpuppten.

Wie man sich einen Löwen schießt

Den Löwen schießt man auf freier Wildbahn in illustren Gesellschaften oder bei Kerzenlicht und gedämpfter Musik in einem Nobelrestaurant. Etwas Stil muß schon sein, auch wenn das den Löwen teuer kommt, weshalb er zeitweilig auf Pump leben muß: Nobel geht die Welt zugrunde.

Im Mittelpunkt des Interesses steht er gar zu gern

Frauen, die diesen Supermann erobern wollen, sind gut beraten, wenn sie sich in den Reihen derer formieren, die ihm Beifall klatschen. Er möchte gern der umworbene Mittelpunkt sein, um den sich alles dreht. Und er liebt den Disput über Themen, die ihm liegen. Man zeige gleiches Interesse, bis er aufmerksam wird. Schon scheint das Spiel gewonnen, wenn nicht eine andere die gleiche Masche strickt.

Am Ende wird er es mit beiden gleichzeitig versuchen, weil er schließlich die beste Wahl treffen möchte. Wer da die Eifersüchtige spielt, wird schnell abserviert. Seine Favoritinnen sollten einsehen lernen, daß es das Recht der Könige ist, sich auch anderen weiblichen Untertanen gegenüber huldvoll zu erweisen. Mit anderen Worten: Er nimmt sich gern heraus, was er anderen verwehrt; denn wehe, er hätte Grund zur Eifersucht!

Auch im Bett ein Wundermann

Ein Vulkan ist der Löwe als Liebhaber

Als Geliebter ist der Löwe der Wundermann, der Glanz in die kleinste Hütte bringt, wenn er sich je einmal dorthin verirren sollte. Im Bett kennt er keine Zurückhaltung. Er ist der Draufgänger, der kraftvoll den eigenen Höhepunkt ansteuert. Die Partnerin mag selbst sehen, wie sie von solchem Tatendrang angesteckt und befriedigt werden kann.

Ein Löwe-Mann, so verliebt er auch sei, hält sich kaum mit langwierigen Vorspielen auf. Er will seine Potenz gleich beweisen und glaubt, daß das auch für seine Partnerin die beste Lösung ist. Die Frau, die ihn liebt, sollte das einsehen und sich in seine schnelle Truppe einreihen. Hinterher bleibt noch genügend Zeit, vielleicht vorher fehlende Streicheleinheiten zu bekommen. Beim Zwischenspiel mag's der Löwe, wenn man zart seinen Rücken krault, vielleicht auch mit den Fingernägeln sanft das Kreuz hinauf- und herunterfährt. Das erotisiert ihn und macht ihn bald schon zu neuer Tat bereit. Er hat auch nichts gegen Partnermassage, wenn er dabei den aktiveren Teil übernehmen kann.

Sex ist für den Löwe-Mann immer eine Art der Selbstbestätigung. Zurückhaltung oder gar Enthaltsamkeit sind für ihn Fremdwörter. Mit anderen Worten: Die geliebte Frau muß zu jeder Tages- und Nachtzeit für ihn bereit sein.

Er stellt totale Besitzansprüche an die Frau, mit der er sein Lager teilt. Wer solch königlichen Bettgenossen einfing, sollte das einsehen und sich entsprechend fügen. Und wenn er auch, ohne lange herumzufummeln, gleich zur Sache kommt, mag man sich trösten. Er wird sich allmählich an seine Partnerin gewöhnen und ihr als echter Kavalier jeden Gefallen tun, wenn sie es versteht, ihn so zu nehmen, wie er ist – ein galanter Mann, dem man nicht böse sein kann.

Des Löwen liebste Gespielinnen

Seine größte Favoritin ist die Widder-Frau

Jede Frau kann mit diesem Supermann glücklich werden, wenn sie nur einsieht: Er ist der Größte! An der Spitze seiner Bestsellerliste steht die *Widder*-Frau. Bei ihr wird er schnurren wie ein braver Hauskater; denn sie hat seiner Potenz ein sexuelles Einfühlungsvermögen entgegenzusetzen, das ins Guiness-Buch der Rekorde gehört.

An zweiter Stelle rangieren gleichauf die *Löwe-* und die *Schütze*-Frau. Beide lieben wie er große Gesellschaften, beide haben Verständnis für seine ständige Sexbereitschaft. Wenn man sich hier einigt, wer herrschen soll, kann man bis ins siebzigste Jahr und länger mit ihm fröhliche Urständ feiern.

Bei der *Zwillinge*-Dame wird er zum Streichler und Schmeichler. Und sie zahlt ihm mit gleicher Münze zurück. Mit ihr kann er Wonnestunden erleben, wenn sie die Lust packt.

Es ist die schicke Figur, die den Löwen bei der *Skorpion*-Frau anbeißen ließ. Sie versteht sich wie sonst keine auf die Liebe und vermag den feurigen Löwen bis zur Weißglut anzuheizen. Leider hat man außerhalb des Schlafzimmers manche Meinungsverschiedenheit, deren Getöse noch im Nachbarhaus zu hören ist und deswegen dem auf seinen Ruf bedachten Löwen Grund für die Beendigung des Verhältnisses geben könnte.

Jungfrau, Steinbock-, Stier-Frau machen den Löwe-Mann glücklich

Jungfrau- und *Steinbock*-Damen lassen den Löwen manchmal in der eigenen Glut schmoren, was ihm bei der *Stier*-Frau kaum passieren wird. Trotzdem kann er bei allen dreien glücklich werden, weil sie am ehesten dafür sorgen, daß der Löwe zu Wohlstand und Ansehen kommt.

Die gefühlvolle *Krebs*-Frau läßt ihn in dem Glauben, er sei der letzte Patriarch unserer Zeit. Sie zieht ihm ganz sachte Pantoffeln an, die seine dröhnenden Schritte dämpfen. Und bei der *Fische*-Frau gefällt er sich in der Beschützerrolle; ob das für ein ganzes Leben zu zweit langt, kann man bezweifeln: Als Leibwächter ist sich mancher Löwe denn doch zu schade.

Sexuelle Übereinstimmung verbindet ihn mit der *Wassermann*-Frau, die ihn freilich von einer Aufregung in die andere stürzt, was der sowieso labile Löwe-Kreislauf nicht allzu lange verkraften könnte. Dagegen wird der Kraftprotz bei der *Waage*-Frau höchstens auszusetzen haben, daß sie allzu sensibel auf deftige Sexpraktiken reagiert.

Eine Schlampe schmückt ihn nicht

Wenn man den Löwe-Mann loshaben will (was kaum je geschieht), kleide man sich schlampig, nenne ihn einen eitlen Gecken und zweifle an seiner Potenz. Besonders hart trifft es ihn auch, wenn man ihm kaum mehr zuhört.

Eleganz und Schick seiner Partnerin sind für den eitlen Löwen höchst wichtig

Er ist einer der charmantesten Männer, der sich gern mit dem schicken Aussehen und dem eleganten Auftreten seiner Lebensgefährtin schmückt. Sieht er sich darin getäuscht, wird er Schluß machen. Eine Schlampe mag er nicht!

Die Löwe-Frau hat Sex-Appeal

Schon mit achtzehn ist die Löwe-Frau eine Dame vom Scheitel bis zur Sohle: königliche Haltung, selbstbewußt und ohne Skrupel, jeden zu beherrschen. Wenn sie geht, schreitet sie. Sie spricht mit niemandem – sie gibt eine Audienz!

Bei der Löwe-Frau muß man andere Maßstäbe anlegen als bei anderen Evastöchtern. Sie hat Sex-Appeal, ist aber nie eine Sexbombe. Sie ist im landläufigen Sinne schön, aber ihre Schönheit ist kaum die eines Pin-up-girls: Sie kommt von innen und strahlt nach außen.

Zweifellos ist sie klug, aber manchmal liegt sie daneben, wenn sie Dinge diskutiert, von denen sie nicht allzu viel versteht. Der Kavalier alter Schule behandelt sie dann immer noch als Dame und wechselt das Thema. Sie wird es ihm im stillen danken. Wer sie bloßstellt, hat nichts zu lachen. Irgendwann wird sie es ihm heimzahlen.

Die Löwin ist anmutig und setzt ihren Sex-Appeal gezielt ein, wenn sie auf die Jagd nach dem Mann geht, der ihr gefällt. Berechnend ist sie nicht. Liebe ist immer im Spiel, wenn die Löwin zum Sprung ins Ungewisse einer Beziehung ansetzt. Und: ist es ihre Schuld, daß unter den Bewerbern um ihre Gunst mehr Aristokraten, Manager und Akademiker sind als Leute aus dem einfachen Volk?

Ihre huldvolle Haltung hat nichts mit Arroganz zu tun

Manche halten sie für eitel, andere sogar für arrogant. Die Gründe scheinen diesen Kritikern recht zu geben: Sie schmückt sich gern mit teurem Geschmeide und zeigt gegenüber Leuten, mit denen sie bekannt wird, eine geradezu herablassende Freundlichkeit. Wer das mit Eitelkeit oder Arroganz verwechselt, vergißt, daß die Löwin aus königlichem Geblüt stammt. Und dazu gehören Gold und glitzernde Brillanten ebenso wie eine huldvolle Haltung ...

Der Märchenprinz an ihrer Seite

Wer sie näher kennenlernt, wird von ihr begeistert sein. Sie hat Fabuliertalent: Die schönsten Märchen werden von einer Löwe-Frau erzählt. Männer, die um ihre Gunst buhlen, glauben ihr aufs Wort und fühlen sich als Märchenprinz. Sie kann bezaubernd lachen – ein bißchen Berechnung steckt allerdings dahinter, weil sie weiß, daß Lachen eine Frau verschönt.

Flirten dient der Löwin dazu, den Mann zu testen

Diese Dame ist es schon wert, daß man um sie wirbt. Nur schade, daß es da Zulassungsbeschränkungen gibt. Wenn sie mit einem Mann flirtet, heißt das noch lange nicht, daß sie ihn auch wirklich mag. Sie testet nur, wie weit er geht und mit wieviel Respekt er sie behandelt. Da wurde mancher nicht für gut befunden, der sich schon vor dem Ziel seiner Wünsche sah.

Treu wie Gold: die Löwe-Frau

Leider wird ihre Großzügigkeit oft ausgenutzt von Schmeichlern, die ihr Liebe heucheln. Ehe eine verliebte Löwe-Frau das bemerkt, ist es manchmal schon für sie zu spät. Dann hat sie möglicherweise den schändlichen Heuchler am Hals und kriegt ihn nur über ein ordentliches Gericht wieder los. Um es klarzustellen: Löwe-Frauen sind treu wie das Gold, mit dem sie sich schmücken. Es ist nie und nimmer ihre Schuld, wenn ein Verhältnis bröckelt.

Wer ernste Absichten hat, spiele den Strahlemann, der ihr zu Füßen liegt, trage aber nie zu dick auf. Wie zufällig kann man auf ihre Hobbys zu sprechen kommen und ihre Talente bewundern. Und wem die Löwin lieb ist, der sollte sie sich auch teuer sein lassen. Wer wünscht, die Löwin möge ihm aus der Hand fressen, der muß Hummer und Filetsteak hineinlegen.

Sie hat übrigens durchaus nichts dagegen, selbst einmal das Essen in einem Nobelrestaurant zu bezahlen. Schließlich ist sie spendabel, und außerdem könnte der Mann wegen Speisen und Getränken Ansprüche stellen, die sie nicht erfüllen will.

Wenn ein Bewerber etwas von einer Löwe-Frau will, sollte er den Antrag stellen, sie wird ihn überprüfen. Selten marschiert sie gleich mit dem ersten besten ins Bett, nur weil er ihr auf Anhieb gefiel. Sie braucht Zeit für die Bearbeitung des Antrags. So ging ihr vielleicht schon mancher Supermann durch die Lappen. Die Löwe-Frau spielt sogar noch gern die Unschuldige, wenn ihre Liaisons stadtbekannt wurden. Man sollte mitspielen, sonst hat man verspielt.

Sexvergnügen im Himmelbett

Eine Löwin will immer die Initiative behalten – das sollten ihre Verehrer berücksichtigen

Wen die Löwe-Frau zu sich nach Hause einlädt, der hat schon halb gewonnen. Aber er sollte Kavalier bleiben und sich nicht gleich nach dem Schlafgemach erkundigen. Ihr selbst macht es Spaß, einem Mann den Kopf zu verdrehen.

Löwe-Frauen wollen auch dann noch als Damen behandelt werden, wenn sie ihr duftiges Negligé übergestreift haben. Wer da den wilden Mann spielt, bekommt eins auf die Finger und Hut und Mantel für den Nachhauseweg.

Natürlich reagiert sie auf Zärtlichkeit. Sie kann wie ein Kätzchen schnurren, wenn sie gestreichelt wird, wobei man ihrer Kreuzgegend besondere Beachtung schenken sollte; denn am Rücken ist sie zu entzücken. Das ist ihre erogene Zone, die auf die geringste Berührung reagiert.

Aber sie macht es dem Mann schwer. Sie will die Verführerin sein, trägt jedoch anfangs kaum etwas dazu bei, gemeinsames Wollen in die Tat umzusetzen. Für sie ersetzt solche Haltung schon einen Teil des Vorspiels. Sie will die Lust wachsen sehen, bevor man der Leidenschaft frönt. Löweerfahrene Männer wissen: Wenn die Löwin erregt ist, zieht sich leichte Röte vom Bauch aufwärts bis zum Hals. Obwohl sie in Sachen Sex nicht allzu erfinderisch ist, macht sie alles mit. Wenn man sie während des Liebesakts bewundert, bedeutet ihr das mehr als ein flottes Spielchen, bei dem man die Glieder verrenkt.

Sie genießt Sex als die selbstverständlichste Sache der Welt, kann jedoch genauso gut enthaltsam sein: Sex darf, muß aber nicht sein. Wenn sie Lust darauf hat, muß – wie in allem, was die Löwin tut – die Umgebung stimmen. Ein Himmelbett wäre das geeignete Möbel, auf dem man lieben kann.

Ihre Favoriten

Wer von ihr geheiratet wird, kann sich glücklich schätzen: Er hat alle Prüfungen bestanden und eine Klassefrau gewonnen.

Natürlich hat die Sonnenkönigin ihre Favoriten im Tierkreis. Und das sind ausgerechnet so durchsetzungsstarke Typen wie *Widder-*, *Löwe-* und *Schütze-*Geborene. Da paßt in sexueller Hinsicht alles zusammen. Und aus der körperlichen Übereinstimmung könnte sogar die seelische werden, wenn die Löwin und ihre Favoriten aus den Feuerzeichen öfter mal dem anderen nachgeben. Das ist bei dem beweglicheren Schützen am ehesten der Fall. Leider packt ihn aber manchmal die Abenteuerlust, inklusive Ferien ohne die Lieblingsfrau …

Feuerzeichen sind die Favoriten der Löwe-Geborenen

Den *Waage-*Mann spornt die Löwin zu mehr Leidenschaftlichkeit an. Und der Genießer wird ihr zu Gefallen sein. Scheinbar läßt er sich von ihr beherrschen – aber nur eben scheinbar!

Feuriger geht der *Skorpion-*Mann zu Werke. Er nutzt ihr Sexverständnis zur eigenen Befriedigung. Leider beschneidet seine zeitweilige Eifersucht die Bewegungsfreiheit der Löwin. Und das könnte der Knackpunkt sein.

Auch der *Zwilling* wäre für sie der rechte Schatz, wenn er nur ein wenig zu ihr aufschauen wollte. Er tut's bestimmt, aber dann führt der alte Seitenspringer irgend etwas im Schilde. Beim *Wassermann* genießt die Löwin die Liebe im Whirlpool und badet sich in seiner strudelnden erotischen Phantasie.

Jeder Mann kann mit der Löwin glücklich werden – wenn er ihre Eigenheiten respektiert

Stiere und *Steinböcke* zähmen die Löwin auf andere Art: Sie schmeicheln ihr mit klugen Worten und gehen hart ran. Die Löwin läßt sich von diesen Jägern gern bändigen.

Der Mann aus der *Jungfrau* ist ihr vielleicht zu genau (ein bißchen Oberfläche sollte schon sein!), der aus den *Fischen* zu elegisch. Und der *Krebs-*Mann braucht in einer festen Verbindung zu viele Erholungspausen. Trotzdem: Gutgehen kann's mit der Löwe-Frau immer, wenn sie nur ein wenig hofiert wird und sie das Gefühl hat, verehrt zu sein von einem Mann, der sie als sein Juwel gern auch in der großen Gesellschaft zeigt.

Was sie auf die Palme treibt

Es ist der Unverstand der Männer, der die Löwe-Frau auf die Palme treibt. Man kann doch wirklich nur mit dem Kopf schütteln, wenn ein Mann solch hehre Dame loswerden will. Tatsächlich ist nichts leichter, als sie zu vergraulen. Und dann wird sie, ohne sich auch nur einmal umzuschauen, das Weite suchen.

So geht das: Man breche ihren Stolz, spreche nur noch von sich und seinen Heldentaten und beachte ihre eigenen Vorzüge nicht. Man stelle sie in aller Öffentlichkeit bloß oder bringe eine Nebenbuhlerin ins Spiel. Sie wird solch schandbares Vorgehen garantiert als Majestätsbeleidigung bewerten und den Schlußstrich ziehen.

Die Pluspunkte des Löwen

Charmant, großzügig, ein guter Kamerad; der Löwe hat viele gute Eigenschaften

Der Löwe-Mensch ist charmant und großzügig. Er übersieht Fehler von anderen, wenn sie seine eigenen ebenfalls nicht beachten. Er ist strebsam und schuftet wie ein Wilder, wenn er sein Ziel vor Augen hat. Er stellt sein Licht nicht unter den Scheffel, läßt aber auch andere sich in seinem Glanz sonnen.

Löwe-Menschen sind die besten Kameraden und Kollegen und vergessen nie, wenn man ihnen einen Gefallen tat. Sie sind Persönlichkeiten, die Respekt verdienen. Ihre Energie ist durch nichts zu brechen. Mit Tatkraft und Ausdauer gelangen sie in die obere Etage des Lebens. Durch ihren Wagemut und ihr Selbstbewußtsein können sie sich auch in schwierigen Situationen durchsetzen. Ihr freundliches Wesen macht sie beliebt.

Die Schwachstellen des Löwen

Sein größter Fehler: der Glaube, keine Fehler zu haben

Man sage ihm nie, daß er Schwachstellen hat; er wird aus der Haut fahren und den Lästerer in Grund und Boden stampfen wollen. Der Löwe-Mensch ist oft zu sehr von sich selbst eingenommen und kann arrogant reagieren. Das Ich geht ihm über alles, erst lebenserfahrene Löwen kennen auch das Wir.

Sie sind verschwenderisch, weil sie überall glänzen wollen. Ihre Eitelkeit übertrifft noch ihren zeitweiligen Hochmut. Sie können recht zynisch sein, wenn sie sich attackiert sehen. Nur zu oft lassen sie andere nicht zu Wort kommen, weil sie sich selbst am liebsten reden hören.

Der wache Verstand der Jungfrau-Menschen

Erdverbundenheit und Realismus kennzeichnen die spätsommerliche Jungfrau

Wenn die Sonne, astrologisch gesehen, das Tierkreiszeichen Jungfrau (24. August bis 23. September) durchläuft, geht der Sommer zu Ende. Auf den Feldern reifen die letzten Früchte. Die Menschen, die in dieser Zeit geboren werden, sind erdverbundene Naturen und Realisten, die sich immer neu einem Reifeprozeß unterwerfen. Sie sind neugierig, um sich weiterbilden zu können oder an die letzten Dinge zu kommen.

Sie sind pflichtbewußt und hilfsbereit, aber oft übergenau. Ein Stäubchen auf dem Fußboden kann sie schon stören. Ihre Kritiksucht macht sie bei vielen Menschen unbeliebt. Ist eine Kritik an ihnen selbst berechtigt, werden sie im stillen Kämmerlein alles überdenken und verarbeiten. Ihr wacher Verstand sucht immer nach dem besten Weg, im Leben zu bestehen.

Ärger fressen viele Jungfrau-Menschen in sich hinein oder versuchen, ihn durch Überreaktionen loszuwerden. Und da solch Verhalten auf den Magen schlägt, ist der Verdauungstrakt unter diesem Zeichen besonders gefährdet.

Planetarischer Schutzpatron der Jungfrau ist Merkur, der diese Menschen mit messerscharfem Verstand begabt, aber auch mit finanziellem Gespür, hinter dem freilich stets die nüchterne Überlegung steht, ob auch nützt, was man plant. Mit anderen Worten: Jungfrau-Menschen halten den Daumen aufs Geld. Sie sparen lieber, bevor sie etwas ausgeben. Das brachte ihnen in mancher Hinsicht fälschlicherweise den Ruf ein, sie seien Geizkragen.

Jungfrauen sind nicht abergläubisch – oder?

Natürlich ist jeder Jungfrau-Typ ein Realist, aber er beschäftigt sich vielleicht ganz nebenbei (und natürlich »rein wissenschaftlich«) mit parapsychologischen Studien, wobei er die Astrologie als »Hauptfach« belegt. Er wird stets abstreiten, daß er abergläubisch sei. Ist es daher nur Zufall, daß er an dünnem Kettchen möglicherweise ein aus dem jungfräulichen Glücksmetall Bronze gefertigtes Siegel Salomonis oder einen mit einem Blutjaspis geschmückten Ring trägt?

Diesem dunkelgrünen Stein mit roten Flecken schrieben die alten Griechen Heilkraft bei Lethargie und Depressionen zu – Stimmungen, in die Jungfrau-Menschen nur zu leicht verfallen können, wenn sie sich über irgend etwas ärgern. Als Glückssteine ohne besondere Heilkraft bieten sich auch der hellgelbe bis bräunliche Topas und der gelbe Saphir an. Der grüne Smaragd soll Jungfrauen – so glaubte man im Mittelalter – okkulte Kräfte verleihen.

Oberflächliche Leute halten die Jungfrau-Menschen für gefühlskalt. Sie haben unrecht: Das Gefühl wird unter diesem Zeichen nur von einem messerscharfen Verstand überlagert, der sagt, daß man mit Gefühl allein keine Häuser bauen kann.

Gefühl ohne Verstand ist der Jungfrau suspekt

Die Merkur-Schützlinge müßten es, von der Intelligenz her gesehen, allemal zu etwas bringen. Leider läßt sie die ihnen eigene Pingeligkeit oft zuviel bedenken und den Anschluß gegenüber schneller Schaltenden verpassen.

Eine Jungfrau macht keine halben Sachen

Was der Jungfrau-Mensch anpackt, das macht er ganz. Halbe Sachen sind ihm ein Greuel. Jede Arbeit versucht er bis ins kleinste Detail auszuführen. Und so macht er sich bei seinen Chefs beliebt, zumal er auch die Kollegen gern auf Vordermann bringt, wenn sie nach seiner Meinung zu schlampen beginnen.

Für Chefs aber ist der Jungfrau-Mensch meist der ruhende Pol der Firma, dessen Ordnungsliebe sprichwörtlich ist. Sein Wille zur Sparsamkeit hat schon manchen Betrieb vor Schaden bewahrt. Und seine Gründlichkeit sorgt dafür, daß selbst versteckte Fehler gefunden werden können. Unter diesem Zeichen arbeitet man nach Plan und wirtschaftet nicht ins Leere.

Der Jungfrau-Mensch hat eine durchaus realistische Einstellung zum Geld. Ließe man ihm die Wahl zwischen Rangerhöhung und Gehaltsaufbesserung, er würde wohl letztere wählen. Schließlich – sagt er sich – was nützt der Titel, wenn die Mittel fehlen? Er wünscht leistungsgerechte Bezahlung – aber, bitte schön, über Tarif!

Forscher, Tüftler, Wissenschaftler – Jungfrau-Idealberufe

In allen Berufen, die Scharfsinn und Genauigkeit bis ins Detail verlangen, sind Jungfrau-Menschen gesucht. Sie sind hervorragende Naturwissenschaftler, weil sie auf diesem Gebiet auf dem Boden der Tatsachen bleiben können. Als Lehrer zeigen sie Geduld auch mit dem Schwächsten in der Klasse und versuchen, ihn an die anderen heranzuführen. In Forschungsanstalten arbeiten viele Jungfrau-Geborene, aber auch in der Presse, weil sie dort ihrer Kritiklust freien Lauf lassen können. Auf Finanzämtern und in Buchhaltungen sitzen Jungfrau-Menschen, denn auf dem Geldsektor sind sie unschlagbar.

Leider bleiben sie nur darum manchmal unten hängen, weil sie das Risiko scheuen, mit eigenem Geld zu spekulieren. Geschäftsleute aus diesem Zeichen lieben die Sicherheit eher als schnelles Wachstum. Sie werden den Groschen lieber mehrmals herumdrehen, als ihn in eine windige Sache zu stecken. Und wohl darum sind Pleiten unter der Jungfrau so dünn gesät.

Er ist kein »Radfahrer-Typ«

Jungfrauen schätzen eine klare Rangfolge

Ein Jungfrau-Mensch ist immer bereit, sein Letztes zu geben. Das macht ihn in den Augen mißgünstiger Zeitgenossen zum »Radfahrer-Typ«, der er eigentlich gar nicht ist, auch wenn er manchmal die Lust verspürt, nach unten zu treten und nach oben zu buckeln. In sein Ordnungsprinzip gehört nun einmal der Prinzipal, dem man zu folgen hat, wenn er anordnet.

So sieht es der Jungfrau-Geborene auch, wenn er selbst Chef wird: Er verlangt unbedingte Befolgung seiner Anordnungen. Er ist jedoch einsichtig genug, sie schnell zu widerrufen, wenn er merkt, daß sie nicht ganz richtig waren. Er wird sich eine Führungscrew zur Seite stellen, die ihm hilft, Entscheidungen mitzutragen.

Nicht, daß er sich vor der Verantwortung scheut – ein Jungfrau-Mensch handelt immer verantwortungsbewußt. Nein, er will stets sichergehen, daß alles krisenfest geregelt ist. Er wird jeden fördern, der ihm dazu verhilft. Und dann ist er auch nicht knauserig, obwohl man ihm Geiz nachsagt.

Im Berufsleben verfolgen sie die gleichen Ziele: Männer und Frauen im Zeichen der Jungfrau

Jungfrauen arbeiten eigentlich nur so strebsam, um mit der Zeit zu Wohlstand zu gelangen. Auf dem Weg dahin ist ihnen manches Mittel recht. Das rückt sie oftmals in das schiefe Licht, sie seien eiskalt berechnend. Dabei setzen sie nur ihre Intelligenz ein, um dem Ziele näher zu kommen, das sie sich gesteckt haben: Durch eigenen Besitz unabhängiger zu werden.

Liebe mit dem Jungfrau-Mann

Wenn der Jungfrau-Mann mit perfekt geschnittenem Haar im perfekt sitzenden Blazer seinem perfekt gepflegten Wagen entsteigt und mit vollendeten Umgangsformen eine Dame begrüßt, sollte diese nur ja nicht glauben, er bemühe sich ihretwegen so. Er braucht das alles für sein höchst persönliches Wohlbefinden. Gerade weil er es gar nicht darauf anlegt, den Damen damit zu imponieren, fahren diese voll darauf ab.

Der Jungfrau-Mann bemüht sich immer, eine gute Figur zu machen. Er will vor sich selbst bestehen, was andere von ihm denken, ist ihm ziemlich gleichgültig. Er kleidet sich adrett und hält auf Hygiene.

Dieser schicke Mann hat – ohne eigentlich selbst etwas dazuzutun – Chancen beim schönen Geschlecht. Aber es sind immer die Mädchen, die den ersten Schritt wagen, ihn ansprechen, mit ihm flirten und ihn schließlich auch rumkriegen.

Er wartet auf »ihre« Initiative, der Jungfrau-Mann

Er ist kein schüchterner Junge, der die Augen niederschlägt und im Gesicht rot anläuft, sobald er nur ein weibliches Wesen sieht. Eine Frau, die sich nicht traut, den ersten Schritt zu tun, kann dem Jungfrau-Mann kaum näherkommen. Er erwartet, daß man auf ihn zugeht. Liebe auf den ersten Blick hält er für ein Privileg der Groschenromanhelden.

Von strahlender Schönheit und glitzerndem Geschmeide läßt er sich nicht blenden, nur von Geistesblitzen. Ihm gefällt

der Flirt, der mit Witz und Geist vorgetragen wird. Dumme Frauen kann er nicht ausstehen und vulgäre Redensarten genauso nicht. Intelligenz erotisiert ihn derart, daß er seinen aufs Sparen angelegten Haushaltsplan über den Haufen wirft, um davon einen Tea for two abzuzweigen. Noch mehr spricht es für sie, wenn solch weitreichende Folgen durch eine Einladung zu sich nach Hause vermieden werden ...

Seine Freundinnen haben es schwer. Sie eroberten den besten Mann, den man sich denken kann, aber leider hat ausgerechnet der kleine Fehler, die im zwischenmenschlichen Bereich zu funktionellen Störungen führen können.

Ein Mann im Wartestand

In Sachen Liebe ist der Jungfrau-Mann immer ein bißchen im Wartestand. Bis es zum Beispiel zu einer Eheschließung kommt, überlegt er lange. Schließlich ist die Mark nach der Hochzeit auch für ihn nur noch die Hälfte wert.

Seine Sparsamkeit erschwert dem Jungfrau-Mann das Ja-Wort

Ein Jungfrau-Mann läßt sich nicht verführen, obwohl er selbst einige Verführungstricks kennt. Wenn er Zuneigung gefaßt hat, wird er geduldig warten, bis seine Herzensfreundin irgend etwas unternimmt, das seinen Wünschen entgegenkommt. Wer sich um diesen Mann bemüht, sollte nicht zuviel von Sex und lustigen Spielen reden, die den Lebensgenuß erhöhen. Ein Jungfrau-Mann ist nicht prüde, aber Gespräche über Thema eins, die Liebe, mag er nicht. Schon gar nicht, wenn sie über zart geschwungene Frauenlippen kommen.

Er wird jedoch gern einer Einladung zum Hausbesuch folgen und alles Nötige für die Nacht mitbringen. Auch in der Liebe will er gleich wissen, woran er ist. Um den heißen Brei herumzureden, hält er für Zeitverschwendung.

Warnung an allzu sehr verliebte Damen: Von liebgewordenen Sachen trennt sich der Jungfrau-Mann nicht gern, selbst nicht von einer alten Freundin, wenn er sich schon eine neue anlachte. Hat man sich im Einvernehmen getrennt, wird man schließlich auch noch weiterhin mit ihr verkehren dürfen. Wer da eifersüchtig reagiert, stößt auf Unverständnis.

Jungfrau-Männer haben oft zwei Eisen im Feuer, wenn sie gesetzlich noch nicht gebunden sind. Sie trennen sich von alten Gewohnheiten nur, wenn sie mit Stempel und eigenhändiger Unterschrift ewige Treue besiegelt haben.

Auch beim Sex noch formtreu

Dieser Mann ist kein Draufgänger, der gleich das erste Rendezvous mit einer Bettszene bereichern will. Er hält auch im zwischenmenschlichen Bereich auf Etikette. Wenn er sich verabredet, wird er pünktlich sein. Die Frau, die sich verspätet, hat einen Minuspunkt mehr in seinem Gedächtnisprotokoll.

Schon manches Liebesverhältnis ging in die Brüche, wenn der Jungfrau-Mann begann, die Geliebte kritisch zu analysieren und Schattenseiten aufzuzeigen, von denen sie selbst noch nichts wußte. Man sollte ihm diese Veranlagung verzeihen. Er ist ja nur der Meinung, daß er bei einem guten Verhältnis alles sagen kann.

Ehrlichkeit gehört für den Jungfrau-Mann dazu

Wenn er sich übrigens einmal zu Intimitäten entschlossen hat, wird er wie selbstverständlich reagieren. Man ist sich einig – weshalb dann noch große Umstände machen? Nur allzu deftige Praktiken schätzt er nicht; er ist auch beim Sex für Formen, die bis zu einem gewissen Grad den Anstand wahren.

Sein Sexverständnis beschränkt sich eher auf das Bekannte, Überlieferte. Partnerinnen, die mehr von ihm haben wollen, sollten eigene Erfahrungen spielen lassen. Ein Jungfrau-Mann ist sehr gelehrig und fragt nie, woher man das hat, was man ihm beibringen möchte.

In der Liebe kann er keine großen Worte machen. Beim Vorspiel heizt er kaum die Stimmung mit wilden Liebkosungen und geflüsterten Liebesschwüren an. Aber er weiß, was der Partnerin dient und trägt dem Rechnung. Was dann noch fehlt, holt er anschließend mit bestaunenswerter Ausdauer nach.

Statistisch wurde festgestellt, daß seine empfindsamste Körperstelle der Bauch ist. Ehe jedoch die Partnerin das raushat, vergeht eine Weile. Dann versucht sie es vielleicht mit Massage oder mit sanften Zungenspielen. Das erotisiert ihn. Ein gemeinsames Bad auch. Er ist ja so für Hygiene.

Wem er sein Herz schenkt

Natürlich hat der Jungfrau-Mann eine materielle Ader. Wenn er aber einmal ja gesagt hat, wird man bald entdecken: Dieser Mann hat nicht nur Verstand, sondern auch viel Herz. Er ist erdverbunden wie die *Stier-* und die *Steinbock-*Frau und kann sich darum mit diesen auch am besten verständigen. Die Stier-Geborene heizt ihn übrigens ganz schön an, während die

Jungfraumänner können gut mit Stier- und Steinbock-Frauen

Steinbock-Dame seinem Wunsch nach mehr Mäßigung entgegenkommt. Letzteres gilt ebenfalls für seine Sternenschwester aus der *Jungfrau*, mit der er am Abend gern auch über die jüngsten Börsenwerte spricht.

Auf Trab bringt ihn die *Skorpion*-Frau, deren Lebenswürze Pfeffer ist, mit dem sie den Partner auf Touren bringt. Ihre zeitweilige Eifersucht kommt bei dem treuen Jungfrau-Mann nicht an, weil er sich im Falle eines Falles auch kaum von der Skorpionin erwischen läßt.

Die etwas kühle Art des Jungfrau-Mannes schreckt Löwe- und Waage-Frau

Der *Krebs*-Frau gibt er die Sicherheit, die sie zum Glücklichsein braucht. Eine Verbindung mit ihr hat jedenfalls größere Chancen, länger zu halten, als die mit der herrisch-herrlichen *Löwe*- oder der charmant-sensiblen *Waage*-Frau. Beide haben zwar sehr viel Sinn für die festen Werte, die ihnen ein Jungfrau-Mann schaffen kann, aber wenig für die etwas unterkühlte Art, mit der er zeitweilig selbst der Liebsten gegenübertritt.

Schon besser wäre da die Verbindung mit einer *Wassermann*-Frau, die den Jungfrau-Geborenen nach einigen vielleicht mißlungenen Versuchen schließlich doch auf Vordermann bringt und seine Kritiklust eindämmt.

Da der Jungfrau-Mann über allem erhaben schwebt, macht es ihm auch nichts aus, die Wünsche einer *Widder*-Frau zu erfüllen und seine eigenen zurückzustellen. Er hält das für praktizierte Koexistenz und sinnt darauf, ihr Feuer ein wenig auf Sparflamme zu drosseln, was ihm aber kaum gelingen wird ...

Viel Unordnung bringt die *Fische*-Frau dem so korrekten Jungfrau-Mann ins Haus. Das könnte ihr manchen Tadel einbringen, der an ihrem sowieso nicht überentwickelten Selbstbewußtsein kratzen wird. Guter Rat für ihn: Er sollte einen Lehrgang für Tiefenpsychologie belegen und ihre Traumwelt analysieren. Am besten: die beiden würden die Verbindung sofort mit Nachwuchs festigen; denn er ist ein guter Vater und sie die beste Mutter, die man sich denken kann.

Schütze- und Zwillinge-Frau müßten sparen lernen

Realistischer als die Fische-Maid denken *Zwillinge*- und *Schütze*-Frauen. Deren Esprit und Witz bringt den Jungfrau-Mann in Stimmung, sexuell mal über den eigenen Schatten zu springen, aber was das Materielle angeht, kann er sich manchmal wohl kaum verkneifen, die beiden Lebenslustigen zu erhöhter Sparsamkeit aufzufordern. Ob das dann trotzdem gut geht, wird die Zeit erweisen ...

Was er nicht leiden kann

Kauft sie die Butter im Feinkostladen, obwohl der Supermarkt genau die gleiche vierzig Pfennig billiger anbietet, muß er ihr das aufs Brot streichen. Bricht sie dann in Tränen aus, reicht er ihr eine Großpackung Papiertaschentücher und verzieht sich.

Solange der Jungfrau-Mann nicht verheiratet ist, kann man ihn leicht loswerden: Man weist ihm einfach die Tür und schickt ihm Schlafanzug und Zahnbürste nach. Oder räumt, wenn er gerade mal verreist ist, die gemeinsame Wohnung aus und läßt ihn in leeren Zimmern frieren.

An einer Ehe freilich wird der Jungfrau-Geborene in Treue festhalten, weil ihm eine Scheidung einfach zu teuer kommt. Er wird höchstens mal grantig, wenn die Angeheiratete im Freundeskreis zum besten gibt, daß er Trinkgelder über eine Mark erst ab einer Hundert-Mark-Rechnung für angemessen halte.

Trotzdem wird er den Fauxpas entschuldigen und selbst dann zögern, sich von seiner Frau zu trennen, wenn sie ihm gesteht, sie habe ihn betrogen – außer sie verzichtet auf Unterhalt und übernimmt alle Kosten.

Heißgeliebte, kühle Jungfrau

Anspruchsvoll in der Partnerwahl, selbständig, rätselhaft: die Jungfrau-Geborene

Erst einmal täuscht das Bild: Keine Jungfrau-Geborene will um jeden Preis Jungfrau bleiben. Gewiß, sie hat so viele moralische Grundsätze wie Politiker in der Wahlkampagne. Nur bleibt sie ihnen dann auch treu. Und manch einer mag die nach außen hin so Kühle für prüde halten.

Eins steht fest: Sie hat's faustdick hinter den Ohren. Die astrologische Jungfrau läßt sich nicht verführen, es sei denn, sie hätte selbst ernsthafte Absichten auf den Verführer. Dann müßte er aber schon den Liebestest bei ihr bestanden haben. Jungfrau-Damen sind recht pingelig. Und wenn das Ergebnis negativ ist, können sie auch mal eine Weile auf Sex ganz verzichten und »jungfräulich« bleiben. Nicht um jeden Preis wollen sie Ehefrau spielen. Als alleinerziehende Mütter stehen sie ebenso ihren »Mann«. Oder sie verlassen den angetrauten Ehemann und die Kinder, um einem anderen in die Wüste zu folgen. Wer kann schon eine Jungfrau enträtseln?

Scheu zieht sie sich zurück, wenn jemand versucht, ihr Innenleben zu erforschen. Sie ist abweisend gegen die Zudring-

lichen, die zuviel von ihr wissen wollen. Ihr Lachen zieht die Männer an; aber die verwechseln manchmal von Herzen kommende Freundlichkeit mit sturmfreier Bude.

Um das klarzustellen: Auch wenn die Jungfrau-Geborene mit diesem oder jenem Mann schäkert, so hat sie doch eine sehr moralische Lebensauffassung. Wer das mit Prüderie verwechselt, kennt sich im Jungfrau-Charakter nicht aus. Beinahe stur geht diese Frau den Weg, den sie für richtig hält.

Heuchelei ist der Jungfrau zuwider

Man mag nun geteilter Meinung darüber sein, ob die Jungfrau-Geborene, die ihren Mann verließ, um einem anderen in die Wüste zu folgen, noch »moralisch« zu nennen ist. Es ist eben keine bürgerliche Moral, die eine Jungfrau zu ihrem Leitbild erhebt. Ihr Wahlspruch heißt: Verlogenes ist Verlorenes!

Und sie hat feste Grundsätze. Allzu forsche Lebemänner weist sie deshalb von vornherein ab. Auf Playboys fällt sie nur herein, wenn diese an ihrer Seite eine schauspielerische Glanzleistung aufs Parkett legen und sich so verstellen können, daß selbst der für ihre Pfiffigkeit bekannten Jungfrau nichts auffällt. Aber solche Genies sind selten und haben überdies meistens bereits andere Objekte für ihren Eros gefunden.

Modetorheiten sind ihr zu teuer

Diese Jungfrau ist schon ein rätselhaftes Wesen. Mit Ernst und Würde geht sie an die Dinge heran, auch an die Liebe. Sie schätzt das Dezente: Kaum wird sie sich mit glitzernden Klunkerchen behängen und Weihnachtsbaum mimen. Kosmetika sind für sie geschaffen, um Unebenheiten auszugleichen und nicht dafür, sich begehrenswerter zu machen. Sie ist zwar eine moderne Frau, aber Modetorheiten macht sie kaum mit.

Ein herziges Wesen ist diese Jungfrau schon. Sie wird dem Mann zulächeln, wenn er neben ihr im Kaffeehaus sitzt. Und wenn er ihr gefällt, kommt sie gern mit ihm ins Gespräch. Literatur und Kunst interessieren sie, möglicherweise auch die letzten Börsenkurse (das kommt von Merkur, ihrem Geburtsplaneten). Sie kann gut zuhören, sobald ihr aber etwas nicht plausibel genug erscheint, wird sie einhaken. Die Jungfrau mag keine Männer, die über Dinge reden, von denen sie nichts verstehen.

Schwätzer haben bei Jungfrauen wenig Chancen

Bester Rat für jene, die es auf eine Jungfrau abgesehen haben: Geben Sie sich charmant und gehen Sie auf die Jungfrau ein, auch wenn Sie Ihnen schon beim ersten Kennenlernen mit ihrer kritischen Ader auf die Nerven geht. Wenn es bei ihr gefunkt hat, wird sie schon bald mit Ihnen in einem blumenreichen Park spazieren gehen. Sie können sogar Händchen mit ihr halten. Aber erwarten Sie nicht gleich zuviel von ihr. Liebe braucht bei jeder Jungfrau ihre Zeit ...

Der Sauberen sinnliches Vergnügen

Sie taut nur langsam auf, erwärmt sich dann jedoch rasch für die intime Behandlung ihrer unterkühlten Körperteile. Eine Badewanne ist für das Vorspiel mit einer Jungfrau oft besser geeignet als ein Luxuslager. Sauberkeit ist für sie oberstes Gebot. Wer mit ihr in die Badewanne steigen und ihr dabei nicht nur den Rücken, sondern auch den Bauch (ihre erogenste Stelle!) kundig einseifen darf, genügt nicht nur ihren ästhetischen Ansprüchen. So erotisiert wird ihr sexueller Ehrgeiz wachgekitzelt. Von da an ruht die Jungfrau nicht, bis sie zumindest für völlige Befriedigung des Geliebten gesorgt hat, woraus man ersehen kann, daß Jungfrauen auch in der Liebe Leistung erbringen wollen. An der Seite des Mannes, den sie lieben, entwickeln sie mit der Zeit eine Perfektion, zu der sie vorher nur zögernd bereit waren.

Um dem Geliebten zu gefallen, wird die Jungfrau ihm selbst einige seiner absonderlichen Wünsche erfüllen, wenn diese nicht zu sehr gegen ihr ästhetisches Empfinden verstoßen. Sie kann einen Mann mit ihrer Zärtlichkeit überraschen und nach einigen Lehrstunden sogar zu einer erotischen Meisterleistung anheizen. Männer wissen das zu schätzen. Und darum gibt es eigentlich kaum jemanden, der es mit einer Jungfrau nicht versuchen könnte.

Für den Geliebten steigert sich die Jungfrau zur sexuellen Meisterschaft

Wer sich eine Jungfrau hält

Der *Stier* kann mit seinem starken Nacken am ehesten das Joch ihrer Reinlichkeitsmarotten und ihrer oft übertriebenen Sparsamkeit tragen; wenn sie ihre Spitzen gegen ihn abschießt, kommt ihm sein dickes Fell zugute. Auch er ist ein sparsamer Typ, der aber mit Leidenschaft irdischen Genüssen frönt. An seiner Seite entwickelt sich die Jungfrau zur Genießerin.

Wie sie betrachtet der *Steinbock*-Mann Sex als schöne Nebensache und sammelt wie sie statt Briefmarken lieber Aktien. Hier wird Liebe mit Verstand gemacht. Ähnliches kann von

einer Verbindung mit einem *Jungfrau*-Mann gesagt werden, wobei hier zusätzlich die beiderseitige Streitbereitschaft für folgende Versöhnungsszenen Raum schafft.

Beim oft eifersüchtigen *Skorpion* spielt die Jungfrau ab und zu einmal, um dem Feurigen zu gefallen, das Betthäschen, sorgt aber ganz nebenbei dafür, daß die Kasse stimmt.

In dieser Hinsicht ist freilich ein *Krebs*-Mann eher ihr Favorit. Er zählt wie sie gern Banknoten und finanzielle Sicherheit versprechende Papiere, hat darüber hinaus viel Verständnis für die etwas unterkühlte Art seiner Jungfrau in Sachen Sex.

Verstandesmäßig kann der *Wassermann* mit ihr konkurrieren. Auch er testet wie sie, ob der Partner körperliches Vergnügen über moralische Grundsätze stellt.

Die Jungfrau kann viele Männertypen glücklich machen und weiß die meisten klug zu nehmen

Der *Fische*-Mann, unverbesserlicher Träumer, fühlt sich von der prosaischen Jungfrau herausgefordert und nimmt sich vor, sie mit erotischen Kunststücken von der Lektüre des Wirtschaftsteils abzulenken. Er geht ihrer sexuellen Zurückhaltung auf den Grund und stößt dabei nicht einmal auf Widerstand.

Löwe- und *Widder*-Männer, die mit einem Potenzansturm die Festung erobern wollen, überrascht die Jungfrau, indem sie freiwillig die Pforte öffnet. Mit der Zeit paßt sie sich den Leidenschaftlichen geschickt an, zumal sie dann längst deren Konten verwaltet und für ihre Karriere gesorgt hat.

Das gelingt der Jungfrau bei dem ansonsten zärtlichen *Waage*-Mann nicht. Zu sehr regt sie ihn mit kritischen Bemerkungen über sein manchmal etwas oberflächliches Wesen auf. Sein Selbstbewußtsein leidet darunter und wird auch nicht im Bett durch eine willige Jungfrau gestärkt.

Zwillinge- und *Schütze*-Männer werden durch die erste Jungfrau in ihrem Leben zuweilen neugierig auf die nächsten drei, was ganz und gar nicht im Sinne der Dame ist. Bei gescheiten Diskussionen könnten sich diese konträren Typen aber so an die Jungfrau gewöhnen, daß sie das Abenteuer reizt, es mit ihr ein Leben lang zu versuchen.

Unvernunft ist für sie der Anfang vom Ende

Erzählt ihr Gespons Zoten, verwandelt sich die süßeste Jungfrau in eine säuerliche ältere Jungfer, deren einziges Interesse dem Schweizer Hohlsaum gilt und die sogar den Kreuzstich aus Gründen der Doppeldeutigkeit vermeidet.

Betritt ihr Herzensmann mit Gartenschuhen den hellbeigen Teppichboden, hinterläßt das unauslöschliche Spuren in ihrem Gedächtnis. Und wenn er anstelle des Reihenhauses einen flotten Porsche hinstellen läßt, zweifelt sie an seinem Verstand und an seiner Zuneigung und investiert Liebes- und Barvermögen in ein lohnenderes Objekt. Mit anderen Worten: Wer seine Jungfrau loswerden will, hat es leicht. Von sich aus wird sie den Scheidungsanwalt bestellen und den nichtsnutzigen Mann die Rechnung, inklusive hohem Schadensersatz für mit ihm verbrachte unnütze Zeit, bezahlen lassen.

Eine Scheidung von ihr kann teuer werden

Die Pluspunkte der Jungfrau

Jungfrau-Menschen sind intelligent. Sie versuchen immer, hinter die letzten Dinge zu kommen. Scharf beobachten sie und ziehen daraus ihre Schlüsse, die meist über jede Kritik erhaben sind. Nüchtern und distanziert gehen sie an alles heran. Sie analysieren selbst schwierige Probleme richtig mit logischem Verstand.

Sie vertrauen nur auf ihre eigene Kraft. Ihr ganzes Denken ist auf Erfolg ausgerichtet. Glücksspielereien sind gegen ihre Natur. Jungfrau-Menschen sind in allen Lebenslagen für Geradlinigkeit und berücksichtigen auch das Detail. Pläne, von deren Richtigkeit sie überzeugt sind, werden sie ausführen, selbst gegen den Widerstand aus eigenen Reihen. Sie haben ein Gespür dafür, wie man auch ohne große Mittel den eigenen Besitz mehren kann.

Im Guten wie im Schlechten sind Jungfrauen Verstandesmenschen

Die Schwachstellen der Jungfrau

Die Lust zu kritisieren läßt manchen Jungfrau-Menschen als unverbesserlichen Nörgler erscheinen. Sein Verstand arbeitet manchmal zu scharf und erkennt Schwächen, wo eigentlich keine sind. Wenn er sich einmal vergaloppiert hat, weicht er feige zurück und überläßt anderen die Verantwortung.

Mancher Jungfrau-Mensch wird im zwischenmenschlichen Bereich wegen seiner pingeligen Ordnungsliebe gehaßt. Seine Pedanterie ist sprichwörtlich. Die Zurückhaltung im finanziellen Bereich wird oft als Geiz ausgelegt. Seine kühle Sachlichkeit, auch im Privatleben, verwirrt selbst Leute, die ihn lieben.

Die unverbesserlichen Optimisten aus der Waage

Harmoniesüchtig, optimistisch, gut gelaunt: Waagen sind die Diplomaten im Tierkreis

Der Herbst hält seinen Einzug, wenn die Sonne in das Tierkreiszeichen Waage (24. September bis 23. Oktober) tritt. Die Ernte wird eingebracht, und die Felder werden für den Winter ein letztes Mal gepflügt.

Die im Waage-Zeichen geborenen Menschen haben viel von dem Naturrhythmus des Werdens und Vergehens mitbekommen: Sie sind für den Ausgleich um jeden Preis, auch wenn sie manchmal hin- und herschwanken; sie können schaffen, gleich darauf aber faulenzen wie sonst niemand. Wie junger Wein befinden sie sich in einem ständigen Reifeprozeß, der sie durch Höhen und Tiefen führen kann. Sie haben jedoch auch etwas von dem Frohsinn und der guten Laune mitbekommen, die der Wein schaffen kann.

Ihr Zeichen ist die Waage, deren Schalen sich mal nach der einen, dann nach der anderen Seite senken. Ausgeglichen sind sie nur selten; und das gilt auch für den Charakter der Menschen, die unter diesem Zeichen geboren wurden.

Waage-Leute brauchen für ihr gesundheitliches Wohlbefinden vor allem Harmonie. Ärger führt bei ihnen häufig zu Steinbildungen – die Nieren und die Harnwege sind deshalb bei ihnen am meisten gefährdet.

Regent der Waage ist die Venus. Besonderer Glücksstein der Waage ist der Aquamarin, ein Halbedelstein, der auch Stein der Liebenden genannt wird. Der durchsichtige, klare Edeltopas soll den Waage-Menschen Glück bringen, vor allem wenn er einen Stich ins Rosafarbene hat.

Kupfer bringt der Waage Glück

Kupferpfennige, die sie zufällig auf der Straße finden, sollten sie aufheben und als Talismann tragen; denn Kupfer ist das spezielle Glücksmetall dieses Zeichens.

Waage-Menschen sind unverbesserliche Optimisten. So leicht wirft sie nichts um. Obwohl sie ein starkes Streben nach Unabhängigkeit haben, passen sie sich leicht an. Konflikten gehen sie gern aus dem Wege, weil sie zu den Friedfertigen unter der Sonne zählen. Ihre Hilfsbereitschaft ist bekannt. Wer sie um Rat fragt, wird immer eine gute Antwort bekommen.

Für harte Jobs nicht geschaffen

Der Aszendent bestimmt über den Erfolg der Waage im Berufsleben

Waage-Menschen wägen zuviel, bevor sie sich entscheiden. Sie schieben gern manches auf die lange Bank und hoffen, daß sich alles von selbst erledigt. Ein schwacher Aszendent oder ein etwas schiefgestellter Planet lassen sie hin- und herpendeln. Die Waage steht als Sinnbild für einen unsteten Charakter, der zwar das Beste will, aber nur zu oft über das Ziel hinausschießt oder es erst gar nicht erreicht. Manche Entscheidung wird ihnen von anderen abgenommen, und dann wundern sie sich, daß sie überspielt wurden. Das sind die Schatten, die auf der Nachtseele des Waage-Menschen lasten. Es kommt bei diesem Sternentyp auf das persönliche Horoskop an, wie stark er von diesen Schatten beeinflußt wird.

Waage-Menschen sind Künstlernaturen, für harte Jobs eigentlich nicht geschaffen. Trotzdem leisten sie auf vielen Gebieten Überdurchschnittliches. Wenn sie sich einmal in eine Arbeit festgebissen haben, kommen sie so lange nicht von ihr los, bis sie erfolgreich beendet wurde.

Es ist in diesem Tierkreiszeichen das ständige Auf und Ab, das Nerven kostet. Waage-Menschen stört das weiter nicht.

Wenn ihre Kräfte erlahmen, werden sie Pausen einlegen und auf den nächsten günstigen Zeitpunkt hoffen, da sie wieder aktiv werden können. Sie schöpfen aus dem Nichtstun die Kraft, die sie benötigen, um trotz allem Hin- und Hertaktieren den Lebenskampf zu bestehen und am Ende erfolgreich zu sein.

Kein Waage-Mensch arbeitet gern nach einem Programm. Wenn die Arbeit liegenbleibt, mag sie liegenbleiben – es wird schon der Tag kommen, wo man alles wieder aufarbeiten wird. Wenn das nicht gelingt, bleibt für Unerledigtes immer noch der Papierkorb. Trotzdem setzen sie sich im Beruf durch, weil ihr diplomatisches Geschick, aber auch ihre Einfühlsamkeit in andere Charaktere manches wettmachen, was mangelnde Durchsetzungskraft scheinbar blockiert. Und noch etwas läßt sie den Erfolg suchen: Sie brauchen Anerkennung, um vor sich selbst bestehen zu können. Von daher kommt der zeitweilige Arbeitseifer, der sie zum Vorbild für die Kollegen werden läßt.

Lob spornt die Waage zu großen Leistungen an

Karriere als Richter und Künstler

Ihr Gerechtigkeitssinn ist über jeden Zweifel erhaben. Man sieht deshalb Waage-Menschen oft als Richter und Rechtsanwälte, die sich mit Vehemenz für ihre Mandanten einsetzen. Die zweite große Gruppe von Waage-Menschen findet man im künstlerischen Bereich – als Maler und Schriftsteller, als Tänzer und Schauspieler. Aber auch im Kunstgewerbe und in der Modebranche leisten sie Überragendes.

Obwohl sie im Handel und in kaufmännischen Berufen mit einigem Erfolg vertreten sind, können sie in diesen Bereichen wegen ihrer Gutmütigkeit möglicherweise in die roten Zahlen kommen, sofern sich nicht der bei ihnen durchaus vorhandene Ehrgeiz durchsetzt. Besser wäre es freilich, sie würden ihrem handwerklichen Talent folgen, das ihnen goldenen Boden verspricht. Übrigens: Beamte aus dem Waage-Zeichen lassen im Paragraphendschungel oft ihr Herz sprechen.

Gut geeignet ist die Waage für das Handwerk

Der Waage-Mann ist – im Gegensatz zu mancher Waage-Frau – ordnungsliebend, aber es fällt ihm oft schwer, Ordnung zu schaffen. Sekretärinnen von Waage-Chefs wissen, wieviel Makulatur auf deren Schreibtischen zu finden ist. Und mitten in diesem Tohuwabohu aus Papier steckt möglicherweise ein wichtiger Brief, der auf Erledigung wartet.

Trotzdem ist der Waage-Chef sehr aktiv. Nur mit seinen Entschlüssen scheint er es nicht immer eilig zu haben. Er braucht deshalb Leute, die er um ihre Meinung fragen und denen er eventuell die Schuld zuschieben kann, wenn etwas schief läuft. Das macht ihn nicht sehr beliebt. Auf der anderen Seite fördert er jeden, der ihm zur Hand geht. Und das ist eigentlich der schönste Zug eines Waage-Chefs.

Entschlußfreudiger als ihr männlicher Sternenbruder ist die Waage-Frau. Sie hat es freilich meist leichter, da sie sich gern einen Kompagnon sucht, der ihr Entscheidungen abnimmt. Ihr Lächeln aber ist im Geschäft Gold wert. Die Kunden liegen ihr zu Füßen, und mit ihrem Charme sticht sie jeden aus.

Er kann nicht nein sagen

Der Waage-Mann würde am liebsten die ganze Welt umarmen und für ewigen Frieden und harmonische Koexistenz sorgen. Da das nicht geht, sucht er sich eine Frau, mit der er im kleinen versucht, was ihm im großen verwehrt ist: Ein Leben in Liebe und stetiger Verständigungsbereitschaft, in dem ein kleiner Streit höchstens dem Zwecke dient, sich hinterher noch besser zu verstehen. Leider ist er in den entscheidenden Stunden seines Lebens oft sehr unentschlossen. Das zeichnet sich auch in den intimen Beziehungen ab. Er ist von jeder Freundin begeistert, deren Gunst er gerade gewonnen hat. Er liebt sie heiß und innig, aber dann wird irgend ein vertrackter Anlaß hochgespielt, und man lernt sich »richtig« kennen ...

Sehnsucht nach einem Leben in Harmonie

Der Waage-Mann wird bis zuletzt versuchen, die Harmonie erneut herzustellen, nur muß er leider immer wieder feststellen, daß mühsam Gekittetes schnell zerbricht.

Man sieht: Auch in der Liebe pendeln die Waagschalen hin und her: Ein Waage-Mann kann schlecht nein sagen. Und nur darum heiraten diese Venusschützlinge oft früh und gleich die erste, die ihnen über den Weg läuft. Was man hat, das hat man!

Zu spät merken sie vielleicht, daß ihr Charme und ihre Freundlichkeit Platz hat für viele Freundinnen. Waage-Männer sind treu, man führe sie nur nicht in Versuchung. Ehescheidungen unter der Waage liegen zwar in der Statistik nicht an erster Stelle, das kommt jedoch daher, weil sich der Mann aus dem Venuszeichen vor peinlichen Entscheidungen scheut.

Der Waage-Mann läßt sich gerne einreden, daß alles in Ordnung ist – auch wider besseres Wissen

Erfinder heimlicher Liebesaffären

In der Liebe treiben Waage-Männer gern ein Versteckspiel, das sie meisterlich beherrschen. Viele halten diese Typen sogar für die Erfinder der im Verborgenen blühenden Liebesaffären. Leider gerät der Waage-Mann oft an die Falsche, die ihn als Kavalier kennenlernt und glaubt, mit ihm leichtes Spiel zu haben. Sie kann ihn nach Strich und Faden ausnutzen – bis er plötzlich ausreißt, weil er Angst vor der eigenen Courage bekommt.

Die Verflossene mag sich trösten: Die Gefühle ihres Waage-Mannes waren tief und echt, seine Liebe hätte Häuser versetzen können. Irgendwie kam nur ein Körnchen Sand ins Getriebe und brachte es zum Stillstand. Da hatte eigentlich keiner schuld, am allerwenigsten der Waage-Mann. Wenn er ehrlich zu sich selbst ist, wird er eingestehen, daß er kurz vor Beendigung der Affäre schon eine andere im Auge hatte.

Tiefe Gefühle – aber auf wechselnde Objekte gerichtet

Der Waage-Mann trauert verflossenen Liebschaften nie lange nach. Er bucht sie höchstens als Erfahrung ab, die der nächsten Frau seiner Träume zugute kommen mag. Das ist kein schlechter Charakterzug, sondern der Lauf der Welt. Das Leben geht weiter, und die Liebe blüht neu.

Frauen, die sich einen Waage-Mann angeln möchten, haben zumindest guten Geschmack bewiesen. Sie haben auch keinen Fehlgriff getan, nur sollten sie ihm das mindestens dreimal täglich bewundernd sagen. Auf Lob und gute Worte sind Waage-Männer angewiesen, weshalb sie leicht auf schmähliche Schmeichlerinnen hereinfallen. Es ist die eigene Eitelkeit, die dem Waage-Mann immer wieder zu schaffen macht.

Schmeichlerinnen haben beim Waage-Mann leichtes Spiel

Er ist ein Schönheitsfanatiker. Obwohl er selbst mit der Zeit seine Gewichtsprobleme bekommen mag, sieht er seine Liebste gern schlank und rank. Zunehmende Rundlichkeit ihrerseits könnte ihn leicht auf schlechte Gedanken bringen und nach vergangenen Formen in anderer Gestalt fahnden lassen. So ganz sicher sollte man sich seiner nie sein.

Der Meister des Vorspiels und Beethovens Neunte

Natürlich ist der Venusschützling ein echter Mann, der Liebe nie ohne Sex begreift. Wenn er ein Verhältnis anstrebt, wird er immer auch das Ziel verfolgen, mit seiner Schönen recht bald intim zu sein. Sie sollte sich von ihm streicheln lassen, um bald zu wissen, warum auch andere Frauen ihm schöne Augen machen. Er ist ein Meister des Vorspiels, das zunächst vielleicht mit Beethoven untermalt wird, dann aber im Swing endet.

Frauen, die mit solchem Mann fröhliche Spiele trieben, lobten vor allem seine Phantasie, seine behutsame Art, sich auf die Wünsche des anderen einzustellen. Im Bett bleibt der Waage-Mann ein Gentleman, der sich der Partnerin anpaßt und durchaus versteht, wenn sie mal nicht so will, wie er es gern haben möchte. Das Vulgäre ist ihm verhaßt, aber wenn es seiner Gespielin gefällt, macht er alles mit, zu dem sie ihn anregt.

Nicht nur in jungen Jahren ist der Waage-Mann die Ausdauer in Person. Obwohl er meist kein athletisch gebauter Adonis ist, legt der Sex Kräfte in ihm frei, die selbst eine frigide Frau anheizen können. Er ist nicht der Stürmer und Dränger, der nur der eigenen Befriedigung wegen Intimitäten austauscht. Er wartet gern geduldig ab, bis seine Herzenspartnerin dem Ziel nahe ist, um dann in Lust zu schwelgen.

Gegen einen Quickie hier und da hat der Waage-Mann nichts einzuwenden

Zwar liebt er längere Vor- und Zwischenspiele, hat aber auch nichts dagegen, wenn mal etwas Flottes läuft. Er ist dankbar für die Hilfestellung der Partnerin, die seine erogenste Stelle hinten unterhalb der Hüfte mit der Zeit ja kennen müßte ...

Frauen, die sein Herz gewinnen

Man unterstelle dem Waage-Mann nie den bösen Willen, es im intimen Bereich nur auf kurze Fristen angelegt zu haben. Dagegen sprechen die vielen Waage-Ehemänner, die in einer Blitzheirat das Glück zu zwingen suchten und oft auch auf Dauer fanden. Ein Waage-Mann ist, wenn er liebt, immer der felsenfesten Ansicht, es müsse nur die und sonst keine sein.

Sein Ziel ist – wenn nicht konträre Stellungen der Gestirne zu seiner Geburtszeit das übliche Bild verschleiern – stets das feste Verhältnis, das nur darum nicht zustande kommen könnte, weil sich der Waage-Mann so schlecht entscheiden kann. Wie gut, wenn er dann eine Frau an seiner Seite hat, die ihm die Entscheidung abnimmt – so oder so.

Entscheidungsfreude ist eine wichtige Tugend der Waage-Partnerin

Wer sich mit der Waage nicht verträgt, ist selber schuld (glaubt er!). Jede Frau kann sein Herz gewinnen. Warum also nicht auch eine *Jungfrau*- oder *Steinbock*-Geborene? Diese beiden sollten an seiner Seite lernen, des Lebens Lust und Freude zu genießen. Zum Dank dafür, daß er sie anheizt, könnten die sonst so Kühlen ihm das Rückgrat stärken, was er ja nötig hat.

Die quicklebendige *Zwillinge*-Frau wäre ihm aber sicher lieber, weil sie ihn mit ihren witzigen Einfällen erheitern und nicht nur im Bett zu Taten reizen könnte.

Im siebten Himmel würde er sich an der Seite einer *Wassermann*-Frau fühlen und feststellen, daß es auch in diesem himmlischen Revier ganz schön staubt. Rühriger geht's jedenfalls unter *Waage*-Leuten zu, deren Harmoniegefühl aber nicht immer krisenfest ist.

Eine *Löwin* möchte der Waage-Mann gern für sich dressieren. Am Ende aber wird aus dem Dompteur wohl selbst der Dressierte werden. Was auch bei der *Widderin* der Fall sein könnte. Bei beiden gibt's im Schlafzimmer kaum Schwierigkeiten, zumal der Waage-Mann gern mit Feuer bei der Sache ist. Leider liegt's ihm nicht, auf Dauer den Prinzgemahl zu spielen.

Mit allen kann er harmonieren – davon ist der Waage-Mann fest überzeugt

Die *Schütze*-Frau war gleich in ihn verliebt und entschied sich gern fürs Zusammenleben. Hier läuft die Garantiezeit nicht allzu lange. Danach strebt manches auseinander: Die Schützin verlangt nach mehr Freiheit, und das kommt selbst der sonst so toleranten Waage verdächtig vor. Man weiß ja schließlich: Ganz so harmlos sind die Frauen nicht ...

Mit der *Stier*-Frau hat er die Venus gemeinsam, und das bedeutet Liebe und nochmals Liebe, solange der Honigmond anhält. Später wird's vielleicht eine Kampfgemeinschaft, in der sich der Streit bestimmt in den eigenen vier Wänden austobt.

Wenn die *Krebs*-Frau nicht genauso empfindlich reagieren würde wie der Waage-Mann, könnte diese Verbindung die beste von allen sein. Da kommt es auf die Aszendenten an.

Die Direktheit der *Skorpion*-Frau macht den Kavalier der alten Schule aus unerfindlichen Gründen leicht nervös. Sie will ihn besitzen und traut ihm wegen seiner Art, gern hübschen Beinen hinterherzuschauen und mit fremden Frauen zu flirten, nicht über den Weg. Ob da sein Harmonie-Bedürfnis ausreicht, um stets gute Miene zum eifersüchtigen Spiel zu machen?

Das Tränenkrüglein, das die *Fische*-Frau gern mit sich herumträgt, läßt ihn zum Seelentröster werden, eine Aufgabe, die ihm liegt auf Dauer aber auch Langeweile erzeugt.

Trotzdem: Unter der männlichen Waage gibt es keine unmöglichen Verbindungen. Man müßte sich nur auf seine gefühlvolle Art richtig einstellen, dann würde es schon klappen – meint der Venusschützling selbstbewußt. Na ja ...

Dieser Mann will alles kitten

Aus reinem Harmoniebestreben versucht der Waage-Mann brüchige Verbindungen zu kitten. Wer ihn loswerden will, muß also schweres Geschütz auffahren. Am meisten trifft es ihn, wenn man seine Vorzüge kritisch unter die Lupe nimmt und sie in Nachteile verfälscht.

Wer ihn nicht mehr bewundert oder gar kaum mehr beachtet, wird ihn nervös machen. Hört der Krach im Haus dann nicht mehr auf, macht er selber Schluß: Er will seinen Frieden haben und sucht sich deshalb lieber eine Neue, mit der er sein Ideal der völligen Harmonie besser verwirklichen kann.

Waage-Frau: Venus in Seide

Die Anmut einer Waage-Frau wird selbst im Aschenbrödel-Look noch sichtbar

Waage-Frauen haben Charme und Esprit. Sie verstehen die Männer so zu nehmen, daß diese von ihnen träumen: die oder keine! Solche Traumgebilde kommen freilich teuer. Man muß sie in Samt und Seide verpacken, auch wenn ihnen Jeans ebensogut stehen wie sündteure Roben.

Die Hübsche weiß um ihre Vorzüge. Das macht sie wählerisch: Es muß schon wer sein, dem sie das Jawort gibt, ein Akademiker vielleicht oder ein Unternehmer, auf jeden Fall jemand mit Geld. Und dann fällt dieses reizende Mädchen doch auf einen herein, der sich eigentlich ein solch teures Geschöpf gar nicht leisten kann. Waage-Frauen vergessen eben bei allem Spekulieren nach Höherem ihr weiches Herz, das Liebe auch an die scheinbar falschen Objekte verschenken kann.

Obwohl es arme Waage-Mädchen eigentlich gar nicht geben dürfte, weil bei ihnen ja die ganze Männerwelt Schlange stehen müßte, seien die wenigen, die sich nichts leisten können, getröstet: Eine Waage sieht auch im billigen Fähnchen von der Stange noch bezaubernd aus. Das macht die Haltung, die Anmut, die Ausstrahlung dieses Venusschützlings.

Und überdies: Waage-Frauen verstehen aus jeder Lage das Beste zu machen. Da wird die kleinste Hütte zum gemütlichen Heim. Die Waage-Frau bezaubert nicht nur den Mann an ihrer Seite, sondern sie kann buchstäblich aus nichts etwas machen.

Erotik braucht die Waage als Antriebsmotor ihres Daseins

Jede Schicke aus dem Venus-Zeichen – ob arm, ob reich – braucht die Liebe als eine Art Selbstbestätigung. Ohne Liebe würde sie verkümmern und vorzeitig altern.

Mit Komplimenten fängt man sie

Natürlich ist die Waage-Frau auf ihre Vorzüge ein wenig eingebildet. Bewundernde Blicke nimmt sie als Huldigung entgegen, aber die allein bringen sie nicht an den Mann. Der müßte schon mehr tun, um sie zu erobern.

Am ehesten fängt man sie mit Komplimenten über ihr hübsches Kleid, ihr gutes Aussehen oder ihre geniale Kochkunst, die man selbst dann noch loben sollte, wenn das Essen versalzen war. Die Waage-Frau wird dankbar sein und den falschen Zungenschlag überhören, der hinter solchen Komplimenten steckt.

Mit viel Charme stellt sich die Waage in den Mittelpunkt

Waage-Frauen sind sehr redselig, wenn man sie anspricht. Selten können sie gut zuhören, wenn es um anderer Leute Sachen geht. Man sollte ihr diese Ichbezogenheit nicht übelnehmen. Sie kann so charmant über sich und ihre eigenen Angelegenheiten plaudern, daß man sich mit ihr in eine Wunderwelt versetzt sieht, die Grimms Märchen deutlich in den Schatten stellt.

Wer eine Waage-Frau erobern will, sollte ihr wenigstens am Anfang der Beziehung zuhören. Sie wird es dem liebenswerten Gesprächspartner danken. Vielleicht lädt sie ihn gleich in ihre Wohnung ein, wenn er in etwa ihrer Vorstellung vom Idealbild eines Mannes entspricht. Sie sammelt nun mal Idealbilder, die mit den Männern wechseln, die ihr den Hof machen.

Einer beendeten Beziehung weint die Waage-Frau nicht lange nach

Enttäuschen kann man die Waage-Geborene kaum. Weshalb sollte sie auch jemandem nachweinen, der ein Verhältnis in die Brüche gehen ließ? Waage-Frauen lieben immer den Mann, den sie gerade besitzen. Manchmal wird der erste Beste genommen, der ihnen über den Weg läuft. Sie bleiben ihm treu, wenn er bereit ist, sie ein wenig anzuhimmeln.

Der Bettschatz stellt Ansprüche

Diese Bewunderung sollte auch noch im Schlafzimmer anhalten; denn für die romantischen Stunden ihres Lebens hat die Waage-Frau manche Überraschung parat: Zarte Dessous, die ihre Pfirsichhaut durchscheinen lassen, ein Make-up, das ihre Schönheit unterstreicht.

Wer da nicht »Ah« und »Oh« sagt oder gar solche »Kriegsbemalung« im Bett überflüssig findet, ist unten durch. Er hat eine lustlose Frau neben sich, die keinen Spaß mehr am Vergnügen hat. Es sind die tölpelhaften Männer, die der Waage-Frau den Sex vergällen. Für wen hat sie sich denn eigentlich so schön gemacht?!

Sie kann der perfekte Bettschatz sein mit allem Drum und Dran, das kichernde Häschen in der Grube und die vollendete Dame, die sich herabläßt, dem Geliebten zu gefallen. Aber sie will für ihr Schauspiel gelobt werden. Ein Mann, der gleich danach einschläft, ohne sie und ihren Körper noch einmal bewundert zu haben, ist für sie wie ein Eiszapfen, den man heimlich ins Bett schmuggelte.

Die Waage-Frau will Zärtlichkeit mit Zärtlichkeit belohnt sehen. Burschen, die nach dem antiquierten Nietzsche-Wort »Wenn du zum Weibe gehst, vergiß die Peitsche nicht« handeln, kommen bei ihr höchstens einmal zum Zuge und dann nie wieder. Schließlich will sie ihre perfekte Körperrundungen, in die sie selbst am meisten verliebt ist, nicht durch obskure Liebesspiele entstellt sehen, die diesen Namen eigentlich überhaupt nicht verdienen.

Für Liebe und Sex nimmt sich die Waage-Frau immer viel Zeit. Sie ist zur Einstimmung für ausgedehnte Vorspiele, für Konversation bei Kerzenschimmer, die einmündet in zärtliche Küsse und sanftes Liebkosen, wobei der Geliebte nie vergessen sollte, ihre rückwärtige Körperpartie unterhalb der Hüfte in seine Streichelkünste einzubeziehen. Genauer gesagt: Die empfindsamste Körperzone einer Waage-Frau ist ihr meist wohlgerundetes Hinterteil.

Liebe wird von der Waage-Frau großgeschrieben – zu Recht, denn die Geburtsherrscherin Venus hat sie reich bedacht

Selbst die gerade der Jungfräulichkeit entwachsene Waage-Frau kann ihren Liebhaber mit Vergnüglichem überraschen, das er noch nicht kennt. Sie hat eine natürliche Begabung für Sex und Liebe.

Die nahezu ideale Ehefrau

Wenn sie sich zur Ehe entschlossen hat, hält sie in Treue fest zu ihrem Mann, selbst wenn ihn mit der Zeit ein stattliches Bierbäuchlein ziert. Er muß nur Gleiches mit Gleichem vergelten. Wer bereit ist, noch nach der silbernen Hochzeit mit seiner Waage-Frau im Honigmond zu leben, wird auch die goldene mit ihr feiern können. Es sind nur die Ehemänner, deren Aufmerksamkeit nachläßt, die Waage-Frauen zu einer hohen Scheidungsquote bringen.

Ohne Liebe gibt es für sie kein Auskommen in der Partnerschaft. Sie könnte die ideale Frau für jeden Mann sein. Trotzdem hat auch die Waage-Frau ihre Favoriten. Den *Zwillinge*-Mann etwa, der selbst in der Ehe noch so schön flirtet, daß sie über der Vorspeise glatt den Hauptgang vergessen könnte.

Oder den *Wassermann*, der die gleiche positive Einstellung zum Leben hat wie sie. Leider hat's der Schlawiner faustdick hinter den Ohren und möchte auch mal in fremden Revieren wildern, traut sich aber bei der Waage-Frau höchstens mal zu einem harmlosen Flirt, weil er Angst haben muß, sie würde es ihm heimzahlen.

Favoriten der Waage-Frau: Waage, Zwilling, Wassermann

Zu diesen Favoriten zählt natürlich auch der *Waage*-Typ, der ihren Sinn für Schönheit und Harmonie teilt und mit ihr noch nach dem verflixten siebten Jahr turteln möchte.

Der königliche *Löwe* schmückt sich in der Öffentlichkeit mit ihrer Anmut und belohnt ihren Sex-Appeal mit feuriger Leidenschaft. Auch die Waage-Frau wird sich mit dem Löwen schmücken: Schaut her, wen ich da geangelt habe!

Mit dem *Schützen* erlebt sie tolle Liebesabenteuer. Er hängt, um ihr zu gefallen, sogar den Seitenspringer an den Nagel – wie kann man auch Ihrer Lieblichkeit, der Waage-Frau, untreu sein?

Schon schwieriger: Widder und Skorpion

Leider versteht sich der *Widder*-Mann nicht auf immerwährendes Turteln. Sonst könnte er einer Waage-Frau, die »ganze Kerle« besonders schätzt, sexuell genauso gefallen wie ein *Skorpion*, der die Schöne am liebsten vor aller Welt verstecken möchte.

Da liegt ihr eher der so gefühlvolle *Krebs*-Mann, der sich jedoch zeitweilig von ihr abkapseln möchte, um sich in seine tiefsinnige Gedankenwelt zurückzuziehen, obwohl die Waage-Frau ihn gern ständig um sich herum haben möchte.

Mit dem *Stier* hat sie die Venus gemeinsam. Er wird sie verwöhnen, und das genügt der Waage-Frau vielleicht sogar ein Leben lang.

Zu realistisch: Steinbock und Jungfrau

Steinbock- und *Jungfrau*-Männer haben für sie nur den einzigen Fehler: Sie sind zu realistisch eingestellt, um einer Frau ständig zu Füßen zu liegen.

Und die Traumwelt eines *Fische*-Mannes bleibt mancher Waage verschlossen, weil man sich von Träumen nun mal kein schickes Kleid kaufen kann.

Kritik kann sie nicht ausstehen

Uncharmante Männer, die an ihr herumnörgeln und statt Bewunderung nur Kritik für sie übrig haben, können schnell das Ende der Affäre mit einer Waage-Frau heraufbeschwören. Sie ist sehr empfindlich, was die eigene Person angeht.

Streit stört ihr Harmoniebedürfnis. Setzt es dabei sogar Schläge, ist auch für die verständnisvollste Waage-Frau der Ofen aus. Aber wer greift schon zu einem so schändlichen Mittel, um sie loszuwerden?

Die Pluspunkte der Waage

Waage-Menschen sind geistvoll und intelligent. Sie versuchen, jeden Streit im Keime zu ersticken. Bei Meinungsverschiedenheiten hören sie erst beide Seiten.

Gute und schlechte Eigenschaften – die Waage pendelt sie aus

Ihr Gerechtigkeitssinn wird höchstens noch durch ihren Charme und durch ihre Freundlichkeit übertroffen. Mit Launen reagieren sie eigentlich nur, wenn sie einen entsprechenden Aszendenten im Horoskop haben.

Ein Waage-Mensch bezieht nur dann Stellung, wenn er sich seiner Sache sicher ist. Nie verharrt er fanatisch auf einem Standpunkt, wenn man ihn überzeugen kann, daß ein anderer besser wäre. Sein Optimismus steckt andere an. Seine Fröhlichkeit kommt von innen. Man schätzt an ihm das formvollendete Benehmen, seine beschwingte Art, seine Sensibilität, seinen Anstand.

Die Schwachpunkte der Waage

Waage-Menschen mit einer negativen Konstellation sind eitel, oberflächlich und leichtsinnig. Sie reagieren überempfindlich und kennen nur ihr eigenes Ich.

Mangelt es an Wissen, dreschen sie Phrasen. Sie hören sich gern reden und versuchen, wo immer es geht, das letzte Wort zu haben. Zuhören können sie nicht.

Ihre Sinnlichkeit läßt sie unmoralisch erscheinen. Sie scheuen die Verantwortung und drücken sich vor Entscheidungen. Ihre Unsicherheit überspielen sie mit aufgesetzter Forschheit. Sie versuchen, andere für sich schaffen zu lassen, um dann so zu tun, als ob sie selbst deren Leistung erbracht hätten.

Skorpion: Im Innern brodelt ein Vulkan

Energisch und kämpferisch, selbstbewußt und unabhängig zeigt sich der Skorpion seinen Mitmenschen

Rauhe Winde jagen über die Landschaft. Sie wirbeln die letzten Blätter von den herbstlichen Bäumen, wenn die Sonne im Tierkreiszeichen Skorpion (24. Oktober bis 22. November) steht. Die Natur bereitet sich auf den Winter vor, aber insgeheim mobilisiert sie neue Kräfte, die bereit machen zu frühlingshaftem Auferstehen. Die Menschen, die in dieser rauhen Jahreszeit geboren werden, haben den starken Willen, Neues zu schaffen. Ihre Energie ist beispiellos. Sie schauen ihren Mitmenschen in die Augen, und schon wissen sie, mit wem sie es zu tun haben.

Skorpion-Menschen lieben den Kampf; das kommt vom Mars, der neben Pluto ihr Regent ist. Nach außen werden sie sich stets gelassen geben, aber sie verdecken damit nur den Vulkan, der in ihrem Innern brodelt. Ihre Selbstbeherrschung und ihr Selbstbewußtsein sind bewundernswert. Manchmal jedoch bricht es mit elementarer Wucht hervor; dann können sie alles niederwalzen, was sich ihnen hemmend in den Weg stellt. Oder sie machen's mit List und Tücke. Das kommt vom Giftstachel, den jeder dieser Typen wie ihr Wappentier in sich trägt.

Skorpion-Menschen sind vor allem anfällig für Krankheiten der Unterleibsorgane; für viele von ihnen besteht wegen ihrer manchmal ungestümen Art Verletzungsgefahr.

Die Farben grau und schwarz passen zu den geheimnisvollen Skorpionen. Eisen ist ihr Glücksmetall, aber in Gold lassen sie am besten ihre Glückssteine fassen. Den tief dunkelroten Granat, einen Edelstein von großer Härte, können sie als Talisman tragen. Der Amethyst, ein violetter Halbedelstein, soll nach Meinung mittelalterlicher Esoteriker den Skorpion-Menschen in der Liebe Erfolg verschaffen. Und der farblose, durchsichtige Topas soll sie sogar hellsehend machen.

Selbstkritik ist nicht Sache des Skorpions

Skorpion-Menschen ist es völlig gleichgültig, was andere von ihnen halten. Sie gehen ihren Lebensweg nach eigenen Gesetzen und entscheiden, ohne andere nach ihrer Meinung zu befragen. Sie glauben, daß ihre Absichten immer die besten seien, übersehen aber ganz, daß sie bei ihrem großen Eigenwillen notgedrungen mehr Fehler machen als andere.

Skorpion-Menschen lügen nicht

Wer zu den empfindsamen Menschentypen zählt, sollte einen Skorpion-Menschen nie um seine ehrliche Meinung über sich befragen. Der Mars-Schützling wird mit der ungeschminkten Wahrheit nicht hinter dem Berg halten – im guten wie im bösen. Und daraus ergibt sich eine der schönsten Eigenschaften der Skorpion-Geborenen: Sie lügen nicht.

Der Skorpion-Mann kann schroff reagieren. Er will immer seinen eigenen Kopf durchsetzen. Trotzdem wird er Befehle, wenn er noch in der unteren Etage herumkrebst, schon aus reinem Selbsterhaltungstrieb bis ins letzte Detail ausführen.

Ob Gutes oder Böses: Skorpione vergessen nichts

Die Frau aus diesem Zeichen ist verbindlicher. Wenn sie jedoch von jemandem beleidigt wird, kann sie so nachtragend sein wie ihr Sternenbruder. Skorpion-Menschen vergessen aber auch nicht den, der ihnen einmal etwas Gutes tat.

Ihre Neugier, hinter alle Geheimnisse des Lebens zu kommen, macht sie zu Forschern. Es ist wohl der so spät entdeckte Planet Pluto, der sie mit einem Gespür für überirdische Zusammenhänge begabte. Das kann auch ein Nachteil für sie sein, weil sie beim Grübeln über solche Dinge leicht zu Depressionen neigen.

Auf der anderen Seite wird ihr zweiter Schutzpatron, der kriegerische Mars, schon dafür sorgen, daß sie nicht den Blick fürs Realisierbare verlieren. Und darum werden sie sich in jedem Beruf durchsetzen und willig zum Wohl der Firma wirken, wenn man ihre Leistungen nur ein wenig anerkennt. Sie werden unbedingt loyal sein, falls man sie als vollwertige Arbeitskräfte respektiert.

Sie können selbstzerstörerisch handeln

Skorpione sind geschätzte Kollegen

Wenn dem Skorpion-Menschen irgend etwas nicht paßt, kann er den Krempel ohne Zögern hinwerfen. Er schätzt die Sicherheit einer festen Anstellung nicht um jeden Preis. Wenn ihm etwas gegen den Strich geht, kann er sogar selbstzerstörerisch handeln. Im allgemeinen sind Skorpion-Geborene nützliche Mitarbeiter in jedem Betrieb. Sie werden schnell und ohne viele Worte ihre Arbeit machen. Sie haben Ausdauer und brauchen kaum Ruhepausen. Jederzeit sind sie aufgeschlossen für die Sorgen und Nöte ihrer Kollegen; ihre eigenen Privatangelegenheiten gehen niemanden etwas an.

Der Skorpion-Mann mag eine Stelle, wo er seinen Forscherdrang (oder seine Neugierde) voll entfalten kann. Viele exzellente Wissenschaftler wurden in diesem Zeichen geboren. In Krankenhäusern findet man ihn unter dem Pflegepersonal wie unter der Ärzteschaft. Da er gern Macht über andere hat, geht er zur Polizei oder zum Militär. Als Tüftler versucht er, neue Techniken in den Griff zu bekommen. Als Handwerker wird seine Präzision gelobt. Eigentlich gibt es keinen Beruf, den er nicht ausüben könnte.

Die Skorpion-Frau hat den sechsten Sinn für die Zukunft

Die Skorpion-Frau fühlt sich am wohlsten, wenn sie auf eigenen Füßen steht – als freie Künstlerin oder Innenarchitektin (sie hat Geschmack), als Ärztin oder Krankenschwester (sie ist fürsorglich), aber auch als astrologische Fachberaterin.

Die Skorpion-Frau ist übrigens eine großartige Chefin, weil sie sich intensiv um ihre Mitarbeiter bemüht. Sie hat zwar einen eisernen Willen, doch den setzt sie eigentlich nur da ein, wo es unbedingt not tut.

Auch viele Skorpion-Männer dienen sich nach oben. Nur bleiben sie leider oft in der zweiten Position stecken. An der Schaltzentrale der Macht werden sie eisern dafür sorgen, daß

die Mitarbeiter spuren. Man widerspreche ihnen nur mit guten Argumenten, die von den Skorpionen gegen ein kleines Anerkennungshonorar gern übernommen werden. Ihr Ziel verfolgen sie beharrlich. Sie lassen niemanden in ihre Karten sehen: Es ist der Überraschungseffekt, der dem Skorpion-Chef den Erfolg garantiert.

Kein Typ für nüchterne Großraumbüros

Kein Mensch aus dem von Mars und Pluto beherrschten Zeichen ist am Arbeitsplatz unterzukriegen. Viele halten ihn für unbesiegbar und freuen sich, wenn sie zu seinen Freunden gehören. Er braucht einen Kollegenkreis, der ein wenig Wärme ausstrahlt. Er ist sehr gerecht, aber wer einmal seine Rache spürte, wird bestätigen, daß dieser sonst so ansprechende Typ im Zorn alles niederreißen kann. So ganz wird keiner aus diesem Menschen schlau.

Sein Blick macht Frauen weich

Von den Sternen fühlt er sich nicht gelenkt

Der Skorpion-Mann ist sehr gesellig. Er ist Anhänger von Stammtischen, an denen es deftig zugeht. Er ist für Völlerei, auch wenn seine manchmal asketische Figur über diese seine Einstellung hinwegtäuscht. Er liebt das Abenteuer, weil er die Gefahr nicht scheut. Nicht unbedingt ist er ein Anhänger der Astrologie – nicht, weil er bei ihr zu schlecht wegkommen könnte (wegen des Giftstachels, den ihm die Astrologen anhängen!), sondern weil er sein Glück und seine Zukunft selbst bestimmen möchte.

Das gilt auch für die Liebe. In dieser Hinsicht ist der Skorpion-Mann wie ein Vulkan, der Feuer speit und alles niederwalzt, was sich ihm entgegenstellt. Von fast hypnotischer Gewalt ist sein Blick. Mit schier übersinnlicher Kraft versucht er, sein Opfer gefügig zu machen, dem es ergeht wie dem Kaninchen bei der Schlange.

Einen ganzen Harem könnte ein Skorpion-Mann befriedigen

Frauen, die mit ihm flirten, müssen dem Rechnung tragen. Der Skorpion-Mann ist immer zu allem bereit und läßt es kaum bei einem oberflächlichen Gesellschaftsspiel.

Schon als Jüngling sammelt er Gespielinnen für frohe Stunden. Er ist nicht sehr wählerisch. Gefällt ihm eine, muß sie sein werden. Und er wird sie bekommen, wenn sie nur die geringste Schwäche zeigt. Seinem männlichen Charme und seiner erotischen Kunst, glaubt er, könne keine widerstehen.

Der Erfolg scheint ihm recht zu geben. Und doch ist er kein Don Juan, kein Bruder Leichtfuß, der die Mädchen gleich reihenweise vernascht und jede Nacht in einem anderen Bett verbringt. Die Potenz wäre zwar vorhanden, aber eine einzige Frau kommt ihm auf die Dauer billiger.

In Wirklichkeit ist er ein Sucher nach der einen, die er mit Haut und Haaren besitzen wird. Seine Favoritin müßte ein zärtliches Wesen sein, das sich ihm willig unterwirft. Nach dem Gang zum Standesamt dürfte sie keinen Eigenwillen mehr besitzen. Der Skorpion-Mann ist für die Gleichberechtigung der Frau, solange sie sich ihm unterwirft.

Ihn reizt das Risiko

Ihn reizt das Risiko, auch einmal abgewiesen zu werden. Wer sich anfangs störrisch zeigt, hat die Chance, von ihm sogar aufs Standesamt geschleppt zu werden. Kluge Frauen ordnen sich seinen Wünschen unter und beginnen mit der notwendigen Umerziehung erst in der Ehe. Sie lassen ihm vor allem nie den geringsten Grund zur Eifersucht, die ihn rasend macht wie Othello, von dem man annehmen könnte, er sei ebenfalls unterm Skorpion-Zeichen geboren.

Othello könnte ein Skorpion gewesen sein – wenn man aus seiner Eifersucht Schlüsse ziehen kann

Nach außen hin spielt er gern den beherrschten Mann, die Würde in Person. Wenn er angegriffen wird, schlägt er gleich zurück. Wer über ihn und sein Verhalten lacht, bekommt den berühmten Giftstachel zu spüren.

Wenn es trotzdem so viele Frauen auf ihn abgesehen haben, muß das wohl auf Qualitäten hinweisen, die andere Männer in solch hohem Maße nicht zu bieten haben. Sie machen es ihm leicht, ihr Herz zu erobern. Trotzdem sucht er sich meist nicht solche Frau fürs Leben aus: Wo der Widerstand fehlt, verliert er die Lust. Er will die Festung im Sturm nehmen.

Wer gleich die weiße Fahne hißt und sich als leichte Beute vereinnahmen läßt, hat nicht unbedingt seine allergrößte Wertschätzung. Vielleicht wird er der willigen Dame ein paar schöne Stunden machen, sie aber schon bald mit einem Geschenk nach Hause schicken oder sie durch einen handfesten Krach so vergraulen, daß sie von selbst das Weite sucht.

Jetzt wissen wir also, warum so viele Skorpion-Männer ein Leben lang Junggesellen bleiben und notgedrungen die Playboys spielen: Die Frauen machen es ihnen nicht schwer genug!

Der Feuerblitz, der elektrisiert

Sexuell wirkt jeder Skorpion-Mann wie ein Magnet, der alles anzieht, was er ausziehen möchte. Er ist wie ein Feuerblitz, der bei Berührung elektrisiert. Prüde Frauen sollten sich nicht mit einem Skorpion einlassen.

Er kennt alle Schliche und Kniffe, den Lustgenuß zu erhöhen, ist dabei aber nicht zimperlich. Was mit Zärtlichkeit begann, kann bei ihm in höllischem Feuer enden, an dem man sich nicht nur die Finger verbrennt. Zarte Frauen, die da nicht mithalten können, werden bei ihm ihr blaues Wunder erleben.

Der Skorpion, der nach außen hin so kühl und gelassen wirkt, entpuppt sich beim Liebesspiel als ein Heißsporn, bei dem die Frau als reines Lustobjekt rangiert. Er ist kein Mann, der nach der ersten Sexrunde schon in Morpheus Armen ruhen möchte. Selbst ausdauernde Sexpartnerinnen kommen da kaum mit, zumal er sie mit Spielarten verschrecken kann, die über das Maß des Üblichen weit hinausgehen. Und dabei schlägt seine blühende Phantasie manchen Purzelbaum.

Seine Potenz hält den Skorpion wach und verlangt nach Fortsetzung des intimen Spiels

Für Vorspiele hat er nur insofern etwas übrig, wenn sie mit einem deftigen Mahl beginnen, durch das man sich für spätere Anstrengungen vorab stärken kann. Ansonsten gefällt es ihm, wenn man gleich zur Sache kommt. Romantische Spielereien hält er für lästige Verzögerungen. Er will sich genüßlich ins sexuelle Vergnügen hineinsteigern, eine langsame Anlaufzeit ist nichts für diesen Berserker, dessen erogene Zone nach alter Überlieferung nichts anderes als die Genitalien selbst sind.

Im Eifer des Gefechts schießt der Skorpion-Mann öfter über das Maß des gerade noch Erträglichen hinaus. Macht ihm die Partnerin deswegen Vorwürfe, wird er den Unverständigen spielen, der kein Wässerchen trüben kann. Ein Skorpion, der zündelte, will es nie gern gewesen sein. Das ist keineswegs als Feigheit zu verstehen, sondern eher als mangelndes Kritikverständnis, wenn es die eigene Person betrifft.

Mit dem Skorpion auf dem Pulverfaß

Der Skorpion-Mann legt nicht unbedingt Wert auf Jungfräulichkeit. Was vor ihm war, interessiert ihn nicht. Zur Not heiratet er die Geschiedene seines besten Freundes, die lange Zeit als unnahbar galt. Oder er verfolgt hartnäckig ein Mädchen, das seinen Liebeskünsten erlag, dann aber einen anderen erwählte.

Nun glaube nur ja keiner, der Skorpion-Mann suche sich stets eine Germania, die ehern die Wacht am Rhein singt. Seine Favoritin muß zart und anschmiegsam sein, aber mit einem unbändigen Willen, den er – koste es, was es wolle – brechen wird.

Er ist ein Diktator in der Ehe. Was auf den Tisch kommt, wird er allein bestimmen, wobei er deftige Hausmannskost bevorzugt. Was der Bauer nicht kennt, frißt er nicht, sagt ein Sprichwort. Und deshalb sollte sich seine Frau hüten, ihm vorzusetzen, was er nicht mag.

Skorpion und Skorpionin: das gibt eine Doppel-Explosion

Trotzdem: Hochzeitmachen mit dem Skorpion-Mann ist wunderschön. Was danach kommt, ist die ständige Bereitschaft, auf einem Pulverfaß zu sitzen und zu warten, bis es mal hochgeht. Eine ebenfalls unter dem *Skorpion*-Zeichen Geborene bringt ihm gleich die Lunte mit und explodiert zur gleichen Zeit wie er. In solchem spannungsgeladenen Verhältnis rauft man sich schnell zusammen, weil man sich auf anschließende Intimitäten freut, die drei Sterne verdienen.

Auch die *Wassermann*-Frau wird gar manchesmal bei ihm explodieren, nur wird das mehr und mehr an ihren eigenen Nerven zehren, zumal sie sexuell oft andere Ansichten hat.

Die *Waage*-Frau wäre so etwas Schnuckeliges, was gerade noch in der Sammlung des Skorpions fehlen würde, aber er müßte zärtlicher zu ihr sein als zu allen anderen vor ihr.

Auch die *Stier*-Frau geizt nicht mit ihren Reizen. Sie hat viel Sinn für ein gepflegtes Heim, was der manchmal pingeligen Ordnungsliebe eines Skorpions entgegenkommt. Leider sehen beide gern rot, möglicherweise sogar mitten im schönsten Lust-Spiel ...

Mit Widder-Frau und Schützin ist sexuelle Harmonie garantiert

Bei *Widder*-Frau und Skorpion ist im Sexuellen die Welt völlig in Ordnung. Ob das ein Leben lang reicht, muß die Zeit ergeben, ebenso wie in einer Verbindung der *Schütze*-Frau mit dem Heißsporn. Sie könnte ihm – vielleicht sogar ohne Grund – Stoff zur Eifersucht liefern. Und da müßte ihr der Skorpion die Hölle heiß machen. Aber welche Schützin brät schon gern im eigenen Saft?

Auf Erfüllung seiner Sexträume kann der Skorpion-Mann sowohl bei einer *Löwe*- als auch bei einer *Zwillinge*-Frau hoffen. Wenn er gut betucht ist und den beiden ihre oft recht teuren Wünsche erfüllen kann, darf er sie sogar mal herumkommandieren, falls das überhaupt möglich ist.

Jungfrau- und *Steinbock-*Geborene vermag er sicher ein wenig aufzuheizen, und da sie auch seinen Wünschen nach absoluter Sparsamkeit entgegenkommen, sind die Voraussetzungen für ein friedliches Nebeneinander wohl gegeben.

Am besten jedoch kommt er mit Frauen aus dem *Krebs-* oder dem *Fische-*Zeichen aus. Beide lieben mit Gefühl und übersehen die rauhe Gangart des Skorpions. Er muß sich aber gefallen lassen, daß sie ihn ganz allmählich umerziehen.

Die Frau, die ihn liebt, sollte ihn so nehmen, wie er ist: Ein Hansdampf, der es nie so meint, wie er es sagt. Wenn er selbst merkt, daß er seine Liebste einmal falsch behandelt hat, wird er in sich gehen und ihr seine Zuneigung zärtlich beweisen; denn sein Leben lang bleibt er ein großer Junge, dem man eigentlich nie böse sein kann.

Man schüre seine Eifersucht

Wenn es für ihn selbst nicht eine nur lockere Bindung war, bekommt man den Skorpion-Mann nicht so leicht wieder los. Einziges Mittel: Man schüre seine Eifersucht und liefere ihm einen triftigen Grund dazu. Danach lasse man sich nicht mehr bei ihm blicken; denn seine Rache ist fürchterlich ...

Liebenswerte Skorpion-Hexe

Eine Lehrmeisterin der Erotik ist die verführerische Skorpionin

Gäbe es heute noch Hexenverfolgungen, müßten eine Menge Skorpion-Frauen an den Pranger. Ihre faszinierenden Augen versprechen erotisches Feuer. Sie allein fordern ihr Opfer, das wie verhext alle anderen Blumen, die am Wege blühen, vergißt und dieser einen, zugegebenermaßen sehr liebenswerten, verfällt. Es sind gestandene Mannsbilder, die eine Skorpionin verführen, keine, die beim ersten Schuß gleich umfallen.

Diese Frau hat Sex-Appeal. Und sie setzt ihn ein. Zunächst, um zu lernen. Teenager und Twens unterm Skorpion sind sehr wißbegierig. Danach bringen sie das Erlernte an den Mann (vielleicht auch an die Männer!).

Das Seltsame: Wo immer sie lernte und lehrte, liebte sie das Schulungsobjekt. Aber es kam ihr möglicherweise wieder abhanden und mußte durch ein neues ersetzt werden. Beim einen lag's an der Potenz, beim anderen half der gefürchtete Skorpion-Stachel ein wenig nach, um es zu vergraulen.

Was ihre Augen versprechen, hält sie: Sie wird keinen Mann enttäuschen, der ihre Liebe gewinnt. Sie ist eine leidenschaftliche Geliebte. Ihre Gefühle gründen in den lodernden Tiefen eines Vulkans. Sie kann Knaben zu Männern machen. Als Bezahlung verlangt sie Treue. Sie schafft sich ihr Idealbild selbst. Da werden Fehler abgeschliffen, Korrekturen angebracht. Bis es der Skorpionin endlich gefällt, ist ihr möglicherweise das Versuchsobjekt davongelaufen. Wer geht schon gern als Roboter durchs Leben, der nach der Pfeife einer einzelnen Dame tanzt?

Sie hat die Qual der Wahl

Treu ist die Skorpion-Frau – wenn auch nicht stets dem gleichen

Jetzt glauben Sie um Himmels willen nicht, die Skorpion-Frau sei eine rechte Nymphomanin, die Männer sammelt wie andere Leute Briefmarken. Sie kann sehr herzlich sein und hat nie mehrere zur gleichen Zeit, obwohl eine lange Reihe bei ihr ansteht. Immer dem letzten Mann bleibt sie treu. Eine Zeitlang wenigstens. Oder ein ganzes Leben.

Der Auserwählte, den sich das Skorpion-Mädchen aus einer Schar von Verehrern heraussuchte, sollte zunächst gute Miene zum bösen Spiel machen, daß sich die Skorpionin auch weiterhin Flirts mit anderen Männern vorbehält. Wer Gleiches da mit Gleichem vergilt, verliert die Schöne schnell. Schließlich ist Eifersucht der Schatten auf ihrer Nachtseele.

Wie sieht nun der ideale Mann einer Skorpion-Frau aus? Er sollte treu sein, aber kein Waschlappen – ein männlicher Typ also, der Leidenschaftlichkeit in der Liebe mit gleicher Münze zurückzahlen kann. Er sollte intelligent sein, damit sie zu ihm aufschauen kann, gleichzeitig aber auch ihr Knecht, der alles tut, was sie gern möchte.

Das ist eine Menge Holz. Und eigentlich gibt es solch einen idealen Mann gar nicht. Wer aus einer Vielzahl von Angeboten ausgewählt wurde, kann jedoch Glück haben, daß die Skorpionin so tut, als ob ... Und dann hat er ein Klasseweib erobert.

Sie ist eine rätselhafte Frau. Schon mancher Mann hoffte, hinter das Geheimnis ihres Lebens zu kommen – es gelang ihm nicht. In irgendeiner verschlossenen Schublade hebt die Skorpionin ihr ganz geheimes Tagebuch auf, in dem sie das Auf und das Ab ihres Lebens beschreibt. Man versuche nie, an dieses Büchlein zu gelangen – es wäre das Ende der Beziehung.

Natürlich muß auch die Skorpion-Frau im Mai ihres Lebens Erfahrungen machen. Dabei kommt es dann mal vor, daß sie ihre glutäugigen Blicke an einen Unwürdigen verschenkt, der einfach nicht lernen will, wie man sich zusammenrauft. Und manches Klatschweib wird in der Nachbarschaft von den vielen Liebesabenteuern des Skorpion-Mädchens flüstern.

Klatschtanten können ja nicht ahnen, wie es um die Seele einer so leidenschaftlichen Frau bestellt ist, die nur ihr Ideal aus einer Vielzahl von Angeboten finden möchte.

Ihr Sex verlangt potente Männer

Wer das Herz dieser Frau gewann, braucht nicht lange darauf zu warten, bei ihr ein- und auszugehen. Sie behandelt den Mann, den sie liebt, sowieso als ihren ureigensten Besitz. Aber erst im Bett lernt er die Leidenschaftliche richtig kennen.

Unersättlich und aktiv, ist die Skorpionin eine ideale Gespielin – aber sie verlangt auch einiges von ihrem Partner

Mag sie draußen im Gesellschaftsleben die Dame sein, die sich fein und possierlich gibt – bei dem Mann ihrer Wahl bricht das Triebhafte aus ihr heraus. Großer Anstrengungen, mit ihr im Liebesspiel voranzukommen, bedarf es nicht. Sie wird die Aktive sein, die oft sogar neue Spielarten erfindet, um dem Partner zu gefallen und selbst viele Höhepunkte zu erlangen. Da heißt es: Je länger, desto lieber! Und das geht natürlich an die Kräfte, weshalb nur potenten Männern geraten sei, sich eine Skorpionin zu angeln. Die Nacht ist lang und der Einfallsreichtum einer liebenden Skorpion-Frau unermeßlich.

Schon mancher Mann mußte vor ihren hohen Ansprüchen passen und suchte sich eine etwas weniger leidenschaftliche Freundin, sobald er aus dem Blickwinkel der Feurigen verschwand. Vereinzelt findet man auch in hinterwäldlerischen Klausen Eremiten, die darüber nachdenken, warum es am Ende mit der so herrlichen Skorpion-Frau schief lief.

Keine gibt dem Mann soviel wie sie, keine ist so anschmiegsam, so erfinderisch in Sachen Sex. Nach überlieferten astrologischen Erfahrungen sind ihre erogene Zone die Genitalien. Daraus mag sich ergeben, daß sie kaum viel von langen Vorspielen hält und die Zwischenspiele gern abkürzt.

Gertenschlanke Skorpion-Frauen halten viel von übermütigen Spielen, die nahezu turnerisches Können voraussetzen. Trotzdem wollen sie nie zu früh ihren Höhepunkt erreichen. Sie sind keine Hennen, die der Hahn bedient.

Summieren wir alle hier geschilderten guten Seiten einer Skorpion-Frau, dann überwiegt das Positive bei weitem das Negative – wenn überhaupt als negativ empfunden werden kann, was wir über den Schützling von Mars und Pluto geschrieben haben. Etwas Besseres kann man ja nicht finden, wenn man selbst ein ganzer Kerl ist.

Supermann für Superfrau gesucht

Glücklich wird die Skorpion-Frau mit Fisch und Krebs

Die Supermänner dieser Superfrau sind eigentlich in jedem Tierkreiszeichen zu finden. Aber es sind vor allem die einfühlsamen Typen aus dem *Krebs* und aus den *Fischen,* die mit ihr in beglückende Zweisamkeit wegtauchen können. Der Krebs-Mann braucht sie als Antriebsmotor für seine Karriere. Sie kommt mit ihm auch sexuell zurecht, läßt ihm sogar aus lauter Liebe die nötigen Atempausen, damit er sich regenerieren kann. Beim Fische-Mann lernt sie das Träumen. Und da sie nichts geschenkt haben will, stärkt sie ihm das Rückgrat.

Am *Jungfrau*-Mann liebt sie das verständige Taktieren und die Unterwerfung unter Unvermeidliches (womit sie wohl selbst gemeint ist). Dem Zurückhaltenden wird sie schon rechtzeitig eine Portion Pfeffer geben. Die bekommt auch der *Steinbock*-Mann, hinter dessen auf Pflichterfüllung ausgerichteter Lebensweise sie heiße Liebesstunden wittert.

Heilmittel für verwundete Zwillings-Seelen

Auch mit *Löwe-* und *Zwillinge*-Männern kommt sie hervorragend zurecht. Am Löwen liebt sie das Temperament und die liebevolle Art, es ihr recht zu machen. Beim Zwilling wäre sie am besten dessen dritte Frau, weil sie den zweimal Enttäuschten am ehesten aufmuntern kann.

Der *Schütze* wäre für diese so natürlich anmutige Frau sicher der Richtige. Nur müßte er seine Vorliebe, in fremden Revieren zu wilden, gleich nach dem Jawort aufgeben, um der Skorpionin keinen Grund zur Eifersucht zu geben.

Stier- und *Waage*-Typen lassen sich zwar gern auch mal unterbuttern, aber schnelle Erfolge liebt die Skorpion-Frau nun einmal nicht. Sie will auch immer etwas zu kämpfen haben. Beim Stier gelänge ihr das hin und wieder; bei dem stets auf Ausgleich und Frieden bedachten Waage-Typ aber weniger.

Nach dem Streit mit dem Widder: Vergnügen zu zweit

Besser kommt sie da schon mit einem *Widder* aus. Zwischen beiden reinigt öfter mal ein Krach die Luft, in der man nach der Versöhnung freier atmet.

Blieben *Wassermann* und Bruder *Skorpion*. Die haben zwar gleiche Sexgelüste wie die Skorpionin. Leider kann es zu Unstimmigkeiten kommen, wer in solchen Verhältnissen den Ton angibt. Da kann sie bei beiden auf Granit beißen.

Wann sie den Schlußstrich zieht

Wer von einer Skorpion-Frau loskommen will, braucht ihr nur Gründe für ihre krankhafte Eifersucht zu liefern, und sie wird den Schlußstrich ziehen. Sie mag keine treulosen Männer.

Wir möchten freilich nicht in der Haut des Mannes stecken, der sie betrog. Er wird seines Lebens auch nach der Scheidung nicht mehr froh: Die von ihm so enttäuschte Skorpionin wird ihn mit ihrem Haß verfolgen; denn sie kann nicht vergessen. Einziger Ausweg: Er wandert aus!

Die Pluspunkte des Skorpions

Skorpion-Menschen sind sehr willensstark. Sie sind gefühls- und triebbetont. Mit viel Ausdauer steuern sie ein Ziel an, wobei sie sich bei aller Energie, die in ihnen steckt, Zeit lassen. Ihr Ehrgeiz blüht im verborgenen, aber er kann Berge versetzen. Sie sind kritisch gegenüber ihrer Umwelt, sehen aber Irrtümer schnell ein.

Absolute Ehrlichkeit ist ihre Devise. Sie können Probleme instinktsicher orten und mit großem persönlichen Einsatz aus der Welt schaffen. Nicht um jeden Preis wollen sie nach oben. Die Ellenbogentaktik ist ihnen verhaßt.

Halbheiten sind nicht Sache des Skorpions; im Guten wie im Schlechten sind seine Eigenschaften ausgeprägt

Die Schwachstellen des Skorpions

Der Wille eines Skorpion-Geborenen wird oft durch zu stark wuchernde Triebe geschwächt. Wer diesen Menschen hintergeht, den wird er möglicherweise mit hinterhältigen Mitteln verfolgen und – wenn er ihn stellt – vernichten. Wenn der Skorpion haßt, ist er zu allem fähig.

Er hat selbst vor seinem Nächsten Geheimnisse. Das macht ihn undurchsichtig und schwer berechenbar. Seine Schaffensfreude ist beschränkt. Er handelt des öfteren nach dem Spruch: Wer die Arbeit kennt und danach rennt und sich nicht drückt, der ist verrückt.

Jupiter schenkt den Schützen viel Erfolg im Leben

In der Übergangszeit vom Herbst zum Winter ist der optimistische, schnell entschlossene Schütze anzutreffen

In der Zeit vom 23. November bis 21. Dezember steht die Sonne astrologisch im Tierkreiszeichen Schütze. Der Herbst klingt aus, der Winter zieht ins Land. Der Sturm, der die Blätter von den Bäumen fegte, hat sich gelegt. Das Jahr kommt in eine ruhige Phase, aber die Natur bleibt nicht untätig: Sie bereitet den Wandel vor.

Menschen, die in dieser Zeit geboren werden, sind äußerlich ruhig, im Innern jedoch sehr oft zwiespältig. Sie lieben ihre Unabhängigkeit über alles und gelten als unverbesserliche Optimisten. Sie wollen gerecht sein, aber da sie Freunde von sehr schnellen Entschlüssen sind, können sie anderen gegenüber häufig ungerecht erscheinen. Unrecht sehen sie zum Glück bald ein und versuchen dann, alles wiedergutzumachen.

Planetenbeherrscher Jupiter schenkt den Schützen viel Erfolg im Leben. Und sie streben nach oben. In untergeordneten Stellungen fühlen sie sich nicht wohl. Ihr Instinkt weist ihnen den richtigen Weg. Zeitweise scheinen sie das Glück gepachtet zu haben, Rückschläge im Leben werfen sie nicht um.

Hart kämpfen die Jupiter-Schützlinge gegen schlechte Einflüsse im Leben an. Stets sind sie auf der Jagd nach immer noch größeren Erfolgen. Das bringt ihnen mit der Zeit einen großen Nervenverschleiß. Und tatsächlich ist ihr Nervensystem des öfteren in schlechtem Zustand. Auch die Leber macht bei einigen aus diesem Zeichen manche Ungelegenheit. Alkoholische Getränke sollten sie daher nur mäßig genießen.

Mit Ironie und flotten Sprüchen tarnt der Schütze seinen Idealismus

Zinn ist das Glücksmetall dieses Zeichens. Der meergrüne Türkis gilt als der Talismann der Jupiter-Schützlinge, aber auch der Granat und der dunkle Saphir sind ihre Glückssteine.

Der Schütze-Geborene ist immer Idealist, auch wenn er seine hohen Ideale meist hinter Sarkasmus und flotter Rede versteckt. Er hat viele Freunde, die seine leichte Lebensart schätzen. Argwohn kennt er nicht. Nur zu oft plaudert er vieles im kleinen Kreis aus, was ihm hinterher zu schaffen macht: Es war die zu große Vertrauensseligkeit, die manchen Schützen ins schiefe Licht rückte.

Unterordnen können sie sich nicht

Schütze-Menschen sind sehr impulsiv. Sie reagieren überschnell und überhart. Und sie sagen manches schärfer, als sie es eigentlich meinen. Wenn ihre Mitmenschen danach sauer sind, schütteln sie die Köpfe und sind bestürzt.

Im Berufsleben können sich Schütze-Menschen nicht gut unterordnen. Obrigkeitsdenken ist ihnen zuwider. Sie wollen auch in abhängiger Stellung frei und unabhängig entscheiden können, was richtig und was falsch ist. Sie brauchen keinen Vormund, der sagt, was sie zu tun und zu lassen haben.

Hart gegen sich selbst und gegen andere

Nur darum wechseln Schützen ihre Stellungen mehr als andere und manchmal gar den Beruf. Sie arbeiten hart an sich und verlangen gleiche Härte von den anderen, die ihre Ellenbogen spüren. Wenn das nichts hilft, vertrauen sie auf ihr Glück, das sie nie ganz im Stich läßt. Dafür sorgt schon Jupiter, ihr Glücksplanet.

Der Schütze-Mann ist immer ein angenehmer Kollege. Er schätzt Freundschaften am Arbeitsplatz, solange sie seinem eigenen Weiterkommen nicht im Wege stehen. Chefs sollten ihn öfter mal vor versammelter Mannschaft loben. Das verdreifacht seine Arbeitslust. Der Schütze gilt dann als Vorbild für alle.

Viele Schützen arbeiten sich in relativ kurzer Zeit zum Chef hoch. Sie haben immer das Wohl der Firma im Auge – wenn recht viel dabei für sie abfällt, um so besser. Aber sie honorieren gute Leistungen ihrer Mitarbeiter ebenso großzügig. Nur verwirren sie manchmal ihre Untergebenen durch allzu sarkastische Bemerkungen und vorschnelles Urteil. Takt ist erst im nachhinein die starke Seite eines Schütze-Mannes.

In Industrie und Wirtschaft finden sich viele leitende Angestellte aus dem Schütze-Zeichen. Sie können repräsentieren und wissen mit den Leuten umzugehen. Ihre Sachkenntnis wird geschätzt. Schütze-Menschen findet man in Behörden und Ämtern, als Richter und Theologen, auch als Politiker.

In welcher Branche auch immer – der Schütze strebt aufwärts

Da sie gern reisen und auch das Abenteuer suchen, locken sie die Seefahrt und der Entwicklungsdienst. Als kaufmännischer Angestellter, als Handwerker oder einfacher Arbeiter belegen sie Kurse in Volkshochschulen oder versuchen, sich sonst weiterzubilden; denn so ganz unten will – wie gesagt – kein Schütze bleiben. Sie jagen dem Erfolg nach; und haben sie erreicht, was sie wollten, ist den meisten unter ihnen auch das noch nicht genug.

Die Schützin fürchtet keine Konkurrenz

Die Schütze-Frau ist vielseitig begabt. Sie neigt zu allem Schönen auf der Welt und weiß auch sehr wohl auf eigenen Füßen zu stehen. Chefs lieben die beherzte Art, mit der diese Frau heiße Probleme anpackt und löst.

Männliche Konkurrenz fürchtet die Schützin nicht. Sie ist emanzipiert. Und wenn ein Kollege es besonders schlau anstellen will, sie aus dem Wege zu räumen, wird sie schon eine weibliche List finden, um dem Burschen Paroli zu bieten.

Viele Lehrerinnen und Jugenderzieherinnen wurden in diesem Zeichen geboren. Als Sozialarbeiterinnen und im medizinischen Bereich tun sie oft mehr als ihre Pflicht. In allen Berufen, in denen sie zum Publikum Kontakt halten können, sieht man sie gern. Und wie ihre Sternenbrüder zieht es sie hinaus in die weite Welt.

Eine Superchefin ist die Schütze-Frau

Dem Weg nach oben sind auch für die Schütze-Frau kaum Schranken gesetzt. Mit ihr als Chefin kommt Schwung in den müdesten Laden. Ihr gutes Urteilsvermögen und ihr Instinkt,

Zukünftiges weit vorauszusehen, hilft jeder Firma über mögliche Verluste hinweg.

Frauen wie Männer aus dem von Erfolgsplanet Jupiter beherrschten Zeichen haben den Drang nach absoluter Unabhängigkeit. Sie sind vielseitig interessiert und können ihre Meinung in gut gesetzter Rede wirkungsvoll vertreten. Nur mangelt es ihnen manchmal am Konzentrationsvermögen. Nur zu leicht lassen sie sich ablenken: der Schütze-Mann von einer schicken Frau, die Schütze-Frau von einem Adonis, der an ihrem Arbeitsplatz turtelt.

Der Schütze bleibt gern frei

Beim Schütze-Mann ist's in der Liebe wie im Beruf: Er begibt sich nicht gern in Abhängigkeit. Und darum schreckt er vor festen Bindungen eher zurück. In keinem anderen Tierkreiszeichen gibt es daher mehr Junggesellen als in diesem. Spötter meinen, die Schützen blieben es selbst dann noch, wenn sie bereits einen Trauring verschämt in der Westentasche bei sich tragen würden.

Seine Freiheit ist dem Schützen teuer, darum zögert er lange, sich in feste Hände zu begeben

Schütze-Männer sind Doppelnaturen. Sie glauben, am besten zweigleisig zu fahren. Diese unverbesserlichen Optimisten setzen auch in der Liebe auf Erfolg und haben das Glück des Tüchtigen. Kommen sie auf dem einen Gleis nicht so recht voran, steigen sie aufs andere um. Ein Ziel erreichen sie immer.

Ein Schütze-Mann, der nicht zwei Eisen im Feuer hat, fand entweder – was relativ selten ist – gleich die Frau, die ihm das zweite „Eisen“ ersetzt, oder er hat einen hemmenden Aszendenten.

Frühehen werden unterm Schützen weniger eingegangen, es sei denn, man müsse eine Kavalierspflicht erfüllen oder könne in betuchte Kreise einheiraten, die der Karriere förderlich sind. Der Schütze ist nicht berechnend, aber er weiß, daß Geld, wenn man es hat, die Nerven beruhigt. Und die sind bekanntlich in diesem Zeichen eine Schwachstelle.

Als Jupiters Schützling ist der Schütze stets auf Abenteuer aus. Er reist wie der altgriechische Göttervater gern in ferne Länder und schaut sich auch dort nach feschen Mädchen um. Matrosen aus dem Schütze-Zeichen haben in jedem Hafen eine Braut, und der sind sie treu, bis ihr Schiff den Anker lüftet.

Dem Rätsel Weib auf der Spur

Man nehme dem Schützen sein großes Herz nicht übel. Es ist nur Entdeckergeist, der ihn zwingt, dem ewigen Rätsel Weib auf die Spur zu kommen. Man möge ihm auch keinen Vorwurf daraus machen, daß er die Zweisamkeit schätzt, aber die Abwechslung liebt. Wer kann schon gegen seine Natur?

Viele Freundinnen verloren ihren Schützen nur, weil sie ihn nach dem Stand ihrer Beziehungen fragten. Er kann da sehr ironisch werden, möglicherweise sogar taktlos. Solche schwerwiegenden Fragen sprechen kluge Frauen bei ihm nicht an. Er hat eine Antenne für gescheite Damen.

Die Verlockungen der Frauen machen den Schütze-Mann schwach

Nun ist beileibe nicht jeder Schütze ein Schürzenjäger. Und er ist auch nicht der Casanova, für den man ihn im allgemeinen hält. Für ihn ist die Eroberung des Objekts oft wichtiger als das Schleifen der Festung. Und außerdem gibt's zu viele Frauen, die darauf warten, ihn zu verführen.

Die Frau, die einen Schützen ins Auge gefaßt hat, sollte also an die Schlange denken, die bei ihm ansteht. Sie sollte sich schick anziehen und ihm tiefe Einblicke verschaffen, gleichzeitig so tun, als ob sie nicht auf ein Erlebnis mit ihm aus sei.

Eine witzige und schlagfertige Frau schindet bei ihm gleich Eindruck. Aber sie sollte sich keine falschen Hoffnungen machen: Er ist nicht der stürmische Liebhaber, auf den sie gefaßt war, sondern ein ganz normaler Mann.

Lange kann der Schütze seiner Angebeteten den Hof machen, bevor es – wenn überhaupt – zum Happy-End kommt

Ein bißchen Sex zum Abgewöhnen

Schütze-Männer sind nicht die Sexkanonen, für die man sie im allgemeinen hält. Eher sind sie Romantiker, die in der Liebe schwelgen möchten. Mit anderen Worten: Dem Schützen ist ein ausgiebiges Vorspiel wichtiger als der kurze Schlußakt, nach dem man eine Zeitlang sowieso nicht mehr weiterkann. Zitat eines Jupiter-Schützlings, der es wissen muß: „Das bißchen Sex brauche ich zum Abgewöhnen!"

Der Schütze ist also nicht der stürmische Liebhaber, sondern ein Mann, der eher am erotischen Geplänkel Spaß hat, bei dem er sich eine ganze Weile einstimmen kann. Frauen, denen er zu langsam den eigenen Höhepunkt ansteuert, legen ihm während der lustvollen Einstimmungszeit die Hände auf den Oberschenkel. Dort nämlich, nahe den Genitalien, ist seine erogene Zone. Wenn er dann endlich soweit ist, geht alles meist kurz und schmerzlos über die Bühne. Und hinterher tut er so, als sei nichts gewesen.

Trotzdem: Langweilig wird's beim Schützen nie werden. Dazu ist er zu gescheit und im Grunde genommen auch zu sexbereit. Frauen, die es mehrmals mit ihm versuchen, werden sich mit der Zeit an seine Hinhaltetaktik gewöhnen, das romantische Vorgeplänkel mitmachen und sogar Freude daran finden.

Seine Potenz macht es ihm freilich auch möglich, verschiedene Verhältnisse gleichzeitig zu pflegen und sie geheimzuhalten. Frauen, denen das nicht paßt, sollten sich trösten: Vielleicht wollte der Seitenspringer nur Erfahrungen für die traute Zweisamkeit mit ihnen sammeln...

Das Treusein kommt nach der Hochzeit

In der Ehefrau eines Schützen sind die guten Anlagen seiner Exfreundinnen zum Quadrat erhoben

Es gibt trotz allem, was bisher hier geschrieben stand, viele treue Schütze-Männer. Schauen Sie sich deren Ehefrauen an und Sie wissen Bescheid: Es sind Prachtexemplare, die jeder Mann mit Kußhand nehmen würde, wenn ihnen der Schütze abhanden kommt. Ihr Wesen strahlt Herzlichkeit und natürliche Anmut aus.

Bevorzugt könnte es eine *Widder*-Frau mit dem Schützen versuchen. Sie gönnt ihm viel Auslauf (aber nur an ihrer Seite!) und kann ihm auch sexuell jede weitere Frau ersetzen.

Bei der *Löwe*-Dame wagt er schon darum keinen Seitensprung, weil die Sonnentochter gern Gleiches mit Gleichem vergilt, oder er läßt sich von ihr nicht erwischen.

Lustig wird's im Verhältnis mit einer *Waage*- oder *Stier*-Frau. Die beiden Venustöchter sind zu jedem lustvollen Spiel bereit. Sie streben absolute Spitzenpositionen im Liebesleben an. Falls er die Absicht hat, sich bei einer von beiden zu verkrümeln, gelingt ihm das eher bei der Waage- als bei der Stier-Frau.

Auch die *Skorpion*-Frau beobachtet die Konkurrenz stets mit wachen Augen und legt gern ein paar Nachtschichten mehr ein, wenn sie den Schützen dadurch von ihrer sexuellen Einsatzbereitschaft überzeugen kann. Sie ist sehr eifersüchtig, aber mit ihr wird es nie langweilig.

Eine Interessengemeinschaft gründet der Schütze mit einer *Wassermann*-Frau, die ihn an langem Zügel hält. Selbst wenn ihn die Lust packen sollte, einmal auswärts zu wildern, wird er – falls sie dann noch mag – immer wieder zu ihr zurückkehren.

Leichter hat es der Schütze wohl bei einer *Fische*-Frau. Sie könnte ihn aber mit „ihrem verdammten Seelenkram" (Zitat eines Schützen) nerven. Besser ließe er sich zum Psychologen umschulen und machte wie sie auf viel Gefühl.

Mit der *Zwillinge*-Frau hätte er gleich einen ganzen Harem bei der Hand, was seinem Wunsch nach Abwechslung entgegenkäme. Sie ist klug beraten, wenn sie ihn täglich in ein anderes Schmuseeckchen ihres erotischen Serails locken würde.

Die kühle Schönheit der *Jungfrau*- und *Steinbock*-Geborenen reizt den Romanhelden zu kühnen Taten. Es besteht nur die Gefahr, daß ihm die Lektüre seines eigenen Lebens mit der Zeit ein wenig zu fad wird.

Es erfordert viel weibliche Klugheit, den Schütze-Mann vor »Abwegen« zu bewahren

Die *Krebs*-Frau ist ihm manchmal zu zart besaitet; denn ein Mann wie er greift gern voll in die Harfe. Und Liebesgestöhn zieht er vielleicht auch zärtlichem Liebesgeflüster vor.

Schließlich ist ihm die *Schützin* doch zu ähnlich. Aber unter diesen Sternengeschwistern arrangiert man sich gern und bleibt selbst in einer festen Bindung noch weiter Junggeselle.

Scheiden läßt er sich ungern

Es bedarf keiner großen Anstrengung, ein brüchiges Verhältnis mit dem Schützen zu lösen, zumal er fest daran glaubt, daß für ihn an der nächsten Ecke schon eine andere wartet.

Scheiden läßt er sich ungern. Zum einen könnte das seinem Image schaden, zum anderen ist er als Familienvater sehr verantwortungsbewußt. Wer trotz allem von ihm los will, muß mit Leuten verkehren, die er nicht mag, seine Leistungsfähigkeit bezweifeln und sich einen Nachschlüssel zu seinem Schreibtisch besorgen, in dem er seine Heimlichkeiten aufbewahrt.

Liebesspiele mit der Schützin

Leben, Liebe, Männer – für die Schützin ist's ein Spiel

Die Schütze-Frau nimmt das Leben leicht und die Männer nicht allzu ernst. Sie ist selbstbewußt und heiter – eine schicke Person, die sich gern nach der neuesten Mode kleidet, aber auch im deftigen Wanderlook bezaubernd ausschaut.

Das Wandern ist ihr Hobby. Sie liebt die Natur. Doch sie weiß sich auch in der großen Gesellschaft zu bewegen. Sie geht beschwingt durchs Leben und stört sich nicht am Geschwätz der Klatschbasen, die von ihren Abenteuern flüstern.

Die gute Laune einer Schütze-Frau steckt an. Sie ist tolerant und freundlich. Ihr Charme läßt die Männer gleich reihenweise zu ihren Füßen knien. Solche Vorzüge lassen auch Schattenseiten erahnen: Sie ist zu offen. Wenn sie an jemandem etwas auszusetzen hat, muß es heraus, auch wenn es den anderen verletzt. Viele nennen das taktlos, und sie fühlt sich unverstanden.

Es gibt keine Frau, die so selbstsicher durchs Leben geht wie sie. Was die Schützin sagt, hat Hand und Fuß, wenn es nicht mißverstanden wird. Sie muß Betrieb um sich haben. Langeweile hemmt sie. Wenn es ihr zu bunt wird, geht sie allein auf Reisen und sucht das Abenteuer.

Schürzenjägern zahlt es die Schützin mit gleicher Münze heim

Viele Schütze-Mädchen probieren in der Liebe oft und wechseln viel. Sie vergeben sich dabei nichts: Es wär' so schön gewesen, es hat nicht sollen sein! Obwohl sie sich vor nichts fürchten, wissen sie doch die Welt voller Gefahren. Und voller Männer, die stets nur das Eine wollen und danach schnell verduften. Die Schützinnen zahlen es ihnen möglicherweise heim.

So bandelt man mit ihr an

Sie ist durchaus für die Liebe. Und es ist leicht, mit ihr anzubandeln. Man sollte ihr nur nicht gleich einen Antrag machen. Das verschreckt sie. Gut Ding will Weile haben. Und überdies könnte sie den Antrag falsch verstehen und ihn unter „versuchte Einschränkung der persönlichen Freiheit" ablegen.

Die Entscheidung zwischen einem stillen Fernsehabend im trauten Heim und einem Faschingsball fällt ihr ebenso leicht wie zwischen Ferien auf dem Lande und einer Reise in die Karibik. Sie hört meist lieber Barockmusik als einen Trauermarsch und bekommt bei dem Wort „Problemfilm" eine Gänsehaut.

»Drum prüfe, wer sich ewig bindet« – diesen Satz nimmt die Schützin ernst

Schütze-Frauen wollen mit sich und ihren Gefühlen ins reine kommen und erst dann entscheiden. Wie es das Pech so will, begegnet ihnen ausgerechnet in der Karenzzeit ein anderer, der ihnen besser gefällt. Und der um eine vage Hoffnung Betrogene bleibt trauernd allein zurück.

Die Schützin ist eine charmante Frau, die für ihr Leben gern lacht. Wer mit ihr Trübsal blasen will, hat die falsche Tonart erwischt. Sie glaubt keinem, der vor ihr niederkniet und heilige Schwüre von ewiger Liebe und Treue ablegt.

Am besten also läßt man den Eid und unterhält sich mit ihr. Aus der flotten Unterhaltung zieht sie ihre Schlüsse. Oder man

lade sie auf große Fahrt ein. Sie wird mitkommen und auftauen, wenn sie mit ihrem ständigen Begleiter am Strand unter Palmen einherwandelt. Sie hat etwas übrig für laue Nächte.

Mögen sie auch jene Männer, die sich bei der Schütze-Frau einen Korb holten, gefühlskalt schelten. Sie ist es nicht, sondern durchaus der großen, der alles vergessenden Liebe fähig. Es müßte nur der Richtige kommen, der sie so nimmt, wie sie ist: als frisches Menschenkind mit einem sehr eigenwilligen Charakter, den eigentlich niemand bändigen kann.

Beim Sex sucht sie Entspannung

Für Liebesspiele braucht die Schütze-Frau das Schlafzimmer nicht. Draußen in der Natur fühlt sie sich freier.

Sie hält sich eigentlich nie lange mit dem Vorspiel auf. Sie will Befriedigung haben und sich danach in die Arme des Geliebten kuscheln. Hauptsache bleibt letztlich das eigene Gefühl der Entspannung danach. Das ist auch ein Teil der Ehrlichkeit sich selbst gegenüber, wenn sie so und nicht anders reagiert.

Eine gelehrige Schülerin in Sachen Sex

Allzu ernst nimmt sie Sex und Liebe nicht. Gar manche Urlaubsbekanntschaft wiegte sich deshalb schon in falscher Hoffnung. Sie ist nicht sexbesessen, obwohl sie auf Lustspielereien nie ganz verzichten würde.

Allzu deftige Praktiken kann sie nicht ausstehen. Und sie hat auch ihre Launen: Mitten im schönsten Liebesspiel, wenn der Mann neben ihr bereits heiß auf totale Befriedigung seiner Wünsche ist, kann sie sich zurückziehen.

Nach alten astrologischen Erfahrungen sind Schenkel und Hüften ihre empfindsamsten Körperzonen. Wer dort seine Streichelkünste ansetzt und sie mit Küssen zu erregen sucht, hat fast gewonnen. Aber nur fast: Sie mag zwar solch erotische Spielarten, will aber auch rechtzeitig befriedigt sein.

Sie bekommt den Mann, den sie sich in den Kopf gesetzt hat

Wenn die Schütze-Frau etwas haben will, dann bekommt sie es auch – selbst den Mann ihrer besten Freundin, der ihr schöne Augen macht. Trotzdem ist sie kein leichtes Mädchen, das auf jeden Dahergelaufenen hereinfällt, sondern eine Frau mit Verstand, die recht wählerisch ihre Gunst verschenkt.

Wer es mit ihr wagen sollte

Es sind die Individualisten unter den Sterntypen, auf die eine Schütze-Frau am leichtesten fliegt. Da ist allen voran der *Löwe-*

Mann. Er ist genauso begeisterungsfähig wie sie und spürt in seiner einfühlsamen Art am ehesten, wann die Schützin für ein fröhliches Spiel zu zweit zu haben ist.

Ihr zweiter Favorit ist der *Widder*-Mann. Der hat wie sie viel Sinn für die freie Natur. Wie sie wandert er gern. Und sexuell ist er einer von der schnellen Truppe, was den Gelüsten einer Schützin ja ebenfalls sehr entgegenkommt.

Etwas unruhig dagegen mag es in der Verbindung mit dem Sternenbruder, dem *Schützen*, zugehen. Trotzdem verspricht sie wegen der beiderseits vorhandenen Toleranz Haltbarkeit.

Die Schützin bändigt gerne Löwen, aber auch Widder werden bei ihr handzahm, von anderen ganz zu Schweigen

Seelenverwandt ist die Schützin mit Typen aus der *Waage* und aus dem *Stier*. Sogar Liebe auf den ersten Blick ist da nicht auszuschließen. Leider tändelt bei den beiden Venusjüngern manches an der Oberfläche, trotzdem werden die beiden zumindest die sinnlichen Wünsche ihrer Schützin voll erfüllen.

Ein *Fische*-Mann hat Verständnis, wenn sie einmal aus einer festen Verbindung ausbrechen möchte, hat er doch zeitweilig ähnliche Gelüste. Er möchte dann mit seinen Gefühlen ins reine kommen, und sie gesteht ihm nach der Trennung ein, daß er ihr Bester ist.

Kameradschaftlich geht's in einem Verhältnis mit einem *Wassermann* oder einem *Zwilling* zu. Es ist nur die Frage, wer am Ende auf wen aufpassen muß. Der Wassermann wird sie am ehesten von einer freien Lebensart überzeugen und sich in ein besseres Licht rücken als der Zwilling, der an ihrer Seite zum Schmeichler wird, der immer ein paar Hintergedanken hat.

Leider ist der *Skorpion*-Mann zu wenig Individualist, um eine Schütze-Frau bändigen zu können (was außer ihm kaum jemandem sonst gelänge). Wenn sich der Stachelbewehrte als eifersüchtiger Platzhirsch aufspielt, flieht die flinke Schützin aus seinen Jagdgründen.

In Zeitlupe müßte sie ihr Leben und Lieben an der Seite eines *Krebs-*, *Jungfrau-* oder *Steinbock*-Mannes abspielen, sonst wird denen schwindelig. Abstürze sind da üblich, die der Schützin erotische Kletterpartien vermiesen könnten.

Warum die Scheidungsrate steigen kann

Es sind stets die unvernünftigen Männer, die die Scheidungsrate unterm Schützen ansteigen lassen, die kein Verständnis haben für eine emanzipierte Frau.

Wer also seine Schütze-Frau an der kurzen Leine hält und ihr ständig Vorschriften macht, was sie zu tun und zu lassen habe, der wird schon bald Bekanntschaft mit ihrem Anwalt machen können. Es ist also gar nicht so schwer, dieses lebenslustige Geschöpf loszuwerden, um hinterher möglicherweise festzustellen: Sie war doch die Beste.

Die Pluspunkte des Schützen

Unternehmungslust, Gewissenhaftigkeit, Toleranz: starke Schützen-Seiten

Ein Schütze-Mensch ist immer unternehmungslustig. Er handelt nach besonderen moralischen und rechtlichen Grundsätzen. Er hat stets große Pläne und zögert nicht, sie auch auszuführen.

In allen Lebenslagen verläßt ihn nie sein grenzenloser Optimismus. Er weiß, was er wert ist, und versucht, das auch in klingende Münze umzusetzen. Er arbeitet gewissenhaft, weshalb er im Beruf manchen überrundet.

Im zwischenmenschlichen Bereich ist er tolerant und verständnisvoll, erwartet das aber ebenso von seinen Freunden. Er ist ehrlich gegen sich selbst und andere.

Überall steht ihm ein wenig das Glück zur Seite. Er will nur vor sich selbst bestehen können, was die anderen über ihn sagen, ist ihm egal.

Die Schwachstellen des Schützen

Skrupellosigkeit, Sarkasmus und Oberflächlichkeit schätzt man weniger an den Schütze-Geborenen

Schütze-Menschen können sich nur schwer unterordnen. Sie gehen ohne Skrupel auf ein Ziel los und kümmern sich nicht darum, ob sie damit einen guten Freund vergrämen.

Im bedingungslosen Streben nach Erfolg und Wohlstand überschätzen sie manchmal sich und ihre eigenen Möglichkeiten. Sie können andere mit ihrem Sarkasmus verletzen und wirken dann für manchen arrogant und überheblich.

Schütze-Menschen schürfen nicht allzu tief. Sie bleiben immer etwas an der Oberfläche und pendeln manchmal von Meinung zu Gegenmeinung. Sie nutzen andere Leute gern aus, um ihnen dann plötzlich aus fadenscheinigem Grund die Freundschaft aufzukündigen.

In der Liebe sind sie nicht allzu entschlußfreudig. Oft bleiben sie aus purem Egoismus Junggesellen.

Der Steinbock strebt meist steil nach oben!

Am 22. Dezember erreicht die Sonne ihren südlichsten Stand, tritt in das Tierkreiszeichen Steinbock (22. Dezember bis 20. Januar) und wendet sich nun wieder nach Norden. Der Winter beherrscht in unseren Breiten die Natur, aber die Sonne steigt höher und höher am Firmament und kündet schon von ihrer siegbringenden Kraft.

Langsam, aber stetig erreicht der zielstrebige Steinbock alles, was er sich vornimmt

Die Menschen, die in dieser Wendezeit geboren werden, passen sich dem Aufwärtstrend an. Kein anderer im Tierkreis ist so von seinem Willen durchdrungen, vorwärtszukommen, wie der Steinbock-Mensch. Er gleicht seinem Wappentier, das in der eisigen Bergwelt zu Hause ist – ein gewaltiger Kletterer, der trotz Schnee und Eis immer noch irgendwo sein Futter findet: Auch er strebt meist steil nach oben!

Der Aufstieg im Leben ist dem Steinbock-Menschen sicher, aber er muß ihn sich mit vielen Entbehrungen und gewaltigen Kraftanstrengungen erkämpfen. Während andere in Wolkenkuckucksheim schweben, hält er sich an Realitäten. Er arbeitet viel und versucht, stets seine Pflicht zu erfüllen.

Der Steinbock-Mensch träumt nicht nur von festen Werten, sondern er schafft sie sich auch über Aktien und Sparkassenbriefe. Ein reales Ziel verfolgt er ausdauernd und mit jener Energie, die Berge versetzen kann.

Sein Planetenbeherrscher ist der Saturn, der seinen Schützlingen nach alten astrologischen Forschungen manche Bewährungsprobe auferlegt, sie aber auch zeitweise Depressionen aussetzt. Er hilft ihnen ebenso, Erfolge mit viel Beharrlichkeit und Gründlichkeit abzusichern.

Seiner unbändigen Energie traut man kaum ein empfindsames Gemütsleben zu

Steinbock-Menschen sind gesundheitlich sehr widerstandsfähig. Nur von Zeit zu Zeit sind sie anfällig für Rheuma und Erkältungskrankheiten. Ihr Knochensystem ist nicht allzu stabil. Ihr rastloses Wesen sorgt oft für manchen Schwächezustand, der mehr und mehr ihre Psyche belasten könnte. Doch sie rappeln sich immer wieder hoch.

Das weiche, glänzende und leicht abfärbende Blei gilt als Glücksmetall des Steinbock-Geborenen. Seine Glückssteine sind der apfelgrüne Chrysopras und der schwarze Onyx, der schon bei den Griechen dem Saturn zugeschrieben wurde.

Sachlich und nüchtern gehen die Steinbock-Menschen ans Werk. Das läßt sie mögliche Rückschläge leichter überwinden. Ihre Gründlichkeit stempelt sie nicht unbedingt zu den schnellsten Arbeitern. Und diese mangelnde Beweglichkeit ist wohl der Grund dafür, daß sie selbst dann noch mit Vehemenz die eigene Meinung verfechten, wenn diese möglicherweise bereits überholt ist.

Beim Steinbock geht's nur langsam voran, weil er es sich oft selbst zu schwer macht. Niemand jedoch kann sich seinem Aufstieg entgegenstemmen. Hartnäckig verfolgt er sein Ziel und setzt sich nach Mühen und Plagen endlich durch.

Ein Steinbock meidet die Klippen

Zweifellos ist der Steinbock-Mensch ehrgeiziger als die Leute aus anderen Tierkreiszeichen. Er arbeitet sicher mehr als sie, wenn auch etwas umständlicher. Sein Blick ist nach vorn und damit nach oben gerichtet, aus der Vergangenheit zieht er seine Lehren. Wie sein Wappentier ist er vorsichtig, setzt Schritt vor Schritt und meidet die Klippen, an denen er abstürzen könnte. So klimmt er allmählich nach oben.

Nur wenige unter den Saturn-Schützlingen wollen gleich ganz oben anfangen. Das sind dann die unbeliebten, die ihre Ellenbogen kräftig einsetzen, die Außenseiter, die niemanden sonst zum Freund haben als ihr eigenes kaltes Ich. Nur gut, daß dieser Menschentyp unterm Steinbock eine verschwindende Minderheit ist.

Leider zählt die Mehrheit der Steinböcke zu den Eigenbrötlern, die sich am wohlsten in einer kleinen Crew fühlen oder in einem Einzelzimmer, in dem sie allein „wursteln" können.

Als Praktiker gilt für sie das Theoretische höchstens als Mittel zum Zweck. Deshalb werden sie in allen Berufen, die eine gewisse Fingerfertigkeit voraussetzen, am besten vorankommen. Auch als Kaufleute sind sie gefragt, zumal sie für Finanzen ein ausgeprägtes Gespür haben. Als durchsetzungskräftige Politiker loben sie sogar manchmal ihre Gegner. Als Manager sichern sie das Vermögen eines Unternehmens nach allen Seiten ab und sorgen für einen stets steigenden Absatz.

Praktisch und handfest, ist der Steinbock der »reinen Theorie« eher abgeneigt

Der Steinbock ist ein Arbeitstier

Steinbock-Männer wollen sich nicht immer in den unteren Etagen des Arbeitslebens aufhalten. Sie drängen langsam, aber stetig zur Macht. Solch ein Typ wird willig die Arbeit eines Kollegen übernehmen: Man soll sehen, daß er ein Arbeitstier ist!

Wenn die Chefs es nicht schon selber merken, wird er zu gegebener Zeit auf die Nachlässigkeit dessen hinweisen, den er von Zeit zu Zeit vertreten hat.

Der Beruf nimmt den Steinbock-Mann so in Anspruch, daß er darüber sogar sein Privatleben vergessen kann. Erst in späteren Jahren bequemt er sich zu der Erkenntnis, daß man arbeitet, um zu leben und nicht umgekehrt.

Bei entsprechendem Aszendenten geht der Steinbock auch mal krumme Wege

Und das ist auch bei der Steinbock-Frau der Fall. Sie findet sich im Beruf gut zurecht, der für sie ein Statussymbol ist, das man selbst noch in der Ehe hochhält. Sie wird von vielen Chefs als vorbildliche Mitarbeiterin geschildert, der nichts zuviel ist.

Ihr Pflichtgefühl und ihr Leistungswille sind durch nichts zu überbieten. Obwohl sie recht eigenwillig ist und selbst den Arbeitsablauf bestimmen will, wird die Steinbock-Frau in jedem Betrieb ihren Weg machen. Sie braucht allerdings ab und zu Verschnaufpausen, sonst wird sie krank.

Geld und Rang erfreuen auch die Steinbock-Frau

Als rechte Hand des Chefs fühlt sie sich ebenso unentbehrlich wie als Vorsteherin eines Heims für alleinerziehende Mütter. Sie hat die praktische Veranlagung wie der Steinbock-Mann und kann selbst in den sogenannten „männlichen" Berufen viel leisten.

Steinbock-Menschen, ob Mann oder Frau, sind für ihre Firma immer da. Wenn sie nicht durch einen etwas bequemeren Aszendenten gehemmt werden, ist ihnen keine Überstunde zuviel. Zur rechten Zeit wollen sie dafür kassieren oder über die anderen gestellt werden.

Disziplin geht Steinbock-Chefs über alles

Als Chefs sind sie nicht immer die beliebtesten. Sie arbeiten im gleichen Stil weiter, den sie schon als Untergebener gepflegt haben. Von ihren Mitarbeitern erwarten sie oft zuviel. Bei ihnen muß schließlich alles wie am Schnürchen laufen.

Steinbock-Männer und die Liebe

Es ist das Mißtrauen gegen jedermann, das dem Steinbock-Mann auch im Privatleben manches verbaut. Und dieses Mißtrauen wird noch wachsen, wenn trübe Erfahrungen gemacht werden. Bei solcher Charakteranlage fällt es vielen Steinbock-Männern natürlich schwer, die Partnerin fürs Leben zu finden. Man prüft zu lange, ob die Frau, um die man wirbt, auch den Steinbock wert ist ...

Bei diesem Saturn-Schützling ist's wie bei einem jungen Wein: Je älter er wird, desto besser ist er. In der Jugend quirlt die Lebensfreude nur zeitweise über, weil dem echten Steinbock-Mann kaum Zeit für private Gefühle bleibt. Wie das alpine Klettertier bemüht er sich ja um den Aufstieg.

Lange Zeit spielt beim Steinbock-Mann der Beruf die erste Geige

Leider dauert es eine Weile, bis er oben angelangt ist. Da ist es doch nur zu verständlich, wenn bei ihm wegen der mühseligen Klettertour die Liebe zunächst ein wenig zu kurz kommt. Schließlich glaubt er, daß die Götter vor das Vergnügen den Schweiß gesetzt haben. Und danach handelt er.

Nur wenige aus diesem vom Saturn überschatteten Zeichen entschließen sich schnell. Oft werden sie dann glücklicher als ihre Sternenbrüder, die hinter jeder Hübschen eine Falle wittern. Dabei haben die Steinböcke durchaus ihre Chancen beim weiblichen Geschlecht, weil manche Damen die Schüchternen oft mehr mögen als die allzu Forschen.

Zum Glück bleibt ein Steinbock-Mann nie gern allein. Und nur darum kann er sich auch für eine frühe Heirat entscheiden. Da heiratet der eine seine Jugendgespielin, weil ihm keine Zeit blieb, auch auf andere zu schauen. Einen Zweiten erjagte sich eine Schöne, die ihm die karge Freizeit vertrieb und nebenbei tätige Mithilfe beim Gipfelsturm versprach. Ein Dritter nahm die erste beste, um wegen der sowieso mangelnden Zeit nicht weitersuchen zu müssen.

Auch in den zwischenmenschlichen Beziehungen sind die meisten Steinbock-Männer eben kühle Realisten, was manche Frau derart ernüchtert, daß sie vor dem schon geplanten Jawort schleunigst das Weite sucht.

Schließlich und endlich landet auch der Steinbock bei der Richtigen

Glaubt der Steinbock-Mann, endlich die Richtige gefunden zu haben, wird er sie mit männlichem Charme (oder was er dafür hält) umwerben. Der wird von manchen Steinbock-Typen aber so unterkühlt dargeboten, daß die Umworbene fürchten muß, sich Erfrierungen ersten Grades zuzuziehen, wenn sie ihn erhört. Scherz beiseite: Auch diese vom Saturn beherrschten Männer haben den Dreh raus, wie man Frauen rumkriegt. Schließlich haben sie etwas zu bieten.

So „schießt" man sich einen Steinbock

Die einfachste Art, sich einen Steinbock zu „schießen": Man legt sich am Arbeitsplatz auf die Lauer. Er braucht bei allem beruflichen Ehrgeiz Atempausen, in denen er gesprächsbereit ist.

Man gehe mit ihm essen und schimpfe mit ihm über den Kantinenfraß. Er wird die Ohren spitzen und die Gesprächspartnerin für eine gute Köchin halten.

Den zweiten wird sie ergattern, wenn sie mit ihm erstmals ausgeht und sich ein bescheidenes Menü bestellt, weil sie auf die Preise schaut. Wenn sie sich dann nicht geniert und ihn zu sich zum Kaffeetrinken einlädt, ist der dritte Punkt fällig.

Der Steinbock-Mann mag unkomplizierte Frauen, die sich nicht genieren, zumal er sowieso der antiquierten Männeransicht ist, jede Frau sei zu haben, wenn man sie nur ein bißchen drängt. Man lernt ihn auch in Fortbildungsseminaren und in Bibliotheken kennen, in denen er sein Wissen aufpoliert, um damit später zu glänzen. In zwanglosem Gespräch über fachliche Fragen kommt man ihm näher und kann auch dort Pluspunkte sammeln.

Sex ohne Prüderie

Für den Steinbock-Mann ist Sex die selbstverständlichste Sache der Welt. Was braucht man da prüde zu sein? Er ist ein durchaus leidenschaftlicher Liebhaber, aber in Sexpraktiken nicht sehr erfinderisch.

Trotz ständiger Zeitknappheit mag er nicht die schnelle Tour. Er weiß genau, daß ein in die Länge gezogenes Vorspiel seine etwas unterkühlten Gefühle aufheizen kann. Und er braucht die rechte Einstimmung, um zum Ziele zu gelangen. Dazu gehört kein greller Scheinwerfer, der bühnenreif den Akt beleuchtet und auch keine heiße Musik, die den Rhythmus bestimmt. Für ihn ist die Schmusezeit das Zauberwort.

Liebt die Unschuld wie die Erfahrung bei Frauen

Sanftes sinnliches Einpendeln erhöht seine Ausdauer, die schließlich jeder Frau den Höhepunkt garantiert. Das mag ein paar Stunden Schlaf kosten, aber man ist am anderen Morgen zufrieden mit sich selbst und kann fröhlich an die Arbeit gehen.

Der sexbetonte Steinbock-Mann will seine Lust befriedigt sehen. Frauen, die sich zu lange zieren oder sich ihm gar verwehren, haben dazu bei ihm nur einmal die Möglichkeit. Aber er hat Verständnis dafür, wenn die Partnerin einen triftigen Grund hat, seine erotischen Wünsche mal nicht zu erfüllen.

Er schätzt es besonders, wenn ihm seine Gespielin, gleichsam als Vorspiel auf nahe Wonnen, hautnah auf den Pelz rückt, seinen Rücken streichelt und sich mit den Fingern sanft an den Wirbeln hinuntertastet. Sie kann ihn auch von hinten unter den bei Steinböcken empfindsamen Achselhöhlen hindurch mit den Armen umschlingen und ihn ihre Brüste spüren lassen.

Solche genußreichen Lustspiele erotisieren ihn nicht nur, sondern kurbeln anderntags auch seinen Arbeitseifer an und fördern dementsprechend seine Karriere. Das mögen Frauen bedenken, die nicht mit gleicher Leidenschaft bei der intimen Sache sind wie er.

Selbst Sex ist für den Steinbock noch karrierefördernd

Frauen, die sich um die Gunst eines Steinbock-Geborenen bewerben, müssen damit rechnen, daß er – ähnlich wie der Skorpion-Mann – die ihm gesetzlich Angetraute als seinen ureigensten Besitz vereinnahmt. Er ist für die Gleichberechtigung, bei der er das Sagen hat. Im Gegensatz zum Skorpion kennt er jedoch keine Eifersucht. Er braucht die verständnisvolle Lebensgefährtin, die ihn umsorgt, die ihn umpflegt und ihm zu Willen ist, wann immer er es wünscht.

Mit diesem Mann kann man leben

Der Steinbock-Mann ist ein treuer Bursche, der seine Pflicht erfüllt. Mit diesem Menschen kann man leben. Gefährlich wird's bei ihm erst, wenn er es zu etwas gebracht hat. Die Midlife-Crisis geht an keinem Steinbock spurlos vorüber. Kluge Frauen lassen ihm dann vor lauter Liebe und übersprudelnden Ideen einfach keine Zeit für krumme Gedanken.

Die gleiche Geldwellenlänge haben Stier-, Jungfrau- und Steinbock-Frauen

Stier-, *Jungfrau-* und *Steinbock*-Geborene basteln zuerst an seiner Karriere mit, und werden danach als fleißige Heimwerkerinnen den erotischen Innenausbau nachholen. Wenn er es endlich geschafft hat, holt er mit diesen auch im Materiellen übereinstimmenden Typen gern noch nach der Silbernen Hochzeit seine Flitterwochen nach.

Für die etwas dünne Haut der *Krebs-* und *Fische*-Damen hat der Steinbock eigentlich ein zu dickes Fell. Überdies hat er in den ersten Jahren einer innigen Beziehung mit einer von den beiden zu wenig Zeit, seine Gefühle mit denen der Partnerin in Übereinstimmung zu bringen. Er kann den Gefühlvollen aber jene Sicherheit geben, die sie brauchen, um keine Existenzangst aufkommen zu lassen. Hier wird er wohl schon nach dem vierzigsten Lebensjahr einiges freudvoll nachholen können, wenn sie ihm vorher nicht schon weggelaufen sind.

Die Skorpionin lehrt ihn sexuelle Pflichterfüllung

Die *Skorpion*-Frau ist gar nicht mehr so damenhaft, wenn er auf seinen Herrenrechten herumreitet, anstatt sich um das gemeinsame Steckenpferd im Schlafzimmer zu kümmern. Und sie wird ihm beibringen, daß sexuelle Pflichten nicht nur zweimal in der Woche zu erfüllen sind.

Auch bei der *Löwe-* oder bei der nicht minder stolzen *Widder*-Frau muß er mit seinen Klamotten die patriarchalischen Allüren ablegen, wenn sie ihn im Adamskostüm anziehend finden sollen. Da sie aber seinen guten Ruf in der Öffentlichkeit mehren, wird er sich fügen.

Für den Steinbock zu verschwenderisch: Zwillinge und Waagen

Bei der *Wassermann-* und der *Schütze*-Frau geht ihm auf den Wecker, daß sie ihre Uhren nicht auf ihn einstellen, sondern ihre Freizeit so gestalten, wie es in ihnen paßt.

Und bei *Zwillinge-* und *Waage*-Frauen genießt er zwar, daß sie sehr viel Energie für erotische Lustbarkeiten verschwenden, leider jedoch mit den finanziellen Mitteln genauso freizügig sind wie mit ihren Reizen. Und dieser Preis für seine Teuerste ist dem Steinbock-Mann denn doch etwas zu hoch.

Was ihm auf die Nerven geht

Geht sie allzusehr nach der neuesten Mode, geht das ins Geld und ihm an die Nerven. Der Steinbock-Mann sieht seine Partnerin gern unter einem Heiligenschein. Die so Verehrte sollte sich nicht erlauben, deftige Zoten zu reißen und ihn in aller Öffentlichkeit einen Nichtsnutz schimpfen, der selbst im Bett nichts tauge. Lebte er nur in einem Verhältnis auf Probe, würde er schon da auf Nimmerwiedersehen verschwinden.

Die Ehefrau kann ihn noch tiefer treffen, wenn sie seine Sparkonten abräumt und das sauer verdiente Geld einfach zum Fenster hinauswirft. Stellt er die Partnerin dann unter Kuratel, bleibt ihr nur noch der Gang zum Scheidungsanwalt mit der Begründung vor Gericht: seelische Grausamkeit. Und die kommt den Steinbock sehr teuer.

Die kühle Steinbock-Frau?

Nicht nach rechts oder links schaut die Steinbock-Frau, wenn sie es auf einen bestimmten Mann abgesehen hat

Oft vergleicht man die Steinbock-Frau mit einem Eisberg. Aber die so kühl Erscheinende hat das Herz auf dem richtigen Fleck. Nur kann sie – auch in der Liebe – nichts so leicht aus der Ruhe bringen. Sie geht den Weg, den sie einmal eingeschlagen hat, beharrlich weiter.

Rehaugen wirken tolldreist, verglichen mit ihren Guckerln, und selbst die scheueste Siamkatze erscheint borstig im Vergleich mit diesem anschmiegsamen Geschöpf. Die Steinbock-Frau ist verletzlich, und alle Kosenamen dieser Welt passen auf sie. Aber wenn sie ein starker Mann einmal tröstend in seine Arme nehmen will, wird er irritiert feststellen, daß sie nicht weint, sondern nur Tränen lacht über ihn; denn sie hat im Lebenskampf männliche Unterstützung wahrhaftig nicht nötig.

An der Haustür stehen die Pantoffeln

Die Steinbock-Frau ist nicht das schüchterne Hascherl, das sie nach außen hin spielt. Nein, diese Frau verbirgt hinter der so weiblichen „Schale“ einen sehr harten Kern. Sie ist selbstbewußt, beharrlich und geht stur auf ihr Ziel los.

Viele Steinbock-Frauen üben auch in der Ehe noch ihren Beruf weiter aus. Von daher stammt die irreführende Ansicht, sie stelle den Beruf über das Familienleben. In Wirklichkeit will sie von ihrem Mann nicht zu sehr abhängig sein.

Trotz beruflicher Ambitionen hält jede dieser Saturn-Schützlinge ihr Haus in Ordnung. Schon an der Haustür werden für den Mann, die Kinder und eventuelle Besucher die Pantoffeln bereitgestellt. Unordnung mag sie nicht.

Der Mann allein genügt ihr nicht. Obwohl sie möglicherweise schon in jungen Jahren heiratet, will sie in der Ehe unabhängiger sein, als sie es zuvor vielleicht im Elternhaus war.

So schmilzt der „Eisberg" dahin

Unter dem Fell dieses Lämmchens, das sie nach außen hin spielt, verbirgt sich sehr viel weibliche Raffinesse. Man beachte daher bei ersten Kontaktgesprächen die Zwischentöne. Sie wird immer etwas Persönliches einstreuen. Hier hake man ein, streife wie unbeabsichtigt ihre Hand und flechte ebenso Privates ein.

Vorschnelle Liebesschwüre bedeuten der Steinbock-Geborenen nichts

Komplimente über ihr gutes Aussehen mag sie, aber sie weiß sehr wohl zu unterscheiden zwischen aufrichtiger Bewunderung und nur auf den heißen Flirt beschränkte Ansprache.

Und die Steinbock-Frau liebt die Heimlichkeit. Trotzdem wird sie ihren Freundinnen von dem Mann erzählen, mit dem sie sich unter Ausschluß der Öffentlichkeit trifft. So bleibt nie lange geheim, was sie heimlich treibt ...

Wenn sie sich einmal vorgenommen hat, einen Mann für sich zu erobern, wird sie ihre Schüchternheit ablegen und im zärtlichen Tête-à-tête beweisen, daß der „Eisberg", für den sie von vielen wegen ihrer scheinbaren Unnahbarkeit gehalten wird, sehr wohl schnell dahinschmelzen kann. Und sie kennt alle Tricks, den Mann ihrer Wahl zu verführen.

In der Liebe fackelt sie nicht lange

In partnerschaftlichen Liebesspielen übernimmt sie gern die Führung

Wenn sie sich einmal dazu entschlossen hat, mit einem Mann ins Bett zu gehen, kennt sie kein langes Fackeln. Das Vorspiel mag aus einem Drink bei gedämpftem Licht bestehen, mehr braucht sie nicht zur Einstimmung, um schließlich zu beweisen, wie leidenschaftlich eine Steinbock-Frau sein kann.

Sie findet sich rasch zurecht in dem, was ihr am besten gefällt. Da braucht der Mann gar nicht so lange den Lehrmeister zu spielen. Sie macht bei allem mit, wenn es nur etwas in die Länge gezogen werden kann; denn sie hat Ausdauer, weshalb potente Männer gefragt sind.

Am Ende erreicht jede Steinbock-Frau ihren Höhepunkt, wenn man sie nur machen läßt. Von der Kälte eines Eisbergs ist da nichts mehr zu spüren. Sie will die Lust befriedigt und sich als Vollweib bestätigt sehen. Der Mann, den sie erwählte, mag sich an ihre Lustschreie ebenso gewöhnen wie an „Tätlichkeiten", die sich hinterher in Kratzspuren und blauen Flecken manifestieren.

Trotz ihres sonst so nüchternen Wesens braucht gerade die Steinbock-Frau viele Streicheleinheiten. Wer ihre erogenen Zonen kennt, hat schon fast gewonnen. Zartes Kosen den Rücken hinunter macht sie an. Sanftes Stimulieren der Brüste und der Schenkel bis hinunter zu den Kniekehlen läßt sie weich werden; denn sie sehnt sich am Ende eines langen Arbeitstages nach Zärtlichkeit und restloser Hingabe.

Die Steinbock-Frau braucht viel, viel Liebe

Der Mann, der ihr das nicht geben kann, wird bald die Kehrseite der Medaille erkennen müssen: Sie zeigt ihm mit Enthaltsamkeit die kalte Schulter und sucht sich möglicherweise einen Hausfreund. Vielleicht wählt sie auch die Einsamkeit oder tut sich mit einer Freundin zusammen, mit der sie über die ach so unzuverlässigen Männer lästern kann.

Der ideale Mann für sie

Um es gleich vorweg zu sagen: Eine ideale Ehe könnte die Steinbock-Frau mit einem *Stier*-Mann führen. Er kann warten, wenn sie in Sachen gemeinsamer Zugewinn unterwegs ist. Er ist auch der ideale Beifahrer, wenn sie bei amourösen Touren am Steuer sitzt. Aber er lenkt sie auch sicher zum Höhepunkt, wenn sie den steilen Anstieg passiv genießen will. Und er hat die Ausdauer, die sie von ihrem Liebhaber verlangt.

Mit dem Stiermann in die Traumehe

Mit einem *Jungfrau*-Mann wird sie zunächst wohl auf Probe zusammenleben, bis sie feststellen kann, daß an seiner Seite physisch wie psychisch Übereinstimmung herrscht. Er wird mit der Zeit lernen, wie herrlich es sich mit der Frau aus dem vom tiefsinnigen Saturn beherrschten Zeichen leben und lieben läßt.

Im erotischen Duo mit einem *Krebs*- oder einem *Fische*-Mann übernimmt sie meist die Oberstimme, wird aber nur korrigieren, wenn er aus dem Takt kommt. Sie wird dem Krebs wie dem Fisch im Bett manches Zugeständnis abringen, das die Gemeinschaft auf einen grünen Zweig bringen wird.

Mit dem Artgenossen aus dem *Steinbock*-Zeichen könnte die große Langeweile ins Liebesleben einziehen, denn er entwickelt nicht allzuviel erotische Phantasie. Trotzdem kann diese Verbindung halten, wenn im Alltag die Kasse stimmt.

Zu weit geht ihr manchmal der *Skorpion*-Mann. Er will auch mal sexuelle Abwegigkeiten testen. Ihre eigenen Wünsche liegen da genau in der Mitte zwischen denen des eigenen Sternenbruders und des Skorpions.

Viel Gemeinsamkeiten findet sie an der Seite eines *Wassermanns*. Im Gespräch über Gott und die Welt finden sich die beiden immer wieder zu lustvollen Spielen bereit. Ob das reicht, wird erst nach dem siebten Jahr entschieden.

Löwen kann sie handzahm machen

Als Dompteuse erweist sich die Steinbock-Frau bei einem *Löwe*-Mann. Das will heißen: Ganz allmählich wird sie sich in solcher Verbindung die Hosen anziehen. Sie sollte aber bedenken, daß gezähmte Löwen oft die Lust an heißen Spielen verlieren.

Verbindet sie sich mit einem *Widder* oder einem *Schützen*, wird es häufiger krachen, als ihr lieb ist. Da will der Widder dann mit dem Kopf durch die Wand, und der Schütze geht zeitweilig seine eigenen verschlungenen Pfade. Nur eine ganz gescheite Steinbock-Frau, die mit diplomatischem Geschick und noch mehr Geduld die eigenen Gelüste überspielen kann, sollte sich mit einem von beiden zusammentun.

Zu ungleich erscheinen auch Männer aus dem *Waage*- oder dem *Zwillinge*-Zeichen, deren Charaktere konträr dem der Steinbock-Frau sind. Horizontale Supereinstellung ist eben doch nicht das einzig Senkrechte.

Es spricht jedoch für die Steinbock-Frau, wenn sie sich selbst in einer scheinbar „unmöglichen" Verbindung zurechtfinden kann. Ihr Wille kann eben Berge versetzen. Sie möchte in der Ehe den Ton angeben, spielt aber auch gern mal die zweite Geige, wenn ihr Mitspieler auf der ersten besteht.

Sie ist hart im Nehmen

Kritik ja – aber bitte mit Maßen

Zu weit darf man es bei einer Steinbock-Frau nicht treiben. Wer alles kritisiert, was sie tut und läßt, wer ihr vorwirft, sie mache ihr Liebeslager zum Schauplatz von Soloaufführungen, der wird bald eine andere Steinbock-Frau kennenlernen. Sie ist zwar hart im Nehmen, aber was zu viel ist, ist zuviel.

Und wer ihr Bestreben, für den Zugewinn der Familie zu sorgen, als aufgesetzte Selbstbestätigung bezeichnet, hat sie ebenso schnell los. Sie wird eines Tages klammheimlich die Koffer packen und tief getroffen verschwinden.

Es sind nur die unverständigen Männer, die im Steinbock-Zeichen die Scheidungsquote hochputschen. Der Saturn-Schützling wird vor dem Richter stets seine Unschuld beteuern

Die Pluspunkte des Steinbocks

Jeder Steinbock-Mensch strebt nach Sicherheit. Um sie zu erreichen, arbeitet er viel und legt sich beizeiten einiges zurück. Mit Bedacht geht er an die Dinge heran und löst selbst schwierige Aufgaben mit sehr viel Umsicht und Sachverstand. Wenn er ein Ziel vor Augen hat, wird er es mit aller verfügbaren Kraft zu erreichen suchen.

Er hat ein Herz für die sozial Schwächeren

Sein Wille versetzt Berge, auch im privaten Bereich. Hat er den richtigen Partner gefunden, wird er über scheinbare sexuelle Antriebsschwäche zu echter Leidenschaft finden.

Die kühle Haltung, die er gegenüber seiner Umwelt zeigt, weicht im Freundeskreis einer großen Herzlichkeit. Schönster Zug: Der Steinbock-Mensch wird, wo er nur kann, sozial Schwächeren helfen.

Die Schwachstellen des Steinbocks

Zu leicht kapselt sich ein enttäuschter Steinbock-Mensch gegenüber seiner Umwelt ab. Das eigene Ich siegt über das Wir, die Folge ist eine Vereinsamung im Alter. Er ist nicht allzu sehr kontaktfreudig.

Steinböcke können gut austeilen, aber schlecht einstecken

Um berufliche Ziele anzusteuern, kann er hemmungslos reagieren und sogar seine besten Freunde vergraulen. Wenn er im Guten nicht erreicht, was er will, wird er es mit recht brutalem Einsatz erreichen.

Er neigt zu Pedanterie, die sich in einer überspitzten Ordnungsliebe niederschlägt. Ein schneller Arbeiter ist er nicht. Seine Bedächtigkeit geht anderen auf die Nerven.

Sein Mißtrauen macht manches gute Verhältnis kaputt. Der Steinbock-Mensch ist leicht zu verletzen, obwohl er mit anderen sehr hart ins Gericht gehen kann.

Der Wassermann – Kämpfer für Frieden und Humanität

Wenn die Sonne im Tierkreiszeichen Wassermann (21. Januar bis 19. Februar) steht, ist noch tiefster Winter. Unter dem Schnee jedoch, der die Landschaft bedeckt, wachsen schon neue Kräfte, die auf Auferstehung warten. Diese Naturstimmung überträgt sich auch ein wenig auf die Menschen, die in dieser Zeit das Licht der Welt erblicken.

Phantasiebegabt, idealistisch und tolerant – so kennt man das Winterzeichen Wassermann

Wassermann-Menschen glauben an die verborgenen Kräfte, die in ihnen schlummern. Sie haben seltsame Vorahnungen von kommenden Geschehnissen und eine lebhafte Phantasie. Und sie versuchen, hinter die letzten Dinge zu kommen. Für sie ist nur der Fortschritt erstrebenswert. Sie kämpfen für den Frieden um der Humanität willen.

Wassermann-Menschen sind großzügig und hilfsbereit. Sie üben Toleranz, verlangen dies aber auch von ihren Mitmenschen. Mit viel Energie überwinden sie selbst schwere Krankheiten, so daß sie oft ein hohes Alter erreichen. Nur Kreislauf und Stoffwechsel machen ihnen zu schaffen.

Der spannungsgeladene Uranus und der hemmende Saturn sind ihre Planetenherrscher, die nervöse Unruhe in ihr Leben bringen, aber auch jenen messerscharfen Verstand vermitteln, der den Wassermann-Menschen zur rechten Zeit den Vorsprung vor anderen verschafft.

Wassermann-Menschen bauen nie auf ihr Glück, sondern nur auf das, was sie aus eigener Kraft bewirken können. Und sie tun mit einer wegwerfenden Handbewegung ab, wenn man ihnen berichtet, daß ihr Glücksmetall Platin sei.

Einen Amethysten, einen Halbedelstein von violetter Farbe, tragen sie nur, weil er ihnen gefällt – nicht, weil er ihnen in der Liebe Erfolg bringen und sie vor Volltrunkenheit schützen soll. Und ein blauer Saphir, heißt es, soll ihre Treue fördern.

Es gibt keinen fröhlicheren Typ unter der Sonne als den Wassermann-Menschen. Trotzdem versucht er immer wieder, seine Mitmenschen herauszufordern und durch sein manchmal recht widerborstiges Wesen zu schockieren. Unterordnung liegt ihm nicht. Er will frei sein, koste es, was es wolle.

Seine Freiheitsliebe macht den Wassermann kämpferisch

Der Mensch aus dem Luftzeichen Wassermann ist intelligent. Er gebraucht sein Wissen oft, um seine oppositionellen Anschauungen glaubhaft zu begründen. Er steht vielfach gegen das Althergebrachte – ein geborener Revolutionär.

Ein Mensch mit Forschergeist

Der Wassermann-Mensch grübelt viel. Er horcht oft gedankenverloren in sich hinein, wenn er einem Geheimnis auf der Spur zu sein glaubt. Eigentlich ist er in jedem Beruf brauchbar, am meisten jedoch in einem, der seinem Forschergeist freien Lauf läßt. Er lebt gewissermaßen in der Zukunft, aus der er manches Ergebnis im voraus abzulesen vermag.

Kollegen schätzen den Wassermann-Geborenen als treuen Freund. Er drängt sich nicht vor wie andere. Wenn er nach oben kommt, dann hat er das seiner Sachlichkeit und seinem fundierten Wissen zu verdanken. Seine Ideen verhelfen mancher Firma zu neuen Produkten, aber es ist möglich, daß er sich tagelang nicht im Betrieb sehen läßt, weil er wieder einmal einem Phantom nachjagt.

Manchmal ist er ein Phantomjäger

Kehrseite der Medaille: Wegen seines Wesens, mit jedermann gut Freund zu sein, wird er oft nicht für voll genommen.

Das verletzt seine Eitelkeit. Erst ein anerkennender Blick muntert ihn wieder auf und läßt ihn zu neuen Taten schreiten. Bester Zug an ihm: Wenn er einmal eine Arbeit übernommen hat, wird er nicht ruhen, sie zu einem guten Ende zu bringen.

Frauen und Männer aus dem Wassermann-Zeichen findet man viel in freien Berufen, wo sie ihre Ideen und Pläne am ehesten verwirklichen und ungebunden über sich selbst bestimmen können. Sie hassen feste Arbeitszeiten, die sie in ein Korsett zu pressen drohen, das ihnen die Luft nimmt.

Wassermänner streben zu den Sternen

Als einfühlsame Menschentypen sind sie die geborenen Psychologen oder Nervenärzte, die mit ihren Patienten fühlen, und in allen zukunftsorientierten Berufen sind sie zu Hause: als Computerfachmann, in der Atomphysik und Raumfahrt.

Als Wissenschaftler können Wassermänner viele Erfolge aufweisen, sie sind ernstzunehmende Forscher. Sie wagen sich sogar in den Bereich der Grenzwissenschaften vor, um mit dem „Unsinn" aufzuräumen oder aus dem jahrtausendealten Material Wissen zu schöpfen, das sich nicht widerlegen läßt.

Wassermann-Menschen sind nicht auf einen einzigen Beruf beschränkt. Im Laufe ihres Lebens können sie vieles beginnen, um es dann auf der Höhe des Erfolges abzubrechen. Wenn die Statistik recht hat, wechselt niemand öfter die Stellung, den Beruf und dementsprechend auch seine innere Einstellung.

Am besten Chef in einem Einmannbetrieb

Der Wassermann kommandiert höchstens sich selber gern

Sein Idealismus läßt den Wassermann-Menschen Dinge tun, die von anderen nur schwer verstanden werden. Er ist nicht auf Absicherung bedacht, sondern will mit dem, was er tut, zufrieden sein. Wenn er es trotzdem immer zu etwas bringt, ist das auf seinen wachen Verstand zurückzuführen.

In einem Einmannbetrieb ist der Wassermann der beste Chef. Wenn er ganz auf sich allein gestellt ist, kann er hervorragende Entscheidungen treffen. Und da er das weiß, drückt er sich oft vor dem großen Posten, der ihm angeboten wird.

Durch seine Menschenkenntnis wird er immer für ein gutes Betriebsklima sorgen. Es sind die wechselnden Ideale des Wassermanns, die Unruhe schaffen, aber doch meist positive Veränderungen bewirken. Jeder Laden wird unter seiner Leitung aufblühen – fragt sich nur, ob der Wassermann lange bleibt.

Zum Geld haben Wassermann-Geborene nicht unbedingt das beste Verhältnis. Es kann ihnen durch die Finger gleiten, wenn sie anderen damit eine Freude machen können. Sie werden es aber auch, wenn ein entsprechender Aszendent durch ihr Horoskop geistert, eisern sparen.

Er jagt das „Freiwild" Frau

Es ist der Forschergeist, der den männlichen Wassermann in den etwas anrüchigen Ruf bringt, er sei ein forscher Geist, der die Frauen als Freiwild betrachte, das ein Mann jagen müsse. Mit anderen Worten: Das Luftzeichen Wassermann bürge dafür, daß daraus ein Luftikus entspringt, der – kaum flügge geworden – zum Playboy avanciert.

Es wird viel erzählt. Der Wassermann-Geborene debattiert gern und hat viel Phantasie. Irgend etwas wird schon wahr sein, wenn er es sagt. Nur möglicherweise verwechselte er den aufgetischten körperlichen Kontakt mit dem stattgefundenen geistigen. Und dieser muß ja zunächst mal stimmen, bevor der Wassermann zur Sache kommt.

Playboy oder nicht – das ist beim Wassermann die entscheidende Frage

Dieser Sternentyp ist immer ein Menschenfreund, speziell ein Freund der Frauen. Er meint, jedes Mädchen sei zu haben, man müsse nur wollen. Das hat nichts mit Frauenverachtung zu tun; er steht nur auch auf diesem Gebiet in Opposition zu einer landläufigen Ansicht. Daß es ihm manche Frau leicht macht, steht auf einem anderen Blatt.

So sammelt er Erfahrungen wie andere Leute Briefmarken. Seine Gefühle wird er kaum zeigen, aber er wird die Gefühle anderer, in diesem Falle die der Frauen, testen. Sie sind gewissermaßen Versuchsobjekte für seine Studien.

Wenn es in seinen Fingern kribbelt . . .

Ein Playboy ist er nicht, aber er fällt leicht auf Playgirls herein, die wissen, wie man ihn rumkriegt. Sie beginnen zum Beispiel mit einem tiefsinnigen Gespräch oder bringen die Rede, wenn sie technisch veranlagt sind, auf den neuen Sechszylinder. Der Wassermann wird dozieren und erklären und gerät bald so in Fahrt, daß es unter dem Tisch in seinen Fingern zu kribbeln beginnt. Für die Frau ist damit das erste strategische Ziel erreicht – nun mag er den Feldherrn spielen, der die Schlacht gewinnt.

Leider bleibt vieles beim Wassermann unverbindlich, daran ändert auch die heißeste Nacht nichts, in der man sich liebte. Für ihn ist Sex die natürlichste Sache der Welt, die man nur nicht überbewerten sollte.

Im Grunde genommen sind seine „Reihenversuche" mit Frauen nichts anderes als die ständige Suche nach der Superfrau, die alle Vorzüge in sich vereinigt.

Ein Rätsel, selbst für erfahrene Psychologinnen

Die Frau, die sich ein Wassermann wünscht, ist ihm ebenbürtig (natürlich mit männlich-verständlichen Abstrichen). Sie ist Betthäschen und Dame in einer Person und kann außerdem mitreden über Themen, die einigen Verstand voraussetzen. Das ist sein Ideal. Aber er hat noch 99 andere Ideale, die zu jeder Zeit austauschbar sind. Und das macht den Wassermann gerade für Frauen so undurchsichtig.

Wer ihn haben will, der muß um ihn kämpfen. Ganz besitzen wird ihn keine Frau. Man wird handfeste Beweise bringen müssen, warum eine Verbindung für ihn nützlich sein könnte. Eine Frau, die mit ihm durch dick und dünn geht, überzeugt ihn am ehesten. Es ist die gute Kameradin, die er sucht, nicht die Gespielin seiner schwachen Stunden.

Fortsetzung mit Bettgeflüster

Beim Sex ist für ihn die Frau Versuchsobjekt wie gleichberechtigter Partner. Er ist ja Menschenfreund, der die Belange des anderen sehr wohl berücksichtigt und sich nicht wie ein Wilder nimmt, was sich ihm bietet. Er schätzt es sogar sehr, wenn die Frau die Verführerin spielt. Auch hier ist er ein Forscher, der abwartet, wie weit sie gehen wird. Solch Geplänkel kann schon im Beisein anderer beginnen und sich im Appartement der Partnerin unter vier Augen fortsetzen.

Frauen, die Variantenreichtum mögen, kommen beim Wassermann auf ihre Kosten

Zum Vorspiel liebt der Wassermann geistreiche Gespräche, die sich noch als Bettgeflüster fortsetzen lassen. Wo die Verführungskunst der Partnerin aufhört, setzt seine Phantasie ein. Er betrachtet das Bett als eine Spielwiese, auf der man nach Herzenslust herumtollen kann. Hat er an dem einen Spiel die Lust verloren, wird er ein neues beginnen.

Der Wassermann hat genügend Ausdauer, jedes intime Spiel in die Länge zu ziehen. Aber er kann es jederzeit abrupt abbrechen und seine Partnerin unbefriedigt zurücklassen, nur um ihr zu zeigen, daß es auch anders geht.

Als Praktiker ist er immer bei der Sache, Gefühl tut er als Theorie ab. Trotzdem schätzt er neben der körperlichen auch die seelische Bereitschaft der Partnerin. Er ist nicht unbedingt der stürmische Liebhaber, der sein Opfer haben will. Das wird er erst in der Hitze des Gefechts, die von der Frau an seiner Seite geschürt wird.

Er versteht wie keiner die Kunst, Frauen, die wie ein Eisberg reagieren, aufzutauen. Das macht seine behutsame Art, mit der er das lustvolle Spiel beginnt; denn er führt die jeweilige Partnerin ganz allmählich an das gemeinsame Ziel heran und steigert Zug um Zug das Tempo. Er wartet geduldig auf ihre Reaktionen, bis sie schließlich in einem Gefühlsschwall enden.

Im Bett wie im Leben ein Forscher

Er ist für Abwechslung. Herkömmliche Stellungen langweilen ihn. Sein Forscherdrang will Neues erproben, wobei er auch seine empfindsamsten Körperzonen, die Fesseln und Waden, einbezogen sehen will. Das erotisiert ihn, läßt für ihn und die Partnerin alle nur möglichen Gliederverrenkungen erahnen.

Seine Lieblingsfrauen

Der Wassermann ist ein Widerspruch in sich. Kluge Frauen behandeln ihn wie ein trotziges Kind, dem man nur dadurch beikommt, daß man ihm eine gegensätzliche Meinung suggeriert in der Hoffnung, daß der Trotzkopf gegen sie opponiert.

Nun ja, ganz so einfach ist es natürlich nicht, dem alten Revoluzzer aus dem Wassermann-Zeichen beizukommen. Aber in der hier aufgezeigten Richtung ist meist etwas zu machen. Man kann die Durchführung je nach Bildungsstand vergröbern oder verfeinern, irgendwie wird der Wassermann schon auf den Leim kriechen.

Gemeinsames Lachen verbindet Wassermann und Zwillinge-Frau

Der Wassermann kann's mit jeder Frau, aber er hat auch seine ganz speziellen Lieblinge. Zum Beispiel lacht er gern mit der *Zwillinge*-Frau, die sich wie er meisterlich auf das Spiel versteht, vom tiefernsten Gespräch auf Thema eins zu kommen.

Bei der *Waage*-Frau reizt ihn das Experiment, ob weibliche Ausstrahlung auch erotische Kunst beeinflußt. Ihr anmutiges Wesen trägt dazu bei, daß er bei dieser Frau weich wird und vielleicht auch mal zu Kreuze kriecht.

Unter *Wassermännern* fliegen die Fetzen und schiefe Worte wie Bumerangs durch die Lüfte. Wie gut, daß man in diesem Zeichen genügend Humor hat.

Auch mit der *Widder*-Frau kommt es zu heftigen Gefechten auf körperlicher wie auf geistiger Ebene. Doch wenn der Wassermann sein treffsicheres Geschütz auffährt, gibt sich die Widderin geschlagen.

Als Entfesselungskünstler müßte er sich schon bei der *Stier*-Frau beweisen. Ihre Leidenschaft fördert seine Forschungen: Keine andere Frau ist im Experimentellen so ergiebig wie die so heißblütige Venus aus dem Stier-Zeichen.

Abenteuerlich geht's in einer Verbindung des Wassermanns mit der *Schütze*-Frau zu. Da pocht jeder auf die geistige Freiheit und läßt sich doch vom Partner fesseln. Jedenfalls machen Ausflüge mit dem Paradiesvogel aus dem Schütze-Zeichen den Wassermann beschwingt.

Als Forschungsobjekt schätzt er auch die Kühlen aus dem *Steinbock* und aus der *Jungfrau*. Es ist die stete Zurückhaltung der beiden, die ihn veranlaßt, wissenschaftliche Studien am lebenden Objekt zu treiben.

Krebs- und Fische-Frauen sind dem Wassermann zu gefühlsbetont

Die innigen Gefühle, die ihm eine *Krebs*- oder eine *Fische*-Frau beim Liebesspiel entgegenbringt, tut er im geheimen als Gefühlsduselei ab. Mit der Zeit wird ihn die Krebs-Frau aber umerziehen, und die Tränen der Fische-Frau machen ihn weich. Ob das für eine dauerhafte Verbindung reicht?

Schließlich geben ihm die mehr körperbetonten Frauen aus dem *Löwe*- oder dem *Skorpion*-Zeichen Rätsel auf, die er gern lösen wird. Sexuell machen ihn die beiden trunken und süchtig auf mehr.

Zuviel Fürsorge stört ihn

Für den Wassermann ist selbst die Ehe nur eine Affäre, die zu Ende gehen kann. Dabei ist es gleichgültig, von wem der Schlußstrich gezogen wird.

Jedenfalls würde er sich in einem zerbrochenen Verhältnis unglücklich vorkommen. Er geht darum lieber, bevor man ihn aus dem Hause ekelt. Der Mann, sagt er sich, muß Charakter haben.

Liebenswerte Wassermann-Frau

Kennen Sie die Dame, die alle paar Monate die Möbel in der ganzen Wohnung umstellt? Sie wurde im Zeichen Wassermann

geboren und liebt den Wechsel. Im übertragenen Sinn tut sie damit ihrer erstaunten Umwelt kund, daß ihr an ihrem augenblicklichen Leben irgend etwas nicht gefällt. Und deshalb wünscht sie, sich zu verändern.

Die Wassermann-Frau reagiert mit solchem Tun auch ihr etwas sprunghaftes Wesen ab, mit dem sie ihren Mitmenschen auf den Wecker fallen könnte. Sie möchte das liebenswerte Geschöpf bleiben, das bisher jedermann in ihr sah.

Wie ihr männlicher Sternenkollege steht auch die Wassermann-Frau ständig in Opposition. Für sie reinigt ein zünftiger Krach die Atmosphäre. Mit fadenscheinigen Gründen kann sie ihn vom Zaune brechen: Ein Wort gibt das andere, des Stichelns ist kein Ende, bis es endlich nach Brandstiftung riecht. In des Feuers Glut schüttet sie noch ein bißchen Benzin, um gleichzeitig mit dem Wassereimer zu löschen. Was zurückbleibt sind verstörte Menschen und eine Wassermann-Frau, die sich schmollend zurückzieht, weil sie sich unverstanden fühlt.

Manchmal ganz schön streitlustig, die Wassermann-Frau

Sie ist schon ein schillerndes Persönchen, aus dem die Männer kaum klug werden. Aber gerade das macht diese neugierig auf die Wassermann-Frau.

Es dauert schon etwas länger, bis sie ihrem augenblicklichen Favoriten erlaubt, näherzutreten. Das macht: Die Wassermann-Frau sieht sich – bei aller Flirtbereitschaft – die Männer sehr wohl an, die sich an sie heranmachen. Und wenn sie auch für ein lockeres Verhältnis ist, das „so nebenbei" läuft und kaum tief schürft, geht sie doch noch längst nicht mit jedem Hergelaufenen ins Bett.

Wer sie liebt, braucht starke Nerven

Wer sie liebt, wird die beiden Seiten des Uranus-Kindes kennenlernen: ihre sinnliche Hingabe, aber auch ihre fast an Gefühlskälte grenzende Ablehnung. Die Reaktionen einer Wassermann-Frau sind völlig unberechenbar. Das macht sie so interessant. Männer, die die Abwechslung lieben, kommen bei ihr stets auf ihre Kosten.

Ihre Gefühle sind und bleiben unberechenbar

Von ihrem Geburtsherrscher Uranus hat sie viel Originalität mitbekommen, ebenso das Streben nach Unabhängigkeit. Das sollte sich jeder merken, der um ihre Gunst buhlt. Sie schätzt auch an ihrem Partner das Originelle, seine ungezwungene Art. Sie mag den Gentleman mehr als den Stürmer und Dränger, der mit „Hoppla, jetzt komm ich!" ihre Sexbereitschaft testen möchte. Sex ist zwar für die Wassermann-Frau etwas, über das man reden kann, aber die Erlaubnis zur technischen Durchführung will sie sich selber vorbehalten.

Männer, die einer Wassermann-Frau schon lange Jahre verbunden sind, wissen, wie liebenswert sie ist, welche Herzensgüte sie ausstrahlt. Daß sie ihre Fehler hat, die sie oft am falschen Ort und zur verkehrten Zeit offenbart, nimmt der Kavalier zur Kenntnis und schweigt.

Sie verschenkt ihr letztes Hemd, wenn sie meint, ein anderer brauche es notwendiger als sie. Auch liebevolles Entgegenkommen entschädigt sie mit reichen Geschenken. Es gibt viele, die solch freigebige Damen ausnützen – sie ist zu hilfsbereit. Und obwohl sie sich immer wieder vornimmt, das nächste Mal ganz anders zu sein, wird sie den guten Vorsatz vergessen, wenn man sie braucht.

Die Wassermann-Frau gibt mehr, als sie nimmt – auch in der Liebe

Viel Spaß an ihrer Seite

Die Wassermann-Frau sucht sich gern die fröhlichen Typen aus ihrem Freundeskreis, um mit ihnen Ernst zu machen. Und die haben viel Spaß an ihrer Seite.

Sie mag den Mann, der ihre Einkaufstasche trägt und ihr aus dem Mantel hilft. Aber sie würde sich eher die Zunge abbeißen, als jemanden darum zu bitten. Irgendwann wird sie den Nachlässigen tadeln. Sie kann mitten im schönsten Liebesspiel sein Fehlverhalten von damals zum Streitgespräch hochstilisieren, bei dem Teller und Tassen fliegen, und man hat die Beule weg.

Vielleicht hat man auch die Wassermann-Frau für immer verloren. Wie kann auch ein Mann, meint sie, der eben noch zur Liebe bereit war, um eine Kleinigkeit solch ein Theater machen?! Daß sie die Regisseurin des Spektakels war, wird sie übersehen.

Sexualität ist für diese streitbare Frau nicht nur ein körperliches Verlangen, sondern gründet eher auf seelischer Übereinstimmung. Der Akt als solcher ist für sie ein notwendiges Nebenbei, an dem der Partner sein Vergnügen haben soll.

Solche Meinung könnte auf eine etwas prüde Grundhaltung schließen lassen, die gewissermaßen idealistisch verbrämt wird. Es ist aber etwas ganz anderes: Der Wunsch, dem Menschen, den man liebt, etwas zu schenken – sich selbst!

Immer neue Varianten der Liebeskunst

In dem Bestreben, den Partner glücklich zu machen, entwickelt selbst die noch nicht so erfahrene Wassermann-Frau immer neue Varianten der Liebeskunst. Ob sie dabei selbst Befriedigung findet, ist ihr nicht so wichtig. Trotzdem ist sie danach so zärtlich wie keine andere.

Sie wird bald die erogenen Zonen ihres Partners herausfinden und seine Wollust sanft, aber wirkungsvoll steigern. Sie selbst schreckt eher zurück vor den Fingerspielen des Partners, wenn sie zu schnell das Ziel suchen, das Befriedigung verspricht. Bei allem Temperament ist die Wassermann-Frau eine Langsamstarterin, die in einem längeren Vorspiel die Lust wachsen sehen möchte, um dann zu explodieren.

Man muß Zeit mitbringen zum Liebesspiel mit der Wassermann-Frau

Allzu kräftige Handgreiflichkeit mag sie zur Einstimmung nicht. Sie verlangt als liebende Frau nach absoluter Zärtlichkeit. Fesseln und Waden sind ihre empfindsamsten Körperzonen. Aber das dauert schon seine Zeit, ehe man sanft von den Fesseln über die Waden höher gleiten darf.

Es sind die zurückhaltenden Männer, die ihr liegen. Sie werden von ihr nach längerer Tändelei mit wonnigen Sexvariationen entlohnt.

Der Versuch lohnt sich für viele

„Heirate, und du lachst dich kaputt!" Dieser Seufzer stammt von einem Ehemann, der bereits silberne Hochzeit feierte – mit einer Wassermann-Frau! Etwas Wahres beinhaltet der Satz. Leider aber ist die Zahl der Männer, die diesen Uranus-Schützling enttäuschten, über die Maßen groß.

Nur zu oft gelangt die Wassermann-Frau wegen ihrer nahezu sprichwörtlichen Hilfsbereitschaft an den Falschen. Es sind die Hasardeure, die in fremden Betten Abwechslung suchen, auf die solche Frau nur zu leicht hereinfällt. Dabei würde sich der Versuch lohnen, sich mit ihr zu liieren.

Bevorzugt werden von ihr der diplomatisch-sanfte Typ aus dem *Waage*-Zeichen oder auch der so wetterwendisch-smarte aus den *Zwillingen*. In den Armen des ausgeglichenen Waage-Mannes liegt sie richtig, weil er genau die Balance zwischen einfühlsamer Zurückhaltung und energischem Zupacken findet. Beim Zwillinge-Mann hat sie viel zu lachen. Und auch im Schlafzimmer geht's rund.

Zwillinge machen die Wassermann-Geborene fröhlich

Beim *Wassermann*-Bruder tut ihr die Seelenverwandtschaft gut. Da läßt jeder dem anderen seine Freiheit – eine Wohltätigkeit, die manchmal auch im falschen Bett landen läßt, falls sie mißverstanden wird.

Die Schwächen eines starken Mannes lernt die Wassermann-Frau beim *Widder* kennen. Wenn sich der bekannt Schnelle ihren sexuellen Wünschen nach langsamer Einstimmung fügt, kann eigentlich auch sonst nichts schiefgehen.

Da die Wassermann-Frau oft zu sich selbst in Opposition steht, könnte sie sich ebenso mal mit einem *Jungfrau*-Mann verbandeln. Sie wird dabei feststellen, daß er gar nicht der seelenlose Pfennigfuchser ist, für den ihn manche halten.

Neugierig wandelt sie auf den Spuren des Schützen

Natürlich ist der *Schütze* ein ganz anderes Kaliber. Es ist die Neugier, die eine Wassermann-Frau mit ihm verband, dieselbe Neugier, mit der sie ihm später auf die Schliche kommt.

Der *Fische*-Mann ist so hilfsbereit und menschlich wie sie selbst. Nur ist den beiden kaum zu helfen, wenn jeder nur geben und nicht nehmen will.

Der *Steinbock*-Mann kann ihr, trotz grundverschiedenen Charakters, jenen Reichtum bieten, den sie für die Armen braucht. Ist sie für sein sexuelles Wohl genauso tätig, rückt er auch etwas raus.

Der *Löwe* schmückt sich gern mit ihr; denn ihre glänzenden Ideen, ihr goldiges Herz und ihr reiches Wissen ernten so viel Bewunderung, daß für ihn davon eine Menge abfällt.

Sie lockt auch den *Krebs* aus seiner Reserve, auch wenn sie seine kritische Ader ein über das andere Mal auf die Palme bringt, so daß er sich quasi ständig mit ihr versöhnen muß.

Im Grunde kann sie jeden glücklich machen

Sie kann es aber eigentlich mit jedem, der ein bißchen Verständigungsbereitschaft zeigt. Selbst mit *Stier* und *Skorpion* kommt sie zurecht, auch wenn sie sich vor den Hörnern des einen und dem Giftstachel des anderen fürchtet. Die beiden müßten sich etwas einfallen lassen, wenn sie ihre Wassermann-Frau behalten wollten. Oft gelingt's sogar ...

Alles will sie sein, nur keine Ersatzmutter

Zugegeben: Die Wassermann-Frau ist sehr einfühlsam. Und sie wird spüren, wenn in ihrer Beziehung irgend etwas nicht stimmt. Sie liebt zu sehr die eigene Freiheit und versteht darum nur zu gut, wenn andere frei sein möchten.

Sie will alles sein, nur keine Ersatzmutter. Männer, die ihr das zumuten, sollten sich jemanden anderen suchen. Man zwinge sie auch nicht zu einem Hausmütterchendasein oder zu einer Mode, die ihr nicht behagt.

Als Ansatzpunkt für treulose Männer, die diese so hehre Frau unverständlicherweise loswerden möchten, gilt auch, ihre Fehler über Gebühr aufzubauschen und ihr die persönliche Freiheit zu beschneiden. Solche miesen Typen jagt sie aus dem Haus oder verläßt es selbst auf Nimmerwiedersehen.

Die Pluspunkte des Wassermanns

Wenn einen seine Streitsucht auch zum Wahnsinn treibt – Güte und Hilfsbereitschaft versöhnen wieder mit dem Wassermann

Ein Wassermann-Geborener ist aktiv und willensbetont. Er findet bei seinen Mitmenschen gleich Sympathie, weil er ihnen freundlich entgegenkommt. Nur vor sich selbst will er bestehen. Er verstrickt sich manchmal in Abenteuer, die meistens zu seinen Gunsten enden. Er ist aufgeschlossen gegenüber allem Neuen.

Dieser Mensch hat noch Grundsätze und Verständnis für jeden, der wie er wider den Stachel löckt. Es ist die positive Grundhaltung des Wassermanns, die ihn auch dann noch nicht unsympathisch erscheinen läßt, wenn er mal in Opposition steht. Humor ist seine starke Seite.

Wassermann-Menschen helfen gern sozial Schwachen. Sie entwickeln auch im zwischenmenschlichen Bereich viel Mitgefühl. Ihr Schönheitssinn ist bekannt.

Die Schwachstellen des Wassermanns

Wassermann-Menschen sind oft oberflächlich in ihrem Urteil über andere Leute. Sie neigen zu Affekthascherei und Prinzipienreiterei. Sie suchen zur Abwechslung immer mal einen Streit. Aus purer Selbstüberschätzung wagen sie sich auch an Dinge heran, die ihnen nicht liegen.

Ihre Gunst verschenken sie willkürlich an jeden, der ihnen huldigt. In ihren Entscheidungen sind sie von einer Inkonsequenz, die manches zunichte macht, was sie sich selbst erarbeiteten. Und sie können unbeugsam auf ihrem eigenen Standpunkt verharren, obwohl sie vielleicht längst erkannt haben, daß ein anderer richtiger wäre.

Aus der Welt der Träume: Die Fische-Menschen

Der Winter klingt aus, wenn die Sonne das Tierkreiszeichen Fische (20. Februar bis 20. März) durchläuft. Zwar blasen noch rauhe Winde, aber die ersten bunten Blumen lassen schon den Frühling erahnen. Die Menschen, die in dieser Zeit geboren werden, haben eine starke Psyche, die sie gegenüber ihrer Umwelt gern verbergen möchten.

Uneigennützig, bescheiden und ein wenig weltfremd schwimmen die Fische durchs Leben

Oft sind sie schüchtern, obwohl sie diese Schüchternheit manchmal mit aufgesetzter Forschheit zu kaschieren suchen. Das Leben scheint ihnen feindlich gesinnt zu sein. Wie sonst könnte es geschehen, daß ihre tiefsten Gefühle von mitleidlosen Zeitgenossen verletzt werden?

Fische-Menschen sind in eine Traumwelt versponnen, in die sie sich immer wieder trostsuchend zurückziehen, wenn ihnen das Leben übel mitspielte. Ihr Planetenherrscher Neptun mag ihre Phantasie beflügeln, und Erfolgsplanet Jupiter steuert stets ein Quentchen Glück für sie bei.

Übertriebener Ehrgeiz oder gar Habgier kann den Fische-Menschen nicht nachgesagt werden, es sei denn, daß ein ent-

sprechender Aszendent daran etwas ändert. In jungen Jahren sind die meisten unter ihnen von etwas schwächlicher Konstitution, aber das wird anders, wenn bei ihnen in späteren Jahren die Pfunde zu wuchern drohen.

Ihr Nervensystem ist störanfällig, häufig wird bei ihnen – besonders bei den Frauen dieses Zeichens – Blutarmut beobachtet. Auch der Alkohol, den einige der Fische-Menschen als „Trostspender" betrachten, kann ihnen zusetzen.

Zinn und – wie beim Wassermann – Platin sind ihre Glücksmetalle. Der Chrysolith soll ihnen als Talisman eines Tages Reichtum vermitteln, ein Hyazinthring Fröhlichkeit im Erdenleben bescheren. Besonderes Glück im intimen Bereich aber sollen ihnen Korallen bringen.

Von allen Typen im Tierkreis ist der Fische-Mensch wohl der bescheidenste. Er ist uneigennützig und stets bereit, anderen zu helfen. Man sollte ihm seine Ruhe und auch seine Träume lassen. Oft vertraut er auf sein Glück, aber wenn er ein Ziel vor Augen hat, ist er zu riesigen Kraftanstrengungen fähig. Und weil er so sympathisch ist, hat er viele Gönner, die ihm weiterhelfen.

Der Wahrheitssucher im Beruf

So ganz untergehen wird kein Fische-Mensch. Er findet in seiner beruflichen Laufbahn immer wieder Leute, die ihm den Weg bahnen. Ihm fehlt das Talent, die Ellenbogen einzusetzen.

Er sucht beständig die Wahrheit. Vorurteile kennt er nicht. Er wird selbst den schlimmsten Verbrecher noch entlasten wollen, wenn dieser menschliche Züge zeigt. Für seine Freunde geht er durchs Feuer; er versucht sie selbst dann noch zu verstehen, wenn sie ihm einen Streich spielten.

Die Schwere einer Aufgabe kann den Fisch nicht abschrecken

Als Mitarbeiter wird ein Fische-Mensch nie das in ihn gesetzte Vertrauen brechen. Im Beruf wird er seine Pflicht noch erfüllen, wenn andere aufgegeben haben.

Er ist nicht unbedingt der schnellste Denker, dafür gelingt es ihm, um so gründlicher nachzufassen. Bei vielen Kollegen gilt er als verschlossener Charakter, weil er nicht alles ausplaudert. Eisern behält er das Geschäftsgeheimnis für sich.

Der Fische-Mann hält nicht viel von Titeln, und auch seine Beziehung zum Geld ist nicht sehr ausgeprägt. Er träumt zwar gern von einem Lottogewinn und was er damit anfangen könnte, aber es macht ihm überhaupt nichts aus, wenn er nicht ans große Geld herankommt. Eigentlich ist er stets zufrieden mit dem, was er hat.

In Krankenhäusern und Fürsorgeheimen steht dieser Mann am richtigen Platz. Viele Mediziner, Seelsorger und Heimleiter wurden in diesem Zeichen geboren. In künstlerischen Berufen leistet er Überdurchschnittliches. Vor allem eignen sich Fische-Männer auch zum Lehrer; denn sie können die schwierigsten Dinge klar und richtig erklären.

Sie haben den sechsten Sinn

Manche Fische-Männer haben den berühmten sechsten Sinn, der sie zum Kriminalisten genauso befähigt wie zum Zukunftsdeuter auf dem Jahrmarkt oder zum ernsthaften Vertreter mystischer Geheimlehren. Ihre Phantasie, die sie aus ihren Träumen schöpfen, läßt sie auch zum Schriftsteller oder zum Verleger geistvoller Literatur werden.

Literarische Begabung zeichnet viele Fische aus

Obwohl sie selbst keine rechte Beziehung zum Geld haben, kennen sie sich in Finanzgeschäften oft besser aus als jene, denen solches in ihrem Horoskop nachgesagt wird. Das kommt ihnen zugute, wenn sie als Bankangestellte oder Steuerberater schlaue Tips geben müssen. Und natürlich nützt ihnen diese Fähigkeit auch in kaufmännischen Berufszweigen.

Die Fische-Frau kann vor allem in den Berufen Hervorragendes leisten, die große Opferbereitschaft abverlangen. Harte Männerjobs sind nichts für diese zarte Seele. Wie ihr männlicher Sternenkollege wird sie die Diskretion in Person sein, aber ihre Gründlichkeit wird meist an der Oberfläche pendeln: Fische-Frauen verkramen gern das, was sie eigentlich unbedingt brauchen. Sie sind oft ein wenig vergeßlich, weil sie andere Dinge im Kopf haben als die, an denen sie gerade arbeiten.

Eine Karrierefrau ist die Fische-Geborene nicht

Trotzdem sind sie bei ihren Kollegen und besonders bei ihren Vorgesetzten sehr beliebt. Sie können sich anpassen und im entscheidenden Moment auch mal zurückstecken. Streitfragen zwischen einem Fische-Mädchen und einem Kollegen werden die meisten Chefs wahrscheinlich zugunsten des Mädchens entscheiden. Wer mag solchem hilflos erscheinenden Geschöpf schon weh tun?

Aus diesem einen Beispiel wird klar ersichtlich, daß sich Fische-Frauen sehr wohl durchsetzen können, wobei sie freilich Mittel anwenden, die gemeinhin nicht üblich sind.

Am Schaltpult der Macht ist der Fische-Mensch nicht unbedingt der harte Managertyp. Er wird auch als Chef zu dienen versuchen, um der Menschlichkeit willen. Meistens bringt er viel Erfahrung auf den Chefstuhl mit, auf dem er nicht unnahbar thront, sondern mitarbeitet. Seine Launen lassen ihn manchmal schroff erscheinen, aber das ist auch hier nur der Panzer, den sich der Fische-Typ zeitweise anlegen muß, um gegen die Unbill des Lebens gefeit zu sein.

Harmonie ist für den Fische-Menschen lebensnotwendig

Um sich entwickeln zu können, braucht jeder Fische-Mensch eine harmonische Umwelt, die viel Verständnis, Geduld und Zuneigung für ihn und seine Art aufbringt. Wer bereit ist, seine Träume, wenn er sie je offenbart, mitzuträumen oder sie sogar zum Teil in die Wirklichkeit umzusetzen, der bleibt ein Leben lang sein Freund.

Wer ihm einmal grollt, sollte verstehen lernen, daß sein oft ironisch-sarkastisches Wesen, das andere sehr verletzen kann, nur der berühmte Schutzschild ist, mit dem er mögliche Angriffe auf sein eigenes verletzliches Ich abblocken kann.

Fische-Männer sind Romantiker

Das ist er also – der Mann, der kein Wässerchen trüben kann und mit seiner zuvorkommenden Freundlichkeit die Umwelt beglückt. Dem Fische-Mann kann niemand böse sein. Er ist ein romantischer Träumer vor allem auch im privaten Bereich.

Liebenswert, aber leicht zu enttäuschen – der Fische-Mann

Aber es fehlt ihm manchmal der Mut zu schnellen Entscheidungen, wenn er einmal das gefunden zu haben glaubt, was seinem Idealbild am nächsten kommt. So flattert ihm vielleicht der bunte Schmetterling davon, den er schon im Netz wähnte: Fische-Männer werden oft enttäuscht.

Es ist verständlich, daß sie nach solchen Erlebnissen ihre romantischen Gefühle hinter dem Panzer scheinbarer Gefühlskälte verstecken. Ihre Unsicherheit im Lebenskampf tarnen sie mit einer Rücksichtslosigkeit, die sie befähigt, weit stärkere Männer aus dem Wege zu räumen.

Sie opponieren, weil das die einzige Möglichkeit ist, sich auch einmal durchzusetzen. Dabei sind sie die verträglichsten

Menschen unter der Sonne. Keiner Fliege können sie etwas zuleide tun. Wenn man sie nimmt, wie sie sind, muß man sie lieben.

Wie sieht die ideale Frau eines Fische-Mannes aus, die er oft auf den ersten Blick findet? Ein bißchen von seiner Mutter müßte sie haben, zu der er ein inniges Verhältnis pflegt. Er hat auch nichts dagegen, wenn sich da auch etwas von der Kinoschönen beimischt, deren Fan er ist.

Der Fische-Mann ist ein galanter Liebhaber. Von Amors Pfeil getroffen, spricht er nie gleich von Liebe, sondern erst einmal um den heißen Brei herum. Natürlich nippt er an den grünen Pflänzchen, die ihm in den Weg kommen. Und er bewundert die Seerosen, die schon zur vollen Schönheit erblüht sind. Der Fische-Mann ist kein Kostverächter. Er ist der schüchterne Liebhaber, der es faustdick hinter den Ohren hat.

Wie man ihn ins Netz lockt

Der Fische-Mann ist immer umschwärmt, weil er eben anders ist als andere Männer, aber keinesfalls erfolgloser. In seinen Träumen ist stets die augenblickliche Gespielin seine Favoritin, bis eine andere kommt, die seinen Idealen näher ist. So was kann leicht zu einem Reihenversuch werden, bei dem die „Objekte" mit mikroskopischer Genauigkeit durchleuchtet werden.

Von vielen läßt der Fische-Mann sich bezaubern

Wir sagten es schon: Zum schnellen Entschluß fehlt den meisten Fische-Männern der Mut. Klug beraten sind daher Frauen, die beizeiten nachhelfen, die ihm auch mal die Meinung sagen, wenn er zu spinnen anfängt. Er akzeptiert die Wahrheit selbst, wenn er dabei den kürzeren zieht.

Die Frau, die den Schützling von Neptun und Jupiter ins Netz locken will, muß Geduld haben. Sie sollte gewissermaßen seine Seele massieren und mit ihm träumen, dann aber im rechten Augenblick auf des Lebens Wirklichkeit umschalten.

Auffallend viele Fische-Männer heiraten energische Frauen, die das Dasein zu meistern verstehen. Anfangs ist es häufig die ältere Frau, bei der sie mütterlichen Halt suchen. Wenn sie jedoch einige Lebenserfahrung sammeln konnten, werden ihre Freundinnen immer jünger.

Jeder Fische-Mann hat die feste Absicht, seiner momentanen Freundin den Himmel auf Erden zu bereiten. Allein, das

Fleisch ist schwach und die Versuchung groß. Es gibt genügend Mädchen, die im Trüben fischen. Wer die aus dem Feld schlagen will, muß ihn schon ein wenig verwöhnen, um das Bild zurechtzurücken, daß der Fische-Mann nicht treu sein kann.

Seine erotischen Träume

Wer die Frau seiner Träume werden will, muß bereit sein, wenn ihn die Leidenschaft packt. Er ist kein Sexprotz, aber auch kein Anfänger, der mit wenigem zufriedenzustellen ist. Er verlangt von seiner Partnerin zwar nur so viel, als er selbst zu leisten imstande ist, aber das ist oft mehr, als sie vertragen kann.

Einem so wunderbaren Liebhaber wie dem Fische-Geborenen muß man viel Abwechslung bieten

In den blauen Stunden seines Lebens entwickelt der Fische-Mann viel Phantasie, von der jede Frau begeistert sein wird. Er ist mit Genuß bei der Sache und möchte, daß auch seine Partnerin zufrieden ist. Fische-Männer sind hervorragende Liebhaber, aber sie schätzen auch die Abwechslung. Da geht Probieren über Studieren. Eintönigkeit im intimen Zusammenleben ist ihnen ein Greuel.

Der Fische-Geborene ist durchaus nicht der Mann, der im Bett das Sagen haben möchte. Er nimmt erotische Anregungen der Partnerin gern entgegen und setzt sie genüßlich um. Er fragt auch nicht, woher sie die eine oder andere Spielart haben mag, wenn sie ihm Spaß macht.

Eifersucht kennt er nicht, schon gar nicht die auf verflossene Freunde seiner Liebsten. Obwohl er sonst sehr empfindlich auf sogenannte Unanständigkeiten reagiert, läßt er sie im Sexspiel gelten, wenn sie sein Lustgefühl und das seiner Partnerin zu steigern vermögen. Die bürgerliche Moral macht bei ihm vor der Bettkante halt.

Es erotisiert ihn, wenn die Frau ihn im Liebesspiel unter der Fußsohle kitzelt. Die Füße sind seine empfindsamsten Körperzonen. Mit ihnen kann er auch die Partnerin heiß machen, wobei die Zehen das sonst übliche Fingerspiel übernehmen.

Er kann's mit allen

Manche Fische-Männer haben eine doppelte Moral. Sie behaupten felsenfest, sie blieben ihrer Frau stets treu, auch wenn sie mal eine andere streicheln. Ihr Herz sei eben groß und weit, es habe für mehrere Platz. Wie gut, daß die meisten Fische-Männer dieser zweifelhaften Moral nicht frönen, sonst müßte man beim Scheidungsrichter in einer noch längeren Schlange anstehen.

Es gibt auch jene treuen Burschen in diesem Zeichen, die ihren angeborenen Hang zur Galanterie nur der eigenen Frau zukommen lassen. Aber die muß schon selbst etwas dazutun und ihr Fischlein pflegen. Ein bißchen verwöhnt will es schon werden, wenn es all die anderen da draußen vergessen soll, die ihm schöne Augen machen ...

Dieser empfindsame Mann kann es mit allen. Am besten aufgehoben wäre er bei der *Krebs*-Geborenen, die ihn am ehesten an seine Mutter zu erinnern vermag. Hier heißt es immer: zwei Seelen und ein Gedanke. Und das wirkt sich auch in den fröhlichen Stunden aus, in denen die Leidenschaft aus den beiden hervorbricht.

Die scheue Krebs-Frau paßt zu ihm

Ähnliches erlebt er auch in der Verbindung mit einer *Fische*-Frau. Sie kann wie er so herrlich schmusen. Schwierigkeiten gibt's da eigentlich nur, wenn die beiden Fische psychisch in ein Wellental gelangen oder sie von einer Woge fortgespült werden.

Die *Skorpion*-Frau packt ihren Fische-Liebling beim Wickel und lehrt ihn, die Pantoffeln anziehen. Der Fische-Mann, sonst antiautoritär eingestellt, fügt sich ihr seltsamerweise, weil sie so lustvolle Spielchen mit ihm macht, die ihn vergessen lassen, daß er eigentlich der Herr im Hause sein wollte.

Viel Sex zu verschenken hat auch die *Stier*-Frau. Da sich der Fische-Mann nichts ohne Gegenleistung schenken läßt, wird er ihr manchen absonderlichen Wunsch erfüllen. Und sie dankt's ihm mit unerschütterlicher Treue.

Prächtig versteht er sich mit einer *Steinbock*-Frau, die ihn lehrt, das Geld zusammenzuhalten, und ihn im „Außendienst" zur Leistung ermuntert. Da wird gespart, was das Zeug hält. Leider begrenzt das Steinböckchen auch manch lustvolles Spiel, weil man nach des Tages Mühe und Plage nun einmal müde geworden ist. Vielleicht wird's der Fische-Mann ein Leben lang ertragen – vielleicht ...

Ob er seiner Steinbock-Geliebten wohl ewig treu sein wird?

Munterer ist schon eine *Schütze*-Frau. Sie bringt heißen Sex ins Spiel, läßt ihrem Fisch aber auch noch genügend Freiheit, damit er sich zu ihrem Nutzen regenerieren kann.

Des Fische-Mannes zeitweilige Launen bringen die Frau aus dem *Wassermann*-Zeichen so auf die Palme, daß sie ihm ge-

hörig den Kopf wäscht. Wie gut, daß beide hohe Ideale haben, die auf echter Menschlichkeit gründen. Das kann manches kitten und selbst gelegentliche Kopfwäschen der Wassermann-Frau ertragen lassen.

Sehr verschieden sind auch die Charakteranlagen von *Jungfrau* und Fisch. Sie hat Sinn fürs Praktische, er für seine Traumwelt, in der das meiste Theorie bleibt. Ansätze für glückliches Verstehen sind in diesen beiden Zeichen zweifellos vorhanden. Ob das jedoch für ein ganzes Leben lang reichen wird?

Besser kommt der Fische-Mann vielleicht mit einer *Waage*-Frau aus, die so gefühlvoll wie er selbst ist. Leider gründet da manches nicht sehr tief und plätschert mehr an der Oberfläche.

Die *Zwillinge*-Frau quirlt durch sein Leben, und das wird ihm sicher nicht nur eine Zeitlang gefallen. Man liebt sich und man neckt sich – was will man mehr?

Löwin und Widder-Frau machen dem Fische-Mann zu schaffen

Schwieriger hat er es wohl bei einer *Löwe-* oder einer *Widder*-Frau. Beide wollen ihn zu sehr beherrschen, statt sich seiner fröhlichen Lebensart anzupassen. Aber auch das kann gut gehen, weil der Fische-Mann sich auf jedermann einstellen kann – auch auf die Marotten jeder Frau.

Gefühllosigkeit mag er nicht

Der Fische-Mann ist leicht zu verletzen. Gefühllosigkeit mag er nicht. Er hat den festen Willen, ein bestehendes Verhältnis auf Dauer zu festigen, erleidet aber leider nur darum manchmal Schiffbruch, weil er zu empfindlich auf gefühllose Äußerungen reagiert. Harte Kritik verträgt er ebenso wenig.

Es kommt bei ihm schon auf die jeweilige Partnerin an, ob er ihr treu bleiben kann. Es ist gut, daß er sich gern mit jemandem arrangiert. Nur darum ist wohl die Scheidungsquote unterm Fische-Zeichen nicht allzu hoch.

Sensible, sanfte Fische-Frau

Ein empfindsames Seelchen: die Fische-Geborene

Die Fische-Frau ist eine zuverlässige, anpassungsfähige, recht charmante und sanftmütige Dame, die stets ein paar Problemchen mit sich herumträgt, die gestandene Mannsbilder gern lösen möchten.

Diese so sensible Frau umgibt sich mit vielen Geheimnissen. Sie ist ängstlich bemüht, ihr Seelenleben vor jedermann zu verbergen. Sie weiß, daß sie immer mit viel Gefühl und damit als schwache Frau handelt, aber sie überspielt diese Ängste wie die Schauspielerin in einer Komödie, weshalb sie manche Leute für oberflächlich halten.

Nach außen hin spielt sie die dem Realen zugewandte Frau und ist doch so hilflos wie sonst keine ihrer Sternenschwestern. Männer mögen das und versuchen, das Seelchen zu ergründen, das so herzerweichend weinen und so unschuldig tun kann wie keine andere. Sie spielen den Beschützer und wollen doch nur das zarte Blümchen knicken. Das bringt der Fische-Frau die Lebenserfahrung, die sie vorsichtig macht.

Aus Erfahrung wird die Fische-Frau vorsichtig

Sie sucht die lockere Bindung, aus der sie jederzeit entwischen kann. Insgeheim aber hofft sie, daß sich ihr ständiger Begleiter als Märchenprinz entpuppt, der sie wie Dornröschen für ein neues Leben erweckt. Sie wird ihm alles geben, wenn nur ihre Psyche nicht angeknackt wird. Und sie spielt bewußt das zerbrechliche Wesen. So lieben sie die Männer.

Selbst für den langjährigen Ehemann einer Fische-Frau bleibt sie ein ewiges Rätsel. Auch sie lebt wie ihre männlichen Sternengeschwister in ihren Träumen. Ihr ganzes Leben ist nach innen gerichtet – möglich, daß solcher Charakterzug nur eine andere Form von Egoismus ist. Sie reagiert überempfindlich, sobald man ihre zarten Gefühle verletzt. Und dann zeigt sie hochherrschaftliche Launen, die jeden abstoßen können.

Scheue Rehlein können recht raffiniert zu Werke gehen; die Fische-Frau beweist es

Dabei ist die Fische-Frau eigentlich das reizendste, liebste, netteste Geschöpf unter der Sonne, das freilich bei aller Unschuld ganz genau weiß, was es will. Am Ende ist der Fische-Frau kein Mann gewachsen! Sie kennt die Mittel, wie man Männer weich macht, und wendet sie an: mit Raffinesse, mit schauspielerischem Talent und – wir sagten es schon – mit Tränen.

Man verstehe es nicht falsch: Was eben in Superlativen angedeutet wurde, stimmt genau – diese Frau ist reizend, lieb und nett in allen Lebenslagen. Sie tut es mit Charme, wenn sie die Hilflose spielt, sie tut's mit Herz, wenn ihr Gefühl spricht.

Wie man nach ihr fischt ...

Wo findet man dieses rätselhafte Wesen? Zunächst einmal fische man nach ihr in einem Tanzcafé oder auf dem glatten Parkett großer Gesellschaften. Dort wird sie von vielen Vereh-

rern umschwirrt, die alle nur den Fisch an ihrer Angel haben wollen. Sie spielt die Damenrolle perfekt.

Auch das Mauerblümchen, das abseits vom Rummel einsam an einem Tische sitzt und sich scheinbar nicht traut, ist eine Glanzrolle von ihr. Bei diesem Typ kommt ein Mann natürlich leichter voran als bei der von vielen umschwirrten großen Dame. Und: Wer nimmt es schließlich gern mit einer Vielzahl von Verehrern auf?

Wetten, daß das Mauerblümchen bald aufgeht wie eine Rose und tanzt wie einst Anna Pawlowa den sterbenden Schwan?! Der Mann, der sich um diesen Typ bemüht, wird seinen Spaß daran haben. Wenn er nett und höflich ist, darf er sogar draußen im Park beim Mondenschein händchenhaltend mit dem Fische-Mädchen spazierengehen, selbst wenn er ihm zuvor beim Tanzen auf die Füße trat.

Das Plappermäulchen der Fische-Frau wird nicht stille stehen. Sie offenbart dem Verehrer alles über sich, ihre Eltern und ihre Umwelt, nur das, was sie im Innern fühlt, klammert sie aus. Wer ihr aufmerksam zuhört, kann gleich den nächsten Treff mit ihr ausmachen.

Mit Kuchen und Okkultem lockt man die Fische-Frau ins Netz

Wer es nach dem ersten Rendezvous immer noch auf sie abgesehen hat, lädt sie in ein Café ein, wo es guten Kuchen gibt, oder auf eine spiritistische Sitzung – sie schwärmt für das Okkulte. So lockt man dieses liebreizende Fischlein am ehesten ins Netz. Wie es danach weitergeht, muß man dem Schicksal überlassen, das die Fische-Frau schon zugunsten ihres Verehrers deuten wird, wenn er eine gute Figur bei ihr machte.

Sie liebt mit Phantasie

Es dauert einige Zeit, ehe man mit einer Fische-Frau allein sein kann. Im Park – nun ja, da schauen die Sterne zu. Aber nach Hause? Da muß der Mann schon eine Menge Süßholz geraspelt oder ihr sonst irgendwie imponiert haben. Trotz ihrer Zerbrechlichkeit ist die Fische-Frau keine so ganz leicht zu nehmende Festung, obwohl sie sich im allgemeinen schnell verliebt.

Sie hat auch etwas für den Sex übrig, möchte sich nur nicht zu rasch etwas vergeben. Und deshalb bleibt sie vorsichtig und fällt möglicherweise trotzdem herein. Fische-Mädchen haben, selbst wenn sie die Zukunft aus der Hand lesen und mit sicherem Instinkt sagen können, ob die Sterne günstig stehen, mit dem auf ihre Person bezogenen Ahnungsvermögen meistens Pech.

Es spielt immer Liebe mit, wenn sich die Fische-Frau einem Mann hingibt. Schon beim ersten schüchternen Versuch entwickelt sie viel Phantasie und noch mehr Temperament. Und sie ist auch eine hervorragende Schauspielerin, wenn es darum geht, den Mann an ihrer Seite davon zu überzeugen, daß sie die perfekteste Geliebte ist, besser als all die anderen, die er vor ihr kannte.

Eine Nymphe, in Spitzen gehüllt

Mit der Zeit gewöhnt sich der Mann an ihr Bühnenlicht: rosarot gedämpft. Er soll sie sehen, schemenhaft wie eine Quellnymphe, von der die alten Griechen träumten, nur daß es damals noch keine Spitzenhöschen gab, die heutzutage Nymphen tragen.

Die Fische-Frau, die sonst so penibel auf Anstand achtet, ist in ihrer schwachen Stunde für alles aufgeschlossen, das sie beim lustvollen Spiel mit dem Partner voranbringt. Er könnte vor ihr niederkauern und zärtlich ihre zierlichen Füße streicheln. Das erotisiert sie besonders.

Sie wird mit tiefen Küssen und launigem Zungenspiel antworten oder auch mit den Füßen, ihren empfindsamsten Körperzonen, die erogenen Stellen des Mannes zu ertasten suchen.

Trotz ihrer Sensibilität ist die Fische-Frau im Bett höchst leidenschaftlich

Der darf dann ausnahmsweise auch mal zur weiteren Einstimmung lockere Reden führen, aber sich nur insgeheim über die so rasante Leidenschaftlichkeit seiner Fische-Partnerin wundern, weil die Zarte auch noch mitten im schönsten Liebesspiel gern ein wenig die Unschuld mimen möchte.

Wer ihr mit gleicher Leidenschaft und viel Gefühl ihre Liebesbereitschaft doppelt und dreifach zurückzahlt, wird eine Frau kennenlernen, die trotz aller Sensibilität bei dem heißesten Gefecht mitmischen kann.

Die Seelentröster der Fische-Frau

Wenn sich die Fische-Frau einmal entschließt, aus dem festen Verhältnis ein staatlich sanktioniertes zu machen, kann sich der Erwählte freuen. Er nennt eine ausgesprochen hingebungsvolle Frau sein eigen. Nicht immer ist sie eine perfekte Hausfrau. Aber das wird sich dann schon geben, wenn der Ehemann selbst das Kochen lernt und das Windelnwechseln dazu.

Bei aller Intensität, mit der die Fische-Frau lieben kann, sucht sie immer wieder die psychische Übereinstimmung mit dem Partner. Sie braucht ihn nun einmal als ihren Seelentröster, der auf ihre Probleme gefühlvoll eingehen kann.

So gesehen, ist eigentlich der *Krebs*-Geborene ihr Favorit, weil er gern bereit ist, mit ihr in die Tiefen ihrer Psyche hinabzutauchen. Nur die beiderseitig fürstlichen Launen könnten da einem lebenslangen Verhältnis im Wege stehen.

Auch *Fisch* und Fisch können sich im gemeinsamen Aquarium tummeln. Das hält lange an, bis er ihr möglicherweise vorwirft, sie sei überempfindlich, und sie diese Kritik umgehend und durchaus berechtigt an den Absender zurückschickt.

Die Fische-Frau wird mit jedem Mann glücklich sein, der ihrer sensiblen Art Rechnung trägt

Der *Skorpion* spielt den Beschützer der Fische-Frau, weiß auch ihre sexuellen Gelüste vollauf zu befriedigen und merkt dabei vor lauter Liebe gar nicht, daß sie ihn selbst an die Angel nimmt.

Der *Steinbock* sichert sein Fischlein, das gern gut versorgt ist, finanziell meist so gut ab, daß es niemals auf dem Trockenen sitzt. Leider ist er wegen Beschaffung weiterer Mittel oft lange unterwegs. Und das könnte die Hausfreunde anlocken ...

Geborgenheit findet die Fische-Frau bei einem *Stier*-Mann. Und wenn er sie erotisch verwöhnt, stören sie die Gitter an den Fenstern nicht, mit denen er sie vor unerlaubten Eindringlingen schützt. Stellt er freilich zu hohe Besitzansprüche, wird sie ihn eines besseren belehren. Ein Fisch bringt ja das Freischwimmerzeugnis in die Ehe mit.

Auch bei ihr spielt der *Schütze* den Draufgänger. Mit ihm kann sie genußvoll alle Liebesspielereien erproben. Fragt sich nur, wie lange die Leidenschaft füreinander anhält. Ein Trost: Statistisch gesehen, gehört die Verbindung zwischen Fischen und Schützen zu den haltbaren.

Der *Jungfrau*-Mann ist ihr zwar zu pedantisch, was das alltägliche Miteinanderauskommen betrifft, hat aber so viel Schliff, um bei der Fische-Frau den perfekten Kavalier zu spielen, der ihr jeden Wunsch von den Augen abliest. Was sie stört, ist die seltsame Art, Geschenke gleich im Dutzend billiger zu kaufen. Wer braucht schon zwei Dutzend Schrubber, nur weil sie im Sonderangebot zu haben waren?!

Der so auf Freiheit bedachte *Wassermann* läßt sich von dieser so zarten Frau unter den Pantoffel stellen, findet aber mit der

Zeit doch wieder zu alten Gewohnheiten zurück. Mit viel Gefühl macht's bei ihr der *Waage*-Mann, mit mehr Einfühlungsgabe der *Zwilling*, der bei ihr seine Neugier stillen kann und doch nicht klüger wird. *Löwe*- und *Widder*-Männer sind ihr manchmal zu laut, obwohl gerade sie fähig wären, den Fisch ein Leben lang auf Händen zu tragen.

Warum sie Schluß machen wird ...

Die Fische-Frau kann einfach nicht verstehen, daß man sie, die Gefühlvolle, verlassen möchte. Sie wird sich wehren und ihren Liebeseifer verdoppeln, bis der Partner wieder schwach wird. Es sei denn, er läßt es an Takt und Feingefühl fehlen und beschimpft sie wie den letzten Dreck.

Anders ist es, wenn sie selbst Schluß machen will. Dann kann sie zum Ekel werden, das man gern verläßt.

Die Pluspunkte der Fische

Fische-Menschen sind hilfsbereit und gutmütig. Ihre Uneigennützigkeit überzeugt sogar ihre Gegner. Sie setzen sich durch, ohne daß sie ihre Ellenbogen einsetzen. Nicht nur in ihrem Freundeskreis schätzt man sie als reizende Mitmenschen. Beruflicher Erfolg gründet bei ihnen auf der Gabe, sich in komplizierteste Sachverhalte einzufühlen.

Sie lieben den Frieden und schätzen ein gepflegtes Heim. Harmonie bedeutet ihnen sehr viel. In ihren Träumen sind sie glücklich. Und Liebe ist für sie etwas, das man fühlen muß, ohne viele Worte zu machen.

In ihrem verträumten Wesen sind Stärken wie Schwächen der Fische-Menschen begründet

Die Schwachstellen der Fische

Fische-Menschen gehen lieber den untersten Weg, anstatt zu kämpfen. Sie sind oft willensschwach, aber doch so raffiniert, ihre Hilflosigkeit als Kapital anzulegen. Am liebsten lassen sie alles auf sich zukommen und hoffen auf ihr Glück.

Fische-Menschen lieben die Bequemlichkeit. Wenn es einmal hart auf hart geht, flüchten sie in ihre Traumwelt. Sie sind verschlossen gegen jedermann, können aber, wenn es darauf ankommt, sehr beredt sein. Sie scheuen das Risiko und geben selbst dann noch nach, wenn sie sich im Recht fühlen.

Der Mond im Horoskop: Das Leitbild des Unbewußten

Der Mond; Holzschnitt von Hans Sebald Beham, um 1535. Mondgöttin Luna trägt die Mondsichel und sitzt auf einem einrädrigen Wagen, dessen Rad den Krebs zeigt, Schützling des Mondes im Tierkreis

Der Mond bewegt sich auf einer fast kreisförmigen Ellipsenbahn um die Erde und gewinnt seine Leuchtkraft durch die Sonne. Seine Herkunft ist rätselhaft. Er ist nicht, wie man lange Zeit glaubte, eine »Absplitterung« der Erde, sondern stammt aus einer anderen Welt, die er nach wissenschaftlichen Schätzungen vor etwa 4,6 Milliarden Jahren verließ, um im magnetischen Kraftfeld der Erde hängenzubleiben. Seither umrundet er unseren Planeten in genau 27,32166 Tagen.

Trotz der Landungen von Menschen auf dem Mond, gibt der Erdtrabant auch heute noch Rätsel auf. Er steuert die Gezeiten der Erde und hat auch auf viele Menschen eine Wirkung, die ursächlich bisher noch kaum erforscht werden konnte: Bei Mondwechsel schlafen viele schlecht oder sind nervös.

Trotz Raumfahrt bleibt er geheimnisvoll: der Erdbegleiter Mond

Astrologen stellen immer wieder einen rätselhaften Einfluß des Mondes auf die Gefühlswelt des Menschen fest. Von alters her wird er darum astrologisch als eines der beiden Hauptlichter (die Sonne ist das andere) den Planeten zugerechnet. Er ist das symbolische Leitbild für das Unbewußte, die Seele des Menschen. Der Mond verkörpert im Gegensatz zur rein männlichen Schöpferkraft der Sonne, die weibliche Seite, die sich in der Persönlichkeit des Individuums widerspiegelt.

Es ist die aus dem Mütterlichen stammende Erbmasse, die sich in Gefühlen und Empfindungen, aber auch in den Bindungen an Familie und Umwelt niederschlägt. Wer einen »guten Mond« hat, der wird die Menschen anziehen.

Die astrologische Kraft des Mondes

In der Astrologie symbolisiert der Mond aber auch das Veränderliche. Hier reagieren Menschen wie die Gezeiten im steten Auf und Ab: Mal sind sie fröhlich und durch nichts zu erschüttern, dann wieder launenhaft und niedergedrückt. In den Tierkreiszeichen findet er die verwandte Kraft im Krebs-Zeichen, dessen Regent er ist. Wie wirkt nun seine astrologische Kraft im Tierkreis und damit auf das Horoskop?

Mond im Widder fördert die gefühlsmäßige Impulsivität des Charakters, aber auch die stete Ungeduld und das aufbrausende Temperament des Individuums. In diesem Fall lernt der gradlinige Widder Launen kennen, die sich in einem recht angriffslustigen Wesen niederschlagen. Menschen, die den Mond im Widder haben, wollen unabhängig sein, ihren Willen durchsetzen. Sie lassen sich aber so sehr von ihren Gefühlen leiten, daß sie oft überstürzt handeln. Viel Gemüt zeigen sie in den zwischenmenschlichen Beziehungen.

Mond im Stier spiegelt eine konservative Grundtendenz wider. Hier ist man gemütvoll und sinnlich. Man hat viel Sinn für Kunst und Wissenschaft. Aber wegen des starken Wunsches nach finanzieller Sicherheit und Unabhängigkeit wird man kaum einen künstlerischen Beruf erwählen, sondern einen, der ihrer praktischen Veranlagung entspricht. Der Mond im Stier deutet auch auf Sinnes- und Genußfreude hin.

Mond in den Zwillingen zeigt die ewige Unruhe eines Menschen, der leicht erregbar ist und aus seiner Phantasie Ideen schöpfen kann. Man ist sehr mitteilsam, wechselt jedoch Meinungen. Fernweh und Reiselust gehören zusammen. Man liebt den Wechsel auch im persönlichen Bereich. Trotz mancher Launen ist man humorvoll und sehr kontaktfreudig.

Der Mond treibt die Zwillinge in die Ferne

Mond im Krebs deutet starke mütterliche Gefühle und – beim Mann – eine gefühlsmäßige Bindung an die Mutter an. In seinem eigenen Zeichen sorgt der Mond für einen Überschuß an Gemüt, das sich manchmal in einem recht launischen Charakter niederschlägt. Man ist sehr sensibel und reagiert dementsprechend. Hier liebt man ein gemütliches Heim. Leider ist man für die Umwelt oft unberechenbar.

Mond im Löwen schätzt das Rampenlicht. Da werden tiefe Gefühle zur Schau gestellt, man ist offenherzig und mitteilsam. Künstlerische Begabung ist vorhanden. Das Ich steht im Vordergrund, ist daher aber auch leichter zu verletzen. Man ist leidenschaftlich, sexbetont und trotzdem treu, wenn man sich einmal für einen Partner entschieden hat.

Im zwischenmenschlichen Bereich ist die Jungfrau auf (zu) großer Distanz

Mond in der Jungfrau läßt am ehesten Komplexe zu. Man versteckt seelische Gefühle hinter einer pingeligen Ordnungsliebe, übt gern Kritik und ist schnell beleidigt. Die Neugier ist durchaus positiv zu nehmen: In dieser Verbindung hat man wissenschaftliche Interessen. Schlechte Aspekte deuten auf Kleinigkeitskrämer hin.

Mond in der Waage spricht für viel Taktgefühl. Man ist auf seine äußere Erscheinung bedacht, aber leicht aus dem Gleichgewicht zu bringen. Man sucht Harmonie in allen Lebenslagen. Streit macht hier krank. Man reagiert sehr empfindlich, ist höflich und freundlich zu jedermann. Geduld ist die schwache Seite, auch eine gewisse Unausgeglichenheit ist vorhanden. Man gewinnt bei seinen Mitmenschen dennoch viel Sympathie.

Taktvolle Waage – der Mond bestärkt's

Mond im Skorpion läßt gern anecken. Hier liegen Sympathie und Antipathie nahe beieinander. Man ist sehr energisch und ein richtiges Arbeitstier. Privat wird man von Emotionen und Begierden vereinnahmt. Man will den Menschen an seiner Seite mit Haut und Haaren besitzen und reagiert sehr schnell eifersüchtig. Wird man beleidigt, sinnt man auf Rache.

Mond im Schützen kündet von einem recht beweglichen Menschen, der zu impulsiven Handlungen neigt. Anstrengungen im beruflichen Bereich nimmt man sportlich, und das zahlt sich aus, obwohl die Begeisterung meist schnell abklingt. Wer den Mond im Schützen hat, ist von einer inneren Unrast beseelt. Er strebt meist hinaus in die weite Welt. Man bleibt stets der Menschenfreund mit tiefschürfenden Gefühlen, aber leider auch dünnen Nervensträngen.

Schützen macht der Mond wechselhaft

Mond im Steinbock läßt das Leben manchmal zu ernst nehmen. Man ist ehrgeizig, macht sich jedoch alles viel zu schwer. In dieser Verbindung will man etwas gelten, hat aber bei allem auch gewisse seelische Bedenken, die möglicherweise sogar krank machen können. Menschen mit dem Mond im Steinbock arbeiten hart und sind sehr pflichtbewußt. In der privaten Sphäre spielt das Gefühl die entscheidende Rolle.

Mond im Wassermann deutet auf ein sprunghaftes Wesen hin. Die Kontaktfreude ist groß, in den zwischenmenschlichen Beziehungen braucht man viel Abwechslung. Man will selbst in einer festen Bindung noch freie Entschlüsse fassen können. Man ist zu jedermann freundlich, wirkt trotzdem distanziert.

Mond in den Fischen läßt auf eine sensible Natur mit zarter Seele schließen. In dieser Verbindung ist man leicht verwundbar und neigt zu Launen. Man hat großes Mitgefühl, weil man sich total in einen Mitmenschen hineindenken kann. Oft ist große Musikalität vorhanden, häufig auch eine Neigung zu okkulten Praktiken. Im Beruf könnte ein gewisses Phlegma schaden. In der Liebe ist man hingebungsvoll und treu.

Verstärkt die Sensibilität des Fischs: der Mond

Der Merkur im Horoskop schenkt logisches Denken

Der Planet Merkur; Holzschnitt von Hans Sebald Beham, um 1535. Über dem Arm des königlichen Kaufmanns sieht man das Zeichen des Merkurs und auf den Rädern des Wagens das Jungfrau- und Zwillinge-Zeichen, in denen der Planet Merkur herrscht

Merkur ist der Planet, der der Sonne am nächsten steht. Man sieht ihn von der Erde aus recht selten, weil er oft von der Sonne überstrahlt wird. In Mitteleuropa zum Beispiel kann man ihn im Jahr höchstens 15 bis 18 Stunden beobachten. Am Frühlingshimmel wird er kurze Zeit als Abendstern, am Herbsthimmel als Morgenstern sichtbar. Er kreist in stark pendelnder Bewegung einmal in etwa 88 Tagen um die Sonne, von der er sich höchstens um 28 Grad entfernt.

Astrologisch symbolisiert Merkur den Verstand und zwar im weitesten Sinne. Er schenkt das logische Denken und sorgt für Entscheidungen. Er vermittelt Gewandtheit in Rede und Schrift, aber auch jede Art von einträglichen Geschäften. Gut aspektiert, kann man Reaktionsschnelligkeit und geistige Beweglichkeit von ihm erwarten.

Der Sonne am nächsten, aber auch von ihr überstrahlt, schenkt der Merkur Verstand und Entscheidungsfreude

Schlechte Merkur-Aspekte deuten solch gute Eigenschaften um: Man hat es mit voreiligen Leuten zu tun, die meist den Mund zu voll nehmen, mit recht undurchsichtigen Geschäftsleuten, die mit reißerischen Werbesprüchen versuchen, ihre Ware an den Mann zu bringen. Der Planet schwankt zwischen männlicher und weiblicher Grundhaltung.

Als Morgenstern findet Merkur seine verwandte Kraft im Zwillinge-Zeichen, als Abendstern im Jungfrau-Zeichen.

Merkur im Widder verleiht Schlagfertigkeit und scharfsinniges Denken. Die Impulsivität kann zu überschnellen Entscheidungen führen, die man recht scharfzüngig vertreten wird. In Streitgesprächen will man das letzte Wort behalten, wobei der Sarkasmus manchmal überwiegt. Ideen werden oft so schnell aufgegriffen wie verworfen. Wer den Merkur im Widder stehen hat, ist ehrgeizig, zugleich aber ungeduldig.

Merkur im Stier gibt Ausdauer und Konsequenz in der Verfolgung einträglicher Geschäfte. Hier legt man Wert auf praktische Erfahrungen, aus denen materieller Nutzen gezogen werden kann. Wenn man den Erfolg anpeilt, kann man geduldig darauf warten. Die eigene Meinung wird meist starrköpfig vertreten. Gute Aspekte sagen bei Merkur im Stier eine künstlerische Neigung voraus, die mit mathematischer Begabung einhergeht. In dieser Verbindung wird viel gerechnet, und aus kleinsten Dingen werden wahre Wunderwerke gezaubert. Ein negativ aspektierter Merkur im Stier bedeutet materialistisches Denken und einen Hang zum Geiz.

Merkur in den Zwillingen steht im Horoskop meist nur bei gescheiten Leuten. Logisches Denken wurde hier zur Selbstverständlichkeit. Man ist schlagfertig und weiß, was man sagt, stets hervorragend zu begründen. Sehr sensibel werden äußere Reize erfaßt und umgesetzt. Bei schlechter Aspektierung bleibt freilich manches an der Oberfläche. Jeder, der den Merkur in den Zwillingen hat, wird manchmal sehr nervös reagieren.

Klug, aber nervös macht Merkur den Zwilling

Merkur im Krebs sorgt für sehr viel Phantasie und meist auch für ein phänomenales Gedächtnis. Gefühl ist hier alles, es lenkt auch das Denken. Mancher mit Merkur im Krebs kann Zukünftiges erahnen. Er ist jedoch leicht beeinflußbar, wobei Launen und Stimmungen bei schlechter Aspektierung ihn mal diese und mal jene Meinung annehmen lassen. Er hat es gern mit Geld zu tun, das er raffiniert zu mehren und für sich und seine nächsten Angehörigen oder Freunde gut anzulegen weiß.

Merkur im Löwen deutet auf einen guten Geschmack und intellektuelles Denken hin. Die eigene Willensstärke setzt man autoritär ein, Gefühle werden frei geäußert. Man gibt sich freundlich und zuvorkommend. An seinen Erfolgen läßt man nicht nur nahestehende Personen teilhaben. Wer Merkur im Löwen hat, ist ein geistiger Führer, manchmal aber auch – bei entsprechender Aspektierung – ein großer Verführer auf politischem Gebiet sowie im privaten Bereich.

Merkur in der Jungfrau verspricht Intelligenz und ein auf den Nutzen ausgerichtetes Denken. Hier kann ein analytischer Verstand, der oft eine phänomenale mathematische Begabung einschließt, Großes schaffen. Dies sollte sich allerdings auch in einem entsprechenden Vermögen niederschlagen. Mit Merkur in der Jungfrau erfaßt man schnell die schwierigsten Zusammenhänge. Nur im zwischenmenschlichen Bereich ist man eher scheu als draufgängerisch.

Der Jungfrau gibt er mathematische Begabung

Merkur in der Waage steuert neben einem charmanten Wesen auch ein geschliffenes Benehmen bei. Man versucht in allen Lebenslagen gerecht zu urteilen und zu vermitteln, wenn sich Streithähne balgen. Aus der Philosophie, oft auch aus der Astrologie zieht man Nutzen für sich selbst. Ein Vermögen ist der scharfe Verstand, aus dem man auch finanziellen Nutzen zieht. Schlecht aspektiert, sind Leute mit Merkur in der Waage oft sehr unentschlossen. Sie zögern Entscheidungen bis zum Sankt-Nimmerleins-Tag hinaus.

Merkur im Skorpion gibt kämpferischem Denken den Vorrang. Es herrscht wenig Rücksichtnahme auf die Gefühle anderer. Man erfaßt sehr leicht die Fehler seiner Mitmenschen und lernt daraus, eigene zu vermeiden. Pläne arbeitet man scharfsinnig aus und setzt sie dann mit großem Einsatz in die Tat um. Konzentration ist hier alles. Ein negativ gestellter Merkur deutet auf starke sexuelle Bedürfnisse und Dreistigkeit hin.

Merkur im Schützen fördert die Freimütigen im Tierkreis. Man hat Ideen und viele Pläne, die man theoretisch perfekt ausbaut, deren praktische Ausführung man jedoch gern anderen überläßt. Man denkt sozial und gerecht. Bei entsprechender Erziehung ist man sehr religiös oder zumindest einer tiefschürfenden Weltanschauung verpflichtet. Ein Mensch, der Merkur im Schützen stehen hat, wird sich in höchste Positionen vorarbeiten können, weil er in der Öffentlichkeit meist sehr geachtet ist. Bei negativer Aspektierung kann freilich aus ihm auch ein Moralprediger werden.

Merkur im Steinbock vermittelt kritisches Denken, das schnell Zusammenhänge erfaßt. Bei aller Scharfsinnigkeit bleibt man stets objektiv. Bedächtig, aber konzentriert verfolgt man hier das Ziel. Man hat eine gesunde Einstellung zu Geld und festen Werten. Dem geschulten Auge entgeht nichts. Bei zu großer Kraft- oder Geistesanspannung kann es bei einem schlecht aspektierten Merkur zu Depressionen oder nervlichen Überreaktionen kommen.

Bei Steinböcken: kritisches Denken und gesunder Materialismus

Merkur im Wassermann fördert die Originalität, die geistige Bereitschaft, etwas völlig Neues zu schaffen. Ein gutes Gedächtnis hilft, Zusammenhänge rasch zu entschlüsseln und nutzbringend in eigene Ideen einzubringen. Hier wird Menschenkenntnis geübt. Man ist witzig und schlagfertig und möchte geistige Unabhängigkeit bewahren. Zusammenarbeit wird großgeschrieben. Geduld ist freilich nicht die stärkste Seite derer, die Merkur im Wassermann stehen haben.

Merkur in den Fischen verleiht lebhafte Phantasie, die sich in gefühlsbetontem Denken niederschlägt. Die Umwelt findet Menschen, die Merkur in den Fischen haben, sehr sympathisch, weil sie ihr Streben eher in die ideelle Richtung lenken. Sie haben eine künstlerische Ader. Bei schlechter Aspektierung neigen sie freilich zu Überempfindlichkeit, grübeln zuviel und lassen sich leicht von anderen täuschen.

Die Venus im Horoskop symbolisiert das »kleine Glück«

Der Planet Venus; Holzschnitt von Hans Sebald Beham, um 1535. Über dem Arm der Göttin der Schönheit sieht man das Venus-Zeichen und auf den Rädern des Wagens das Stier- und Waage-Zeichen, in denen der Planet Venus herrscht

Die Venus überstrahlt zur Zeit ihrer größten Helligkeit alle Planeten und Fixsterne (außer Sonne und Mond). Ähnlich dem Merkur pendelt sie um die Sonne, wenn auch harmonischer, kreisförmiger. Sie wird als Abendstern und als Morgenstern sichtbar. Im Orient und in den Mittelmeerländern kann man sie sogar bei Tag am Himmel beobachten. Die Morgen- und Abendsternphasen dauern jeweils etwa ein Dreivierteljahr. Der Planet entfernt sich, von der Erde aus gesehen, höchstens um 47 Grad von der Sonne, die er in 224,7 Tagen einmal umrundet.

Dieser Planet, der den Namen der Liebesgöttin trägt, ist glücksbringend

Astrologisch ist die Venus, wie die gleichnamige römische Göttin, das Leitbild für Liebe, Sexualität, Harmonie und Schönheit. Die Venus gilt im Horoskop als glücksbringend. Sie symbolisiert das »kleine Glück«, das weniger vom Erfolgsstreben diktiert wird, als vielmehr von ethischen Grundsätzen. Sie ist wie der Mond betont weiblich. Darum offenbart sie im Horoskop des Mannes eher das Ziel seiner erotischen oder sexuellen Wünsche, bei der Frau mehr die Liebe.

Menschen, die, astrologisch gesehen, eine gute Venus haben, streben ein harmonisches Zusammenleben an. Sie genießen das Dasein und sind allen schönen Dingen zugetan. Sinnenfreude verleiht Venus in ihrem Taghaus vor allem dem Waage-Zeichen, Schönheitssinn im Nachthaus dem Stier-Zeichen.

Venus im Widder symbolisiert die heftigen, überschäumenden Gefühle im intimen Bereich. Es ist noch Liebe auf den ersten Blick im Spiele. Man ergibt sich einer fast hemmungslosen Sinnenfreude und wird selbst aktiv, wenn man eine Frau ist. Venus in einem so marsbetonten Zeichen fördert die Angriffslust, aber auch den gesellschaftlichen Schwung. Man entscheidet sich oft vorschnell, was dann den Grund für manche Trennungstendenzen bei schlechten Aspekten liefert.

Venus im Stier verleiht Schönheitssinn und eine Begabung für Kunst und Mode. In dieser Verbindung ist man musikalisch und sorgt für eine gepflegte Häuslichkeit, in der Gäste gern gesehen sind. Man liebt die Sinnenfreude, den Luxus und die Bequemlichkeit und ist absolut treu, wenn der Partner nicht enttäuscht. Leider ist der Hang zu allem Schönen manchmal mit hemmungsloser Verschwendungssucht gleichzusetzen.

Schönheitssinn weckt die Venus im Stier

Venus in den Zwillingen stellt das eigene Erleben in den Vordergrund, in vielen Fällen auch den Egoismus. Man verschenkt seine Gunst mal hier und mal da, was eine Partnerschaft immer etwas unsicher erscheinen läßt. Hier heiratet man früh, ist dann aber nicht sehr treu, zumal man sehr kontaktfreudig ist und schnell Bekanntschaften schließt. Man ist nett und höflich, aber in der Liebe ein wenig labil und im Beruf berechnend.

Venus im Krebs verlangt nach harmonischem Zusammenleben, das sehr gefühlsbetont verläuft. Man legt mehr Wert auf das Glück im kleinen. Hier und da bricht Sentimentalität durch und eine Sensibilität, die möglicherweise die Gefühle des Partners in Frage stellt. Die Phantasie beflügelt zu künstlerischen Werken, die Kochkunst eingeschlossen.

Löwen läßt sie leidenschaftlich werden

Venus im Löwen fördert der Liebe Leidenschaft zutage. In sexuellen Dingen kennt man keine Hemmungen, ist sehr selbstbewußt und trotzdem höflich und freundlich. Man liebt aber auch die Show, gibt sich großzügig und ist allen schönen Dingen gegenüber aufgeschlossen. Der Partner gilt als schöner Edelstein, mit dem man sich schmücken kann. Trotzdem ist man in den intimen Stunden sehr gefühlvoll und nur für die Liebe da. Negativ könnte eine zu große Freude am Genuß vermerkt werden.

Venus in der Jungfrau steht für die Moral im Gefühlssektor. Man ist dadurch ein wenig gehemmt, hemmt aber auch den Partner, an den man oft einen zu kritischen Maßstab anlegt. Man wirkt eher kühl als herzlich und hingebungsvoll. Möglicherweise schwelen im tiefsten Innern Minderwertigkeitsgefühle, die sich nach außen als aufgesetzte Forschheit tarnen. Man zeigt viel Mitgefühl und geht oft in der Sorge um andere mehr auf als in der alles vergessenden Liebe.

Zärtlich und sinnenfroh macht Venus die Waage

Venus in der Waage steht für die Sinnenfreude. Man gibt sich hin, wenn man liebt, und freut sich des Lebens. In dieser Verbindung ist man ein Lebenskünstler und hat eine Begabung für alles Schöne auf der Welt. Man ist sehr musikalisch und kann beim Anhören schöner Musik alles um sich her vergessen. Wer die Venus in der Waage besitzt, der ist beliebt. Der schätzt modische Kleidung und gilt deshalb manchmal als eitel. In der Ehe sucht man Kameradschaft und zärtliche Zuneigung, auch noch nach der silbernen Hochzeit.

Venus im Skorpion ist ein Zeichen für Sinnlichkeit. Man vergißt sich selbst, wenn man liebt: Sex ist eine Lebensnotwendigkeit! Man kann sich nur schwer beherrschen. Das Taktgefühl ist meist nicht hoch entwickelt. Man nimmt sich und seine

Gefühle zu ernst, um auch noch Verständnis für die Gefühle anderer aufbringen zu können.

Venus im Schützen ist charakteristisch für den geselligen Typ, der viel Auslauf braucht. Gefühle spricht man gern aus, zerredet sie dann aber manchmal. In Liebesdingen ist man oft unentschieden und heiratet möglicherweise früh. Es kann aber passieren, daß man danach noch mehrmals in den »sauren Apfel« beißt. Man handelt unüberlegt, weil man bei jedem Flirt schon glaubt, es sei die große Liebe. In dieser Verbindung ist häufig Verschwendungssucht festzustellen, wenn ein negativer Aspekt hinzukommt.

Der Schütze wird gesellig und schnell verliebt

Venus im Steinbock kennt noch die Treue, die ernsthafte Beziehung zu einem Menschen, den man liebt. Oft gerät man hier an einen älteren Partner, der schon seine Erfahrungen gemacht hat und nun endlich in einem herzlichen Verhältnis Ruhe sucht. Man kann in dieser Verbindung auch ohne Trauschein zusammenleben. Negativ könnte höchstens die Eifersucht vermerkt werden, die regelrecht krank macht.

Venus im Wassermann bringt Freundschaften ins Spiel, die die Liebe ersetzen können. Man ist charmant und jederzeit kontaktbereit. Recht eigenwillige Auffassungen hat man über Sex und Liebe, die man dem eigenen Bedürfnis nach Freiheit und Ungebundenheit anpassen möchte. Die Lust am Abenteuer überwiegt, weshalb man sich nicht gern festlegt. Manche Anstandsregel hält man für überholte Moral. Geistige Anregung erscheint wichtiger als liebevolle Anlehnung. Man hat Geschmack und künstlerischen Sachverstand. Erst in späteren Jahren ist man treu und kann sich dann auch in einer Ehe sehr wohlfühlen – vor allem, wenn man einen verständnisvollen Partner zur Seite hat.

Charmant, aber eigenwillig zeigt sich der Wassermann

Venus in den Fischen sorgt für starke Gefühlsaufwallungen. Man ist hingebungsvoll und der großen, alles vergessenden Liebe fähig, gerät jedoch manchmal an den falschen Partner und macht dann so seine Erfahrungen. Hier kann alles Gute in einem einzigen Menschen beschlossen sein, der sich aufopfert und hilfsbereit sein Letztes hergeben würde. Häufig wird man in dieser Verbindung Knecht seiner Triebe und seines empfindlichen Gemüts. Und man wird dann oft genug enttäuscht, so daß man schnell den Schlußstrich unter eine solche Beziehung ziehen möchte.

Der Mars im Horoskop steuert Tatkraft bei

Der Planet Mars; Holzschnitt von Hans Sebald Beham, um 1535. Vor dem Schild des römischen Kriegsgottes sehen wir das Horoskopzeichen des Planeten Mars und auf den Rädern die Tierkreiszeichen Widder und Skorpion, in denen Mars regiert

Der Mars ist der vierte Planet unseres Sonnensystems. Er läuft in einer ellipsenförmigen Bahn etwa 687 Tage um die Sonne. Dadurch ändert sich sein Abstand von der Erde, der zwischen 55 und 377 Millionen Kilometern liegt. Am besten ist der rötlich schimmernde Planet von der Erde aus zur Zeit der Opposition sichtbar, das heißt, wenn sich Sonne und Mars gerade gegenüberstehen.

Unter dem Einfluß des roten Planeten entwikkeln Menschen Willenskraft, Mut und Erfolgsstreben – aber auch viele negative Charaktermerkmale wie Unbeherrschtheit und Skrupellosigkeit

Astrologisch steht der Mars für Tatkraft, Durchsetzungsvermögen, Wille und kämpferisches Machtstreben. Er wird als der männliche Gegenspieler der Venus geschildert, der Tugenden ins Gegenteil verkehren kann. Er fördert die Konfliktbereitschaft. Positiv zu vermerken sind Aktivität, Mut und Erfolgsstreben, die Mars im Gefolge hat. Er ist gewissermaßen der Motor für Menschen, die kraftvoll auf ihr Ziel zusteuern.

Aber er ist auch der »Übeltäter« unter den Planeten, der die Schwächen eines sonst charakterstarken Menschen aufzeigt, die in einem fast blinden Vorwärtsstürmen und in einer vor Kraftproben nicht zurückschreckenden Mentalität liegen.

Der Mars kann das Ich in seiner schäbigsten Form verkörpern. Er stachelt den Ehrgeiz an, der sich mit starken Ellenbogen gegen alles durchsetzen will. Nicht umsonst ist der römische Kriegsgott sein Namensgeber. Der Mars steht in seinem Taghaus im Widder, im Nachthaus im Skorpion.

Mars im Widder läßt die typisch »marsischen« Eigenschaften in Erscheinung treten. Hier sieht man unerschrocken der Unbill des Lebens entgegen und meistert sie mit kämpferischen Mitteln. Tatkräftig setzt man sich durch und versucht, selbst den besten Freund auf dem Weg nach oben zu überrunden. Der Ehrgeiz ist hemmungslos, genauso die Ungeduld, mit der man das Leben zu meistern sucht. Die Vitalität sorgt für gesunde Nerven, da man sich immer ein Ventil sucht, um sich abzureagieren. Das sieht dann so aus, als ob man reizbar und leicht aufbrausend ist. In Wirklichkeit handelt es sich um die Abreaktion des eigenen Temperaments. Man streite nie mit einem Menschen, der Mars im Widder stehen hat; wenn er rot sieht, kann er alle Anstandsregeln verletzen. Übrigens verleiht Mars im Widder in der Liebe eine enorme Triebkraft.

Im Widder stachelt Mars den Ehrgeiz an

Mars im Stier sorgt dafür, daß Energien bevorzugt im finanziellen Bereich eingesetzt werden. Hier kann man nicht nachgeben, verfolgt beharrlich seine Ziele und verteidigt stur die eigene Meinung. Pläne werden sorgfältig erstellt und geduldig ausgeführt. In dieser Verbindung wird die ungestüme Kraft des Mars wohl von der Venus gebremst. In der Triebsphäre kann man jedenfalls mehr Sinnenfreude als rücksichtslose Durchsetzung eigener sexueller Wünsche feststellen.

Mars macht Zwillinge eifersüchtig, aber nur bis zum neuen Partner, der sich meist schnell findet

Mars in den Zwillingen sorgt für geistige Beweglichkeit, die sich in raschen, beruflichen Wechseln niederschlagen kann, zumal sich hier vielseitige Interessen ballen. Mit spitzer Zunge sucht man Widersacher aus dem Wege zu räumen. Schwächen eines Gegenspielers werden sofort ausgenützt und an die große Glocke gehängt. In dieser Verbindung ist man von sinnlicher Sexualität, die sich ein weites Betätigungsfeld wünscht.

Mars im Krebs fördert zwar den Willen, lenkt ihn aber mehr in den Gefühlsbereich. Nur unbewußt wird man Mitmenschen Schaden zufügen. Wer Mars im Krebs stehen hat, ist unruhig und ein wenig ungeduldig. Er engagiert sich schnell, springt aber ebenso rasch wieder ab. Schönster Zug in dieser Verbindung: Man versucht die Schwachen vor den Mächtigen zu schützen und lehnt sich gegen jeden Zwang auf.

Die große Liebesfähigkeit des Löwen kann unter Marseinfluß in despotisches Sexgebaren umchlagen

Mars im Löwen verleiht absoluten Führungsanspruch. Der Stolz ist durch nichts zu brechen. Man setzt die meist sehr durchdachten eigenen Pläne in die Tat um, koste es, was es wolle. Widerspruch läßt hart bis zur Ungerechtigkeit reagieren. Im zwischenmenschlichen Bereich ist man leidenschaftlicher Liebe fähig. Bei entsprechenden anderen Aspekten kann der Stolz in Eitelkeit und Rechthaberei umschlagen.

Mars in der Jungfrau bremst Energien, die sich um jeden Preis kraftvoll durchsetzen wollen, durch einen scharfen Intellekt. Man überlegt mehr und handelt nach Plan. Man arbeitet hart, um sich einen Platz an der Sonne zu erobern. Die intellektuelle Überlegenheit kann sich bei Aspektverletzungen in sture Besserwisserei verwandeln. Im intimen Bereich reagiert man in dieser Verbindung meist kühl oder sogar abweisend.

Für die Umwelt schwierig: die Mars-Launen der Waage

Mars in der Waage vermittelt großen Ehrgeiz, der aber leider erlahmt, sobald Schwierigkeiten auftauchen, die nur in geduldiger Kleinarbeit zu beseitigen sind. Man wird schließlich auf Umwegen sein Ziel erreichen: die Unabhängigkeit. In der Liebe ist man leidenschaftlich und kann sich schnell für einen Partner entscheiden. So ganz treu ist man aber nicht. Bei schlechten Aspekten treten üble Launen zutage.

Mars im Skorpion verleiht eine überwältigende Triebintensität, die den Gefühlen etwas Absolutes gibt. Hier wird ein Partner als unverkäufliches Eigentum vereinnahmt. Im Berufsleben kann man übereilt und sogar recht überheblich handeln. Man ist sehr oft ein schlechter Verlierer. Wenn der Stolz verletzt wird, schreit das nach Rache. Es sind die lauten Typen, die den Mars im Skorpion stehen haben.

Mars im Schützen verhilft zur Verwirklichung von Idealen. Man ist von allem begeistert, das der Gerechtigkeit dient, zugleich ist man sehr sozial. Den Willen zur Wahrheit wird man bis zur Selbstzerfleischung verfolgen. Man setzt sich in jeder Weise hervorragend für eigene und fremde Belange ein, verliert aber oft mittendrin die Lust. In Diskussionen wird man überzeugen. Bei Aspektverletzungen kommt allerdings unüberlegtes Handeln besonders häufig vor, das dann angestrebte Ziele nicht erreichen läßt.

Er steigert die Wahrheitsliebe des Schützen bis ins Extreme

Mars im Steinbock bedeutet Zähigkeit und Ausdauer bis zum Letzten. Man setzt seine Kräfte nur ein, wenn man weiß, daß das Ziel diesen Einsatz auch lohnt. Mit großer Geduld steuert man es an. Nur bei einer Aspektverletzung wird man durch Selbstüberschätzung Schaden nehmen. Um ans große Geld zu kommen, ist meist jedes Mittel recht. Möglicherweise ist aber Geiz im Spiele, der Ärger schaffen wird.

Mars im Wassermann bringt den Willen zur absoluten Freiheit zum Durchbruch. Man will völlig Neues schaffen und kommt dabei zu überragenden Ergebnissen. Diese läßt man allerdings von anderen auswerten, weil man schon wieder ein anderes Ziel angepeilt hat. Man wird die Umwelt durch Argumente zu überzeugen wissen. Bei Aspektverletzungen steigert man sich in eine Art »Revoluzzertum« hinein. Außerdem kommen abnorme Sexwünsche auf.

Auf sexuelle Abwege führt Mars den Wassermann

Mars in den Fischen liegt zwischen Gefühl und Willen. Man setzt sich vehement für andere ein und vergißt dabei manchmal das berufliche Fortkommen. Die eigene Meinung wird nur sehr versteckt vorgetragen, weshalb man in den Augen der Mitmenschen manchmal als heimtückisch gilt. Im zwischenmenschlichen Bereich ist man leicht zu verletzen und sucht dann abrupt das Weite. Man kommt dem, der diese Verbindung im Horoskop hat, selten ganz auf die Schliche. Er liebt die Heimlichkeit auch in der Partnerschaft.

Jupiter im Horoskop bedeutet Lebensfreude

Der Planet Jupiter; Holzschnitt von Hans Sebald Beham, um 1535. Über der Schale, die der mildtätige Gott Jupiter einem Bettler reicht, sieht man das Horoskopzeichen des Planeten und auf den Rädern des Wagens die Tierkreiszeichen Fische und Schütze, in denen der Planet Jupiter herrscht

Der gelblich-weiß strahlende Jupiter ist der weitaus größte und massereichste Planet unseres Sonnensystems. Sein Äquatordurchmesser beträgt 143 640 Kilometer (im Vergleich dazu der Durchmesser der Erde: 12 757 Kilometer). In 11 Jahren und 315 Tagen umläuft er die Sonne. Zwölf Monde begleiten ihn auf seiner Umlaufbahn, die er in teilweise symmetrischen Schleifen vollführt.

Nach dem Göttervater der antiken Mythologie benannt, verleiht der Jupiter Glück, Lebensfreude und Menschenfreundlichkeit

In der Astrologie symbolisiert der Planet Jupiter das Glück im weitesten Sinne. Er ist der große Wohltäter, der Weisheit, Religiosität und Ideale, jedoch auch Ruhm und Reichtum vermittelt.

Im Horoskop steht Jupiter für den Optimismus, die Lebensfreude des Individuums, dem er freilich bei schlechter Aspektierung manchen Nackenschlag versetzen kann. Er deutet auch das humanitäre Ziel an, die Pflichterfüllung anderen gegenüber, das Gesetz, dem man sich unterwerfen soll. Er verleiht Persönlichkeit, im negativen Sinn freilich auch Hochmut und Großspurigkeit.

Ein Jupiter in guter Position wird nach altem astrologischen Glauben Reichtum vermitteln können. Trotzdem bleibt man sozial. Unter Jupiter ist man eben großzügig und menschenfreundlich. Verwandte Kräfte findet er in seinem Taghaus im Tierkreiszeichen Schütze, im Nachthaus in den Fischen.

Jupiter im Widder steuert neben Tatkraft auch hohe Ideale bei. Hier reagiert man trotz allem Zielstreben gerecht und sozial. Die Energie wird manchmal »verpulvert«, weil man zu ungeduldig ist. Meist aber reicht die schöpferische Kraft, um Großes zu schaffen. Für eine gute Sache in Politik, Wissenschaft oder Weltanschauung ist man bereit zu kämpfen. Bei schlechter aspektiertem Jupiter kommt manchmal die Neigung zu fanatischem Einsatzwillen hinzu, der übers Ziel hinausschießt. Auch Glücksspieler haben hier und da einen »guten« Jupiter im Widder.

Jupiter im Stier sorgt für Mäßigung. Hier wird nichts übertrieben. Man ist großmütig und sozial eingestellt, solange man selbst reich genug ist. Die eigene Sicherheit geht halt vor. Mancher, der den Jupiter im Stier stehen hat, ist künstlerisch veranlagt. Bei einem schlechter gestellten Jupiter neigt man aber zu übermäßiger Genußsucht und kann dann sogar das Geld zum Fenster hinauswerfen.

Jupiter in den Zwillingen gibt Lebensfreude und Forscherdrang. Hier werden geistige Probleme mit der linken Hand gemeistert, man ist aufnahmefähig für alles, was den eigenen Horizont erweitert, zum Beispiel für Reisen in die weite Welt. Bei Aspektverletzungen wirkt man oft ruhelos und gibt sich hemmungslos den vermeintlichen Freuden dieser Welt hin.

Jupiter im Krebs verleiht die Gabe, Menschen in allen Lebenslagen zu helfen. Man ist beliebt, wird allerdings gern ausgenutzt. Man vermittelt ein Gefühl der Geborgenheit, das rechtzeitig auch materiell abgesichert wird. In dieser Verbindung sind romantische Schwärmer ebenso zu Hause wie gute Geschäftsleute, die durch eine hervorragende Kalkulation preiswerte Angebote machen. Ein wenig Vorsicht müßte man unterm Jupiter im Krebs bei den leiblichen Genüssen walten lassen.

Jupiter weckt im Krebs die Hilfsbereitschaft

Jupiter im Löwen erhöht die Stellung in der Gesellschaft. Man sonnt sich in der Bewunderung durch andere und erzielt auch durch ein gutes Verhältnis zum Geld hohe Gewinne, die man gern großzügig unters Volk streut. Das führt manchmal zu Größenwahn oder zu übermäßigem Genuß und zu Vergnügungen, die von den sonst so hohen Zielen ablenken können.

Jupiter in der Jungfrau läßt trotz vorbildlicher Geisteshaltung Hemmungen erkennen. Man schafft lieber im stillen Kämmerlein und hängt Erfolge selten an die große Glocke. Geld wird zur eigenen Sicherheit auf die hohe Kante gelegt, das könnte bei schlechter Aspektierung zu Geiz führen. Wer den Jupiter in der Jungfrau hat, wird sehr methodisch arbeiten und Schülern viel beibringen können.

Bei schlechter Aspektierung macht er Jungfrauen geizig

Jupiter in der Waage führt zu hohem Kunstsinn und verfeinertem Lebensstil. Man ist diplomatisch und versucht, gerecht zu urteilen. In den zwischenmenschlichen Beziehungen zeichnet man sich durch Charme und Liebenswürdigkeit aus. In dieser Verbindung ist man überall gern gesehen. In schlechteren Aspektierungen deutet sich ein Hang zum Leichtsinn und zum Verschleudern dessen an, was eigentlich Gewinn bringen müßte. Das macht der Spieltrieb, der unterm Jupiter in der Waage zur Leidenschaft wird.

Jupiter im Skorpion steigert manche gute Anlage ins Übermäßige. Man ist sehr selbstbewußt und leidenschaftlich darum bemüht, beruflich wie privat zum Ziele zu kommen. Mit besonderem Ehrgeiz geht man an alles heran, was Erfolg bringen kann. Man erweist anderen gern Gefälligkeiten, wenn man dabei selbst gewinnt. Auf der anderen Seite hilft man jedoch selbstlos den sozial Schwachen. Ein schlechter Zug: Man will um jeden Preis recht haben!

Jupiter im Schützen stützt den freien Geist, die nahezu philosophische Gelassenheit und das absolute Verlangen nach Ungebundenheit. In jeder Weise stärkt Jupiter seinen Schützlingen den Rücken, sorgt für viel Harmonie im zwischenmenschlichen Bereich, die nur gestört wird durch das Streben nach absoluter Freiheit. Man ist reiselustig und findet immer wieder Gelegenheit, aus dem bürgerlichen Alltag auszubrechen. Dies schlägt sich dann in einem recht wechselvollen Leben nieder, in dem freilich viele Erfolge aneinandergereiht werden können. Man hilft den sozial Schwachen manchmal so, daß man selbst finanziell in Engpässe gerät.

Jupiter im Steinbock führt zu großer Genauigkeit. Ehrgeizig und geradlinig verfolgt man sein Ziel, an dessen Ende der Erfolg schon eingeplant ist. Man kommt in alle möglichen Positionen und läßt sich gern feiern. Nur wenn es ums Geld geht, kann man recht zugeknöpft sein. Man konzentriert sich auf das Wesentliche und scheut das Risiko.

Ein Spekulant wird der Steinbock unter Jupiters Einfluß nicht

Jupiter im Wassermann läßt gewissermaßen für die klassenlose Gesellschaft eintreten. Man interessiert sich für alles, was diesem Ziel näherbringen kann. Auf seinem Weg zu Amt und Würden findet man einige Gönner. Man ist absolut tolerant. Wenn man eine Sache für gut hält, setzt man sich in dieser Verbindung bis zum Letzten dafür ein. Das kann bei entsprechenden Nebenaspekten auch eine revolutionäre Idee sein, mit der man die Gesellschaft umkrempeln will.

Jupiter in den Fischen schürft tief im seelischen Bereich. Unbewußt tut man hier das Richtige und erkennt messerscharf zukünftige Möglichkeiten. Jupiter sorgt in seinem zweiten Domizil für soziales Engagement und selbstlose Hilfe. Menschen, die solche Verbindung in ihrem Horoskop stehen haben, sind hellseherisch begabt. Ihre Menschenkenntnis ist verblüffend. Auch bei Jupiter in den Fischen ist Genußsucht angezeigt, die sich in großer Körperfülle niederschlagen kann.

Verleiht Jupiter Fischen das zweite Gesicht?

Der Saturn im Horoskop: die Macht der Finsternis

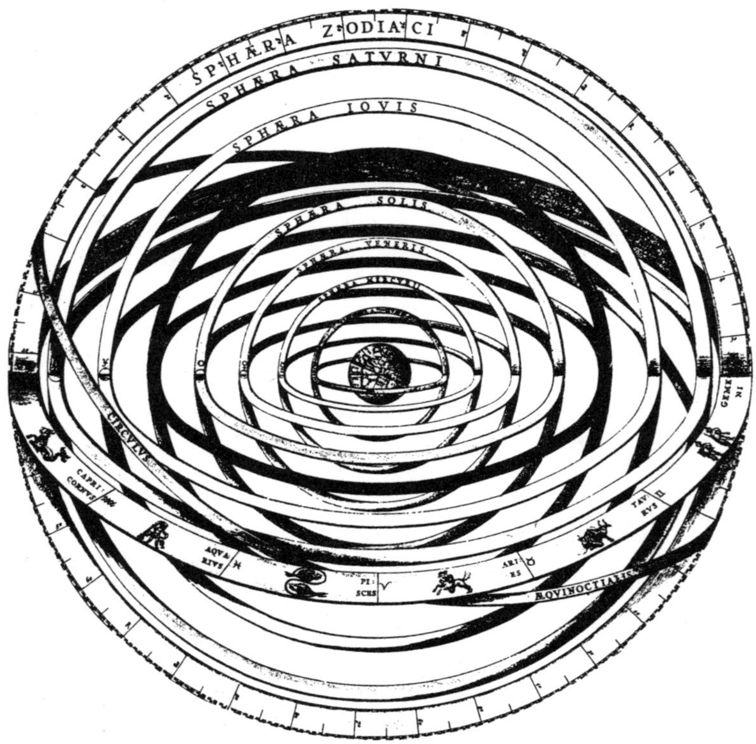

Der Planet Saturn war das äußerste Gestirn (»Sphära Satvrni«) im ptolemäischen Universum, das wir hier auf einer mittelalterlichen Darstellung sehen. Die Planeten Uranus, Neptun und Pluto waren vor zweitausend Jahren noch nicht entdeckt

Der von einem freischwebenden System flacher Kreisringe umgebene Saturn ist nach Jupiter der zweitgrößte Planet in unserem Sonnensystem. Er ist stärker abgeplattet als Jupiter und hat von allen Planeten die geringste Dichte. Die Sonne, von der er im Mittel etwa 1480 Millionen Kilometer entfernt ist, umkreist er einmal in 29½ Jahren.

Astrologisch steht der Saturn für »das große Unglück«, das der Menschheit widerfahren kann. Da gibt es Trennungen und

Hemmungen, Widerstände und Verluste, Schwierigkeiten und Verzögerungen. Er ist im übertragenen Sinne der Gegenspieler der Sonne und bringt Einsamkeit und Kälte ins Leben, die Macht der Finsternis.

Gegenspieler der Sonne, Unglücksbote, Finsterling ist der Saturn. Erst im Alter zeigt er sich den Menschen freundlicher

Aber er läßt auch durch mannigfaltige Bewährungsproben den Menschen reifen. Und darum ist er wohl derjenige, der im Alter Stütze und Halt gibt. Er sorgt für Beharrlichkeit und Gründlichkeit im Leben. Er hilft Erfolge abzusichern und gibt einen unerschütterlichen festen Standpunkt, freilich sorgt er für ein Zusammenhalten des Besitzes, der zu Geiz ausarten kann. Saturn steht in seinem Taghaus im Tierkreiszeichen Wassermann, im Nachthaus im Steinbock.

Saturn im Widder wirkt nicht fördernd auf die Verträglichkeit im zwischenmenschlichen Bereich. Hier ist man widerborstig und macht allen, die sich widersetzen, das Leben schwer. Das eigene Ich steht im Vordergrund. Man versucht, seinen Ehrgeiz zu versachlichen, verrennt sich aber immer wieder eigensinnig. Vielseitig begabt, drängt man in Führungspositionen und will dann den Despoten spielen.

Saturn im Stier sorgt für eine langsame, stetige Aufwärtstendenz. Hier geht man beharrlich aufs Ziel los. Man hat Geduld und liebt das Praktische, auch wenn Arbeiten nur gemächlich vorankommen. Fast ängstlich bemüht man sich, sein Geld zusammenzuhalten und es nur sicher anzulegen. Hier versetzt der Wille Berge. Trotzdem kommt man meist nicht aus der eigenen Enge heraus und leidet dann unter Lebensangst.

Im Stier fördert Saturn die Lebensangst

Saturn in den Zwillingen macht ernst, manchmal sogar schwermütig. Man möchte um jeden Preis Kontakte schaffen, um aus der beengenden Einsamkeit des eigenen Ichs herauszukommen. Man arbeitet konzentriert, um die Sorgen zu vergessen, die einem das Leben bereitet. Ein durchaus wacher Geist versucht, jede Einzelheit auf dem Schicksalsweg festzuhalten, weshalb mancher Literat den Saturn in den Zwillingen stehen hat. Auch hier besteht manchmal die Angst vor dem Morgen.

Saturn im Krebs kann Neurosen hervorrufen, weil sich immer wieder Hemmendes entgegenstellt. Deshalb ist man beizeiten auf die Absicherung des Vermögens bedacht, spart, wo es nur geht, und verliert dabei manchmal das Ziel aus den Augen. Seelischer Tiefgang herrscht vor, der aber leicht zu einer Abkapselung führt und sich in peinigender Härte gegenüber anderen und sich selbst niederschlägt. Man hängt an überkommenen Vorstellungen und ist eigentlich nie ganz zufrieden.

Der königliche Löwe wird unter Saturneinfluß leicht zum Diktator

Saturn im Löwen dämmt die königlichen Gefühle ein und verkehrt sie in Pflichten. In dieser Verbindung werden oft hohe Stellungen erreicht. Bei Aspektverletzung neigt man zu recht diktatorischen Anordnungen. Das eigene Ich will befehlen. Wem das nicht paßt, der wird aus dem Wege geräumt. Oft übertreibt man aber die Hauptrolle, die man spielt, ist hart gegen sich selbst und mimt den Gestreßten.

Saturn in der Jungfrau bewirkt, daß man sich gern in Dinge verbohrt, die harte Arbeit verlangen, die den Verstand herausfordern. Und dann grübelt man, bis man die Lösung gefunden hat. Hier ist man kritisch und von einem Ordnungssinn, der pedantisch wirkt. Die Gefühle gehen kaum tief, enden höchstens in melancholischer Stimmung.

Saturn in der Waage läßt die Verpflichtungen erkennen, die man im Leben erfüllen muß. Man ist stets mit Ernst und Einsatz bei der Sache, urteilt gerecht und zielsicher. Oft ist man künstlerisch veranlagt, verschenkt aber eher seine Werke, als daß man sie gewinnbringend an den Mann brächte. In der Liebe ist man hingebungsvoll. Die Gefühle gründen tief, schwinden jedoch schnell dahin, wenn sie keinen Widerhall finden.

Tüftler und Melancholiker fördert der Saturn in Skorpionen zutage

Saturn im Skorpion verhilft zu Durchsetzungskraft im Geschäftsleben. Man ist hartnäckig und will sich stets im rechten Licht betrachtet sehen. Mit kämpferischen Mitteln wird man sein Ziel zu erreichen suchen und dabei jeden vernichten, der sich in den Weg stellt. Bevor es zum Eklat kommt, weiß man aber meistens zu überzeugen, daß das, was man will, richtig ist. In dieser Verbindung sind die Tüftler zu Hause, die mit technischem Geschick Höchstleistungen erbringen, aber auch die melancholischen Typen, die über des Lebens Ernst zuviel grübeln.

Saturn im Schützen steht für Gerechtigkeit und Wahrheit. Man schöpft aus dem Glauben und versucht, andere ebenso davon zu überzeugen. Man philosophiert gern und hält sich an die Moral, die man sich selbst zimmert. In dieser Verbindung hat man etwas zu sagen und wird darum auch nicht vor verantwortungsvollen Ämtern und Positionen zurückscheuen. Man ist stets auf seinen guten Ruf bedacht und hütet sich ängstlich davor, Zielscheibe heftiger Kritik zu werden.

Saturn im Steinbock läßt Selbstbeherrschung üben. Das mühevolle Streben nach einem Platz an der Sonne macht leider manchmal krank. Aber man beißt sich durch. Saturn sorgt in seinem eigenen Zeichen dafür, daß man mit beiden Beinen fest auf der Erde steht. Man arbeitet sehr viel, aber nicht sehr schnell, dafür um so gründlicher. Faulenzer werden in dieser Verbindung verachtet. Hier ist man oft zu scheu, um in der Liebe letzte Erfüllung zu finden.

Zum Weltverbesserer macht Saturn den Wassermann

Saturn im Wassermann bewirkt, daß man die Welt verbessern möchte. Man will den Geheimnissen auf die Spur kommen, auch im Bereich der Grenzwissenschaften. Erstaunlich ist die Menschenkenntnis, die zu höheren Positionen befähigt. Man ist human und hilfsbereit. Bei schlechten Nebenaspekten wandelt sich der Menschenfreund in ein Individuum, das seine Mitmenschen recht kräftig übers Ohr hauen kann.

Saturn in den Fischen läßt zu viel grübeln über die ach, so böse Welt. Bei seelischem Tiefgang mündet solche Eigenschaft in eine Melancholie, die alles schwarz in schwarz malt. Man liebt dann die Einsamkeit, aus der man böse Blicke in die Umwelt schießt. Wer den Saturn in den Fischen stehen hat, braucht einen Menschen an seiner Seite, der behutsam das zarte Seelchen in Watte packt und dessen Träume auch mal in die Tat umsetzen will.

Die transsaturnischen Planeten im Horoskop

Der antiken Astrologie waren sie unbekannt: die transsaturnischen Planeten Uranus, Neptun und Pluto

Die symbolische Betrachtung der Planeten in unserem Sonnensystem bildet die Grundlage für ein astrologisches Deutungssystem. Zu den bisher besprochenen kommen nun die transsaturnischen Planeten, die von den Sterndeutern des Altertums noch nicht entdeckt waren, aber nach Meinung moderner Astrologen unser Schicksalsbild abrunden können.

Nicht viel Glück unterm Uranus

Da ist zunächst der Uranus, der nach Größe und Aufbau zu den großen Planeten, wie Jupiter und Saturn gehört. Er wurde erst mit Hilfe des Teleskops 1781 entdeckt, ist von grünlicher bis bläulicher Färbung und kann nur mit einem guten Fernglas am Himmel beobachtet werden. Seine Erdentferung schwankt zwischen 2600 und 3150 Millionen Kilometern. Für das Durchlaufen eines Tierkreiszeichens benötigt er sieben Jahre.

In der Astrologie werden die schicksalskräftigen Entsprechungen von Uranuswirkungen noch heute scharf diskutiert. Man ist sich aber einig, daß sie nicht viel Glück bringen können. Unvorhergesehene Ereignisse und Spannungen werden dem Einfluß des Planeten zugeschrieben. Trotzdem scheint auch eine durch nichts zu hemmende Energie von ihm abzustrahlen, die dafür sorgt, daß sich Neuerungen durchsetzen. Seine verwandte Kraft findet Uranus im Tierkreiszeichen Wassermann.

Uranus im Widder läßt eigene Ideen bis an die Grenze des Möglichen durchsetzen. Wie der Blitz fährt man auf jeden nieder, der sich einem entgegenstellt; man scheut vor keiner Gewaltanwendung zurück. In blindem Eifer kann man freilich auch viele Fehler machen.

Uranus im Stier verhilft durch kaum alltägliche Spekulationen zu finanziellem Zugewinn. Auch im Berufsleben kann man mit neuen Methoden allerhand erreichen. Aber leider urteilt man oft vorschnell, und das kann viele Fehler hervorrufen.

Uranus in den Zwillingen läßt Sprunghaftigkeit vermuten. Mit originellen Ideen überrascht man die Umwelt, setzt sich mit rednerischem Talent und rascher Auffassungsgabe durch, macht aber manches durch ein unruhiges Wesen zunichte.

Uranus im Krebs verleiht Einfallsreichtum, der zu künstlerischer Schöpferkraft befähigt. Leider ist man ein wenig wankelmütig und kann sich schlecht konzentrieren. Man liebt den Wechsel, oft auch die Loslösung von engen Bindungen.

Selbst von nahestehenden Personen löst sich der Krebs leicht unter Uranuseinfluß

Uranus im Löwen gibt schnellen Entschlüssen den Vorrang, die manchmal etwas abenteuerlich geraten. Persönlicher Mut bringt scheinbar Aussichtsloses doch noch zu Ende. Negativ: zügelloses Verhalten und Verschwendungssucht.

Uranus in der Jungfrau wirkt erschwerend auf die Zusammenarbeit mit anderen. Hier kommt man mit neuen Arbeitsmethoden und großer Geschicklichkeit voran, nervt aber mit allzu kritischer Haltung und taktlosem Benehmen.

Uranus in der Waage läßt großes Einfühlungsvermögen in künstlerische oder handwerkliche Berufe erahnen. Man geht im zwischenmenschlichen Bereich neue Wege; es kann zu Anpassungsschwierigkeiten und Überreizbarkeit kommen.

Abweichungen vom Herkömmlichen passieren der Waage

Uranus im Skorpion kann in allen Lebensbereichen zu Überreaktionen verführen. Mit scharfem Verstand und viel Leidenschaft setzt man sich kämpferisch für neue Ideale ein. Rücksicht nimmt man weder auf sich, noch auf andere.

Uranus im Schützen läßt überraschende Kehrtwendungen im Leben zu. Man wechselt Ideale und auch Weltanschauungen wie das Hemd und plant Revolutionäres. Spontan hilft man anderen. Die eigene Meinung wird fanatisch verfochten.

Uranus im Steinbock macht aus seinem Schützling einen Gipfelstürmer, der auch im Zickzackkurs zum Ziel gelangt. Der Charakter ist unbeugsam. Nur mangelnde Konzentrationsfähigkeit kann Schwierigkeiten bewirken.

Uranus im Wassermann fördert in jeder Weise fortschrittliche Bestrebungen. Der wache Geist setzt auch gegen größte Widerstände Neuerungen durch. Die Gegner einer konservativen Grundhaltung haben revolutionäre Ideen.

Uranus in den Fischen läßt aus dem Unbewußten ungeahnte Kräfte schöpfen. Hier hofft man auf plötzliche Erfolge, die einem ohne Dazutun in den Schoß fallen. Man schwelgt in Träumen und fühlt sich von anderen oft unverstanden.

Rätselhafte Erfolge für den Fische-Menschen

Neptun beflügelt die Phantasie

Auch durchs Fernrohr nur als mattes, bläuliches Licht zu erkennen: der Neptun

Der Planet Neptun wurde erst 1846 von dem Berliner Astronomen Galle entdeckt, nachdem man seine Bahn aus den Störungen der Uranusbahn vorausberechnet hatte. Neptun läuft in einem mittleren Abstand von 4494 Millionen Kilometern in 164,8 Jahren einmal um die Sonne. Für das Durchlaufen eines einzigen Tierkreiszeichens benötigt er 13,75 Jahre, wobei er ähnliche Schleifen wie Jupiter und Saturn bildet.

Astrologische Fachkreise sind sich in den Entsprechungen nicht ganz einig. Man glaubt aber allgemein, daß sein Einfluß die Aufnahmebereitschaft eines Menschen steigert, ebenso seine Beeinflußbarkeit. »Neptunische« Eigenschaften werden vor allem dem Tierkreiszeichen Fische zugeschrieben.

Neptun im Widder setzt Überempfindlichkeit in Reaktionen um, die träumerische Phantasien Wirklichkeit werden lassen können. Leider gerät man aber zu leicht in undurchsichtige Situationen, in denen sich der Instinkt abnutzen kann.

Neptun im Stier spielt Stimmungen hoch, die sowohl künstlerische Empfindungen, als auch Geschmacklosigkeiten hervorrufen können. Man hat viel Sinn für günstige Gelegenheiten, kann sie aber mangels Ausdauer oft nicht ausschöpfen.

Neptun in den Zwillingen läßt die Antenne für geistige Bestrebungen ausfahren. Man fühlt sich mit viel Phantasie ein. Eine natürliche Lebensweise wird bevorzugt. Negativ sind ein schwaches Gedächtnis und große Nervosität.

Neptun im Krebs läßt sehr tief schürfen, was aber auch manche Enttäuschung nach sich ziehen kann. Man fühlt sich oft unverstanden, opfert sich trotzdem gern für andere auf. Seelische Einfühlsamkeit kann hier auch zu schwermütigem Verhalten führen.

Neptun macht den Löwen leichtsinnig

Neptun im Löwen verführt zu überschäumender Begeisterungsfähigkeit, die natürlich auch ihre Schwächen hat, weil sie Wunschdenken in die falsche Richtung lenken kann. Man hat viel Sinn für Kunst und alles Schöne, trägt aber oft zu dicke Farben auf.

Neptun in der Jungfrau hat wirre Pläne im Gefolge, die von lohnenderen Zielen ablenken können. Hier wird ein manchmal schwieriger Menschentyp geschildert, dem große Heilkräfte nachgesagt werden, aber auch empfindliches Reagieren auf eigene Krankheitssymptome.

Neptun in der Waage verweist auf hohe Ideale in der Liebe und im Zusammenleben mit anderen Menschen. Leider verliert man dadurch leicht die Balance. Ein etwas unsicher wirkender Typ, der sich in Empfindungen ausleben kann.

Neptun im Skorpion fördert den eigenen Instinkt. Man kann die Schwächen anderer leicht durchschauen und sie für sich ausnützen. Wenn man eigene Schwächen erkennt, kann das zu Depressionen führen, weil man sie nicht wahrhaben will.

Neptun im Schützen läßt ein starkes Ahnungsvermögen erkennen. Man ist geistig beweglich, aber auch recht kritiklos gegenüber der Umwelt. Man gaukelt sich Ideale vor.

Neptun im Steinbock setzt innere Kräfte frei, die einen Hang zum Übersinnlichen oder zu tiefer Religiosität erkennen lassen. Man strebt Lebensziele auf dem geraden Weg an, um sie dann notfalls auch auf krummer Tour zu erreichen.

Neptun im Wassermann läßt Edelmut erkennen, eine Hinwendung zu sozialen Zielen. Wenn man diese nicht erreichen kann, setzt man raffinierte Taktiken ein, die von außen her als betrügerische Machenschaften gesehen werden könnten. Man läßt sich auch leicht beeinflussen.

Leicht manipulierbar: Wassermänner unter Neptun-Einfluß

Neptun in den Fischen setzt Träume manchmal in Wirklichkeit um. Hier schürft man seelisch sehr tief. Die pessimistische Grundhaltung läßt Selbsttäuschungen zu. Größte Zurückhaltung in den zwischenmenschlichen Beziehungen.

Pluto fördert den Fanatismus

Der Planet Pluto wurde erst 1930 aufgrund von Rechnungen über die Störungen der Umlaufbahnen von Uranus und Neptun entdeckt. Seine mittlere Entfernung von der Sonne beträgt 5910 Millionen Kilometer, seine Umlaufzeit 248 Jahre.

Pluto im Horoskop soll magische Anziehungskraft verleihen, aber auch zu Fanatismus tendieren lassen

Die astrologischen Forschungen brachten, bisher noch gravierender als beim Neptun, nur sehr vage Erkenntnisse, weshalb hier auch nicht von seinen Entsprechungen in den zwölf Tierkreiszeichen die Rede sein wird. Die meisten Astrologen stimmen jedoch darin überein, daß Pluto für den Machtwillen und die rücksichtslose Durchführung desselben steht.

Seine verwandte Kraft findet Pluto im Zeichen Skorpion, das durch ihn über verfeinerte Sinne und einen suggestiven Einfluß auf die Umwelt verfügen soll.

Der Aszendent im Tierkreis verändert das Charakterbild

Der Aszendent ist im Horoskop einer der wichtigsten Punkte. Auf unserem Horoskopschema sehen wir ihn als Punkt, der im Osten des Tierkreises aufgeht, und der mit dem westlichsten Punkt, dem Deszendenten, die Horizontalachse des Horoskops bildet. In unserem Schema ist Süden oben, weil dort ja in unseren Breiten die Sonne am höchsten steht

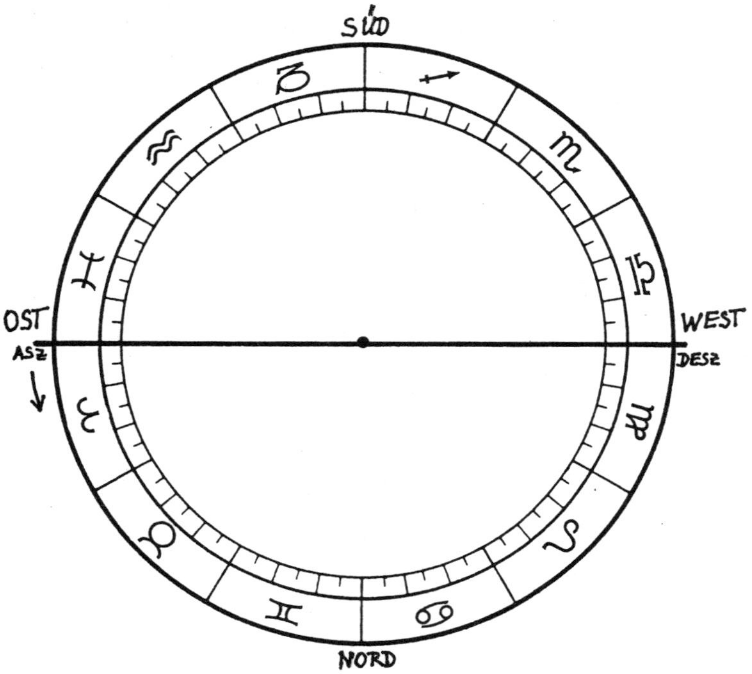

Einer der wichtigsten Punkte im Tierkreis bei der Erstellung eines Horoskops ist der Aszendent, jenes Zeichen, das in der Minute der Geburt gerade am östlichen Horizont aufgeht. Der Aszendent strahlt gewissermaßen Kräfte aus, die sich mit dem Tierkreiszeichen eines Menschen verbinden. Durch ihn kann zum Beispiel das Charakterbild eines Menschen um Nuancen, manchmal aber so sehr verändert werden, daß das Geburts-Tierkreiszeichen regelrecht in den Schatten gestellt wird. Er kann unser Schicksal in positiv und negativ beeinflussen.

So berechnen Sie Ihren Aszendenten

Von entscheidender Bedeutung: die Geburtsminute

Neben Ihrem Geburtsdatum, der Geburtsminute und dem Geburtsort ist es zunächst erforderlich, daß Sie auch die genaue Ortszeit Ihrer Geburt kennen. In Tabelle 1 finden Sie daher die für Ihren Geburtsort zutreffende Zeitkorrektur. Sollten Sie Ihren Geburtsort nicht unter den angegebenen Städten vorfinden, dann nehmen Sie die Korrektur für die Ihrem Geburtsort nächstgelegene Stadt vor. Bei dem Vorzeichen Plus (+) müssen Sie die Minutenzahl zu Ihrer Geburtszeit hinzuzählen, entsprechend bei dem Vorzeichen Minus (–) die angegebene Minutenzahl abziehen.

Eine weitere Korrektur Ihrer Geburtszeit müssen Sie vornehmen, wenn Sie an einem Tag geboren wurden, an dem die Sommerzeit galt. In Deutschland gab es in folgenden Zeitabschnitten Sommerzeiten:

30. April 1916, 23 h bis 1. Oktober 1916, 1 h
16. April 1917, 2 h bis 17. September 1917, 3 h
15. April 1918, 2 h bis 16. September 1918, 3 h
1. April 1940, 2 h bis 2. November 1942, 3 h
29. März 1943, 2 h bis 4. Oktober 1943, 3 h
3. April 1944, 2 h bis 2. Oktober 1944, 3 h
2. April 1945, 2 h bis 16. September 1945, 2 h
14. April 1946, 2 h bis 7. Oktober 1946, 3 h
(11. Mai 1946, 3 h bis 29. Juni 1946, 3 h doppelte Sommerzeit!)
6. April 1947, 3 h bis 5. Oktober 1947, 3 h
18. April 1948, 2 h bis 3. Oktober 1948, 3 h
10. April 1949, 2 h bis 2. Oktober 1949, 3 h
Zusätzlich gab es in Berlin und in der Ostzone doppelte Sommerzeit vom 24. Mai 1945, 2 h bis 24. September 1945, 3 h, und vom 24. September 1945, 3 h bis 18. November 1945, 3 h, einfache Sommerzeit; 1949 begann dort die Sommerzeit am 10. April, 3 h.

Österreich:
1916 bis 1918 gleiche Sommerzeit wie Deutschland, zusätzlich

28. April 1919, 2 h bis 29. September 1919, 3 h und 5. April 1920, 2 h bis 13. September 1920, 3 h. 1940 bis 1944 gleiche Sommerzeit; 2. April 1945, 2 h bis 18. November 1945, 3 h; 1946 bis 1948 gleiche Sommerzeit.

Schweiz:
3. Juni 1916, 2 h bis 30. September 1916, 0 h
5. Mai 1941, 2 h bis 6. Oktober 1941, 0 h
4. Mai 1942, 2 h bis 5. Oktober 1942, 0 h.

Seit 1980 gelten in Deutschland, Österreich und der Schweiz folgende Sommerzeiten:
6. April 1980, 2 h bis 28. September 1980, 3 h
29. März 1981, 2 h bis 27. September 1981, 3 h
28. März 1982, 2 h bis 26. September 1982, 3 h
27. März 1983, 2 h bis 25. September 1983, 3 h
25. März 1984, 2 h bis 30. September 1984, 3 h
31. März 1985, 2 h bis 29. September 1985, 3 h
30. März 1986, 2 h bis 28. September 1986, 3 h
29. März 1987, 2 h bis 27. September 1987, 3 h
27. März 1988, 2 h bis 25. September 1988, 3 h
26. März 1989, 2 h bis 24. September 1989, 3 h
25. März 1990, 2 h bis 30. September 1990, 3 h
31. März 1991, 2 h bis 29. September 1991, 3 h
29. März 1992, 2 h bis 27. September 1992, 3 h
28. März 1993, 2 h bis 26. September 1993, 3 h
27. März 1994, 2 h bis 25. September 1994, 3 h

Beim Berechnen darf man nicht von der Sommerzeit ausgehen

Sollte Ihr Geburtstag unter eine dieser Zeiten fallen, so müssen Sie eine Stunde von Ihrer Geburtszeit abziehen, bei doppelter Sommerzeit zwei Stunden.

Nun kennen Sie die Ortszeit Ihrer Geburt. Als nächstes müssen Sie in der Sternzeittabelle die für Ihren Geburtstermin angegebene Sternzeit heraussuchen. Die Sternzeit am 15. Mai beträgt zum Beispiel 15.30 Uhr. Jetzt brauchen Sie nur noch die errechnete Ortszeit und die gefundene Sternzeit zu addieren. Die gefundene Zeit müssen Sie jetzt noch in Tabelle 3 unter der für Ihren Geburtsort in Tabelle 1 angegebenen Breitengradzahl nachschauen, und damit haben Sie Ihr Aszendenten-Zeichen gefunden.

Tabelle 1 zur Berechnung der Ortszeit

Aachen (51°)	–36 Min.	Klagenfurt (47°)	– 3 Min.
Augsburg (48°)	–16 Min.	Koblenz (50°)	–26 Min.
Baden-Baden (49°)	–27 Min.	Köln (51°)	–32 Min.
Bamberg (50°)	–16 Min.	Königsberg (55°)	+22 Min.
Basel (48°)	–30 Min.	Konstanz (48°)	–23 Min.
Berlin (53°)	– 6 Min.	Lausanne (46°)	–33 Min.
Bern (47°)	–29 Min.	Leipzig (51°)	–10 Min.
Bielefeld (52°)	–26 Min.	Lienz (47°)	– 9 Min.
Bonn (51°)	–31 Min.	Lindau (47°)	–21 Min.
Braunschweig (52°)	–18 Min.	Linz/Donau (48°)	– 3 Min.
Bregenz (47°)	–21 Min.	Lübeck (54°)	–17 Min.
Bremen (53°)	–25 Min.	Luxemburg (50°)	–35 Min.
Breslau (51°)	+ 8 Min.	Luzern (47°)	–27 Min.
Chemnitz (51°)	– 8 Min.	Magdeburg (52°)	–13 Min.
Danzig (54°)	+15 Min.	Mainz (50°)	–27 Min.
Donaueschingen (48°)	–26 Min.	Mannheim (49°)	–26 Min.
Dortmund (52°)	–30 Min.	München (48°)	–14 Min.
Dresden (51°)	– 5 Min.	Münster (52°)	–30 Min.
Düsseldorf (51°)	–33 Min.	Nürnberg (49°)	–16 Min.
Duisburg (51°)	–33 Min.	Oldenburg (53°)	–27 Min.
Emmerich (52°)	–35 Min.	Osnabrück (52°)	–28 Min.
Essen (51°)	–32 Min.	Passau (49°)	– 6 Min.
Flensburg (55°)	–22 Min.	Regensburg (49°)	–12 Min.
Frankfurt/Main (50°)	–25 Min.	Rostock (54°)	–12 Min.
Freiburg (48°)	–29 Min.	Saarbrücken (49°)	–32 Min.
Garmisch (47°)	–16 Min.	Salzburg (48°)	– 8 Min.
Genf (46°)	–35 Min.	St. Gallen (47°)	–22 Min.
Göttingen (51°)	–20 Min.	Straßburg (49°)	–29 Min.
Graz (47°)	+ 2 Min.	Stuttgart (49°)	–23 Min.
Halle (52°)	–12 Min.	Trier (50°)	–33 Min.
Hamburg (54°)	–20 Min.	Tübingen (49°)	–24 Min.
Hannover (52°)	–21 Min.	Ulm (48°)	–20 Min.
Heidelberg (49°)	–25 Min.	Villach (47°)	– 4 Min.
Hof (50°)	–12 Min.	Weimar (51°)	–15 Min.
Innsbruck (47°)	–14 Min.	Westerland/Sylt (55°)	–27 Min.
Jena (51°)	–14 Min.	Wien (48°)	+ 6 Min.
Kaiserslautern (49°)	–29 Min.	Wiesbaden (50°)	–27 Min.
Karlsruhe (49°)	–26 Min.	Würzburg (50°)	–20 Min.
Kassel (51°)	–22 Min.	Wuppertal (51°)	–31 Min.
Kiel (54°)	–20 Min.	Zürich (47°)	–26 Min.

Tabelle 2: Sternzeit

Tag	*Jan. Uhrzeit*	*Feb. Uhrzeit*	*März Uhrzeit*	*April Uhrzeit*	*Mai Uhrzeit*	*Juni Uhrzeit*
1	6.37	8.40	10.34	12.36	14.35	16.37
2	6.41	8.44	10.38	12.40	14.38	16.41
3	6.45	8.48	10.42	12.44	14.42	16.45
4	6.49	8.52	10.46	12.48	14.46	16.49
5	6.53	8.55	10.50	12.52	14.50	16.52
6	6.57	8.59	10.54	12.56	14.54	16.56
7	7.01	9.03	10.58	13.00	14.58	17.00
8	7.05	9.07	11.02	13.04	15.02	17.04
9	7.09	9.11	11.06	13.08	15.06	17.08
10	7.13	9.15	11.10	13.12	15.10	17.12
11	7.17	9.19	11.13	13.16	15.14	17.16
12	7.21	9.23	11.17	13.20	15.18	17.20
13	7.25	9.27	11.21	13.24	15.22	17.24
14	7.29	9.31	11.25	13.27	15.26	17.28
15	7.33	9.35	11.29	13.31	15.30	17.32
16	7.37	9.39	11.33	13.35	15.34	17.36
17	7.41	9.43	11.37	13.39	15.38	17.40
18	7.45	9.47	11.41	13.43	15.42	17.44
19	7.48	9.51	11.45	13.47	15.45	17.48
20	7.52	9.55	11.49	13.51	15.49	17.52
21	7.56	9.59	11.53	13.55	15.53	17.56
22	8.00	10.02	11.57	13.59	15.57	18.00
23	8.04	10.06	12.01	14.03	16.01	18.03
24	8.08	10.10	12.05	14.07	16.05	18.07
25	8.12	10.14	12.09	14.11	16.09	18.11
26	8.16	10.18	12.13	14.15	16.13	18.15
27	8.20	10.22	12.17	14.19	16.17	18.19
28	8.24	10.26	12.20	14.23	16.21	18.23
29	8.28	10.30	12.24	14.27	16.25	18.27
30	8.32		12.28	14.31	16.29	18.31
31	8.36		12.32		16.33	

Tag	Juli Uhrzeit	Aug. Uhrzeit	Sept. Uhrzeit	Okt. Uhrzeit	Nov. Uhrzeit	Dez. Uhrzeit
1	18.35	20.37	22.39	0.38	2.40	4.38
2	18.39	20.41	22.43	0.42	2.44	4.42
3	18.43	20.45	22.47	0.46	2.48	4.46
4	18.47	20.49	22.51	0.50	2.52	4.50
5	18.51	20.53	22.55	0.54	2.56	4.54
6	18.55	20.57	22.59	0.57	3.00	4.58
7	18.59	21.01	23.03	1.01	3.04	5.02
8	19.03	21.05	23.07	1.05	3.08	5.06
9	19.07	21.09	23.11	1.09	3.11	5.10
10	19.10	21.13	23.15	1.13	3.15	5.14
11	19.14	21.17	23.19	1.17	3.19	5.18
12	19.18	21.21	23.23	1.21	3.23	5.22
13	19.22	21.25	23.27	1.25	3.27	5.26
14	19.26	21.29	23.31	1.29	3.31	5.29
15	19.30	21.32	23.35	1.33	3.35	5.33
16	19.34	21.36	23.39	1.37	3.39	5.37
17	19.38	21.40	23.43	1.41	3.43	5.41
18	19.42	21.44	23.46	1.45	3.47	5.45
19	19.46	21.48	23.50	1.49	3.51	5.49
20	19.50	21.52	23.54	1.53	3.55	5.53
21	19.54	21.56	23.58	1.57	3.59	5.57
22	19.58	22.00	0.02	2.01	4.03	6.01
23	20.02	22.04	0.06	2.04	4.07	6.05
24	20.06	22.08	0.10	2.08	4.11	6.09
25	20.10	22.12	0.14	2.12	4.15	6.13
26	20.14	22.16	0.18	2.16	4.19	6.17
27	20.18	22.20	0.22	2.20	4.22	6.21
28	20.21	22.24	0.26	2.24	4.26	6.25
29	20.25	22.28	0.30	2.28	4.30	6.29
30	20.29	22.32	0.34	2.32	4.34	6.33
31	20.33	22.36		2.36		6.36

Tabelle 3: Hier finden Sie Ihren Aszendenten

	47° *Uhrzeit*	*48°* *Uhrzeit*	*49°* *Uhrzeit*
Löwe	0.36– 3.18	0.34– 3.16	0.31– 3.14
Jungfrau	3.19– 6.00	3.17– 6.00	3.15– 6.00
Waage	6.01– 8.41	6.01– 8.43	6.01– 8.45
Skorpion	8.42–11.23	8.44–11.27	8.46–11.31
Schütze	11.24–13.50	11.28–13.55	11.32–14.00
Steinbock	13.51–15.41	13.56–15.45	14.01–15.48
Wassermann	15.42–16.58	15.46–17.00	15.49–17.02
Fische	16.59–18.00	17.01–18.00	17.03–18.00
Widder	18.01–19.01	18.01–18.59	18.01–18.57
Stier	19.02–20.19	19.00–20.15	18.58–20.11
Zwillinge	20.20–22.10	20.16–22.05	20.12–22.00
Krebs	22.11– 0.35	22.06– 0.33	22.01– 0.33
	50° *Uhrzeit*	*51°* *Uhrzeit*	*52°* *Uhrzeit*
Löwe	0.26– 3.12	0.21– 3.10	0.16– 3.08
Jungfrau	3.13– 6.00	3.11– 6.00	3.09– 6.00
Waage	6.01– 8.47	6.01– 8.49	6.01– 8.52
Skorpion	8.48–11.35	8.50–11.39	8.53–11.43
Schütze	11.36–14.05	11.40–14.10	11.44–14.15
Steinbock	14.06–15.52	14.11–15.56	14.16–16.01
Wassermann	15.53–17.04	15.57–17.06	16.02–17.09
Fische	17.05–18.00	17.07–18.00	17.10–18.00
Widder	18.01–18.55	18.01–18.53	18.01–18.51
Stier	18.56–20.07	18.54–20.03	18.52–19.59
Zwillinge	20.08–21.55	20.04–21.51	20.00–21.45
Krebs	21.56– 0.25	21.52– 0.20	21.46– 0.15

	53° *Uhrzeit*	54° *Uhrzeit*	55° *Uhrzeit*
Löwe	0.13– 3.06	0.08– 3.04	0.05– 3.01
Jungfrau	3.07– 6.00	3.05– 6.00	3.02– 5.56
Waage	6.01– 8.54	6.01– 8.56	5.57– 8.54
Skorpion	8.55–11.47	8.57–11.52	8.55–11.49
Schütze	11.48–14.20	11.53–14.26	11.50–14.22
Steinbock	14.21–16.06	14.27–16.10	14.23–16.07
Wassermann	16.07–17.11	16.11–17.14	16.08–17.10
Fische	17.12–18.00	17.15–18.00	17.11–18.00
Widder	18.01–18.49	18.01–18.46	18.01–18.44
Stier	18.50–19.55	18.47–19.50	18.45–19.47
Zwillinge	19.56–21.39	19.51–21.33	19.48–21.30
Krebs	21.40– 0.12	21.34– 0.07	21.31– 0.04

Hier nun noch ein Rechenbeispiel, das Ihnen das Errechnen Ihres Aszendenten verdeutlichen soll:

Geburt 28. November 1940 um 5 Uhr 51 in Berlin	
1. Geburtszeit	5 Uhr 51
2. Ortszeit: Korrektur für den Geburtsort Berlin (Tabelle 1)	– 6
	5 Uhr 45
Da am 28. November 1940 Sommerzeit war, ziehen wir eine Stunde ab	– 1 Uhr 00
	4 Uhr 45
3. Die Sternzeit des 28. November wird zur erhaltenen Ortszeit addiert (Tabelle 2)	+ 4 Uhr 26
Das ergibt die eigentliche Sternzeit	9 Uhr 11

4. Der Aszendent für 9 Uhr 11 bei einem Breitengrad von 53° für Berlin ist nach Tabelle 3 Skorpion.

Aszendenten des Tierkreiszeichens Widder

Aszendent Widder verstärkt die Durchsetzungskraft des im Widder-Zeichen Geborenen, macht realistischer, aber auch aggressiver. Nach außen schreckt man vor nichts zurück, im positiven wie im negativen Sinne. Im zwischenmenschlichen Bereich will man um jeden Preis das Sagen haben.

Aszendent Stier bewirkt im Widder-Zeichen ein mehr sanguinisches Temperament. Man ist zwar langsamer, dafür aber um so gründlicher. Alle Anstrengungen werden beharrlich bis zum Ziel durchgeführt. Der Widder Aszendent Stier ist weniger herrschsüchtig, und bei aller Freigebigkeit sparsamer. Man gibt auch nach, wenn man einsieht, daß man falsch liegt.

Verführt zur Ziellosigkeit: Zwillinge als Aszendent des Widders

Aszendent Zwillinge erzeugt Launen bei dem sonst so geradlinigen Widder, der vor lauter Neugier nun auch einmal nach rechts und links schaut. In dieser Verbindung ist der Eigensinn mit etwas Gutmütigkeit gepaart. Die Vernunft wird eher als die Kraft obsiegen. Begeisterungsfähigkeit und Einfallsreichtum werten die etwas nüchterne Widder-Natur auf.

Aszendent Krebs läßt den Widder oft an sich selbst zweifeln. Er tritt zwar sicher und weltgewandt auf, ist aber innerlich ein wenig zerrissen. Auch Launen kommen ins Spiel, man will alles besser wissen. Der Widder Aszendent Krebs ist leicht verletzt, kann aber wie der Elefant im Porzellanladen auftreten. Gute Stimmung wird plötzlich tiefster Niedergeschlagenheit weichen. Man fühlt sich anderen überlegen, ist es aber nicht.

Aszendent Löwe läßt den Widder zum Energiebündel werden, das sein Ziel mit letzter Konsequenz verfolgt. Aber Aszendent Löwe verführt auch zur Eitelkeit. Mit ihm wird der Widder oft zum Salonlöwen, der über gute Freunde Karriere macht. Sein Ehrgefühl ist überspitzt; wer ihn nicht mag, bekommt dies zu spüren. Trotzdem ist er großzügig und hilfsbereit.

Seine Brutalität macht dem Widder Aszendent Jungfrau ein schlechtes Gewissen

Aszendent Jungfrau setzt sich im Widder durch: Des Widders Ideale werden ins Materialistische übersetzt. Man hat Disziplin, drängt nicht mehr ganz so stürmisch vorwärts, sondern bedenkt vorher seine Schritte. Auf der anderen Seite kann ein Widder Aszendent Jungfrau alles brutal beiseite räumen, was sich ihm in den Weg stellt.

Aszendent Waage bremst des Widders Machthunger, bewirkt jedoch eine gewisse innere Zerrissenheit. Man liebt die Harmonie und ergreift die Initiative, wenn es darum geht, anderen Menschen aus der Patsche zu helfen. Hier herrscht Freundlichkeit, was nicht daran hindert, andere diplomatisch umzustimmen. Künstlerische Begabung wird genutzt, um Kunst so teuer wie möglich an den Mann zu bringen.

Willensstärke und Arbeitskraft: der Widder Aszendent Skorpion

Aszendent Skorpion verstärkt beim gewiß nicht zimperlichen Widder den Hang zum Despoten. Hier wird hart und unumstößlich entschieden, schroff kritisiert und mit letzter Energie alles vorangetrieben, was dem eigenen Ich Nutzen bringen kann. In der Liebe ist man leidenschaftlich.

Aszendent Schütze schwächt die allzu feurige Energie etwas ab. Dafür ist der Widder Aszendent Schütze meistens ein sehr redefreudiges Individuum, das viele Freunde findet. Er ist beweglich und versucht, sich auf langen Reisen weiterzubilden. Wortgefechte sind ihm lieber als tätliche Auseinandersetzungen. Mit geistigen Mitteln versucht man oft sehr demagogisch die Mitmenschen zu leiten und zu lenken.

Aszendent Steinbock macht den Widder wortkarg. Aber das Schweigen hat System: Man kann ihm nicht so recht trauen. Hier verfolgt man fanatisch ein einmal als richtig erkanntes Ziel. Nur im Innern zeigt sich oft Unsicherheit.

Nur auf flüchtige Eroberungen aus ist der Widder Aszendent Wassermann

Aszendent Wassermann weckt die Streitlust im Widder, aber er stützt auch seine Ideale. Rücksichtslos will man alles durchsetzen, wenn es nur Erfolg bringt. Man strebt nach absoluter Unabhängigkeit. Aus dieser Verbindung kommen die Erfinder, aber auch die großen Schwindler, die in der Liebe das Blaue vom Himmel versprechen können.

Aszendent Fische läßt den Widder die eigenen Fähigkeiten in rosarotem Licht sehen. Das kann zu Überheblichkeit und zu falschen Schlüssen führen, aber auch zu Niedergeschlagenheit und zu Depressionen. Widder Aszendent Fische wird mehr das Wir statt das Ich herausstellen. Seine Hilfsbereitschaft wird sich vor allem auf wirtschaftlich Schwache erstrecken.

Aszendenten des Tierkreiszeichens Stier

Aszendent Widder läßt den Stier herrschsüchtig erscheinen, weil er seinen Worten und Taten mehr Nachdruck verleiht. Das Temperament ist überschäumend, aber es wird manchmal über das gesteckte Ziel hinausschießen. Das beim Stier sonst so gute Beharrungsvermögen wird vom Aszendenten Widder leicht aufgeweicht. Man ist nicht sehr herzlich und ohne Skrupel, wenn es um den materiellen Erfolg geht.

Seine Sturheit kann verletzen: Stier Aszendent Stier

Aszendent Stier verstärkt den Eigenwillen, aber auch die Einfühlsamkeit in fremde Probleme. Mit Bedacht wird an die Dinge herangegangen. Was einmal als richtig erkannt wird, das verteidigt man stur, bis man sich durchsetzt, und man setzt sich mit Halsstarrigkeit durch. Hier wird aber auch im privaten Bereich materielle Sicherheit versprochen.

Aszendent Zwillinge macht den Stier unsicher. Er kann nicht mehr so recht entscheiden, wie er sich verhalten soll. Das hemmt auch bei der Verfolgung materieller Ziele. Hier ist man nicht immer verträglich und hat oft recht skurrile Einfälle. Große Zurückhaltung wird in den zwischenmenschlichen Beziehungen geübt. Man ist kritisch und auch mißtrauisch.

Echte Liebe kann den Geiz des Stier Aszendent Krebs aufheben

Aszendent Krebs wird bei Stier-Frauen die Mütterlichkeit überbetonen. Ansonsten macht der Stier Aszendent Krebs oft krankhaft geizig. Jeden Pfennig dreht man zehnmal herum, bevor man ihn ausgibt. In dieser Verbindung ist man ebenfalls mißtrauisch. Aber wenn man zu jemandem Zuneigung gefaßt hat kann man für ihn das Letzte hergeben.

Aszendent Löwe stempelt den Stier zum Gönner. Man wird zwar weiterhin auf der Jagd nach dem Mammon sein, aber das Geld auch leichter unter die Leute bringen. Der Stier Aszendent Löwe ist beliebt bei den Mitmenschen; denn er ist freundlich und zuvorkommend. Man wird beim anderen Geschlecht große Erfolge erringen können.

Aszendent Jungfrau verleiht dem Stier ein scharfes Urteilsvermögen. In diesen beiden Erdzeichen ist man praktisch veranlagt und findet in unermüdlicher Arbeit ein Ideal. Die ständige Lust zu kritisieren, macht den Stier Aszendent Jungfrau bei Mitmenschen nicht sehr beliebt. Schwierig gestalten sich oft die Beziehungen zum anderen Geschlecht.

Liebenswert, aber leichtsinnig durch die Waage

Aszendent Waage macht den Stier liebenswert, aber auch ein wenig untüchtig dem harten Leben gegenüber. Das kommt von der Venus, die Beherrscherin beider Zeichen ist. Der Stier Aszendent Waage ist friedfertig und strebt nach perfekter Lebensharmonie. Die Durchsetzungskraft ist nicht sehr groß, und manchmal bricht sogar ein Hang zu Leichtsinn durch.

Aszendent Skorpion läßt die Leidenschaft im Stier überkochen. Er bewirkt viel Sinnlichkeit, die Lust, in freier Wildbahn zu jagen. In dieser Verbindung kann man besonders hartnäckig sein. Die rafferische Sparsamkeit wird von den Mitmenschen mehr als übergroßer Geiz empfunden. Man ist streitsüchtig; wer sich mit einem Stier Aszendent Skorpion anlegt, zieht meist den kürzeren.

Aszendent Schütze könnte den Stier zum Leichtsinn verführen, wenn es so etwas beim Stier überhaupt geben kann. Jedenfalls wird hier häufig die Stellung gewechselt, weil mal dieses und mal jenes nicht paßt. Bester Zug: Man ist gutmütig und sinnlich, das Temperament schäumt manchmal über. Leider läßt man sich im Stier Aszendent Schütze zu sehr gehen.

Aszendent Steinbock gibt dem Stier Kraft, jeden Widerstand zu brechen, der sich auf dem Weg zu Wohlstand und Reichtum entgegenstellen sollte. Er läßt ihn stur seine Ziele verfolgen, ohne Rücksicht auf empfindsame Mitmenschen. Als Stier Aszendent Steinbock kann man steinalt werden. Wenn man sein materielles Ziel erreicht hat, wird man wohltätig sein.

Armut möchte er lindern, der Stier Aszendent Steinbock

Aszendent Wassermann bringt im Stier die soziale Ader zum Klingen. Er bemüht sich sehr um die Mitmenschen und deren Wohlergehen. In dieser Verbindung klettert man trotz dieses karitativen Denkens auf der Erfolgsleiter schnell nach oben, da man sich nicht ablenken läßt. Der Stier Aszendent Wassermann ist nicht unbedingt beliebt, aber man verehrt ihn.

Aszendent Fische heizt schon die vorhandene Eßlust des Stiers an, was sich, wenn er nicht aus Vernunftgründen zurücksteckt, auf seine Linie auswirken kann. Der Stier Aszendent Fische ist auf jeden Fall sinnenfroh und in Gesellschaften wegen seines urigen Humors willkommen. Aber man ist hier und da ein rechter Egoist, der anderen ihre Erfolge neidet.

Aszendenten des Tierkreiszeichens Zwillinge

Aszendent Widder nimmt dem Zwilling etwas von seiner Wankelmütigkeit. Man wird kämpferischer; seine Waffe ist der wache Geist, der überall die Türen öffnet, die zur Karriere und damit nach oben führen. Der Zwilling Aszendent Widder scheut auch nicht vor Intrigen zurück. Für das Leben zu zweit bleibt kaum Zeit, um so mehr aber für Gesellschaften, in denen man einflußreiche Leute kennenlernen kann.

Aszendent Stier läßt die geistigen Fähigkeiten der Zwillinge ausschließlich für das Erreichen materieller Ziele verwenden. Zwillinge Aszendent Stier sind sehr egozentrisch veranlagt. Sie sind realistisch denkende Menschen, die ganz der Gegenwart leben, aber geschickt für die Sicherung der Zukunft sorgen.

Doppelte Doppelnatur: Zwilling Aszendent Zwillinge

Aszendent Zwillinge betont die Doppelnatur des Zeichens. Man ist hier mal überforsch, dann zurückhaltend, zeigt sich kühl und förmlich, wenig später herzlich und zuvorkommend. Hartem Erfolgsstreben steht die Bereitschaft gegenüber, mit den Mitmenschen stets gut auszukommen.

Aszendent Krebs macht Zwillinge recht wetterwendisch. Die Phantasie schlägt Purzelbäume. Freunde haben Zwillinge Aszendent Krebs wenige, weil sie jeden, der sie eben noch als umgänglichen Zeitgenossen kennengelernt hat, im nächsten Moment vor den Kopf stoßen können.

Aszendent Löwe verleiht den sprühenden Ideen der Zwillinge große Durchsetzungskraft. Zwillinge Aszendent Löwe werden im Gesellschaftsleben eine große Rolle spielen. Ihre geistige Beweglichkeit läßt sie auf der Erfolgsleiter schnell nach oben klettern. Sie sollten nur dann heiraten, wenn der Partner gewillt ist, ihren Führungsanspruch anzuerkennen.

Jungfrau als Aszendent verstärkt die positiven Seiten des Zwillings

Aszendent Jungfrau fördert die Merkur-Eigenschaften der Zwillinge in finanzieller, aber auch ideeller Hinsicht. Hier ist man von erstaunlicher Grundsatztreue. Zwillinge Aszendent Jungfrau sind sehr beliebt, weil sie sich ihren Mitmenschen als charmante Zeitgenossen darstellen, wobei sie fast unmerklich in allen Fragen ihre eigene Meinung durchsetzen können. Die Eifersucht macht sie allerdings manchmal kopfscheu.

Aszendent Waage macht den Zwilling sehr beweglich und aufgeschlossen für Meinungen seiner Umwelt, die er dann zum eigenen Nutzen verarbeitet. Zwillinge Aszendent Waage werden den Lebenskampf erfolgreich bestehen können, weil sie alle harten Auseinandersetzungen geschickt umgehen und nur da ihre geistigen Fähigkeiten einsetzen, wo es sich lohnt.

Aszendent Skorpion schwächt die Nervenstränge des Zwillings. Hier will man sich in alle Dinge einmischen und erhält deshalb manchen Nasenstüber des Schicksals. Zwillinge Aszendent Skorpion sind hartnäckig, über eisernem Willen peilen sie den Erfolg an. Man will um jeden Preis unabhängig sein, so daß man manchmal in der Ferne sein Glück suchen will.

Aszendent Schütze gibt dem Zwilling noch mehr Beweglichkeit, die er vor allem zur Anpassung an plötzlich sich ändernde Lebensverhältnisse verwendet. Er macht oft mehr von sich her, als in Wirklichkeit in ihm steckt, wechselt seine Meinungen und bleibt nur ungern bei einer bestimmten Sache.

Aszendent Steinbock festigt den Charakter des sonst etwas unruhigen Zwillings. Er katapultiert diesen von Erfolg zu Erfolg. Freilich können Zwillinge Aszendent Steinbock die gewaltigen Anstrengungen gesundheitlich oft nicht verkraften. In der Liebe neigt man hier zu häufigem Wechsel.

Die Partnerwahl fällt ihm nicht leicht

Aszendent Wassermann bringt dem Zwilling zur geistigen Beweglichkeit die festigende Logik. Zwillinge Aszendent Wassermann eignen sich vor allem für wissenschaftliche Berufe. Sie beobachten scharf, suchen sich aber oft Freunde und Partner aus konträren Bildungsschichten. Die empfindsame Natur kann leicht verletzt werden, doch sie werden nie Gleiches mit Gleichem vergelten: Man hat noch Ideale.

Aszendent Fische fördert nicht unbedingt die Entschlußfreudigkeit des Zwillings, dessen Bestreben nach Harmonie und Frieden aber gefestigt erscheint. Zwillinge Aszendent Fische geben ihr Geld leicht aus. Deshalb erreichen sie oft nicht den materiellen Wohlstand, den sie, von ihren geistigen Fähigkeiten her, spielend gewinnen könnten.

Eine leichtsinnige Ader durch den Aszendenten Fische

Aszendenten des Tierkreiszeichens Krebs

Aszendent Widder kann den sonst so ruhigen Krebs zu einem zornigen Zeitgenossen machen, der im Traditionellen und Herkömmlichen sein Heil sucht. Launen vermiesen das Zusammenleben mit der Umwelt. Er ist überaus empfindlich, wenn die eigene Person angetastet wird.

Aszendent Stier fördert die konservative Haltung des Krebses, der in der materiellen Sicherung das oberste Gebot sieht. Der Krebs Aszendent Stier ist leicht diktatorisch veranlagt. Das kann ein friedvolles Zusammenleben stören und das Gegenteil von dem bewirken, was der Krebs Aszendent Stier eigentlich erreichen will.

Er schreibt der Familie vor, was sie zu tun oder zu lassen hat: Krebs Aszendent Stier

Aszendent Zwillinge läßt den Krebs unselbständig und wankelmütig erscheinen. Der Krebs Aszendent Zwillinge hat zwar viele geistige Interessen, setzt sie aber nicht immer da ein, wo es nötig wäre. So werden oft kühnste Träume zunichte. Daß dies nicht gerade den Erfolg fördert, liegt auf der Hand, zumal man oft auch im beständigen Wechsel sein Heil sucht.

Aszendent Krebs sorgt im eigenen Zeichen für viel seelischen Tiefgang. Man umsorgt den Partner und die engsten Familienangehörigen, ist fleißig und mitfühlend. Der Krebs Aszendent Krebs wird oft zum Spielball seiner Launen und reagiert aus geringstem Anlaß sehr empfindlich. Trotzdem ist man in dieser Verbindung anschmiegsam und auch bedingt treu.

Rückzug von der bösen Welt aus Überempfindlichkeit

Aszendent Löwe verführt den Krebs zu einer Haltung, die ihm einfach nicht steht, und nur zu oft heißt es in dieser Verbindung: Hochmut kommt vor dem Fall. Der Krebs Aszendent Löwe macht mit verhängnisvollen Entschlüssen manchen Erfolg zunichte. Man will nicht zurückstecken und verbaut sich mangels Einsicht viele Chancen.

Aszendent Jungfrau veranlaßt den Krebs manchmal zu einem Rückzug von der Umwelt, die er eigentlich lebensnotwendig braucht. Einsiedler wurden unter Krebs Aszendent Jungfrau geboren. Diese Menschen reagieren überempfindlich und schrecken vor allem zurück, was eine schnelle Entscheidung verlangt. Manchmal erfüllt sich allerdings doch der Traum von einem glücklichen, geordneten Familienleben.

Sinn für Häuslichkeit verleiht der Aszendent Waage dem Krebs

Aszendent Waage heitert den Krebs sichtlich auf, der dem Gesellschaftsleben in dieser Verbindung die besten Seiten abgewinnen kann. Krebse Aszendent Waage können sich nur schwer entscheiden, was ihrer Karriere nicht unbedingt förderlich ist. Es sind fröhliche Menschen, die mit ihren Gefühlen aber nicht zu tief schürfen. Ihre Launen verfliegen schnell, aber sie verlieren auch rasch die Geduld.

Aszendent Skorpion beflügelt die Phantasie des Krebses, aber auch seine Neigung, der Umwelt durch ständig wechselnde Launen und Stimmungen Rätsel aufzugeben. Der Krebs Aszendent Skorpion strebt nach einer gesicherten Stellung, aus der er aber immer wieder liebend gern ausbrechen möchte, weil er einen unstillbaren Drang nach der weiten Ferne hat.

Aszendent Schütze macht den naturliebenden Krebs besonders reise- und wanderlustig. Das wird auch die etwas depressive Anlage des Krebses Aszendent Schütze zurückdrängen, der ein reiner Empfindungsmensch ist. Man ist mit jedermann gut Freund, wird aber oft von den Mitmenschen enttäuscht.

Aszendent Steinbock läßt den Krebs zwischen Verstand und Gefühl pendeln. Das wirkt sich meist auf die zwischenmenschlichen Beziehungen negativ aus. Der Krebs Aszendent Steinbock ist überaus mißtrauisch, was ihn oft zu einem harten Menschen werden läßt, der nur noch seinen eigenen egoistischen Plänen anhängt. Man kann sich zwar zärtlich hingeben, doch durch krankhafte Eifersucht wird manches zerstört.
Aszendent Wassermann führt den Krebs in eine Traumwelt: Da ist vieles aus Wolkenkuckucksheim geholt, was der sonst so sensible Krebs mehr aus dem Gefühlsmäßigen schöpft. Man ist ein pflichtbewußter Arbeiter, man bringt es aber nicht unbedingt weit. In harmonischem Familienleben findet man am ehesten den Ausgleich zu dem, was die böse Welt einem antut.
Aszendent Fische fördert die herzliche Art des Krebses, mit der dieser seinen Mitmenschen begegnet. Der Krebs Aszendent Fische ist leicht beeinflußbar – zum Guten, wie auch zum Bösen. Seine Ideale sieht man in einer gesicherten Existenz und friedlicher Koexistenz. Für die berufliche Laufbahn braucht man Gönner, da man sich allein schlecht durchsetzt.

Aszendenten des Tierkreiszeichens Löwe

Aszendent Widder schenkt dem Löwen noch mehr Durchsetzungskraft, die ihn vor allem im Berufsleben weit nach vorne bringen wird. Der Löwe Aszendent Widder wird auch im gesellschaftlichen Leben glänzen können. Obwohl er alles rücksichtslos aus dem Wege räumt, was sich seinem Vorwärtsdrang entgegenstellt, ist er im engen privaten Kreis sehr großherzig.
Aszendent Stier verleiht dem Löwen ein gefälliges Wesen, das bei allem Streben nach materiellen Gütern im Grunde sehr großzügig bleibt. Der Löwe Aszendent Stier ist sehr widerstandsfähig und wenig anfällig gegen Krankheiten. Er kann Menschen ohne festen Willen nicht ausstehen.

Arbeitsame Menschen zählt er gern zu seinen Freunden, der Löwe Aszendent Stier

Aszendent Zwillinge treibt den Löwen zu ruhelosem Wirken an. Mal tendiert er zu hohen Idealen, dann wieder verwirft er alles, was ihm noch kurz zuvor erstrebenswert erschien. Der Löwe Aszendent Zwillinge reist viel in der Weltgeschichte herum, aber es ist möglich, daß ihm manchmal das Reisegeld ausgeht. Der ruhelose Geist findet jedoch immer wieder die Tür, die ihm für eine neue Karriere offengehalten wird.

Aszendent Krebs bedenkt den Löwen mit einem unwahrscheinlichen Gedächtnis, das er auch zur Verfolgung seiner hochgesteckten Ziele einsetzt, die er fast immer erreicht. Manchmal machen dem Löwen Aszendent Krebs die eigenen Launen mehr zu schaffen, als ihm lieb ist. Hier ist man nur streng gegen andere und wickelt sein Ich lieber in Watte.

Wer einem Löwen mit diesem Aszendenten widerspricht, lernt seinen Hochmut kennen

Aszendent Löwe verleiht eine imponierende Persönlichkeit, die freilich recht autoritär und würdevoll wirkt. Man liebt Prachtentfaltung und ist sehr sinnenfroh. Der Löwe Aszendent Löwe ist besonders freigebig und gerecht gegen jedermann. Er neigt zu Abenteuern auch in der Liebe.

Aszendent Jungfrau kann den Löwen zum Hypochonder stempeln, der sich bei geringstem Widerstand gegen das eigene Fortkommen in die Krankheit flüchtet. Das Ich ist überbetont. Der Löwe Aszendent Jungfrau schiebt gern andere vor, wenn es gilt, einen Karren aus dem Dreck zu ziehen. Später bemüht man sich dann, selbst als der Wagemutige zu gelten.

Aszendent Waage bringt dem Löwen zur Durchsetzungskraft die geistige Beweglichkeit, durch die er in höchste Stellungen gelangen kann. Der Löwe Aszendent Waage hat sehr viel Sinn für Gerechtigkeit, ist hilfsbereit und Vorkämpfer für den sozialen Fortschritt. Oft hat man in dieser Verbindung künstlerische Talente.

Durchsetzungsvermögen in Übermaß verleiht der Aszendent Skorpion

Aszendent Skorpion hilft dem Löwen, manche Skrupel zu überwinden. Er stärkt das Selbstbewußtsein und verhindert das Abgleiten in charakterliche Schwächen. Das läßt den Löwen Aszendent Skorpion nach außen als eisenharten Menschen erscheinen. Tatsächlich ist in dieser Verbindung jedes Mittel recht, um sich gegenüber der Umwelt durchzusetzen: Man scheut keinen Streit, wenn man dadurch etwas erreicht.

Aszendent Schütze steigert des Löwen Abenteuerlust. Er verführt aber auch zu einem sinnenfrohen Lebenswandel, der in häufiger Veränderung Abwechslung sucht. Der Löwe Aszendent Schütze kann, wenn sich seine idealistische Veranlagung durchsetzt, durch solch zweifelhaften Lebensgenuß auch gesundheitlichen Schaden nehmen. Dabei vermögen ihn seine Geistesanlagen zu beflügeln, wirklich Großes zu schaffen.

Aszendent Steinbock drängt die Charakteranlagen des Löwen auf ein sinnvolles Maß zurück: Der Löwe Aszendent Steinbock ist nicht unbedingt großzügig, auch wenn er sehr karitativ handeln kann, um sich damit ins rechte Licht zu setzen. Man fühlt sich gescheiter als seine Mitmenschen, ist aber nicht hochmütig. Oft macht man deshalb Karriere. Erstaunlich ist, daß man in der Ehe oder einem festen Verhältnis regelrecht kuscht, obwohl man nach außen so selbstsicher auftritt.

Aszendent Wassermann impft dem Löwen soziales Empfinden ein. Plötzlich ist diesem die eigene Person nicht mehr das Wichtigste. Das wird den Löwen Aszendent Wassermann im Lebenskampf manchmal etwas zurückwerfen. Ideen fliegen ihm massenweise zu, aber da man sich immer wieder neuen zuwenden möchte, kann man seine besten Pläne oft nicht in die Tat umsetzen.

Aszendent Fische läßt den Löwen an der Oberfläche schwimmen. Der Löwe Aszendent Fische ist verschwenderisch, wenn es darum geht, das eigene Licht leuchten zu lassen. Diese überschwengliche Großzügigkeit birgt Pleiten in sich. Man neigt auch zum Glücksspiel. Vor allem möchte man vor den Mitmenschen als der Größte erscheinen.

Aszendenten des Tierkreiszeichens Jungfrau

Ein ständiges Hin und Her beschert der Widder-Aszendent der Jungfrau

Aszendent Widder bringt die Leidenschaft ins Tierkreiszeichen Jungfrau. Aber man ist sichtlich gehemmt, kann sich nie voll austoben. Die Jungfrau Aszendent Widder wagt manchmal etwas, um im nächsten Augenblick erschreckt festzustellen, daß sie vielleicht zu weit gegangen sein könnte. Man zieht sich dann scheu zurück, um bald erneut vorzupreschen.

Aszendent Stier bremst die Kritiklust der Jungfrau, stärkt jedoch gleichzeitig das Verlangen nach sozialer Besserstellung. Die Jungfrau Aszendent Stier ist ein Spargenie, das sich manchen Lebensgenuß verkneift, um noch ein paar Mark mehr auf die hohe Kante legen zu können.

Aszendent Zwillinge läßt die Jungfrau meist mehreres auf einmal tun, mit anderen Worten: Hier marschiert man auf verschiedenen Straßen einem Ziel entgegen. Erstaunlich ist nur, daß die Jungfrau Aszendent Zwillinge diese viele Arbeit tatsächlich schafft, allerdings kann dadurch ihre Gesundheit Schaden nehmen. Man beurteilt die Mitmenschen unerbittlich scharf, legt aber auch an sich selbst einen hohen Maßstab an.

Aszendent Krebs beschränkt das Streben der Jungfrau mehr auf die eigenen vier Wände. In dieser Verbindung ist die Familie wichtiger als alles andere. Die Jungfrau Aszendent Krebs ist oft kleinlich. Die Grundtendenz des an sich guten Charakters wird von Minderwertigkeitskomplexen überschattet.

Aszendent Löwe kann die Jungfrau zum rechten Egoisten umformen. Man wird nur noch dem Hilfe geben, von dem man eine Gegenleistung erwarten kann. »Eine Hand wäscht die andere«, heißt die Moral der Jungfrau Aszendent Löwe, die äußerst selbstsicher wirkt und der man auch so leicht nichts vormachen kann. Sie kann übrigens ein guter Partner sein.

Aszendent Jungfrau schafft geordnete Verhältnisse in seinem eigenen Haus. Man ist bei der Jungfrau Aszendent Jungfrau sehr zurückhaltend und beobachtet lieber aus sicherer Entfernung, als sich hautnah mit den Dingen zu identifizieren. Man ist gebildet und hat gute Umgangsformen. Man ist etwas umständlich und pedantisch auf Ordnung bedacht. Gegen manchen Mitmenschen ist man voreingenommen.

Im Zwischenmenschlichen Bereich wirkt diese Jungfrau leicht unterkühlt

Aszendent Waage schwächt den sowieso nicht starken Willen der Jungfrau noch mehr. Oft ist in dieser Verbindung regelrechte Lebensangst vorhanden. Dabei ist die Jungfrau Aszendent Waage überaus gutmütig und feinfühlig. Hemmungen bewirken, daß man sich im Lebenskampf trotz hoher geistiger Anlagen nicht so recht durchzusetzen vermag.

Aszendent Skorpion läßt die Jungfrau zum eiskalten Rechner werden, der sich nur jemandem anschließt, wenn dieser ihm nützlich ist. Die Kritiklust bekommen alle zu spüren. Die Jungfrau Aszendent Skorpion verwendet ihre vorzüglichen Geistesgaben auch, um andere zu demütigen. Man spricht viel von Vernunft und meint meist nur den eigenen Vorteil.

Aszendent Schütze sorgt für Eigenschaften, die die Jungfrau sichtlich in Verlegenheit bringen. Die sonst so Bedächtige wird in diesem Fall mit einer »Temperamentsspritze« auf Hochtouren gebracht. Aber das tut ihr nicht immer gut, denn leicht schießt man über das Ziel hinaus. Die Jungfrau Aszendent Schütze sollte sich einen Lebenspartner suchen, der einiges Vermögen mitbringt – sicher ist sicher!

Bedenkt nicht immer die Folgen ihres Tuns: die Jungfrau unterm Einfluß des Schützen

Aszendent Steinbock stachelt den Ehrgeiz der Jungfrau an. Zwar ist die Jungfrau Aszendent Steinbock in jungen Jahren durchaus bereit, ihren notleidenden Mitmenschen zu helfen, doch mit der Zeit, wenn sich ihr Reichtum über Sparbücher und Wertpapiere vermehrt hat, wird sie immer egoistischer. Man ist hart zur Umwelt, aber genauso hart auch gegen sich selbst. Dadurch versäumt man freilich manche Freuden.

Aszendent Wassermann läßt die Jungfrau sich in alles Erdenkliche einmischen: So neugierig wie in dieser Verbindung ist man sonst kaum. Die Neugier läßt aber auch manches entdecken, was anderen verborgen bleibt. So kommt die Jungfrau Aszendent Wassermann dann meist auf den sogenannten grünen Zweig, von dem sie die Früchte des Lebens ernten kann.

Aszendent Fische heizt das praktische Talent der Jungfrau an, fördert aber auch deren karitatives Denken. Die Jungfrau Aszendent Fische kann sehr mitfühlend sein, was sie als Partner erscheinen läßt, dem das Wohl der Familie über alles geht. Nur im Arbeitsleben setzt man sich nicht immer durch.

Aszendenten des Tierkreiszeichens Waage

Aszendent Widder spornt die sonst so friedliebende Waage zu erhöhter Opposition an: Das konträre Zeichen zur Waage mischt hier einen Charakter, der viele typische Venus-Eigenschaften negiert. Für die Waage Aszendent Widder ist die Umwelt mit bösartigen Leuten durchsetzt, die es zu bekämpfen gilt. In dieses Bild wird oft auch der Lebenspartner einbezogen.

Der Aszendent Widder macht die sonst so harmonische Waage eifersüchtig und mißtrauisch

Aszendent Stier gibt der Waage einen Schuß Hartnäckigkeit, verstärkt aber zugleich ihren Sinn für alles Schöne. Die Waage mit Aszendent Stier eckt oft an, obwohl sie manches nicht so meint, wie sie es ausspricht. Das macht lethargisch. Auch die Gesundheit leidet unter den von ihr aus gesehen ungerechten Reaktionen der Mitmenschen.

Aszendent Zwillinge beschwingt die Waage zu immer neuen Taten. Der Waage Aszendent Zwillinge geht nie die Lust aus, neue Pläne zu schmieden und in die Wirklichkeit umzusetzen. Man redet viel, aber was man sagt, hat Hand und Fuß. Man hat so ein sonniges Gemüt, das auch aufs Privatleben ausstrahlt.

Aszendent Krebs schwächt sichtlich die Willensstärke der Waage; er läßt oft unbeherrscht und launenhaft sein. Dabei könnte die Waage Aszendent Krebs das beste Tierkreiszeichen sein: Man hat viel Verständnis für Mitmenschen, viel Mitleid für die Unterdrückten und übt auch viel tätige Nächstenliebe.

Bringt die Waage ins Gleichgewicht: der Löwe

Aszendent Löwe hilft der Waage kräftig: Hier stabilisiert man sich zu voller Schönheit und Größe. Die Waage Aszendent Löwe ist jedermann sympathisch und weiß sich zu benehmen (Waage-Mensch Freiherr von Knigge wird den Löwen im Aszendenten gehabt haben). Man ist charmant und wird seinen Weg machen, an dessen Rand man viele Gönner finden wird.

Aszendent Jungfrau gleicht das etwas unstete Waage-Wesen aus. Die Waage mit Aszendent Jungfrau ist betont friedliebend. Man redet nicht viel, dafür läßt man lieber die guten Taten wirken. Nur wenige können sich Freund einer Waage Aszendent Jungfrau nennen; denn Freundschaft ist für diese das höchste Gut, das man nicht an jeden X-Beliebigen verschenkt.

Aszendent Waage bewirkt das Streben nach Harmonie und Gerechtigkeit. Als Waage Aszendent Waage ist man gefühlsbetont, hat beste Umgangsformen und wirkt auf die Umwelt lebhaft und anlehnungsbedürftig. Eine gewisse Abneigung gegen schwere, vor allem aber schmutzige Arbeit läßt eitel erscheinen. Man leistet trotzdem viel.

Aszendent Skorpion bestärkt die Waage in ihrem Wunsch nach Harmonie und Friedfertigkeit. Aber hier und da merkt man doch den Stachel, den der Aszendent dem Waage-Zeichen beimischt: Die Waage Aszendent Skorpion kann sehr unbeherrscht sein und die Mitmenschen mit allzu deftigen Wahrheiten brüskieren. Nur ein Partner, der volles Verständnis auch für die Schattenseiten hat, sollte sich mit ihr verbünden.

Willensschwäche durch den Schütze-Aszendenten

Aszendent Schütze macht die Waage besonders sympathisch. Die höfliche Zuvorkommenheit läßt viele Freunde finden. Das schafft der Waage Aszendent Schütze auch Gönner, die den beruflichen Weg planieren. In den intimen Beziehungen kann man sich nur schwer für einen Partner entscheiden: Der Wille ist nicht sonderlich stark, man kann nur schwer nein, noch viel schwerer jedoch ja sagen.

Aszendent Steinbock poliert den Glauben der Waage auf, daß sich mit ihr so leicht niemand vergleichen kann. Der Berufserfolg scheint der Waage Aszendent Steinbock recht zu geben. Aber das Leben kennt auch zwischenmenschliche Beziehungen, in denen andere Maßstäbe gelten als im Beruf. Und hier könnte sich mancher als Versager erweisen.

Aszendent Wassermann fördert die Opferbereitschaft der Waage, ihre Menschlichkeit und Güte. Aber auch die Wankelmütigkeit kommt mit ins Spiel, das dann mit einer Niederlage enden kann. Mancher Mitmensch mag es übrigens nicht, wenn ihm die Waage Aszendent Wassermann die Freundschaft geradezu aufdrängen will.

Aszendent Fische verleiht der Waage Redetalent, wobei die Debatte freilich oft unkontrolliert geführt wird. Die Waage mit Aszendent Fische strebt nach Harmonie, aber es könnte leicht sein, daß man die schönsten Gefühle zerredet. Trotz der vielen Widersprüche, die das Wesen der Waage Aszendent Fische aufweist, bleibt man in dieser Verbindung treu und anhänglich.

Aszendenten des Tierkreiszeichens Skorpion

Einen geduldigen Partner braucht der Skorpion Aszendent Widder an seiner Seite

Aszendent Widder unterstützt den Kampfgeist des Skorpions, der manchmal mit elementarer Wucht zum Ausbruch kommt und alles niederwalzen kann, was sich ihm entgegenstellt. Der Skorpion Aszendent Widder ist sinnenfroh, wobei die Leidenschaft manche Leiden schafft. Und die Genußsucht kann gesundheitlich schaden.

Aszendent Stier macht den Skorpion häuslicher, der unter diesem Aszendenten trotzdem nicht seine sprichwörtliche Angriffslust verliert. Das macht das Zusammenleben etwas schwierig. Der Skorpion Aszendent Stier wird es beruflich sehr weit bringen, und das mag ihn befriedigen.

Aszendent Zwillinge läßt den Skorpion unentschlossen werden, er gibt ihm eine leichte Neigung zu Größenwahn mit. Dabei ist der Skorpion Aszendent Zwillinge meist mit besonderen Geistesgaben ausgestattet, die er manchmal in Berufen einsetzt, die nicht unbedingt als bürgerlich gelten.

Aszendent Krebs bremst den allzu forschen Skorpion ein wenig ab, der sich nun auch Gedanken um seine Mitmenschen macht und versucht, den eigentümlichen Angriffswillen zu unterdrücken, der in jedem Skorpion zu stecken scheint. Der Aszendent Krebs ist gewissermaßen die Schatulle, in der der Skorpion seinen Giftstachel verschließen kann.

Aszendent Löwe läßt den Skorpion unnahbar erscheinen. Das gibt ihm das Flair des Unbesiegbaren. Nur die Menschen, die einen Skorpion Aszendent Löwe lieben, wissen, wieviel vulkanische Leidenschaften hinter dieser doch nur gespielten Unnahbarkeit stecken. Man kennt in dieser Verbindung nur einen Berufsweg: den zum Erfolg!

Aszendent Jungfrau bringt Unruhe in das Leben des sowieso schon unruhigen Skorpions, der sich im Lebenskampf in solcher Verbindung nicht durch Angriffslust, sondern mehr mit schlauer List durchsetzt. Der Skorpion Aszendent Jungfrau gehört oft zu den fanatischen Verfechtern revolutionärer Bewegungen. Seine Meinung will man jedem aufzwingen.

Aszendent Waage macht den Skorpion zum Charmeur, der sich durch diplomatisches Verhalten auszeichnet, und dem man die geistige Befähigung für Ämter und Würden nicht absprechen kann. Der Skorpion Aszendent Waage ist ein liebenswerter Mensch, wenn er sich seiner moralischen Verpflichtung gegenüber seinen Mitmenschen bewußt ist – wehe aber, wenn sich diese Charakteranlage ins Gegenteil verkehrt!

Aszendent Skorpion bewirkt Angriffslust. Das kämpferische Wesen ist beim Skorpion Aszendent Skorpion sichtlich überbetont. Man entschließt sich in dieser eindeutigen Verbindung sehr schnell, vergißt aber im Übereifer die sonst stets angestrebte Vorsicht. Jähzorn und fanatischer Gerechtigkeitssinn lassen die Umwelt leicht erschauern.

Trotz seines ausgeprägten Machtinstinkts heiter und zufrieden: Skorpion Aszendent Schütze

Aszendent Schütze läßt beim Skorpion die Kassen klingeln, nur weiß mancher nicht, woher das viele Geld kommen mag, das sich da so plötzlich anhäuft. Dem Skorpion Aszendent Schütze ist jedes Mittel recht, um zu Macht und Reichtum zu gelangen. Und deshalb heiratet man oft auch Partner, die eine Mitgift in die Ehe einbringen.

Aszendent Steinbock verstärkt den anspruchsvollen Willen des Skorpions und dessen Streben nach autoritärer Machtentfaltung. Trotzdem mischt der Aszendent dem Skorpion auch eine Portion Opferbereitschaft und Verantwortungsbewußtsein bei, so daß sich manches mildert, was sonst in Lebenshärte Ausdruck findet. Man opfert dem Beruf die größte Zeit des Lebens, und so kommt meist das Privatleben zu kurz.

Aszendent Wassermann idealisiert manche Eigenschaft des Skorpions: Die Hartnäckigkeit zeigt sich im sozialen Bereich, und die Leidenschaft führt zu freiheitlichem Denken. Der Skorpion Aszendent Wassermann eckt mit diesen Idealen trotzdem bei der Umwelt an, weil er einen Ausschließlichkeitsanspruch stellt.

Aszendent Fische läßt den sonst so schweigsamen Skorpion Reden halten, die allerdings etwas angriffslustig vorgetragen werden. Der Skorpion Aszendent Fische ist sympathisch und verdient das Vertrauen, das man ihm im Beruf und auch privat entgegenbringt. Wenn nur nicht die innere Unruhe den guten Eindruck, den eigentlich jeder von ihm hat, verwischt.

Aszendenten des Tierkreiszeichens Schütze

Aszendent Widder hindert den Höhenflug des Schützen in keiner Weise. Er setzt sogar noch ein paar Ausrufezeichen dahinter. Der Schütze Aszendent Widder ist oft sehr gläubig und sogar bereit, sich für seinen Glauben zu opfern. Man liebt die Gerechtigkeit und fühlt sich am ehesten in einer großen Gemeinschaft wohl.

In dieser Verbindung sind Entwicklungshelfer zu Hause: Schütze Aszendent Widder

Aszendent Stier bringt sehr viel Glück ins Schütze-Zeichen, aber damit allein wird der freiheitstrunkene Schütze noch nicht häuslich. Im Gegenteil; er versucht über das Gefühl, die Mitmenschen in seinen Bann zu schlagen, um sie für seine Zwecke auszunutzen. Manche Schützen Aszendent Stier sind sehr naturverbunden, andere »wildern« in fremden Jagdrevieren.

Aszendent Zwillinge fördert die schöpferischen Elemente, aus denen der Schütze seine Kraft bezieht. Der Schütze Aszendent Zwillinge hat hervorragende Geistesanlagen, die ihm für die Karriere nützlich sein können. Da er aber auch oft unentschlossen ist, bleibt er möglicherweise auf halbem Wege stehen. Wegen seines reizenden Wesens findet er viele Freunde.

Glänzt als Redner vor einem begeisterten Publikum

Aszendent Krebs wirkt hemmend auf die schlechteren Eigenschaften des Schützen. So erscheint der Charakter seltsam gezügelt. Manche halten den Schützen Aszendent Krebs deswegen für entschlußlos, andere sehen ihn dagegen als verantwortungsbewußt. Jedenfalls dämmt der Krebs des Schützen Reiselust ein und münzt sie in Wanderlust und Naturverbundenheit um. Er lehrt ihn, den Beredten, das Schweigen.

Aszendent Löwe öffnet dem Schützen die feinste Gesellschaft und funktioniert ihn trotzdem nicht zum Salonlöwen um. Der Schütze Aszendent Löwe ist sehr angesehen und lernt schon in jungen Jahren das Befehlen. Man strahlt in dieser Verbindung so viel Herzenswärme aus, daß jeder des Schützen Aszendent Löwe Freund sein möchte.

Aszendent Jungfrau sorgt beim Schützen für ein gutes Gewissen. Rechtschaffenheit und Anständigkeit sind oberstes Gebot. Er hat sehr moralische Grundsätze, die sich auch auf Familie oder Kollegenschaft übertragen werden. Harmonie herrscht im Privatleben vor.

Aszendent Waage lehrt den Schützen, daß er den Mitmenschen höflich und freundlich gegenübertreten muß, um sie für sich zu begeistern. So findet er viele Freunde, denen er seine Hilfe angedeihen läßt, wenn sie einmal in Not geraten. Der Schütze Aszendent Waage ist ein Vorkämpfer der Humanität.

Mit Hartnäckigkeit kommt er zum Luxusleben

Aszendent Skorpion bringt beim Schützen die Leidenschaft ins Spiel, die sich in einem grenzenlosen Willen nach Freiheit und Unabhängigkeit äußert. Trotzdem ist der Schütze Aszendent Skorpion ein perfekter Gastgeber, der andere an einem Leben im Luxus teilhaben läßt. Bis es aber zu solch prächtigem Lebensstil kommt, muß manche Klippe umschifft werden.

Aszendent Schütze fördert die hohen Ideale und den Wunsch nach sozialer Gerechtigkeit. Der Schütze Aszendent Schütze ist lebhaft und begeisterungsfähig, sportlich und naturliebend. Sein Wunsch nach Geselligkeit läßt ihn nach außen streben. Man sucht auf abenteuerliche Weise, die Welt zu erobern. Man will etwas gelten, ist freilich auch sentimental.

Aszendent Steinbock macht den Schützen ehrgeizig. Reisen dienen ihm nur als Mittel zum Zweck, Beziehungen anzuknüpfen oder den eigenen Horizont zu erweitern. Dem Schützen Aszendent Steinbock gelingt ein schneller Aufstieg in die höheren Etagen des Wohlstandes. Es sollte nur niemand wagen, sein privates Leben zu erforschen, er würde seinen Haß zu spüren bekommen; mancher hat etwas zu verbergen!

Dieser Schütze opfert den letzten Groschen für soziale Zwecke

Aszendent Wassermann setzt den Schützen zielbewußt auf die hohen Ideale der Humanität an. Der Schütze Aszendent Wassermann bringt es oft zu Ruhm und Ansehen, aber seine gefüllte Brieftasche ist meist rasch leer. Die reizende Art, allen Mitmenschen wie alten Freunden gegenüberzutreten, macht ihn sehr beliebt. Nur schade, daß man manchmal zu fanatisch humanitäre Pläne durchsetzen will.

Aszendent Fische garantiert dem Schützen gesellschaftlichen und sozialen Aufstieg, zumal in beiden Zeichen Jupiter den Mäzen spielt. Der Schütze Aszendent Fische ist anpassungsfähig und erreicht oft mit Leichtigkeit, was anderen nur über gewaltige Kraftanstrengungen gelingt. Man hat hochtrabende Pläne, die man aber nie ganz ausführen wird. Es genügt meist schon ein gutbezahlter Job.

Aszendenten des Tierkreiszeichens Steinbock

Aszendent Widder taut die unterschwelligen Gefühle des Steinbocks auf, aber es gelingt ihm nicht, allzu große Leidenschaft zu wecken. Der Steinbock Aszendent Widder treibt seine beruflichen Pläne mit Macht voran. Meist erreicht man eine gut dotierte Stellung, so daß man Kapital für das hohe Ideal, armen Menschen zu helfen, ansammeln kann.

Aszendent Stier läßt den Steinbock an einer einmal gefaßten Meinung auch dann festhalten, wenn er nicht mehr ganz von ihr überzeugt ist. Der Steinbock Aszendent Stier bewegt sich meist langsam und träge, aber das täuscht: In dieser Verbindung ist man zu großen Arbeitsleistungen fähig. Am liebsten legt man sich labile Freunde zu, die man beherrschen kann.

Kompromisse sind ihm verhaßt, Arbeit nicht: So zeigt sich der Steinbock unter dem Einfluß des Stiers

Aszendent Zwillinge stellt den Steinbock an eine Klagemauer: Er ist enttäuscht darüber, wie übel ihm das Leben oft mitspielt. Seine Melancholie paßt freilich nicht zu dem ernsten Bemühen um eine Karriere, die ihn von allen Sorgen befreit. Sie macht manchmal auch einem eiskalten Denken Platz, das sich dann nur noch auf egoistische Ziele konzentriert.

Aszendent Krebs bringt den Steinbock in einen Zwiespalt: Soll er nun lachen oder weinen? Und das wühlt seine Gefühlswelt auf. Der Steinbock Aszendent Krebs ist oft seiner selbst nicht sicher; denn seine Launen bringen trübe Stimmungen mit, die zu Arbeitsunlust und Niedergeschlagenheit führen können. Am Ende beißt man sich immer wieder durch, was nicht hindert, düster in die Zukunft zu schauen.

Aszendent Löwe lehrt den Steinbock stolz den Kopf zu heben und wie ein königliches Wesen um sich zu schauen: Seht her, ich bin's! Der Steinbock Aszendent Löwe fühlt sich über seine Mitmenschen erhaben, oft sogar aus gutem Grund: Er arbeitet mehr und besser. Seine Zeitgenossen verkennen ihn leider.

Aszendent Jungfrau sichert das vom Steinbock Erreichte ab und drängt auf eine fortschrittliche Entwicklung. Der Steinbock Aszendent Jungfrau ist meist sehr gescheit. Er hat vor allem ein gutes Verhältnis zum Geld und weiß, wie man es anlegen muß, um es zu verdoppeln. Seine Disziplin ist vorbildlich.

Aszendent Waage bringt ein bißchen Familienfreundlichkeit ins triste Arbeitsleben eines Steinbocks, was nicht besagen will, daß der Schlendrian einkehrt. Im Gegenteil: Der Steinbock Aszendent Waage wird mehr wagen, weil er einen Schuß Leichtsinn abbekommen hat; er wird aber auch mehr wägen, und das wird manchmal hochfliegende Pläne platzen lassen.

Aszendent Skorpion zwingt den Steinbock oft in die Isolation. Das liegt an der Hartnäckigkeit, mit der ein Steinbock Aszendent Skorpion seine Ziele verfolgt, und an seinem unbändigen Arbeitseifer sowie an seinem nie erlahmenden Ehrgeiz. Das schafft ihm natürlich keine Freunde. Und so bleibt er oft sein ganzes Leben lang allein, zu keinem Kompromiß.

Aszendent Schütze bringt Unruhe ins Steinbock-Herz. Der Steinbock Aszendent Schütze ist sich seiner selbst nicht ganz sicher. Man unternimmt zwar gewaltige Kraftanstrengungen, gerät aber immer wieder ins Stocken. Trotzdem kommt man später zu einem ansehnlichen Bankkonto. Nur in der Liebe bleibt mancher Steinbock Aszendent Schütze allein.

Zweifel nagen am Steinbock, wenn sein Aszendent der Schütze ist

Aszendent Steinbock läßt recht eigenwillige Entschlüsse zu. Der Steinbock Aszendent Steinbock ist die Selbstbeherrschung in Person, konzentriert sich auf das Wesentliche und wird mit aller Zähigkeit seine Karriere zimmern. In den zwischenmenschlichen Beziehungen macht sich oft übergroße Schüchternheit breit: Man kann sich nicht entscheiden und dreht und wendet sich, bis man doch in die Falle tappt.

Aszendent Wassermann deckt manche Schwächen beim Steinbock auf, aber er versteckt diese hinter einem bewußt selbstsicheren Wesen. Der Steinbock Aszendent Wassermann ist oft ein wenig haltlos, ihm gelingt durch eigene Initiative nicht sehr viel. Auch wenn er sich noch so konzentriert, wird er nicht sehr erfolgreich sein. Man sollte hier auf eine Erbschaft hoffen oder auf einen gutgestellten Ehepartner.

Sein Ehepartner hat es gut, sollte aber eigenes Geld haben

Aszendent Fische legt dem eifrigen Steinbock nicht zu überspringende Hindernisse in den Weg. Doch mit Schläue umgeht sie der Steinbock Aszendent Fische: Das ist zwar der langwierigste Weg, der führt aber auch zum Ziel. Man fällt oft auf falsche Freunde herein, sucht aber immer wieder neue. Denn hier herrscht das zarte Gefühl der Fische vor.

Aszendenten des Tierkreiszeichens Wassermann

Aszendent Widder verführt den Wassermann zu immer wieder neuen, hochtrabenden Ideen, die aber nur selten in die Tat umgesetzt werden. Oft ist das Glück auf der Seite des Wassermanns Aszendent Widder: Man wird in Stellungen aufsteigen, die man aufgrund seines Wissens eigentlich nicht besetzen könnte. Man beginnt viel und leistet daher wenig.

Aszendent Stier hindert den Wassermann etwas daran, seine Fähigkeiten gezielt einzusetzen. Der Wassermann Aszendent Stier ist sehr beliebt, weil er hart erarbeitetes Geld auch mal unters Volk streut. Man ist hier nicht leichtsinnig, eher wohltätig – ein geselliger Typ, der überall Freunde findet.

Schwierige Probleme machen den Wassermann Aszendent Stier oft etwas hilflos

Aszendent Zwillinge sorgt für den scharfen Verstand des Wassermanns, der von Erfolg zu Erfolg marschieren wird. Hier wird nichts mit dem Ellbogen gemacht, sondern alles nur mit dem Intellekt. Der Wassermann Aszendent Zwillinge ist bei seinen Mitmenschen beliebt, er findet trotz harter Anstrengungen immer noch Zeit für Geselligkeit und Familienleben.

Aszendent Krebs dämpft etwas die weltoffene Art des Wassermanns, aber er verleiht viel Sinn für ein gutes Familienleben. Der Wassermann Aszendent Krebs hat tiefschürfende Gedanken, die ihn auch für Okkultes aufnahmebereit machen. Manchmal sondert man sich ab und beginnt zu träumen, wie schön die Welt sein könnte, wenn sie sich auf hohe Ideale besänne. Verständlich, daß man nicht allzu erfolgreich ist.

Aszendent Löwe sorgt dafür, daß manches Ideal des Wassermanns in die Tat umgesetzt wird; er stellt ihn an die vorderste Front im Kampf um die soziale Gerechtigkeit. Der Wassermann Aszendent Löwe fühlt sich in der Rolle des Vorkämpfers einer sozialen Gesellschaft wohl.

Im Kampf gegen die kapitalistische Welt steht der Wassermann mit Aszendent Löwe

Aszendent Jungfrau macht den Wassermann gesundheitlich etwas anfällig, weshalb man zu Diät und naturgemäßen Heilverfahren neigt. Oft ist aber ein Wassermann Aszendent Jungfrau widerstandsfähiger, als er sich selbst suggeriert und wird ein hohes Alter erreichen. Bei aller Neugier ist man überaus feinfühlig und verständnisvoll.

Aszendent Waage verzettelt oft die auf Erfolg gerichtete Leistung des Wassermanns, wodurch sich leicht Mißerfolg einstellen kann. Natürlich hat auch der Wassermann Aszendent

Waage hohe Ideale, aber er streut diese zu wahllos unters Volk. Man will eben alle Menschen glücklich machen.

Ein Praktiker mit kühlem Kopf wird der Wassermann unter Skorpioneinfluß

Aszendent Skorpion treibt den Wassermann zu immer neuen Taten an, wobei er es nicht an einem Quentchen Rücksichtslosigkeit fehlen läßt. Der Wassermann Aszendent Skorpion wird sich durchsetzen, aber da er trotz großer Erfolge im Lebenskampf menschlich bleibt, wird er selbst von seinen Gegnern geschätzt.

Aszendent Schütze betont des Wassermanns Hang zu freiheitlicher Entfaltungsmöglichkeit der Persönlichkeit. Das kann sich einmal in einer überschäumenden Lebensfreude ausdrükken, zum anderen aber auch in praktischer Nächstenliebe. Der Wassermann Aszendent Schütze gibt nicht viel auf die Meinung anderer. Er beharrt lieber auf der eigenen.

Aszendent Steinbock sorgt dafür, daß der Wassermann zum nüchternen Tatsachenmenschen wird; er schenkt Konzentration und Beharrlichkeit im Verfolgen der eigenen, für die Menschheit nützlichen Pläne. Der Wassermann Aszendent Steinbock ist in Gelehrtenstuben ebenso zu finden wie im Sozialamt. Für ihn ist wichtig, einer guten Sache zu dienen.

Können launisch sein: Wassermänner mit Aszendent Wassermann

Aszendent Wassermann läßt den Wassermann vor eigenen Ideen nur so übersprudeln. Man will in dieser Verbindung das Neue um jeden Preis durchsetzen. Der Wassermann Aszendent Wassermann paßt sich wechselnden Umständen schnell an, hat aber keine große Ausdauer. Bei negativen Aspekten kann die Zielsicherheit leiden.

Aszendent Fische drückt etwas die Leistungskurve des Wassermanns nach unten, dafür unterstützt er aber nachhaltig die Hilfsbereitschaft und das karitative Sendungsbewußtsein. Der Wassermann Aszendent Fische möchte die ganze Welt umarmen. Er kann nicht glauben, daß es schlechte Menschen gibt. Diesen Glauben behält er selbst dann noch bei, wenn er von sogenannten besten Freunden enttäuscht wurde.

Aszendenten des Tierkreiszeichens Fische

Aszendent Widder könnte den Fische-Typ entschlossener machen, aber immer wieder werden sich Perioden des Zauderns einstellen, in denen alle guten Vorsätze über den Haufen geworfen werden. Die Energie wird dadurch verschwendet,

das Ziel kaum erreicht. Fische Aszendent Widder sind sehr sozial eingestellt. Durch ein gutes Familienleben können sie so gestärkt werden, daß sie doch noch beruflichen Erfolg haben.
Aszendent Stier unterstützt noch die labilen Züge der Fische. Man traut sich wenig zu und vertraut anderen zuviel. Fische Aszendent Stier sind die Güte in Person, aber es fehlt ihnen an Ehrgeiz, den man nun einmal braucht, um sich im Leben durchzusetzen. Sie wissen zwar den Wert des Geldes zu schätzen, aber für das Sparbuch wird ihnen oft nichts übrig bleiben.
Aszendent Zwillinge fördert die sentimentalen Regungen eines Fische-Typs, sorgt aber auch dafür, daß er leicht von seinen Mitmenschen – im guten wie im schlechten Sinne – zu beeinflussen ist. In der Liebe verleiht der Aszendent den Fischen Flügel. Man sieht diese fliegenden Fische über Teichen von Blüte zu Blüte springen, bis ein Raubvogel auf sie niederstößt und all ihre Träume zerstört.
Aszendent Krebs kann den Fischen zusätzliche Träume schenken, neue Energien legt er nicht frei. Fische Aszendent Krebs setzen sich nicht durch, obwohl sie den besten Willen zu perfekter Leistung haben. Sie haben ihre Ideale, die sie jedoch nach und nach opfern müssen, weil keine Geschäfte gemacht, geschweige denn Gewinne erzielt werden können.
Aszendent Löwe schenkt den Fischen zum Gefühl die Geduld, zu den Idealen die Kraft, diese auch durchzusetzen. Fische Aszendent Löwe werden es im Leben zu etwas bringen, auch wenn ihre Mittel von ihren Gegnern manchmal als unfair bezeichnet werden. Sie peilen den Erfolg an, sind aber oft zu bequem, letzte Möglichkeiten auszuschöpfen.

Um ganz nach vorne zu kommen, oft zu bequem: Fische Aszendent Löwe

Aszendent Jungfrau impft den Fischen etwas Verantwortungsgefühl gemixt mit einer Portion Lebensernst ein. Das räumt manche Schwierigkeiten aus dem Weg. Fische Aszendent Jungfrau sind ernster als ihre Geschwister mit anderen Aszendenten, allerdings nehmen sie manches Problem auch zu ernst. Sie werden nicht unbedingt Spitzenpositionen besetzen.
Aszendent Waage erhebt das Zögern zur Lebensdoktrin der Fische. Niemand ist so wenig entschlußfreudig wie diese Fische Aszendent Waage, niemand kann aber auch diesen Charakterzug so charmant verschleiern wie sie. Diese Leute sind sehr wenig von sich selbst überzeugt, aber durch ihr reiches Gemüt finden sie in der Liebe manches, was ihnen im Beruf fehlt.

Aszendent Skorpion streicht den Fischen zwei Drittel des Gefühls weg und gibt dafür die gleiche Menge Durchsetzungskraft. Daher findet man in den höchsten Stellungen Fische Aszendent Skorpion, die sich rücksichtslos den Weg nach oben bahnen konnten. Sie machen nicht viele Worte: Das Schweigen ist ihre Waffe, dadurch lassen sie sogar den redseligsten Menschen verstummen. Erstaunlich, daß sie zum Ausgleich für die Turbulenzen im Beruf ein ruhiges Familienleben führen.

Prophetisch und abenteuerlustig macht der Schütze den Fische-Menschen

Aszendent Schütze verstärkt die Jupiter-Eigenschaften der Fische: Man möchte Großes erreichen, seine Ideale in die Tat umsetzen. Manchen Fischen Aszendent Schütze ist die Gabe der Prophetie gegeben, andere sind Universalgenies. Auch die Abenteuerlust wird unter diesem Aszendenten gefördert – nur gut, daß die Fische auf diesem Gebiet dann bremsen. In dieser Verbindung liebt man die langatmigen Debatten, die zum Schluß in Monologen enden.

Aszendent Steinbock läßt die Fische nicht in »trüben Tümpeln« versauern, er bringt ihnen die Erkenntnis, daß Arbeit die einzige Möglichkeit ist, sein Leistungsvermögen zu zeigen. Fische Aszendent Steinbock sind ernste Charaktere, die sich für alles aufgeschlossen zeigen, was der Menschheit dient. Sie sind Idealisten, die meinen, was sie sagen.

Bringt Genies hervor: der Fische-Aszendent Wassermann

Aszendent Wassermann verstärkt die guten Grundsätze der Fische, ihr Mitgefühl und ihre Toleranz. Fische Aszendent Wassermann fühlen sich nur in der Gemeinschaft wohl, für die sie auch ihre ganze Arbeitskraft einsetzen. Sie sind meist sehr intelligent (viele Genies wurden unter dieser Verbindung geboren) und haben ein Herz für alle Mitmenschen, die sozial schwächer gestellt sind als sie selbst.

Aszendent Fische bringt im eigenen Haus einen eigenartigen Typ heraus, der sichtlich gehemmt erscheint. Man verhält sich ausgesprochen passiv und neigt manchmal sogar zu Depressionen. Ein Übermaß an Gefühl hindert die Fische Aszendent Fische oft nicht, ängstlich vor Entscheidungen zurückzuschrecken. So wird man einsam bleiben, wenn man nicht von einem stärkeren Partner mitgezogen wird.

Das Medium Coeli oder die Himmelsmitte

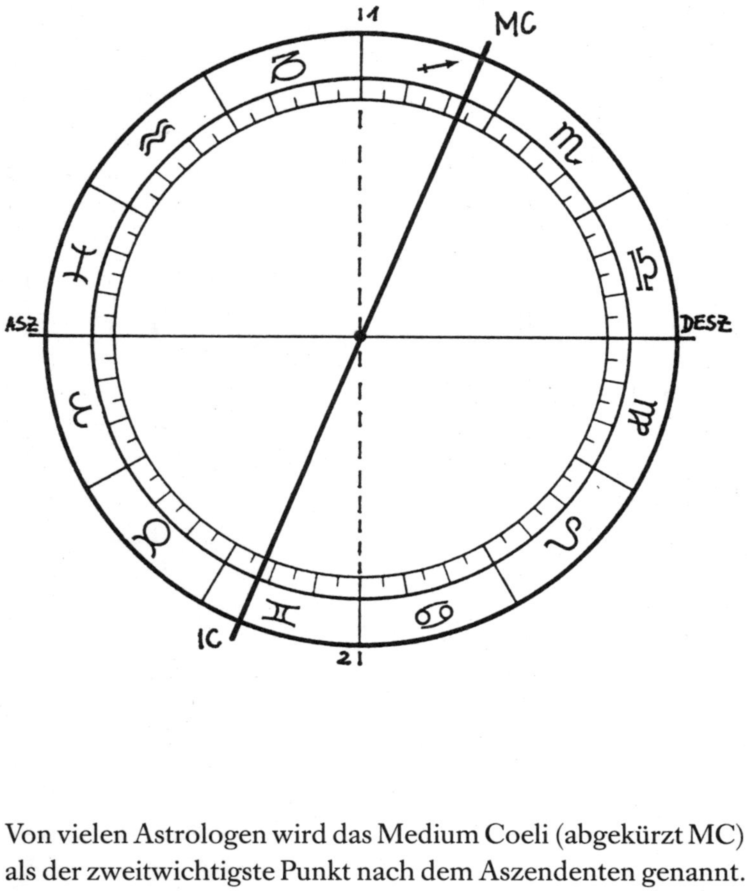

Das Medium Coeli (MC) ist, vom Standort des Betrachters auf der Erde aus gesehen, um die Mittagszeit der höchste Punkt am Himmelsgewölbe. Er bildet mit dem Imum Coeli (IC), der Himmelstiefe, die Vertikalachse des Horoskops, die in unseren Breiten gegen die senkrecht auf der Horizontalachse stehende Pol-Linie (1 nach 2) etwas geneigt ist

Von vielen Astrologen wird das Medium Coeli (abgekürzt MC) als der zweitwichtigste Punkt nach dem Aszendenten genannt. Es ist der höchste Punkt am Himmelsgewölbe über dem Beobachterort auf der Erde. Zur Mittagszeit liegt er zum Beispiel im Zenit über unserem Geburtsort auf einem Großkreis (Mittagskreis oder astronomisch Meridian genannt), der durch den Himmelspol und eben diesen Zenit hindurchgeht. Das Medium Coeli ist also der Scheitelpunkt am Himmelsgewölbe senkrecht über uns.

Bei der Erstellung eines Geburtshoroskops kommt es also auf den Längen- und den Breitengrad des Geburtsortes an, damit das Medium Coeli auf dem Meridian, der den Tierkreis oder die Ekliptik schneidet, zur Geburtszeit festgelegt werden kann. Den entgegengesetzten Punkt zum MC nennt man das Imum Coeli (abgekürzt IC) oder die Himmelstiefe (Nadir).

Verantwortlich für Ichbewußtsein, Individualität und Zielsetzungen des Menschen ist astrologisch das Medium Coeli

MC und IC sind durch eine Linie verbunden, die durch den Mittelpunkt der Erde, also auch der Ekliptik, hindurchgeht und die Vertikalachse des Horoskops ist. Die Horizontalachse läuft durch Aszendent und Deszendent.

Astrologisch deutet das Medium Coeli die Individualität des Menschen, sein Ichbewußtsein, aber auch sein Lebensziel an. Das sieht dann in den einzelnen Tierkreiszeichen so aus:
Das Medium Coeli im Widder zeigt die Zielstrebigkeit an, mit der man sich im Leben durchsetzt, die freilich auf fanatischem Ehrgeiz gründet. Man glaubt, daß einem alles gelingen kann, ist aber manchmal etwas voreilig in seinen Entschlüssen.
Das Medium Coeli im Stier verleiht die Ausdauer, um langsam, aber sicher an ein erstrebenswertes Ziel zu gelangen. Man denkt sehr realitätsbezogen, ist vielleicht gerade deshalb oft mißtrauisch und skeptisch. Man strebt nach Sicherheit.
Das Medium Coeli in den Zwillingen zersplittert oft die Zielstrebigkeit, weil man zuviel auf einmal erreichen will. Man setzt sich deshalb trotz hoher Geistesgaben nicht immer durch, weil man gewissermaßen an der Oberfläche bleibt und nicht sehr tief schürft.
Das Medium Coeli im Krebs läßt ein ewiges Streben nach Selbständigkeit und den Versuch, das eigene Ich durchzusetzen, erkennen. Da gibt es dann ein ständiges Auf und Ab weil man auf Umwelteinflüsse allzu empfindlich reagiert.

Es macht den Löwen zum Mittelpunktmenschen

Das Medium Coeli im Löwen deutet stets darauf hin, daß man sich rücksichtslos in den Vordergrund spielen wird. Man strebt nach Reichtum und Einfluß und stellt einen unverrückbaren Machtanspruch. Trotz Großzügigkeit gegenüber den Mitmenschen scheint manchmal der pure Egoismus durch.
Das Medium Coeli in der Jungfrau verrät Gewissenhaftigkeit in der Durchsetzung eines Lebensziels, aber auch eine recht pingelige Genauigkeit, die leicht zur Verzettelung der Kräfte führen kann. Man ist überdies in manchen Dingen kleinlich und reagiert überempfindlich.

Das Medium Coeli in der Waage schreibt Zusammenarbeit groß. Man sucht dank geschliffener Umgangsformen die Protektion eines Gönners, um sich so über andere zu erheben. Man strebt nach materieller Unabhängigkeit und Harmonie.
Das Medium Coeli im Skorpion läßt alles aus eigener Kraft entstehen, wobei materielles Denken in den Vordergrund rückt. Man arrangiert sich mit anderen nur, wenn man nicht weiterzukommen scheint. Ansonsten ist man oft rücksichtslos.
Das Medium Coeli im Schützen verführt dazu, daß man um jeden Preis Ansehen erlangen will. Man hat durchdachte Pläne und hochfliegende Ziele. Und damit bringt man es weit, auch wenn eine gewisse Unbeständigkeit nicht zu leugnen ist. Trotz egoistischer Einstellung findet man viele Freunde.
Das Medium Coeli im Steinbock sorgt für jede Menge Aufstiegsmöglichkeiten, die allerdings immer finanziell abgesichert werden. Viel Selbstvertrauen ist hier mit Fleiß und Ausdauer gepaart. Obwohl man eine gepflegte Häuslichkeit liebt, wird man vielleicht einsam bleiben.

Den Steinbock läßt es auf der Karriereleiter nach oben klettern

Das Medium Coeli im Wassermann läßt vieles beginnen, aber manches erst gar nicht ausführen. Man ist für Neuerungen jeder Art, zersplittert jedoch die Kräfte. Zusammenarbeit ist erstrebenswert, wenn man selbst das Sagen hat.
Das Medium Coeli in den Fischen verführt manchmal zu einer Wartestellung. Man liebt den Genuß, nicht immer harte Arbeit. Oft läßt man sich in die falsche Richtung beeinflussen und denkt dann allein über die Unbill des Lebens nach.

Die Mondknoten

Zwei weitere wichtige Schnittpunkte auf der Ekliptik seien hier nur kurz erwähnt: Der aufsteigende und der absteigende Mondknoten, auch Drachenpunkte genannt. Es sind Knotenpunkte der Mondbahn, die sich mit der Ekliptik schneidet.

Astrologisch werden sie von alters her als sehr wirkungsvoll angesehen. Sie sollen über die Anpassungsfähigkeit des Menschen, sein Streben nach Verbindungen und Geselligkeit aussagen, aber – beim absteigenden Mondknoten – auch über das Gegenteil. Verbindet man die beiden Mondknoten im Horoskop, dann ist beim aufsteigenden von erfüllten Wünschen, beim absteigenden von nicht erfüllten die Rede.

Die Aspekte sind Winkel des Schicksals

Eine besonders hübsche Darstellung unseres Planetensystems auf einem Holzschnitt, Ende des 15. Jahrhunderts

Aspekte – das sagten wir schon in dem Kapitel, in dem wir das Horoskop erklärten – sind bestimmte Stellungen von Sonne, Mond, Planeten, Aszendent und Medium Coeli im Tierkreis, aus denen der Astrologe Aussagen über Schicksal und Charakter eines Menschen herauslesen kann. Wir wollen uns hier auf die wichtigsten, aussagekräftigsten Aspekte beschränken.

Man mißt sie in Winkeln, weshalb auch von Winkelbeziehungen die Rede ist. Die Gestirne bilden nämlich, von der Erde aus gesehen, bestimmte Winkel zueinander, die in Grad, Minuten und sogar Sekunden ausgerechnet werden können, wenn man Ephemeriden als Hilfsmittel zur Verfügung hat. Man kann in freilich zeitraubender Arbeit die Gestirnsstände auch selbst ausrechnen, aber das zu erklären, führt hier zu weit.

Die Winkel haben oft eine stärkere, dann aber auch wieder eine schwächere astrologische Wirkung. Der engste Winkel wirkt zugleich am nachhaltigsten. Es ist die Konjunktion, bei der zwei Gestirne besonders nahe beieinander stehen, am besten in einem Winkel nahe null oder 360 Grad. Zunächst sollen aber die Aspekte und ihre Wirkung vorgestellt werden:

Konjunktion	um	0 und 360 Grad	günstig und ungünstig
Sextil	um	60 und 300 Grad	günstig
Quadrat	um	90 und 270 Grad	ungünstig
Trigon	um	120 und 240 Grad	besonders günstig
Opposition	um	180 Grad	ungünstig

Die Konjunktion ist nicht immer günstig

In der Astrologie betrachtet man alles vom irdischen Blickwinkel aus. So scheint es manchmal, als ob zwei Planeten am Himmel eng beieinander stehen, sich sogar zu überlappen scheinen, die aber in Wirklichkeit viele Millionen Kilometer voneinander entfernt sind. Für uns auf der Erde sieht das wie eine einzige Lichtquelle aus, und der Astrologe deutet diese Konjunktion, wie er es nennt, bei harmonisierenden Planeten günstig, bei weniger harmonisierenden ungünstig. Auf jeden Fall machen Planeten, die zwischen 0 und etwa 10 Grad, von der Erde aus gesehen, beieinander stehen, eine deutliche Aussage im Horoskop, wie wir gleich sehen werden.

Zwei Planeten rücken zusammen: zur Konjunktion

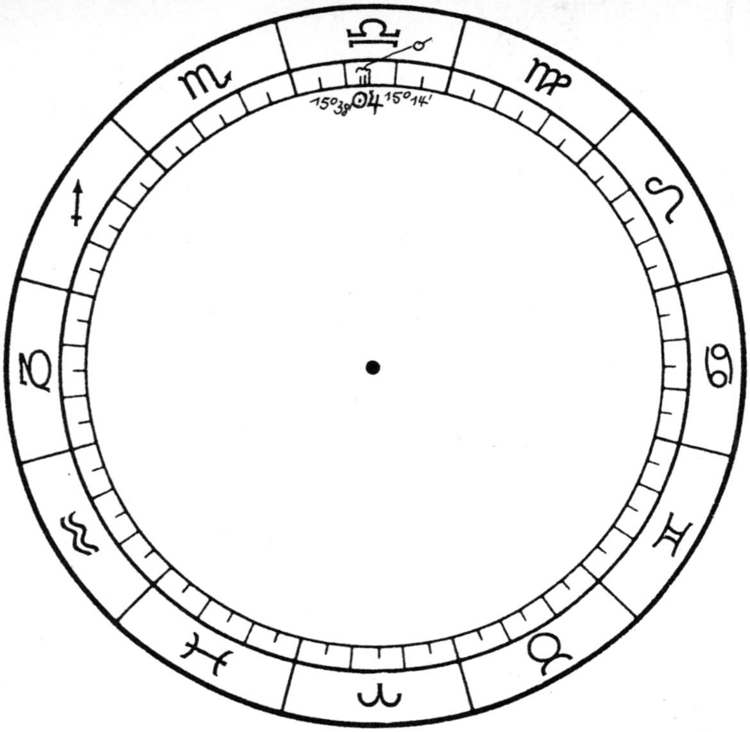

Sonne Konjunktion Jupiter im Tierkreiszeichen Waage: Hier vermutet der Astrologe einen unverbesserlichen Optimisten, der Hervorragendes leistet, ohne sich zu überanstrengen. Der Erfolg wird nie mit Ellenbogen erkämpft, sondern eher mit diplomatischem Feingefühl erstrebt

Die Konjunktionen, die wir hier im einzelnen aufführen, müssen anschließend mit den Aussagen kombiniert werden, die wir unter Sonne, Mond, Planeten, Aszendenten und Medium Coeli in ihren Beziehungen zu den Tierkreiszeichen gebracht haben. In Fällen von mehreren Konjunktionen in einem Horoskop muß man diese auch kombinieren, wobei sich die Wirkungen oft verstärken, manchmal jedoch gegeneinander abschwächen werden.

Konjunktionen mit der Sonne

Sonne und Mond wirken sich auf den zwischenmenschlichen Bereich günstig aus, da die Sonne als rein männlich, der Mond als rein weiblich gelten. Die Konjunktion deutet auf ein glückliches Zusammenleben in der Ehe oder in einem eheähnlichen Verhältnis hin. Es ist allerdings wichtig, in welchem Tierkreiszeichen die Konjunktion stattfindet, um daraus eine gute oder eine etwas abschwächende Deutung abzulesen. Jedenfalls kann ein Tierkreiszeichen, in dem die beiden Hauptlichter schlechter aspektiert sind, bei einer Konjunktion gerade in der Liebe zu seelischen Konflikten führen. Harmonische Konstellationen lassen auf gute Beziehungen im öffentlichen Leben schließen, weniger harmonische auf innere Unzufriedenheit.

Sonne und Merkur lassen Geist und Verstand nur dann Überragendes leisten, wenn sie sich nicht näher als etwa vier bis sieben Grad kommen. Bei diesem günstigen Abstand wird jedes angestrebte Ziel erreicht, die Gedankenkraft erhöht, und durch Umsichtigkeit werden in Geldgeschäften alle Widerstände aus dem Weg geräumt. Kommen aber Merkur und Sonne näher an die Null-Grad-Grenze heran, ist das Denken eher subjektiv gefärbt, das Ziel verschwommen und die Tatkraft durch übergroße Hemmungen eingeschränkt.

Sonne und Venus betonen die körperliche Liebe. Hier ist man sensibel für alles Schöne. Viele feinsinnige Künstler und Schriftsteller haben diese Konjunktion in ihrem Horoskop. Der musikalische Typ herrscht vor (denn »Böse Menschen haben keine Lieder!«). Man ist gesellig und liebt die Natur. Leider kann, falls negative Deutungsmöglichkeiten hinzukommen, ein zu hoher Lebensgenuß nachteilige Folgen haben.

Sonne und Mars lassen große Krafteinsätze erwarten, die aber oft gesundheitliche Nachteile bringen. Man setzt sich zwar durch und verschafft sich überall Geltung, ist jedoch recht voreilig in seinen Entschlüssen und rennt dann fast blind in Gefahrenzonen. Erfolge im Beruf werden durch nie nachlassende Tatkraft beschleunigt, bringen nur so viel Aufregung mit sich, daß sich die Managerkrankheit einstellen könnte. Zumindest aber fördern nervöse Überreizungen die Lust am Streiten um jeden Preis. Hier kann auch bei entsprechenden anderen Konstellationen übertriebener Ehrgeiz und ein zum letzten entschlossenes Kämpfertum beobachtet werden.

Diese Konjunktion fördert Tatkraft und Energie, dadurch aber auch die Neigung zu streßbedingten Herz-Kreislauf-Störungen

Sonne und Jupiter deuten auf gute Gesundheit und Aufstieg im Leben hin. Hier sind die Optimisten zu Hause, die ohne Überlastung Hervorragendes leisten werden, die sich Autorität verschaffen, ohne eigentlich autoritär zu sein. Diese Konjunktion weist auf große Erfolge in finanzieller, aber auch geistiger Hinsicht hin. Der gesunde Menschenverstand behält stets die Oberhand. Jahrelanges Wohlleben könnte allerdings doch noch zu Krankheiten führen.

Sonne und Saturn sind zwei konträre Planeten, die, liegen sie nahe beieinander, nicht viel Gutes versprechen. Jedenfalls scheint man gehemmt zu sein, schließt sich innerlich gegenüber der Umwelt ab und zählt zu den Pessimisten, die sich nur mühsam den Weg zum Erfolg bahnen können. Man verläßt sich nur auf sich selbst und traut selbst den besten Freunden nicht über den Weg. Diese Konjunktion deutet auch auf eine schwache körperliche Konstitution hin.

Sonne und Uranus fördern fortschrittliches Denken, das manchmal aber zu eigensinnig vorgetragen wird. Man liebt die Freiheit und hat revolutionäre Ideen. Plötzliche Veränderungen sind möglich, auch schnelle Trennungen von Liebgewordenem. Eine gewisse Originalität und geistige Beweglichkeit sind vorhanden. Man hat Talent für technische, manchmal sogar künstlerische Berufe. Viele Aufregungen führen zu Nervenschäden und Herzrhythmusstörungen.

Bei zusätzlichen schlechten Aspekten werden unter der Sonne-Neptun-Konjunktion stehende Menschen leicht in Skandale verwickelt

Sonne und Neptun vertragen sich nur, wenn sie in entsprechend günstigen Tierkreiszeichen in Konjunktion stehen. Dann ist eine rege Phantasie und innere Sensibilität festzustellen, die leicht in andere Menschen einfühlen läßt. Meist aber werden enge Beziehungen zum anderen Geschlecht verhindert, man läßt sich zu leicht beeinflussen und kämpft dann möglicherweise auf der falschen Seite. Launen sind die Folge, hinter denen die eigene Schwäche steht. Hier wird oft ein labiler Menschentyp geschildert.

Sonne und Pluto sollen das Streben nach absoluter Macht fördern, aber auch in Krisen führen, aus denen man kaum herauskommen kann. Der Aufstieg im Leben ist möglich, wird jedoch manchmal durch gefährliche Unternehmungen verbaut.

Sonne und Aszendent zeigen die Art an, wie man sich gegenüber der Öffentlichkeit verhält, den geistigen Standort des Individuums. Dieses will sich Anerkennung verschaffen, eckt aber an, wenn eine zusätzliche kritische Aspektierung dazukommt, und sucht Streit mit seinen Mitmenschen.

Sonne und Medium Coeli lassen das Lebensziel und die Persönlichkeit erkennen. Sie stellen gewissermaßen das eigene Ich und seine Entfaltung in der Umwelt dar. Sie deuten auch an, welche Erfolgschancen möglicherweise gegeben sind, und wie zielstrebig man ist. Das kann natürlich bei negativ gestellten anderen Aspekten eventuell ins Gegenteil umschlagen.

Konjunktionen mit dem Mond

Mond und Merkur stellen gefühlsbetontes Denken in den Vordergrund. Man ist gewandt und hat viel Verständnis für die Mitmenschen. Auf Reisen sucht man sich zu bilden. Man urteilt mit Bedacht stets gerecht und ist ein Sprachtalent. Nur in schlechten Aspekten kann eine Neigung zu Schwätzerei auftreten, die die Kritik sonst wohlmeinender Menschen erregt.

Schlechte Aspekte fördern hier rechte Klatschbasen

Mond und Venus schenken viel Gemüt und Hingabe an einen Menschen, den man liebt. Hier offenbaren sich tiefe Gefühle, durch die eine Sehnsucht nach Zärtlichkeit und Harmonie entsteht. Diese Konjunktion deutet auch die heitere Lebensart, das Streben nach fast künstlerischer Vollendung an. Sie sagt ebenso etwas über den glücklichen Verlauf einer Ehe und über die Familie aus. Bei Überwiegen schlechter Aspektierungen werden ernste Konflikte im zwischenmenschlichen Bereich nicht ausgeschlossen.

Mond und Mars stehen sich immer kritisch gegenüber. Trotzdem lassen sie viele gute Seiten eines Menschen in Erscheinung treten, wie Tatkraft, ein vom Gefühl gelenkter Wille und ein offenes Wesen, das keiner Lüge fähig erscheint. Aber da ist auch von seelischen Spannungen die Rede, von allzu großer Freimütigkeit, die Mitmenschen instinktlos beleidigen kann.

Positives oder negatives Urteil ist von anderen Aspekten abhängig

Mond und Jupiter schildern ein Individuum, das stets hilfsbereit und freundlich seinen Mitmenschen gegenübertritt. Trotzdem ist es sehr erfolgreich und hat besonderes Glück in materiellen Dingen. Das kann auch das Glück im Spiel sein. In einer schlechten Aspektierung deutet diese Konjunktion jedoch Verschwendungssucht, Spielleidenschaft bis zum Bankrott und Sorglosigkeit in allen Lebenslagen an. Im allgemeinen werden die guten Aussagen überwiegen, die auf einen Menschen schließen lassen, der mit viel Gefühl ausgestattet ist.

Mond und Saturn können auf die etwas sparsame Lebensführung eines Menschen hinweisen. Hier hat man seine Gefühle unter Kontrolle, ist besonnen und hält das sauer verdiente Geld zusammen. Gewissenhaft wird man seine Arbeit tun, aber nicht allzu freundlich den Mitmenschen gegenübertreten. Die Grundhaltung ist eher konservativ. Wenn man sich nicht auf Ererbtes stützen kann, wird man nur mühselig vorankommen. Bei zusätzlich schlechteren Konstellationen wirkt man gehemmt, und fühlt sich minderwertig.

Mond und Saturn in Konjunktion fördern eine konservative Grundhaltung

Führt zum Streben nach dem Außergewöhnlichen: Die Mond-Uranus-Konjunktion

Mond und Uranus sind nicht die beste Konjunktion. Hier treten Spannungen im Gefühlsleben, starke innere Erregbarkeit und Trennungstendenzen zutage, die etwas Endgültiges bewirken. Man ist oft so von sich überzeugt, daß man keinen anderen neben sich gelten lassen möchte. Trotz hoher Geistesgaben ist der Erfolg im bürgerlichen Leben kaum sicher. Man strebt zu sehr nach Zielen, die konträr denen der Gesellschaft sind. Hier wird manches übertrieben, und der Eigenwille ist so kraß, daß er fanatisch erscheint.

Mond und Neptun schildern sensible Naturen, die aus dem Unbewußten Kräfte hervorspielen, die auf mediale Fähigkeiten hindeuten. Hier wird in einer Traumwelt gelebt, die auf einsame oder doch zumindestens unbefriedigte Menschen hinweist. Auf der einen Seite sind sie äußerst feinfühlig und warmherzig, auf der anderen etwas haltlos und unzufrieden.

Mond und Pluto schürfen tief in Gefühlen, die aber seelische Erschütterungen offenbaren. Man schwankt viel im Leben, ist oft sentimental, im nächsten Augenblick aber schon von fanatischer Härte. Depressionen sind hier angezeigt, wenn schlechtere Aspektierungen hinzukommen. Rücksichtnahme auf andere Menschen gibt es kaum, was sich in der Liebe als allzu große Triebhaftigkeit bemerkbar machen kann.

Mond und Asszendent sagen etwas über das persönliche Verhältnis zu der Umwelt und das Harmoniestreben im zwischenmenschlichen Bereich aus. Bei nicht so guten weiteren Konstellationen kann sich der Charakter unangenehm verändern: man reagiert überempfindlich und ist schnell verärgert.

Bei Frauen stärken Mond und Medium Coeli die Mütterlichkeit

Mond und Medium Coeli sind auf seelische Bindungen konzentriert. Hier ist bei weiblichen Wesen große Mütterlichkeit festzustellen, insgesamt eine starke Hinneigung zur Familie. Man ist sehr gemütvoll, läßt sich jedoch auch leicht beeinflussen und kann dadurch möglicherweise Schaden nehmen.

Konjunktionen mit dem Merkur

Merkur und Venus verkünden ausgesprochenen Schönheitssinn, der künstlerische und schriftstellerische Erfolge erahnen läßt. Man liebt die Heiterkeit im Erdenleben und empfindet tief in der Liebe. Gefühlsüberhang hemmt manchmal das Fortkommen, man neigt auch zum Luxusleben.

Merkur und Mars tragen viel Überzeugungskraft in heiße Diskussionen. Man ist schlagfertig und auch recht angriffslustig. In dieser Konjunktion entschließt man sich schnell, was manchmal freilich gleichbedeutend mit voreilig ist. Eigene Gedanken werden in Pläne und danach in erfolgreiche Unternehmungen umgesetzt. Man beharrt eigensinnig auf seinem vermeintlichen Recht. Leider ist die Lust am Streiten so stark entwickelt, daß daraus auch Schaden entstehen kann.

Eine Konjunktion für Handel und Wissenschaft: Merkur und Jupiter

Merkur und Jupiter fördern die Intelligenz. Man ist gutmütig und läßt auch die Meinung anderer gelten. Diese Konjunktion haben manchmal Forscher und Wissenschaftler in ihrem Horoskop. Man interessiert sich für viele Wissensgebiete, schließt sich aber oft in seine Studierstube ein und zieht sich zu sehr von den Mitmenschen zurück. Auch königliche Kaufleute kommen hier vor. Schlecht aspektiert könnte manches ins Negative umschlagen. Dann ist man der zerstreute, unachtsame Professor oder der Marktschreier, der die Kunden blufft.

Schlechte Aspekte fördern hier mangelndes Selbstvertrauen, Verschlossenheit, selbst Sprachschwierigkeiten

Merkur und Saturn fördern das logische Denken, die Konzentration auf wissenschaftlichem Gebiet. Viele Mathematikgenies haben diese Konjunktion in ihrem Horoskop, ebenso Philosophen. Mit Ausdauer knobelt man so lange, bis man ein Problem gelöst hat. Nur langsam wird man sein Lebensziel erreichen, weil man oft zu gründlich ist. Mit anderen Konstellationen bestückt kann das Horoskop auf eine schwierige Jugend und auf einen recht mühevollen Lebensweg hinweisen. Man ist in diesem Fall sichtlich gehemmt und beargwöhnt jeden.

Merkur und Uranus stehen in Horoskopen von scharfsinnigen Leuten, die ihre Mitmenschen durch gute Argumente zu überzeugen wissen. Auch in dieser Konjunktion ist der mathematische Verstand sehr ausgebildet, man neigt vor allem zu technischen Berufen. Auf jeden Fall ist man geistig sehr beweglich. Man will unabhängig sein und selbständig für sich entscheiden. Leider wird man aus schlechteren Nebenaspekten hier und da eine übermäßige Nervosität herauslesen können.

Merkur und Neptun führen zu Illusionen, die auf Phantasie schließen lassen. Aber es bleibt vieles im unklaren, was von einem durchaus wachen Geist angeregt wurde. In schlechteren Konstellationen ist von geistiger und seelischer Verworrenheit die Rede, die einen labilen Menschentyp zeichnet. Man täuscht sich oft selbst, und dann sind die hohen Ideale beim Teufel.

Merkur und Pluto lassen bei allen guten geistigen Gaben, die durchaus vorhanden sein können, doch viel Negatives erahnen. Man überschätzt oft die eigene Kraft und kann nicht abwarten. Man ist leicht beeinflußbar, kann aber auch gut überzeugen. Bei einem guten Merkur hat man viel Talent zum Schreiben und Reden, man kritisiert scharf, aber gerecht.

Persönlicher Kontakt ist bei dieser Konjunktion wichtig

Merkur und Aszendent lassen in allen Lebenslagen den persönlichen Kontakt suchen. Man hat stets den Wunsch, mit seinen Mitmenschen gut auszukommen, mit ihnen zu reden und ihnen, wenn es geht, zu helfen. Freilich kann die Gesprächsbereitschaft auch in Geschwätzigkeit umschlagen.

Merkur und Medium Coeli sorgen dafür, daß man sich eine eigene Meinung bilden und über Selbsterkenntnis zu klaren Vorstellungen über das eigentliche Lebensziel gelangen kann. Man handelt nur dann, wenn man erkannt hat, daß das auch etwas bringt. Leider ist man oft nicht selbstkritisch genug.

Konjunktionen mit der Venus

Der Wunsch nach dem sinnlichen Abenteuer um jeden Preis führt hier leicht zu Untreue

Venus und Mars lassen auf leidenschaftliche Liebesfähigkeit schließen, die sich in überschäumenden Gefühlen niederschlägt. Schon früh wird man sich mit den intimen Dingen beschäftigen und zum Ziele kommen wollen. Aber man neigt auch zu Übertreibungen und ist möglicherweise unbefriedigt, wenn der Partner nicht so will, wie man selbst möchte. Von Zärtlichkeit ist in dieser Konjunktion kaum die Rede.

Venus und Jupiter künden von Liebesglück und reichem Intimleben, in dem man herzlich einander zugetan ist. Leicht verliebt man sich und möchte dann alles in gesetzlich sanktionierte Bahnen lenken. Das Streben nach Harmonie bestimmt auch den Alltag. Wer diese Konjunktion in seinem Horoskop stehen hat, ist allseits beliebt. Allerdings könnte es bei Aspektverletzungen durchaus zu Konfliktsituationen kommen.

Ganz große berufliche Erfolge bleiben in dieser Konjunktion oft aus

Venus und Saturn stellen das eben über die Konjunktion Venus und Jupiter Gesagte fast auf den Kopf. Man hat sichtliche Hemmungen im zwischenmenschlichen Bereich und wird wegen allzugroßer Zurückhaltung als kalter Typ gelten. Bindungen werden oft mit sehr viel älteren Partnern angestrebt. Eifersucht ist stets im Spiel. Im beruflichen Bereich wird viel Pflichtgefühl festgestellt.

Venus und Uranus bringen im Gefühlsleben Spannungen, die zu einer Übererregbarkeit führen können. Man sucht das Abenteuer, auch wenn man dadurch des Partners Zuneigung mit Untreue belohnen muß. Man bleibt jedoch wählerisch.
Venus und Neptun lassen in der Liebe sehr sensibel reagieren. Man hat viel Phantasie und Schönheitssinn und interessiert sich meist auch für Kunst und Musik. In seinen Träumen ist man glücklich, was aber auf sehr wenig Eigenwillen im Alltagsleben schließen läßt. Und so wird man oft enttäuscht und bringt es auch im Beruf nicht unbedingt sehr weit.
Venus und Pluto verweisen auf ein übersteigertes Triebleben, das mit Wollust einhergeht. Aber hier kennt man auch noch die Liebe auf den ersten Blick, die in einer festen Verbindung enden kann. Es wird eine hohe Potenz nachgesagt.
Venus und Aszendent weisen auf eine Persönlichkeit hin, die auf Harmonie Wert legt. Man schätzt den freundschaftlichen Umgang und ein Liebesleben, das viel Zärtlichkeit verlangt. Man hat einen guten Geschmack, den man durchaus in künstlerische Tätigkeiten umsetzen könnte.

Nur bei Aspektverletzungen kommt es hier zu Geschmacksverirrungen

Venus und Medium Coeli zeichnen einen liebevollen Menschen, der sich betont zärtlich hingeben kann. Hier wird tief empfunden, was Eifersucht oder Eigenliebe nicht ausschließt.

Konjunktionen mit dem Mars

Mars und Jupiter versprechen Erfolg auf vielen Gebieten. Bei allem Harmoniestreben setzt sich doch ein eiserner Wille durch. Man sehnt sich nach Unabhängigkeit, die man meist auch erreicht. Trotz großer Energieverschwendung findet man immer wieder Zeit für intime Stunden, in denen man alles um sich herum vergessen und rundum glücklich sein kann. So wird der »Lebensakku« kurz, aber wirkungsvoll aufgeladen. Erfolgreiche Unternehmer finden diese Konjunktion manchmal in ihrem Horoskop. Gegen eine Einschränkung der persönlichen Freiheit lehnt man sich unter Mars und Jupiter auf.
Mars und Saturn gelten im allgemeinen als niederschmetternd. Hier wird sogar von kritischer Lebensbedrohung gesprochen, die durch ein allzu gewalttätiges Vorgehen hervorgerufen wird. Trotz unmäßiger Energie kommt es zu hohem Kräfteverschleiß und teilweise auch seelischen Spannungen,

die im intimen Bereich Hemmungen hervorrufen können. Mit der Zeit wird man hart im Nehmen, aber auch im Austeilen!

In manchen Konstellationen kann die Mars-Uranus-Konjunktion auf Ortswechsel hindeuten

Mars und Uranus lehnen sich entschlossen gegen jeden Freiheitsentzug auf. Man will unabhängig sein um jeden Preis und kann hartnäckig auf der eigenen Meinung beharren, wenn man sie einmal als richtig erkannt hat. Viel Mut und große Kraftanstrengung, zu der auch schwächlich gebaute Leute fähig sind, können schier unmöglich Erscheinendes möglich machen. Die übertrieben große Wahrheitsliebe kann im zwischenmenschlichen Bereich zu herben Konflikten führen. Unfallgefahr und Neigung zu Nervenkrankheiten sind zu beobachten.

Mars und Neptun spielen manche Leidenschaft hoch, die zur Sucht werden kann. Es kommt auf die geistige Willenskraft an, ob man sie beherrscht oder ihr unterliegt. Leider ist die Energie bei dieser Konjunktion nicht sehr stark, weshalb auch leicht Minderwertigkeitsgefühle aufkommen könnten. Der Ehrgeiz, hochfliegende eigene Pläne oder Ideen in die Wirklichkeit zu übertragen, ist vorhanden. Es fragt sich nur, ob die Durchsetzungskraft auch groß genug ist.

Mars und Pluto verhelfen zu einer Kraft, die Ziele brutal durchsetzen will. Man hat viel Selbstvertrauen und schafft mit Gewalt Erfolge. Ein kritischer Aspekt.

Mars und Aszendent begünstigen die Schaffenskraft. Man will jedem den eigenen Willen aufzwingen. Wer nicht pariert, wird bis zum letzten bekämpft und muß am Ende kuschen. Mit anderen Worten: Hier sind die rechten Streithansel zu Hause.

Hier bleibt es nicht bei Luftschlössern, auch wenn Voreiligkeit manch guten Plan vermasselt

Mars und Medium Coeli bringen eine Konzentration auf das eigene Ich mit sich, das mit Umsicht und Tatkraft ein lohnendes Ziel ansteuert. Man ist selbständig in seinen Entschlüssen und läßt sich so leicht von niemandem dreinreden. Sehr energisch wird der berufliche Aufstieg geplant.

Konjunktionen mit dem Jupiter

Jupiter und Saturn schüren eine gewisse Unzufriedenheit mit sich selbst und seinem Schicksal. Der Weg zum Aufstieg ist manchmal mit schwer zu überwindenden Hindernissen verbaut. Das kann seelische Spannungen hervorrufen und das Selbstvertrauen mindern. Nur mit großer Geduld kann man es bei solcher Konjunktion doch noch zu etwas bringen.

Jupiter und Uranus zwingen zur Auflehnung gegen jede Gewalt (damit kann auch die väterliche Gewalt gemeint sein). Man ist rastlos in der Durchsetzung geistvoller Ideen. Es gibt viele innere Spannungen, die sich meistens durch plötzliche Schicksalswendungen positiv auflösen. Man will früh selbständig sein, vertritt aber oft zu subjektive Anschauungen. Neuerungen werden mit Weitblick erkannt und bis zum Erfolg durchgefochten. In dieser Konjunktion gibt es oft glückliche Zufälle. Man ist Optimist.

Jupiter und Neptun finden sich bei idealistischen Typen, die auch sehr gefühlvoll sein können. Man ist hilfsbereit und großzügig. Man sucht den Erfolg und erreicht ihn, wenn günstige Konstellationen hilfreich zur Seite stehen. Im anderen Fall wird man zum haltlosen Spekulanten, der nur auf das Glück vertraut.

Jupiter und Pluto verführen zu Spekulantentum, das meist nur Verluste einbringt. Nur bei günstigen anderen Aspekten können sich Glücksfälle und Erfolge einstellen.

Jupiter und Aszendent lassen auf einen Menschen schließen, der mit viel Taktgefühl und noch mehr Harmonieverständnis durchs Leben geht. Man paßt sich leicht gegebenen Umständen an und wird über gute Kontakte Erfolge erzielen, die geschäftliche Vorteile nach sich ziehen. Bei dieser Konjunktion kann man auch auf eine gute Heirat hoffen.

Ganz selten trüben Hochmut oder Verschwendungssucht das sympathische Bild des Menschen unter dieser Konjunktion

Jupiter und Medium Coeli legen den Erfolg schon in die Wiege. Man ist ein unverbesserlicher Optimist, der nicht nur ein Ziel ansteuert, sondern es auch erreicht.

Konjunktionen mit dem Saturn

Saturn und Uranus lassen egoistische Ziele verfolgen. Der Wille kann Berge versetzen, aber manchmal in Gewalttätigkeit ausarten. Das führt zu Konflikten, die nur schwer zu bewältigen sind. Man ist mehr als eigenwillig und sieht jeder Gefahr mutig ins Auge. Um jeden Preis will man sein Schicksal zwingen.

Saturn und Neptun haben große Hilfsbereitschaft im Gefolge. Für Hilfsbedürftige wird das letzte Hemd geopfert, obwohl man mit sich selbst meist genug zu tun hat. Man nimmt sich und seine Arbeit sehr wichtig, geht aber zu langsam vor, um schnell Erfolg zu haben. Oft ist man überaus begabt.

Saturn und Pluto fügen zur Ausdauer die Zähigkeit hinzu, mit der man selbst Schwerstarbeit mit Erfolg beenden wird. Man neigt zu Gewalttätigkeiten, die einem keine Freunde einbringen. Man hat durchaus das Zeug zum Wissenschaftler. Man spricht hier jedoch auch von einem Katastrophenaspekt.

Saturn und Asszendent schildern eine etwas gehemmte Persönlichkeit, die schon früh traurige Erfahrungen machen muß. Oft wird man hier unter Armut und Einsamkeit leiden.

Günstige Aspekte können hier die Minderwertigkeitsgefühle aufheben

Saturn und Medium Coeli hemmen jeden in seiner Entwicklung. Man ist mehr mit sich selbst beschäftigt und vergißt dann den Einsatz, der einen im Leben voranbringt. Man ist auch stets ein wenig mutlos und hat Minderwertigkeitskomplexe.

Konjunktionen mit dem Uranus

Uranus und Pluto sind ein Trennungsaspekt. Man ist zwar sehr schaffensfreudig, wird aber immer wieder in kritische Situationen gebracht.

Uranus und Asszendent bringen Unruhe in den Tierkreis. Man hat technische Begabung und versucht mit ihrer Hilfe, die Umwelt zu revolutionieren.

Uranus und Medium Coeli lassen ein Ziel mit sehr viel Durchsetzungskraft verfolgen. Man ist umsichtig und erreicht über mannigfaltige Wechsel oft ein hohes Berufsziel. Meist will man aber alles aus sich allein heraus schaffen und steht dann bei einem Mißerfolg vor dem Nichts. Aber immer wieder beginnt man von neuem.

Konjunktionen mit dem Neptun

Neptun und Pluto haben etwas mit dem Übersinnlichen zu tun. Man hat seltsame Vorahnungen und eine besonders rege Phantasie. Man kann sich sehr auf sich und sein Unbewußtes konzentrieren, zieht daraus die Kraft für den Lebenskampf.

Neptun und Asszendent lassen einen leicht zu beeinflussenden Menschen erkennen, der sehr sensibel auf seine Umwelt reagiert und sich oft von stärkeren Typen »unterbuttern« läßt.

Neptun und Medium Coeli verraten die Ziellosigkeit des eigenen Ichs. Oft drischt man Phrasen, um mitreden zu können. Man ist nicht sehr selbstbewußt.

Das Sextil bessert schlechte Aspekte auf

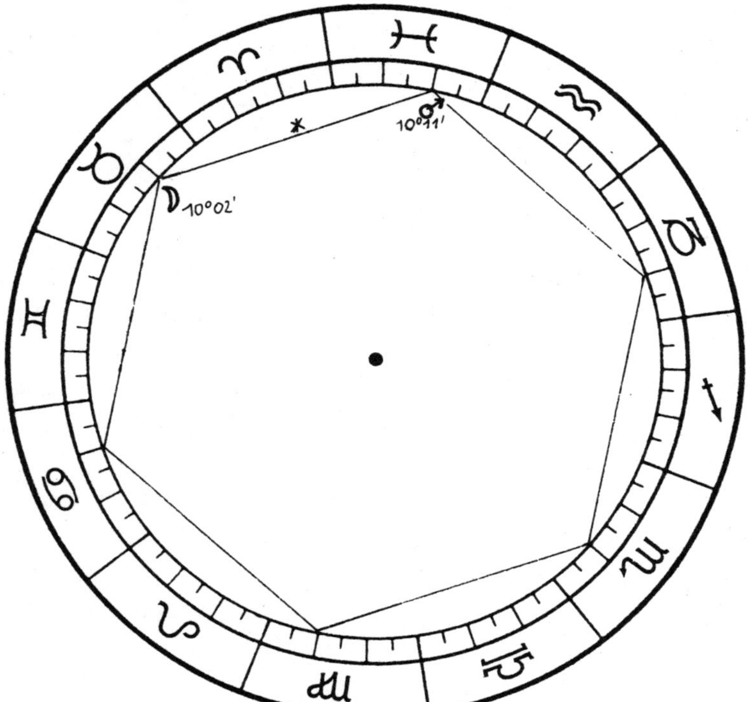

*M*ond Sextil Mars in den Tierkreiszeichen Stier und Fische: Dieses Sextil in den weiblichen Zeichen Stier und Fische deutet auf viel Begabung und Neigung zu einem glücklichen Familienleben hin. Mond im Stier spiegelt eine gewisse konservative Haltung und ein Streben nach Kunst und Wissenschaft wider. Mars in den Fischen bringt zum Gefühl auch ein wenig Willenskraft, die allerdings in diesem Sextil kaum überragendes Draufgängertum beschert

Zu den günstigen Aspekten im Horoskop zählt das Sextil, das einen Winkel von 60 oder 300 Grad bildet, aber auch noch wirksam ist, wenn es etwa 6 Grad mehr oder weniger aufweist. Es bessert auf jeden Fall schlechte Aspekte auf, wenn auch manchmal nur minimal.

Sextile mit der Sonne

Sonne und Mond lassen in solcher Winkelstellung gutes Verständnis im zwischenmenschlichen Bereich, vor allem in der Ehe erwarten. Auch im Freundeskreis ist man sehr beliebt und fühlt sich unter netten Menschen besonders wohl. Konflikte können leicht gemeistert und Krankheiten schnell überwunden werden. Man macht aus dem Gefühl heraus das richtige, wobei der Wille zu einem Leben voller Harmonie Gefahren die durch andere Aspekte bedingt sind, abblocken kann.

Keine Arbeit ist einem in dieser Verbindung zuviel – Hauptsache: sie führt zum Erfolg

Sonne und Mars lassen auch schwere Schicksalsschläge überwinden. Mit eisernem Willen wird man in die oberen Etagen des Lebens aufsteigen wollen, wobei auch viel »Köpfchen« eingesetzt wird. Probleme gibt es kaum, und wenn sie auftauchen, werden sie mit viel Tatkraft aus dem Wege geräumt. Man kann zu den Mächtigen im Tierkreis zählen, wenn man dieses Sextil im Horoskop stehen hat, zumal man auch viele Freunde und Gönner finden wird.

Sonne und Jupiter verstärken eine optimistische Grundhaltung. Man entzückt die Mitmenschen durch seine geistvolle Art, durch übergroße Freundlichkeit und durch eine Hilfsbereitschaft, die von Herzen kommt. Meistens kann man sich diese auch leisten, denn so ganz unten bleibt keiner hängen, der die Sonne im Sextil zu Jupiter stehen hat. Im Kreise seiner Lieben fühlt man sich glücklich. Man ist sehr wissensdurstig und versucht, sich auf Reisen zu bilden.

Mit Vorsicht, aber voller Ehrgeiz in den Chefsessel

Sonne und Saturn lassen Gefahren scheuen. Man ist vorsichtig und umgeht lieber Hindernisse, als daß man über sie ins Stolpern gerät. Die Geduld wird nur noch von dem Ehrgeiz übertroffen, es zu etwas zu bringen. Praxis wird hier mehr geschätzt als Theorie. Man arbeitet sich mit eiserner Disziplin nach oben und versteht sich als Vorbild der anderen, die nur zu geringerer Leistung fähig sind. Daß man da sehr bald auch in einem Chefstuhl sitzen kann, ist nur eine Frage der Zeit. Größter Vorteil: Man geht nüchtern Probleme an und löst sie mit Sachverstand. Dieses Sextil verspricht auch große Widerstandsfähigkeit gegen Krankheiten.

Sonne und Uranus lenken geistige Interessen in den richtigen Kanal. Man entpuppt sich als Menschenfreund, der Vertrauen verdient. Und über diesen Weg erreicht man viel – auch auf dem recht glatten politischen Parkett. So leicht wirft denjenigen, der dieses Sextil im Horoskop hat, nichts um. Man kann sich in die schwierigste Materie einfühlen und läßt sich bei möglichen Rückschlägen kaum schocken. Das deutet auf einen festen Charakter hin, der zugleich aufgeschlossen ist für die Probleme der Mitmenschen. Man findet viele Freunde.

Sonne und Neptun verleihen Phantasie und künstlerische Beweglichkeit. Man hat durchaus eine gute Einstellung zu Geld und festen Werten. Wichtiger erscheint aber immer der menschliche Kontakt, der sich über Klassen und soziale Schranken hinwegsetzt.

Sonne und Pluto zeigen einen Menschen, der fast hypnotische Wirkung auf seine Umwelt hat. Mit viel Energie geht man das Wagnis Leben an und findet im Unbewußten Kräfte, die dabei helfen.

Sonne und Aszendent bewirken Harmonie in allen Lebenslagen. Mit viel Willenskraft werden die hohen geistigen Fähigkeiten eingesetzt. Der Erfolg kann da eigentlich nicht ausbleiben, zumal man von allen Seiten wegen seines sonnigen Wesens Unterstützung bekommt. In dieser Verbindung ist das Glück im zwischenmenschlichen Bereich.

Vor mißgünstigen Kollegen ist man hier geschützt

Sonne und Medium Coeli führen zu hochtrabenden Plänen, die auch verwirklicht werden können. Das eigene Ich ist nicht so wichtig wie das Wir, was den Berufserfolg absichern wird. Man produziert Ideen am laufenden Band und setzt sich über Hindernisse temperamentvoll hinweg. Die Familie ist der Hort, in dem man sich immer wieder regenerieren kann.

Sextile mit dem Mond

Mond und Merkur zeichnen einen ausgeglichenen Menschen, der seinen Verstand nur da einsetzt, wo er keine Gefühle verletzt. Bei allem gesunden Geschäftsgeist hat man viel übrig für Leute, denen es nicht so gut geht. Manche, die Merkur im Sextil zum Mond stehen haben, sind rechte Gesundheitsfanatiker, sprechen auf Biokost oder auf Gymnastik. Man ist verträglich und hat viel Lebensfreude.

Die Kreativität, die Mond und Venus verleihen, will umgesetzt werden

Mond und Venus versprechen im intimen Bereich viel Gefühl und Anpassungsfähigkeit. Selbst Launen eines Partners nimmt man als selbstverständlich hin und versucht sie durch Freundlichkeit und Entgegenkommen zu mildern. Das läßt eine gute Ehe erwarten. Mit viel Gefühl ist man auch im Berufsleben bei der Sache, weshalb künstlerische oder freie Berufe eher angestrebt werden, weil man sich dann kreativer ausleben kann. Überdies ist man sehr kontaktfreudig und findet leicht Gönner. Man hat viele gute Freunde, für die man durchs Feuer geht.

Mond und Mars lassen viel Sinn für Familie und ein gepflegtes Zuhause erwarten. Man ist zwar kein Draufgänger, setzt aber seine Energien kräftig ein, um für sich und die Familie eine sichere Grundlage zu bekommen. Man arbeitet, um zu leben.
Mond und Jupiter fördern jegliche Begabung. Dieses Sextil verspricht Glück und Zufriedenheit im privaten Bereich. Hier kommt die Heiterkeit von innen. Man gibt sich herzlich und gefühlvoll, vergißt nie den Nächsten und seine Probleme und unterstützt ihn mit Rat und Tat. Trotz solcher vom Gemüt her bedingten Anlagen entwickelt man guten Geschäftssinn und bringt es zu Geld und Ansehen.

Zufriedenheit mit dem, was man hat, ist hier ein Grundzug

Mond und Saturn sorgen für Ordnung und Harmonie. Man wird es im Beruf nicht unbedingt weit bringen, ist aber sparsam genug, um sich beizeiten ein kleines Vermögen anlegen zu können. Übermäßige Durchsetzungskraft ist kaum vorhanden. Oft ist man ein wenig melancholisch und wirkt gedrückt und niedergeschlagen. Aber dieser Wesenszug macht auch sympathisch: Eine Schwäche muß man ja schließlich haben.
Mond und Uranus bringen jede Menge Gefühl ins Leben, ohne daß man deswegen zu Depressionen neigt. Nein, hier ist ein Menschentyp, der Erfahrungen aus der Vergangenheit in die Zukunft überträgt und sie als etwas völlig Neues verkauft. Die Anziehungskraft beim anderen Geschlecht ist groß, manchmal jedoch nicht auf einen einzigen Menschen konzentriert. Schwächen der Mitmenschen werden oft in den eigenen Vorteil umgemünzt, ohne daß das krumm genommen wird.

Die Sorge ums Wohl der Familie kommt unter Mond und Neptun nicht zu kurz

Mond und Neptun verleihen ihrem Schützling die Gabe, sich in schwierigste Dinge einzufühlen. Vielfach wird auch Sinn für grenzwissenschaftliche Themen vorhergesagt. Das Unbewußte tritt zutage und spielt über tiefschürfende Gefühle bei jeder wichtigen Entscheidung mit. Trotzdem ist man in der Lage, beruflich mitzuhalten und sich finanziell abzusichern.
Mond und Pluto lassen im beruflichen und im privaten Bereich kaum Zweifel darüber aufkommen, daß man sich durchsetzen wird. Natürlich macht's da nicht der Wille allein, sondern auch die Intuition.
Mond und Asszendent machen einen selbstbewußten Menschen, der seine Gefühle in Kanäle leiten kann, wo sie gebraucht werden: In einer glücklichen Ehe zum Beispiel oder in einer Hilfsorganisation für unterentwickelte Länder.

Mond und Medium Coeli sorgen für Zuverlässigkeit. Man ist ein treuer Partner, der gemütvoll und zärtlich ist, und ein guter Kollege, der zwar nicht um Positionen zu kämpfen versteht, sich jedoch durch sein entgegenkommendes Wesen und durch seine Zuverlässigkeit auch in der Chefetage beliebt macht.

Sextile mit dem Merkur

Merkur und Venus sorgen dafür, daß sich Verstand und Anmut paaren können. Man ist für alles Schöne begeisterungsfähig und möchte gern künstlerisch tätig werden. Die Musikalität ist erstaunlich, ein angenehmes Wesen sorgt dafür, daß man auch sonst Ehre einlegt. Trotz romantischer Ader wird man auf finanziellem Gebiet nicht zu kurz kommen.

Merkur und Mars geben Elan, um Großes zu schaffen. Tatkraft und Verstand wirken zusammen auf das eine Ziel hin, es zu etwas zu bringen. Da ist kein Zaudern und nichts wird auf die lange Bank geschoben: Man will in die gehobene Etage des Lebens und packt auch schwierige Probleme mit einer Leichtigkeit an, die bewundernswert ist.

Schade, wenn hier Konstellationen mitspielen, die solche Anlagen verkümmern lassen

Merkur und Jupiter sind für den Intellekt verantwortlich. Man erreicht über geistvolles Reden und Schreiben das meiste. Gute Lehrer oder Schriftsteller haben möglicherweise dieses Sextil in ihrem Horoskop. Mancher strebt hier in die Ferne, um hinzuzulernen und die schöne weite Welt zu erkunden. Man ist ein unverbesserlicher Optimist, der nie aufgibt.

Merkur und Saturn lassen bei allen Handlungen nicht das Quentchen Vorsicht außer acht, das man braucht, um rechtzeitig die Klippen zu erkennen, die das Schicksal in den Weg stellt. Der Verstand ist zielgerichtet, tendiert vor allem dazu, Begabungen auszubauen in einem meist technischen oder wissenschaftlichen Beruf, wobei theoretisches Wissen gut in die Praxis umgesetzt werden kann. Der zwischenmenschliche Bereich wird allerdings zu kurz kommen, weil man einfach keine Zeit für Vergnügungen findet.

Merkur und Uranus haben keine Probleme miteinander, was sich auf den einfühlenden Verstand ihrer Schützlinge auswirkt. Man tendiert zu Neuerungen auf allen Gebieten und ist nebenbei ein rechter »Spökenkieker«. Man will schon früh unabhängig sein und arbeitet eifrig, um die Ziele bald zu erreichen.

Merkur und Neptun wirken beherrschend auf die unbewußten Denkvorgänge, die sich in phantasievollen Gesprächen beleben. Man sieht die Welt anders als ein »normaler« Mensch, schaut gewissermaßen hinter die Kulissen und zieht versteckte Schönheit ans Tageslicht. Man liebt eher den kleinen Kreis als die große Öffentlichkeit. Trotzdem hat man eine durchaus gesunde Einstellung zu Geld und festen Werten.

Merkur und Pluto fördern viel Originalität zutage, die umweltfreundlich dargebracht wird. Man wird selbst gegen große Widerstände etwas erreichen, weil man über den sogenannten sechsten Sinn verfügt oder doch ein Hintertürchen kennt.

Merkur und Aszendent bewirken das Streben nach geistiger Harmonie. Aber auch in punkto Geldverdienen kommt man nicht zu kurz. Hier ist ein scharfer Verstand, der Tabus beiseite räumen kann.

Selbst gelegentliches Streben nach draußen stört den Familienfrieden nicht

Merkur und Medium Coeli sorgen für gute Kontakte im Arbeitsbereich, die man einfach braucht, wenn man weiterkommen will als die breite Masse. Man findet viele Freunde auf geistiger Ebene und läßt auch diese zu Wort kommen. Menschen, die das Medium Coeli im Sextil zum Merkur stehen haben, sind der Familie sehr verbunden.

Sextile mit der Venus

Venus und Mars deuten immer auf Harmonie hin, wenn sie im Sextil zueinander stehen. Im intimen Bereich gibt es kaum Schwierigkeiten: Der eine liefert das Feuer, der andere das Gefühl. Man findet leicht Gönner, die den beruflichen Weg ebnen. Man hat handwerkliches Geschick, das sogar künstlerische Talente zutage fördert. Man ist großzügig und besitzt einen Freundeskreis, dem man seine ganz persönliche Note aufzwingt. Viel Naturliebe ist bei dieser Konstellation zu beobachten; sportliche Betätigung wird groß geschrieben.

Hier muß stets der Rubel rollen

Venus und Jupiter bringen Saiten zum Klingen, die auf hohe Begabung im künstlerischen Bereich, in Technik und Wissenschaft schließen lassen. Auch in »normalen« bürgerlichen Berufen bleibt der Erfolg kaum aus. Die Kasse wird klingeln, man wird sie freilich immer wieder leeren, um sich und anderen eine Freude zu bereiten. Bei diesem Sextil ist eine betonte Glückstendenz zu verzeichnen.

Venus und Saturn lassen den Ernst des Lebens durchscheinen, aber die Lebensfreude bejahen. Ehen unter diesem Sextil sind begünstigt. Man ist gebildet, wobei sowohl die wissenschaftlich untermauerte als auch die Herzensbildung gemeint ist. Am liebsten lebt man zurückgezogen, hat jedoch viele gesellschaftliche Verpflichtungen. Man ist sparsam, verschenkt aber an den, den man liebt, sein ganzes Vermögen.

Venus und Uranus sind für das Neue. Zunächst wird es über Liebesbindungen gesucht, die sich in Frühehen manifestieren. Dann kommen die Neuerungen im beruflichen Bereich, die man mit Leichtigkeit durchführt, weshalb man nie ganz unten auf der Erfolgsleiter stehen bleibt. Man muß jedoch den Beruf gefunden haben, der zu einem paßt.

Voraussetzung für den Erfolg durch Venus und Uranus ist der Spaß am Beruf

Venus und Neptun entwickeln Phantasie, die sich in einem gepflegten Heim ausdrückt. In dieser Verbindung ist man sehr fürsorglich, hat aber kein großes Durchsetzungsvermögen. Man versteht dies aber mit viel Charme und Harmoniegefühl auszugleichen. Man arbeitet am liebsten in einem Team.

Venus und Pluto werfen konservative Vorstellungen von der Liebe über den Haufen. Lockere Bindungen werden bevorzugt, wobei der Trauschein nachgereicht wird, wenn sich die Beziehung bewährt hat. Trotzdem ist man glücklich, auch im Beruf, wenn man den richtigen gefunden hat.

Venus und Aszendent glänzen durch Harmonie in allen Lebenslagen. Man zeigt viel Taktgefühl und darüber hinaus diplomatisches Geschick, wobei eine gewisse Schlitzohrigkeit nicht zu leugnen ist. Ehen, die unter diesem Sextil gestiftet werden, halten auch noch im Altenheim. Man ist sehr beliebt.

Gönner ebnen den Weg zum Erfolg

Venus und Medium Coeli betonen die Harmonie und die liebevolle Zuneigung zum Partner. Man schmückt sein Heim und pflegt ein Familienleben, das jedem Freiheiten genug gibt. Beruflich wird man seine Ziele spielend erreichen.

Sextile mit dem Mars

Mars und Jupiter geben den Optimisten recht, die behaupten, daß Klagen alles nur schlimmer mache. Man setzt sich tatkräftig ein und erreicht den Erfolg. In diesem Sextil zeigen sich Menschenfreunde, die in rastlosem Einsatz anderen helfen, wenn diese in Not sind.

Mars und Saturn bremsen ein wenig die Stürmer und Dränger, die immer gleich mit der Tür ins Haus fallen wollen. Hier heißt es eher: Eile mit Weile!

Mars und Uranus lassen die Nerven vibrieren, zerreißen sie jedoch nicht. Man ist ständig auf dem Sprung in immer höhere Positionen und gleicht charakterliche Schwächen mit einem starken Willen aus.

In dieser Konstellation finden sich keine leichten Opfer für Gauner und Betrüger

Mars und Neptun bewirken einen gesunden Geist in einem gesunden Körper: Man ist viel unterwegs, um sich fit zu halten. Man hält sich im beruflichen Bereich manchmal zurück, um dann umso kräftiger nachhaken zu können. Mitmenschen, die im Trüben fischen wollen, kommen hier an den Falschen.

Mars und Pluto fördern Energiebündel, die sich mit viel Mut durchzusetzen verstehen. Sie schöpfen aus dem Unbewußten Kräfte und schockieren damit mögliche Gegner.

Mars und Aszendent funktionieren das schmalste »Handtuch« in einen ganzen Kerl um. Man verschafft sich Respekt, könnte nur wegen allzu offener Art anecken.

Mars und Medium Coeli lassen auf zwei Schienen fahren und gerade deswegen Ziele leicht erreichen. Im privaten Bereich ist man häuslich und hält die eigene Familie hoch, im Beruf bleibt man stets am Ball und sticht die Konkurrenz aus.

Sextile mit dem Jupiter

Jupiter und Saturn sorgen für vorsichtigen Optimismus. Da muß erst alles stimmen, bevor man Erfolge bejubelt. Weitblick ist gefragt. In der Einstellung zum Leben wird die gesunde Mitte angestrebt. Das Glück gehört dem Tüchtigen, der es sich selbst erarbeitet. Gute Aussichten für Ehepartner.

Jupiter und Uranus helfen Neuerungen mit viel Geschick durchzusetzen. Begünstigt sind bei diesem Sextil Erfinder und Forscher, die in die Zukunft denken. Im zwischenmenschlichen Bereich hat man eigentlich nur Freunde.

Menschheitsumarmungen führen manchmal in die Sackgasse

Jupiter und Neptun verführen zu dem Schluß, daß alle Menschen Brüder sind. Man möchte gewissermaßen die Welt umarmen, was dann in Sackgassen führt, wenn man an einen falschen »Bruder« gerät. Mit viel Phantasie und noch mehr Optimismus strampelt man sich immer wieder frei, ohne freilich ans ganz große Geld zu gelangen.

Jupiter und Pluto stehen für tiefschürfende Einfühlung in weltanschauliche Themen. Man versucht ein wenig zu fanatisch, alle Menschen vom eigenen Glauben zu überzeugen.
Jupiter und Asszendent stellen das Ich in den Vordergrund, das ohne großen Egoismus mit Hilfe seiner Mitmenschen dahin gelangt, wo es nach Bildung und Wissen auch hingehört: an die Spitze! Man ist sehr kooperativ und läßt nach vorbildlichem eigenen Einsatz auch mal andere für sich arbeiten. Man wird wegen allseitiger Beliebtheit in höchste Ämter gehievt und kann bei schlechteren Konstellationen immer wieder auf sein nahezu sprichwörtliches Glück vertrauen. Intime Bindungen sind bei diesem Sextil sehr begünstigt.
Jupiter und Medium Coeli lassen auf zwei Hochzeiten tanzen: Im Beruf ist man sehr aktiv und bringt es schnell zu Ehren, in der Familie findet man den Freizeitausgleich. In beiden Bereichen geht es hoch her.

Hier lassen sich Familie und Beruf gut vereinbaren

Sextile mit dem Saturn

Saturn und Uranus bewirken, daß Schwierigkeiten frühzeitig aus dem Wege geräumt werden. Man bedenkt sehr viel und setzt den Hebel nur da an, wo es Erfolg verspricht. So bleibt genügend Zeit, sich mit seinen Hobbys zu beschäftigen, die meist im populärwissenschaftlich-technischen Bereich liegen. Dank guter mathematischer Begabung wird man sich auch finanziell hocharbeiten können. Wegen zugkräftiger neuer Ideen kann man sich sogar als Politiker einen Namen machen.
Saturn und Neptun sind für die praktische Umsetzung hochfliegender Pläne in die Alltagswirklichkeit. Man bringt es darum im Beruf weiter als andere. Trotzdem gebraucht man die Ellenbogen nicht, sondern hilft eher anderen, damit auch sie es schaffen. Man taktiert oft nur aus dem Hintergrund.

Die Kunst, hochfliegende Pläne auch umzusetzen, unterstützen Saturn und Neptun

Saturn und Pluto machen sich nichts aus Besserwissern, bei ihnen ist die von innen kommende Klugheit gefragt. Hier ist zwar viel Ehrgeiz vorhanden, er wird nur in Kanäle gelenkt, die vom Alltäglichen abweichen.
Saturn und Asszendent stehen für Verantwortungsbewußtsein in jeder Lage. Mit Ernst und großer Sachlichkeit wird an einer Karriere gebaut, die menschlich bleiben läßt. Diszipliniert tut man seine Pflicht und ist die Zuverlässigkeit in Person.

Saturn und Medium Coeli lassen immer eine gute berufliche Position erwarten. Man wird das karge Privatleben kaum als Nebensache betrachten, weil man hieraus die Kraft schöpft, im öffentlichen Leben zu bestehen.

Sextile mit dem Uranus

Uranus und Neptun unterstützen ideelle Unternehmungen, die nur wenig oder gar kein Geld einbringen. Man ist in gleichgesinnten Kreisen glücklich. Im geistig-künstlerischen Bereich wird man im Zusammenspiel mit anderen seinen Weg machen.

Uranus und Pluto erweitern den geistigen Horizont. Gescheite Leute haben dieses Sextil im Horoskop. Hier entdeckt man Neuerungen, die zukunftsweisend sind.

Uranus und Assendent geben all jenen eine Chance, die nicht im Traditionellen verharren wollen. Man ist für den Fortschritt, der die Gesellschaft revolutioniert. Es ist das Außergewöhnliche, das in der Umwelt Furore macht. Trotz antikonservativer Haltung nach außen strebt man oft eine recht »altertümliche« Ehe an.

Geborene Diplomaten im Berufs- wie im Privatleben bringt diese Konstellation hervor

Uranus und Medium Coeli bringen die Koexistenz ins Spiel. Man verträgt sich mit den Mitmenschen und erlangt ihr Vertrauen so sehr, daß man ihr Sprecher wird. Einer politischen Karriere steht eigentlich nichts im Wege. Man führt meist auch ein vorbildliches Familienleben.

Sextile mit dem Neptun

Neptun und Pluto wirken sich eher global als auf den einzelnen Menschen aus.

Neptun und Assendent verursachen in jeder Weise Empfindlichkeit im zwischenmenschlichen Bereich. Da ist körperliche Liebe nur eine Funktion, um ein bißchen Freude ins Zusammenleben zu bringen. Das Ich wird auf ein Wir umgepolt. Verständlich, daß solch ein Typ viele Freunde findet.

Neptun und Medium Coeli wirken auf das Unbewußte, das nach außen drängt. Man ist ein Meister in der feinfühligen Behandlung von Menschen und kann darum im Beruf wie im öffentlichen Leben ausgleichen. In der knapp bemessenen Zeit, die für die Familie bleibt, ist man recht glücklich.

Das Quadrat – der Winkel des Verdrusses

In alten astrologischen Schriften wird der Quadrataspekt, die 90-Grad-Stellung im Horoskop, Winkel des Verdrusses genannt. Tatsächlich ergeben sich Deutungen, die dem Individuum einiges Kopfzerbrechen bereiten werden. Überall zeigen sich Widerstände, die sich bei entsprechenden anderen negativen Konstellationen manchmal katastrophal auswirken können. Eine Quadratur beweist den alten Spruch, daß das Leben

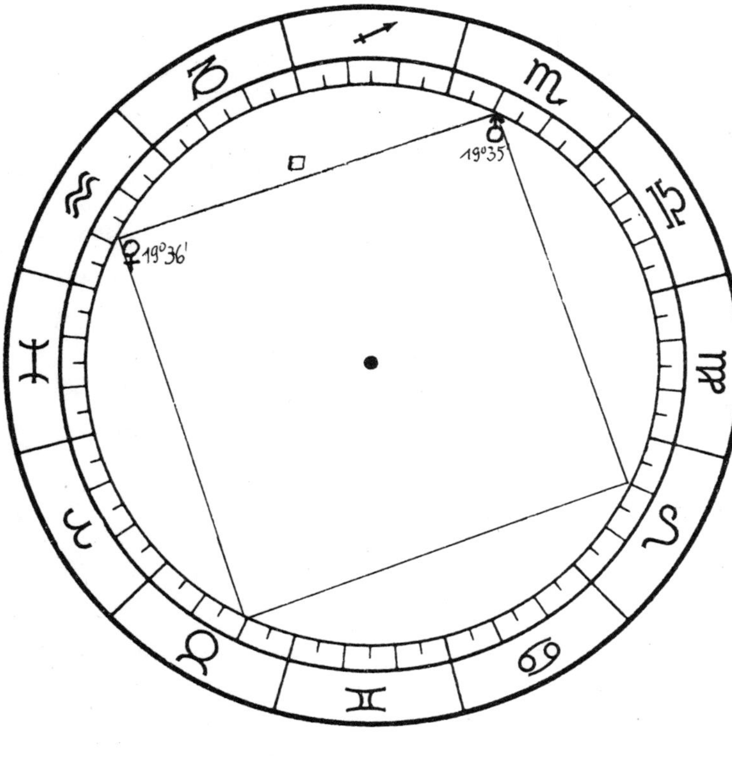

ein Kampf sei. Es kommt hier aber immer auf die Gesamttendenz eines Horoskops an, wie eine Quadratstellung zu bewerten ist. Die äußerste Wirkungsweise eines Quadrats ist auf einen Winkel von 84 bis 96 Grad beschränkt, nimmt aber, von 90 Grad aus gesehen, doch sichtlich ab.

Venus Quadrat Uranus in den Tierkreiszeichen Wassermann und Skorpion: Es ist daraus eine labile Grundtendenz abzuleiten, die aber durch Uranus im Skorpion nicht mehr so deutlich zu spüren ist, da hier eine kämpferische Leidenschaft durchscheint. Venus im Wassermann bringt Freundschaften ins Spiel, die Liebe ersetzen könnten, in diesem Quadrat aber nicht mit vernünftigen Maßstäben zu messen sind: Man wird Freunde und Partner öfters wechseln! Das Quadrat steht übrigens in einem Viereck der festen Zeichen

Quadrate mit der Sonne

Sonne und Mond führen zu einem Zwiespalt zwischen Gefühl und Wollen. Das bringt Unsicherheit in fast allen Lebensbereichen und hemmt die persönliche Entwicklung. Die Disharmonie schleicht sich sogar in intime Partnerschaften ein. Unstetigkeit ist das Vorzeichen dieser Quadratur.

Im zwischenmenschlichen Bereich: Ärger wegen großen Jähzorns

Sonne und Mars lassen rangehen wie die Feuerwehr, aber wenn man endlich am Schauplatz angelangt ist, wird – um im Bild zu bleiben – das Haus längst bis auf die Grundmauern abgebrannt sein. Nur äußerste Disziplin könnte bewirken, daß das kämpferische Element nicht zur Selbstzerfleischung führt.

Sonne und Jupiter zeigen einen egoistischen Menschen, der bei seiner Selbstdarstellung stark übertreibt und sich auf eine recht unverschämte Art in den Vordergrund schieben will. Immer wieder will man gegen den Strom schwimmen. Das bringt Feinde, die jede Aufwärtstendenz im Keime ersticken werden.

Bei vielen Liebesbeziehungen ist hier die Trennung vorprogrammiert

Sonne und Saturn treiben einen Keil in Beziehungen. Schon als junger Mensch wird man in eine Antistellung zu Vater und Mutter gelangen. Man will auf eigenen Füßen stehen, obwohl man die sanfte Führungshand benötigt. Man arbeitet hart und kämpft gegen Hindernisse an, die sich in den Weg stellen. Immer wieder erleidet man Rückschläge, auch gesundheitliche.

Sonne und Uranus lassen den Charakter in allen möglichen Farben schillern. Immer wieder spielen eigene Launen Streiche, die sich auf die Arbeitsmoral negativ auswirken. Viel beginnt man, es hapert nur an der Durchführung. Man will frei sein, ohne sich so recht lösen zu können.

Träume werden so selten Wirklichkeit

Sonne und Neptun spielen Emotionen hoch, die intime Beziehungen ins schiefe Licht rücken. Man ist ein wenig wirklichkeitsfremd und täuscht sich selbst etwas vor, was nicht vorhanden ist. Man bleibt im Wunschdenken stecken.

Sonne und Pluto bewirken, daß man jedem den eigenen Willen aufzwingen möchte. Man strebt an, andere zu beherrschen, ohne dabei auf Gefühle Rücksicht zu nehmen. Man ist in den zwischenmenschlichen Beziehungen oft zu angriffslustig.

Sonne und Aszendent lassen die Persönlichkeit manchmal erstarren. Man gibt sich nicht so, wie man in Wirklichkeit ist. Das Harmoniegefühl scheint gestört, man ist sich seiner selbst nicht sicher. Da braucht man schon mehr als verständnisvolle Partner.

Sonne und Medium Coeli zeigen eine Kontrastellung auf, die dazu führt, daß man sich mit allem anlegt, Autorität ausstrahlt. Man kann nie den untersten Weg gehen und muß es dann doch: Wer sich stets mit jedem anlegt, was wird nicht unbedingt gefördert. Wer aber weiterkommen will, braucht Gönner.

Quadrate mit dem Mond

Mond und Merkur fördern den etwas verklemmten Typen, der mehr in der Vergangenheit lebt, als an die Zukunft zu denken. Man findet nicht viel Kontakt, obwohl man stets hilfsbereit ist. Hier wird viel zerredet, wobei der Verstand im Abseits steht.

Mond und Venus lassen auf einer Welle von Gefühlen schwimmen, die sich mehrere Kanäle suchen. Das heißt: Man ist nicht unbedingt treu. Und das führt zu Schwierigkeiten in der Familie und kostet Geld, das dann mehr als knapp wird. Auch im Beruf setzt man sich nur schwer durch.

Mond und Mars zeichnen einen schwierigen Menschen, der sich gern von den anderen absondert. Man strebt nach Unabhängigkeit, geht dann aber zu forsch vor. Übrigens steht diese Quadratur für Meinungsverschiedenheiten im engsten Familienkreis und für Krankheiten.

Mond und Jupiter lassen in dieser Quadratur Eltern ihre Kinder verziehen, die sich dann wundern, wieso das Kind nicht widerstandsfähig gegenüber der Umwelt ist. Probleme mit sich selbst wirken sich hemmend auf eine Karriere aus.

Mond und Saturn schwächen die Energie oft entscheidend. Man rennt manchmal, ohne groß zu denken, einfach ins Unglück. Wenn nicht erreicht wird, was man eigentlich wollte, kann man sehr mißmutig sein. Minderwertigkeitskomplexe hemmen die Einstellung zum anderen Geschlecht.

Depressionen sind nicht selten bei Mond und Saturn

Mond und Uranus stören durch Querschläge nachhaltig eine reiche Begabung. Ohne Grund tanzt man aus der Reihe. Man sucht in ewigem Wechsel das Neue. Unter dieser Quadratur können Ehen durch Einwirkung von außen unglücklich enden.

Mond und Neptun lassen Phantasie mit Phantasterei verwechseln. Da ist man himmelhochjauchzend und kurz darauf schon zu Tode betrübt. Man wird von allerlei Leuten und Gefühlen vereinnahmt und dadurch leicht hörig. Bruder Luftikus hat diese Quadratur im Horoskop.

Mond und Pluto strahlen Emotionen aus, die unsicher machen. Man will vieles erzwingen und erreicht dann wenig. Hier ist auch Ärger im engsten Familienkreis angezeigt.
Mond und Aszendent setzen Gefühle frei, die das Individuum manchmal in Tränen zerfließen lassen. Da ist nicht viel Halt, aber sehr viel Handlungsunfähigkeit im Spiel.
Mond und Medium Coeli werfen jede Menge Probleme auf, die eine recht niedrige Berufskurve zeichnen und auch im privaten Bereich nicht sehr nützlich sind. Das eigene Ich ist gehemmt und wirkt unsicher.

Quadrate mit dem Merkur

Mancher mit dieser Quadratur im Horoskop hat schwache Nerven

Merkur und Mars wirken irritierend. Da ist einmal ein recht überzeugender Verstand, zum anderen viel Kraft, um sich durchzusetzen. Und dann wird bei solcher Quadratur beides verspielt durch voreilige Entschlüsse und durch manchen Streit um des Kaisers Bart. Man zeigt der Umwelt immer seine schlechten Seiten und verfälscht oft die guten.
Merkur und Jupiter bringen es mit sich, daß schöne Eigenschaften und gute Ideen nicht zum Einsatz kommen. Diese Quadratur findet sich häufig bei hervorragenden Rednern, die leider zu oft am Wesentlichen vorbeireden. Der Aspekt warnt vor allzu schnellen Vertragsabschlüssen.
Merkur und Saturn verhindern in dieser Quadratur ein schnelles Vorwärtsdrängen. Man fühlt sich beengt, kann sich und seine Ideen nicht ausreichend artikulieren. Das führt dann zu Pessimismus, der auch das Familienleben erschwert.
Merkur und Uranus haben eine übergroße Nervosität im Gefolge. Geistige Anlagen werden nicht genutzt oder zu vorschnell eingesetzt. Man hat eine vorgefaßte Meinung, die kaum Freunde macht.

Hier neigen Menschen oft dazu, voreilige Schlüsse zu ziehen

Merkur und Neptun zeichnen einen Menschen, der in Träumen Halt sucht, der an alles glaubt, was man ihm erzählt. Man neigt zu subjektivem Denken und ist selbst gegenüber Menschen, die man liebt, nicht bereit, Farbe zu bekennen.
Merkur und Pluto steuern berechnendes Denken und eine absolute Wahrheitsliebe bei, die leider verletzend wirkt. Kraft und Verstand werden manchmal für zerstörerische Zwecke mißbraucht.

Merkur und Aszendent führen in dieser Quadratur zu einer unklaren Haltung gegenüber seinen Mitmenschen. Man legt sich einfach nicht fest, wirkt unsicher. Das läßt auch auf Schwierigkeiten schließen, den richtigen Partner zu finden.
Merkur und Medium Coeli bringen viel Schwierigkeiten im Berufsleben. Man kann sich nicht so geben, wie man es eigentlich will. Deshalb ist der Erfolg zweifelhaft. Dies gilt auch für die Beziehungen zum anderen Geschlecht.

Quadrate mit der Venus

Venus und Mars spielen sich gewissermaßen gegeneinander aus, bilden zwei Seelen: Die eine übt sich in willensbetonter Tatkraft, die andere in hochherrschaftlichen Emotionen.

Man liebt die groben Umgangsformen und verstrickt sich in Leidenschaften, die Leiden schaffen.
Venus und Jupiter fördern eitle Wesen, die nur sich selbst lieben, auch wenn sie einem anderen Liebe schwören. Gefühle werden nur vorgetäuscht. Freude an übermäßigem Genuß schadet der Gesundheit. Man ist unzuverlässig, auch im Beruf.
Venus und Saturn schüchtern in dieser Quadratur ihre Schützlinge ein. Man hängt schwermütigen Gedanken nach und wirkt gehemmt. Man wünscht sich einen jüngeren Partner und ist schnell enttäuscht. Dieser Aspekt läßt finanzielle Schwierigkeiten erahnen, die zum Bankrott führen könnten.
Venus und Uranus zeugen von labilen Typen, die sich oft selbst nicht leiden können. Und das merkt man in der Öffentlichkeit. Vernunft ist kaum im Spiel, wenn es ums Gefühl geht. Man ist wenig treu.

Diese Quadratur zählt zu den Scheidungsaspekten

Venus und Neptun bewirken schwache Nerven. Man läßt sich zu leicht von Gefühlen treiben und hat dann Probleme im Intimbereich. Das Geld wird nicht zusammengehalten und im Beruf fehlt es an Disziplin.
Venus und Pluto stellen das Glück in der Liebe in Frage, weil es betont auf sexuellem Gebiet gesucht wird. Eine Verbindung unter dieser Quadratur ist zumindest gefährdet.
Venus und Aszendent zeichnen die Schwierigkeit auf, sich selbst zur Geltung bringen zu können. Man setzt sich in der Gesellschaft nicht durch. Im Zusammenleben mit dem Partner kann es wegen Kleinigkeiten zu Streit kommen.

Venus und Medium Coeli stehen konträr zueinander. Das läßt Kontrastellungen im Beruf erahnen. Durch zu große Emotionalität kann man sich dann vieles verscherzen. Auch im privaten Bereich stehen die Gefühle im Widerstreit.

Quadrate mit dem Mars

Selbst gegen den Menschen, den man liebt, lehnt man sich auf

Mars und Jupiter führen zur Auflehnung gegen jeden Zwang. In dieser Quadratur drückt sich das in starker Erregbarkeit und heftigem Widerspruch aus. Man schießt oft weit über das Ziel hinaus. Die Nerven werden nicht geschont und Launen hochgespielt, die andere zurückschrecken lassen.

Mars und Saturn bewirken, daß Widerspruch schlecht vertragen wird. Man ist gewalttätig, wenn auf die sanfte Tour das Ziel nicht erreicht wird. Man wagt zuviel, was leicht zu Unfällen führen kann. Und man ist zu egoistisch, weshalb es der Partner besonders schwer hat.

Mars und Uranus zeigen einen eigensinnigen Typ, der sich gern mit jedem anlegen möchte und deshalb im Beruf nur wenige Gönner findet. Man will alles aus eigener Kraft erreichen. Der Wille kann Berge versetzen, was aber ernste Gefahren für die Gesundheit nach sich ziehen kann. Eine gewisse Kälte ist in den zwischenmenschlichen Beziehungen festzustellen.

Ihre Skrupellosigkeit macht Menschen dieser Konstellation nicht gerade beliebt

Mars und Neptun treiben seltsames Wunschdenken aus dem Unbewußten an die Oberfläche. Das kann zu sexuellen Handlungen, die vom Gewohnten abweichen, oder zu nervösen Verkrampfungen führen. Im Beruf werden Mittel angewendet, die nicht immer ehrenhaft erscheinen.

Mars und Pluto lassen aufs Ganze gehen. Das bringt übergroße Gefahren, auch für Leib und Leben, mit sich. Man ist zu mutiger Tat bereit, ohne Rücksicht auf eigene Verluste.

Mars und Aszendent schüren die Angriffslust. Dadurch eckt man in der Gesellschaft und im intimen Bereich an. Man ist kaum wohlgelitten, auch wenn das Beste angestrebt wird.

Mars und Medium Coeli haben keinen guten Einfluß auf den Charakter. Man gräbt anderen gern eine Grube, wenn es dem eigenen beruflichen Fortkommen dient. Freunde hat man wenige. Und auch diese sind oftmals schockiert von der großen Streitlust. Gesetze werden mißachtet, weil man sich nicht unter Zwang setzen lassen will. Das öffnet die Tür für Probleme.

Quadrate mit dem Jupiter

Jupiter und Saturn verschaffen viele Enttäuschungen. Man arbeitet rastlos, wird aber nicht so recht anerkannt und bekommt wegen mangelnder Erfolgserlebnisse Depressionen. Man ist unpünktlich und wenig zuverlässig.

Jupiter und Uranus lassen sich gegen jede Art vermeintlicher Freiheitsbeschränkungen auflehnen. Man ist unbeständig immer wieder auf Neuerungen aus, hat aber kaum Phantasie, um sie selbst zu schaffen. Große Schwierigkeiten gibt es bei Kontakten mit älteren Familienangehörigen.

Häufig sind hier Berufswechsel zu verzeichnen

Jupiter und Neptun verführen zu dem Bau barocker Luftschlösser, die sich dann als Baracken erweisen, durch die an allen Ecken der Wind pfeift. Man neigt zu Übertreibungen und hört sich gern reden, was nach Klatschsucht klingt. Gefahren für die Gesundheit liegen in übermäßiger Genußsucht.

Jupiter und Pluto wirken sich negativ auf die Einbeziehung ins normale Gesellschaftsleben aus. Man will im Beruf und auch im Privatbereich jeden beherrschen. Diese Quadratur zeigt auch Gefahren durch schwere Krankheiten an.

Jupiter und Asszendent lassen Verzettelungen der eigenen Persönlichkeit zu. Man ist im sozialen Umfeld nicht sehr beweglich und redet gern am eigentlichen Thema vorbei. Man ist manchmal ungeschickt im Beruf, weil man sich zuviel vornimmt. Und das färbt auch auf die intimen Beziehungen ab.

Jupiter und Medium Coeli versprechen mehr, als sie halten können. Der berufliche Erfolg wird erträumt, aber nicht erreicht. Man will mehr scheinen als man ist.

Quadrate mit dem Saturn

Saturn und Uranus machen sehr egoistisch. Heftige Gefühle und ebensolche Launen herrschen vor. Leicht legt man sich mit den besten Freunden an und zieht fast immer den kürzeren. Takt ist hier eine schwache Seite. Das schlägt sich auch in beruflichen und privaten Beziehungen negativ nieder.

Die Ungeduld dieser Egoisten kann sogar ernsthafte Gefahren heraufbeschwören

Saturn und Neptun bringen Skandale mit sich und lassen falsche Freunde zu. Hier wird Mißtrauen gesät und Haß geerntet. Keine gute Konstellation; sie kann sogar krank machen.

Saturn und Pluto veranlassen nichts Gutes. Da ist von zermürbenden Kämpfen ebenso die Rede wie von selbstverschul-

deten Krankheiten. Man verrennt sich in eine Sache und wird zum Spielball der Menschen, die das Böse wollen.
Saturn und Aszendent bewirken eine innere Kälte, die zu keiner Freundschaft befähigt. Man lebt zurückgezogen, weil man sich oft selbst nicht leiden kann. Die Arbeit wird verbissen verrichtet, für Kollegen ist kaum ein offenes Ohr vorhanden.
Saturn und Medium Coeli hemmen den Berufserfolg, obwohl hart und gewissenhaft gearbeitet wird. Das häusliche Glück ist eingeschränkt. Man läßt sich leicht unterdrücken.

Quadrate mit dem Uranus

Uranus und Neptun bedeuten strapazierte Nerven. Man ist unruhig und läßt sich leicht beeinflussen. In der Familie werden Spannungen hochstilisiert, so daß Trennungen möglich sind.

Uranus und Pluto führen zu einer geschwächten Psyche

Uranus und Pluto führen ebenfalls zu strapazierten Nerven. Man strengt sich im Beruf so sehr an, daß der Körper darunter leidet. Radikale Ansichten werden bis zum Exzeß verfochten.
Uranus und Aszendent lassen nach unbeschränkter Freiheit streben. Das stellt Ehen von vornherein in Frage. Man eckt auch in der Öffentlichkeit mit revolutionären Ideen leicht an.
Uranus und Medium Coeli erzeugen Haß auf jede Art von Routine. Man will das Neue und rebelliert gegen das Alte. Das sind auch die Eltern, von denen man sich bald loslösen will.

Quadrate mit dem Neptun

Neptun und Pluto lassen gegen die bestehende Gesellschaftsordnung revoltieren. Man opfert sich sogar auf für dieses Ziel. Möglicherweise wird man jedoch Opfer von Demagogen, die den Fanatismus auf ihre eigenen dunklen Ziele umpolen.
Neptun und Aszendent fördern subjektive Betrachtungsweisen. Man ist in eine Traumwelt versponnen, die sich in Haltlosigkeit und trüben Gedanken offenbart. Hier wird ein unzuverlässiger Typ geschildert, der es in Beruf und Privatleben sehr schwer hat, wenn nicht günstige Aspekte hinzukommen.
Neptun und Medium Coeli steuern das Lebensschiff auf charakterliche Untiefen zu. Man versucht durch unorthodoxe Verfahrensweisen im Beruf weiterzukommen, scheitert aber oft wegen großer Unzuverlässigkeit. In der Familie ist es ähnlich.

Das Trigon bringt das große Glück

Einer der spannungsärmsten Aspekte im Tierkreis ist das Trigon, eine Winkelverbindung am Himmelsgewölbe von 120 oder 240 Grad, die von Astrologen übereinstimmend als günstige Konstellation bezeichnet wird, die viel Glück verspricht. Man braucht sich nie zu überanstrengen, weil einem manches von selbst zufällt. Mehrere Trigone in einem Horoskop deuten auf mangelnde Durchsetzungskraft hin. Allerdings kommt es beim Trigon auch auf die Gestirne an, mit denen man es zu tun hat. Meistens aber löst es ungünstigere Konstellationen in einem Horoskop auf und bringt eher die Sonnenseite des Lebens zum Tragen. Es wirkt doppelt so stark wie die schon besprochenen Sextilaspekte.

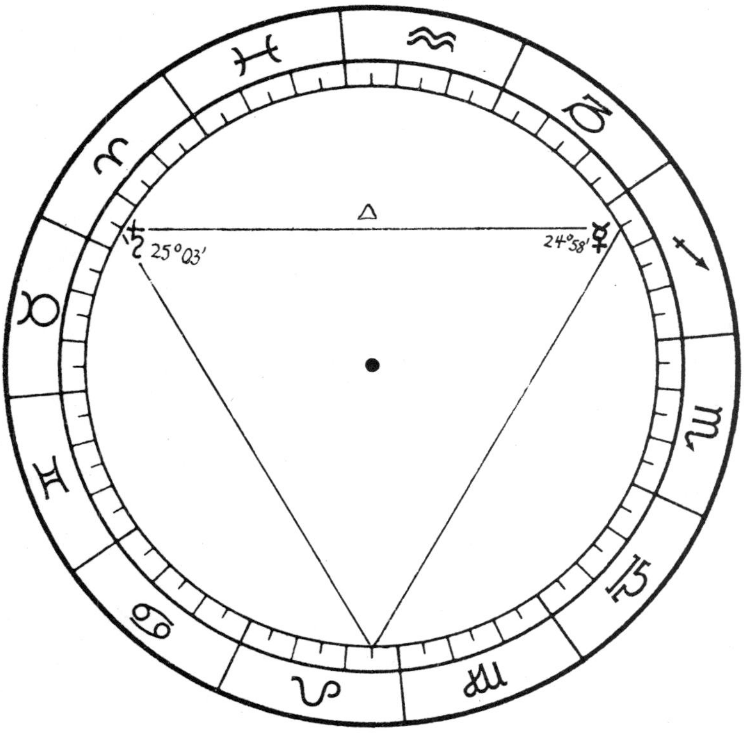

Merkur Trigon Saturn in den Tierkreiszeichen Schütze und Widder, die zu den Feuerzeichen gehören: In diesem Trigon ist Köpfchen gefragt. Der nüchterne Menschenverstand wird vor allem durch Saturn im Widder bewiesen. Aber es scheint auch eine Widerborstigkeit durch, die das Leben schwer machen kann. Der Merkur im Schützen läßt zwar freimütiger sein, kann jedoch den Saturn nicht hemmen, der für einsame Entschlüsse von fast diktatorischem Gehabe steht

Trigone mit der Sonne

Sonne und Mond zeigen die innere Harmonie ihres Schützlings auf, der zu starken Energieleistungen, aber auch zu hohen Gefühlen befähigt ist. Man ist widerstandsfähig gegen Krankheiten und läßt sich nie aus dem Gleichgewicht bringen. Trotz sicherer Karriere ist die Familie der Hort, wo man glücklich ist.

Sonne und Mars verbünden sich zu gesundem Ehrgeiz. Man strebt nach oben und erreicht oft in jungen Jahren schon Positionen, um die man beneidet wird. In der Natur und im Sport wird der Ausgleich für ein arbeitsreiches Leben gefunden.

Man plant die Zukunft und nimmt seine Chancen stets wahr

Sonne und Jupiter lassen vor Optimismus und Lebensfreude strotzen. Man schenkt und erhält Vertrauen und steigt die Karriereleiter leicht empor. Die innere Zufriedenheit strahlt auf die Partnerschaft aus. Manchmal steht das Glück zur Seite und bringt überraschenden Zugewinn.

Sonne und Saturn verhelfen dazu, daß Theorie in praktische Arbeit umgesetzt wird. Man kommt mit Ernst zur Sache und erreicht viel, weil man sich auf das Wesentliche konzentrieren kann. Dieser Aspekt deutet auch auf ein hohes Alter hin.

Hier sind Menschenfreunde am Werk

Sonne und Uranus schenken geistige Beweglichkeit und persönliche Ausstrahlung. Man ist für Neuerungen und Reformen und setzt diese auch gegen große Widerstände durch, weil bessere Argumente vorherrschen.

Sonne und Neptun lassen in die schwierigsten Probleme einführen. Oft äußert sich eine Begabung auf künstlerischem Gebiet. Manchmal aber sind hier auch Manager am Werk, die die Wirtschaft ankurbeln können. Man bringt viel Gefühl in die intimen Beziehungen mit.

Sonne und Pluto befähigen zu überragendem Konzentrationsvermögen, das manchmal übernatürliche Kräfte durchscheinen läßt. In vielen Berufen werden hohe Leistungen erbracht und schon bald läßt sich ein Chefstuhl anvisieren.

Berufliche Energie wird bei Sonne und Aszendent sinnvoll eingesetzt

Sonne und Aszendent führen zu einer Bejahung des blutvollen Lebens. Man ist ein zuverlässiger Partner und wird mit seinem Optimismus eine Ehe beleben. Man vertraut im Beruf auf seine geistigen Fähigkeiten.

Sonne und Medium Coeli haben einen positiven Einfluß auf das berufliche Streben. In welchem Bereich man auch tätig ist, ob in der freien Wirtschaft, in öffentlichen Ämtern oder in der Politik – man wird zur Spitze drängen.

Trigone mit dem Mond

Mond und Merkur verleihen einen scharfen Verstand und ein phänomenales Gedächtnis. Die Vernunft wird durch untrügliche Gefühle gestützt. Man schätzt das Zusammenleben mit anderen Menschen und hat viel Glück im Arbeitsbereich. Obwohl kein Kostverächter, liebt man gesunde Naturkost.

Mond und Venus sorgen für die sogenannten weiblichen Fähigkeiten. Man ist sehr sozial eingestellt. Ein kleiner Kreis von netten Freunden wird mehr geschätzt als laute Gesellschaften. Man ist zu inniger Zuwendung an den Partner fähig.

Mond und Mars bewirken die Kraft, die aus dem Unbewußten kommt. Man hat ein Herz für andere, ist großzügig, familiär und gefühlsbetont. Mit großer Tatkraft wird der vorgegebene Weg gegangen, zumal man bis ins hohe Alter gesund bleibt.

Mond und Jupiter begründen die herzliche Art, mit der jeder, der dieses Trigon in seinem Horoskop hat, seinem Mitmenschen gegenübertritt. Man fühlt sich in der Familie glücklich und bleibt nie lange arm.

Glück, Gewinne oder beruflicher Erfolg mehren das Konto

Mond und Saturn verleihen Widerstandskraft, auch wenn es noch so arg kommen mag. Man hat viel Talent für Geschäfte, die Geld bringen, das meist wieder nutzbringend angelegt wird. In der Familie sorgt man bei aller Herzlichkeit für Zucht und Ordnung.

Mond und Uranus unterstützen das Neue. Man arbeitet sehr kreativ und ist erfinderisch. Pläne, einmal gefaßt, werden mit letzter Energie durchgesetzt. Und das bringt dann auch immer etwas ein. Oft sind hellseherische Fähigkeiten zu beobachten.

Mond und Neptun sorgen für Ideenreichtum und viel Phantasie. Auch hier zeigen sich manchmal hellseherische Fähigkeiten. Man kann manchen Traum Wirklichkeit werden lassen.

Mond und Pluto verstärken das Gefühl. Trotzdem kennt man keine Hemmungen, seine geistigen und praktischen Anlagen zum Broterwerb einzusetzen. Man hat einen starken Willen.

Mond und Aszendent schildern einen sensiblen Menschen, der seine Gefühle meist in eine gute Partnerschaft einbringt. Trotzdem wird man es auch im Beruf zu etwas bringen.

Mond und Medium Coeli haben einen positiven Einfluß auf den beruflichen Bereich. Der Schützling erntet viel Sympathie im Betrieb und erreicht schnell eine Vertrauensstellung. Das läßt ihn auch die Familie absichern.

Trigone mit dem Merkur

Merkur und Mars machen den Erfolg leicht erreichbar. Man setzt sich durch mit viel Willenskraft und noch mehr Verstand. Das macht zum kraftvollen Politiker, zum erfindungsreichen Techniker und zum Beamten mit Herz. Ideale sind vorhanden, aber auch eine Menge Ehrgeiz.

Leistung und Persönlichkeit führen zum Wohlstand

Merkur und Jupiter fördern den logischen Verstand und die Toleranz gegenüber jedermann. In allen Berufen, die geistige Beweglichkeit und große Einfühlungsgabe verlangen, wird Überragendes geleistet. Man ist belesen und bildet sich gern weiter, liebt das gepflegte Heim und ist Optimist.

Merkur und Saturn lassen mit Köpfchen arbeiten und stets mit Ernst bei der Sache sein. Neben handwerklichem Geschick ist auch eine Ader für wissenschaftliche Berufe vorhanden, die den nüchternen Menschenverstand fordern. Weil man schwierige Sachen gut und verständlich erklären kann, eignet man sich auch für den Lehrberuf.

In neuen Medien ist man mit Merkur und Uranus erfolgreich

Merkur und Uranus unterstützen in diesem Trigon einen fortschrittlichen Geist, der sich in neue Materien mit Leichtigkeit einarbeitet. Als Menschenfreund tendiert man oft nicht zu einer festen Partnerschaft, weil man sich zu sehr gebunden fühlt und soziale Ideen kaum verwirklichen kann.

Merkur und Neptun begünstigen den sechsten Sinn, die Einfühlung in eine ferne Welt, aus der geheimnisvolle Signale auf uns zukommen. Die Phantasie beflügelt zu schöpferischem Geist. Autoren, aber auch Musiker und bildende Künstler könnten diesen Aspekt im Horoskop haben. Mit großer Einfühlsamkeit reagiert man im intimen Bereich. Der Erfolg ist eigentlich in allen Lebenslagen mit viel Geldzuwachs gesichert.

Merkur und Pluto bewirken die Konzentration auf Dinge, die oft erst noch erfunden werden müssen. Hier findet man Forscher, die Zukünftiges in die Gegenwart umsetzen können.

Merkur und Aszendent haben eine positive Wirkung auf Börsenspekulationen. Man hat einen Draht für finanzielle Transaktionen. Bei einem Ehepartner mit diesem Trigon geht der Gesprächsstoff auch nach der silbernen Hochzeit nicht aus.

Merkur und Medium Coeli künden berufliche Großerfolge an, bei denen die Kasse nur so klingeln wird. Man ist sehr wissensdurstig. Ein Harmoniegefühl, das eine glückliche Ehe und gute Freunde erwarten läßt, stellt sich ein.

Trigone mit der Venus

Venus und Mars verschaffen Glück in der Liebe, und zwar in allen möglichen Spielarten. Durch eine gute berufliche Position wird dieses Glück im kleinen meist in einem staatlich sanktionierten Verhältnis abgesichert. Man läßt sich auch noch Zeit für seine vielen Hobbys und ist mit sich und der Welt zufrieden.

Venus und Jupiter versprechen eine optimistische Lebensführung, oft in großem Stil. Künstlerische Interessen werden zuweilen in einem entsprechenden Beruf in klingende Münze umgesetzt. Durch eine soziale Komponente im Charakter sind auch medizinische Berufe günstig. Die überschäumende Lebensfreude geht hier und da, je älter man wird, in reine Genußfreude über, die dann möglicherweise Probleme bringt.

Venus und Saturn verleihen Begabungen auf Gebieten, die mit Form und Raum zu tun haben. Man hat eine gute Beziehung zum Geld und so viel Sachverstand, daß man besondere Glücksmomente im Leben eigentlich nicht braucht. Man strebt eine Ehe an, die auf verläßlicher Partnerschaft beruht.

Venus und Uranus lassen auf Glücksgewinne hoffen, mit denen der Sinn nach einem fröhlichen Zusammenleben mit dem Partner untermauert werden kann. Man schafft es aber auch ohne das, weil man sich in schwierige technische Zusammenhänge leicht einfinden und auch geschäftstüchtig sein kann.

Sie machen fast alles möglich: Venus und Neptun

Venus und Neptun können sogar Genies aus dem Nichts zaubern. Aber deren Genialität wird sich meist in ungewöhnlichen Fächern austoben. Man hegt romantische Gefühle und findet oft die Frau (oder den Mann) seiner Träume.

Venus und Pluto verleihen viel Gefühl. Man hat bei diesem Trigon eine starke Triebkraft, ist aber trotzdem zu einer einzigen Partnerschaft fähig. Man ist sehr realitätsbezogen und kommt darum in praktischen Berufen eher zum Erfolg.

Venus und Aszendent verleihen Anmut und Charme. Man weiß sich zu benehmen, und das bringt im beruflichen wie auch im privaten Bereich Vorteile. Es wird einem wahrscheinlich nie schlecht gehen, da teilweise mit sehr raffinierten Mitteln gearbeitet wird. Man ist beliebt und rundum zufrieden.

Venus und Medium Coeli bringen auf eine kaum alltägliche Weise Berufserfolge. Weil man so nett und zuvorkommend ist, bleibt eine Förderung nicht aus. Trotz beruflicher Anstrengungen wird ein Heim für eine glückliche Familie geschaffen.

Trigone mit dem Mars

Mars und Jupiter geben die notwendigen Kräfte, jedes angestrebte Ziel zu erreichen. Man ist mit viel Begeisterung bei der Sache und hat auch ein Herz für seine Mitmenschen, denen mit Rat und Tat geholfen wird, wenn man erst mal oben ist.

Mars und Saturn lassen zwar bedachtsam vorgehen, aber jeden Gipfel erstürmen. Man kann rechnen und kommt daher zu Geld. Man kann sich in Wort und Schrift gut verständlich machen und wird es in entsprechenden Berufen zu etwas bringen. Man will auf jeden Fall Verantwortung tragen, vergißt darüber aber vielleicht, daß es außer dem Beruf auch noch andere erstrebenswerte Dinge auf dieser Welt gibt.

Politiker mit kühlem Verstand sind in dieser Konstellation zu finden

Mars und Uranus bewirken die freimütige Äußerung von Gefühlen. Man ist absolut wahrheitsliebend und sagt jedem, der es wissen will, seine ehrliche Meinung. Ehrgeiz ist genug vorhanden, um mit guter Arbeit viel Geld zu verdienen, das man dann vielleicht auf abenteuerlichen Reisen wieder ausgibt.

Mars und Neptun verleihen einen empfindsamen Draht für alles, was aus dem Unbewußten ins Bewußtsein gelangt. Man ahnt mit fast hellseherischer Kraft zukünftige Ereignisse voraus. Man hat eine gute Menschenkenntnis und wird sich kaum an einen Partner binden, der es nicht ehrlich meint.

Hier kann man sich gut auf Kommendes einstellen

Mars und Pluto geben Kraft für den unermüdlichen Kampf um Gerechtigkeit. Alle Willenskraft wird eingesetzt, um hohe Ziele zu erreichen. Die Gesundheit ist sehr stabil.

Mars und Asszendent mischen zu körperlichen Kräften auch geistige Energie. Man setzt sich für Sachen ein, die schon verloren schienen, und reißt sie aus dem Feuer.

Mars und Medium Coeli verhelfen zu einer steilen Karriere, die durch nichts gehemmt wird. Man ist ein Ausbund an Tüchtigkeit und kann mit hohem Arbeitseinsatz alles erreichen. Man schafft der Familie ein Heim, hat aber nicht viel Zeit.

Trigone mit dem Jupiter

Schützlinge von Jupiter und Saturn machen Karriere

Jupiter und Saturn sorgen dafür, daß ihre Schützlinge leitende Stellungen bekommen, sogar in höchste Staatsämter aufsteigen. Man will Verantwortung tragen und ist redlich bemüht, ihr gerecht zu werden. Mit viel Ernst ist man bei der Sache, urteilt scharf, bleibt aber immer fair.

Jupiter und Uranus verhelfen zu Wohlstand, wenn es nicht anders geht, auch über ein Erbe oder einen Lottogewinn. Dabei ist ihr Schützling durchaus fähig, selbst viel zu verdienen; denn eigentlich ist er ja zum Chef geboren. Manchmal sucht er Abenteuer, weil er die Freiheit liebt.

Jupiter und Neptun sorgen dafür, daß man in allen Lebenslagen großzügig und hilfsbereit ist. Mancher hat bei diesem Trigon eine Neigung zur Schauspielkunst, ein anderer steht lieber vor einer Klasse und paukt Vokabeln. Auch in den Heilberufen gibt es viele, die dieses Trigon im Horoskop stehen haben.

Jupiter und Pluto verschaffen große Konzentrationskraft und die Gabe, in sich hineinzuhorchen und daraus Schlüsse fürs Leben zu ziehen.

Jupiter und Aszendent verleihen Begeisterungsfähigkeit und einen schier grenzenlosen Optimismus. Man bekommt bei diesem Trigon wahrscheinlich eine gut bezahlte Vertrauensstellung. Auch ein Gewinn durch einen besonderen Glücksumstand ist nicht ausgeschlossen. Man ist ein guter Freund und wird sich in der Ehe bewähren.

Jupiter und Medium Coeli schenken ihrem Schützling in jedem Beruf Erfolg und ein gutes Salär, das ihn unabhängig macht.

Trigone mit dem Saturn

Saturn und Uranus künden von Schöpferkraft und Einfallsreichtum. Man ist wissenschaftlich interessiert und für alles Neue oder auch Geheimnisvolle aufgeschlossen. Die Zusammenarbeit mit tüchtigen Leuten wird als Lebensziel gesehen.

In der Konstellation von Saturn und Neptun werden die Geheimnisse unserer Zeit entschlüsselt

Saturn und Neptun verleihen die Fähigkeit, Geheimnisse aufzudecken. Hier löst man die Rätsel unserer Zeit. Man besitzt Ausdauer und kann sich auf das Wesentliche konzentrieren.

Saturn und Pluto lassen schicksalhafte Ereignisse erwarten. Dank eines großen Weitblicks und durch eine starke Willenskraft wird jedes gesteckte Ziel erreicht.

Saturn und Aszendent bewirken bei ihren Schützlingen eine konservative Haltung. Man ist übervorsichtig und weiß warum: Das Leben stellt Fallen auf, in die man nicht gerne tappt. So kommt man langsam, aber stetig ans Ziel seiner Wünsche, auch wenn Eheglück manchmal versagt bleibt.

Saturn und Medium Coeli wirken stabilisierend auf ehrgeizige Leute und verschaffen ihnen Ruhm und Ansehen. Sie setzen aber davor den Schweiß. Man muß schon hart arbeiten und Einsatz zeigen. Wer so schafft, verdient Vertrauen und wird von Mal zu Mal immer wieder eine Etage höher steigen.

Trigone mit dem Uranus

Uranus und Neptun geben ihren Schützlingen hellseherische Kräfte. Hier werden mediale Fähigkeiten zum täglichen Broterwerb eingesetzt. Man weiß mehr als die anderen und versucht Zukünftiges zu beeinflussen.

Uranus und Pluto begünstigen Reformbestrebungen. Man versucht, Neuerungen durchzusetzen und den Fortschritt zu bewirken. Revolutionäre Ideen sind vorhanden.

Willensstärke paart sich mit Einfühlungsvermögen bei Uranus und Aszendent

Uranus und Asszendent geben zur Willensstärke eine ganze Portion Einfühlsamkeit. Man wird auf seinem Weg nach oben jede Menge Unterstützung von Kollegen und Gönnern erhalten und die schwersten Aufgaben mit Leichtigkeit lösen.

Uranus und Medium Coeli sichern den beruflichen Erfolg. Dieses Trigon haben viele berühmte Leute in ihrem Horoskop. Man kann sich in schwierigste Zusammenhänge eindenken.

Trigone mit dem Neptun

Neptun und Pluto verleihen die Gabe des theoretischen Denkens. Man wird also in allen Berufen, wo dieses gefragt ist, gut vorankommen.

Neptun und Asszendent geben die Ausdauer, auch verborgene oder geheimnisvolle Dinge zu enträtseln. Man erfaßt leicht und kann beinahe hellseherisch in die Zukunft schauen. Man hat Ausstrahlung und ist überall sehr beliebt. In der Ehe wird man sein Glück machen.

Neptun und Medium Coeli sorgen dafür, daß man die Kraft hat, alle Probleme zu lösen. Man findet viel Anerkennung im öffentlichen Leben und in der Familie Glück.

Die Opposition erzeugt immer Spannungen

Ein spannungsreicher Aspekt im Horoskop ist die Opposition. Wie der Name sagt, steht sie in Gegnerschaft zu Aussagen anderer Aspekte. Hier wird Spannung erzeugt, was aber nicht unbedingt negativ zu sehen ist. Da ist viel von Kämpfen gegen sich selbst, gegen die eigene Natur, die Rede. Man spannt alle seine Kräfte an, steht in Opposition zu normalen Verhältnissen. Das ist es wohl, was bei diesem 180-Grad-Aspekt angedeutet werden soll.

Möglicherweise wird eine Charakterschwäche oder ein Krisenzustand aufgezeigt, und es gilt, dagegen anzukämpfen. Es ist auch ein Hinweis darauf, daß man vielleicht durch besonders gute Aspekte in anderen Teilen des Horoskops übermütig, eitel

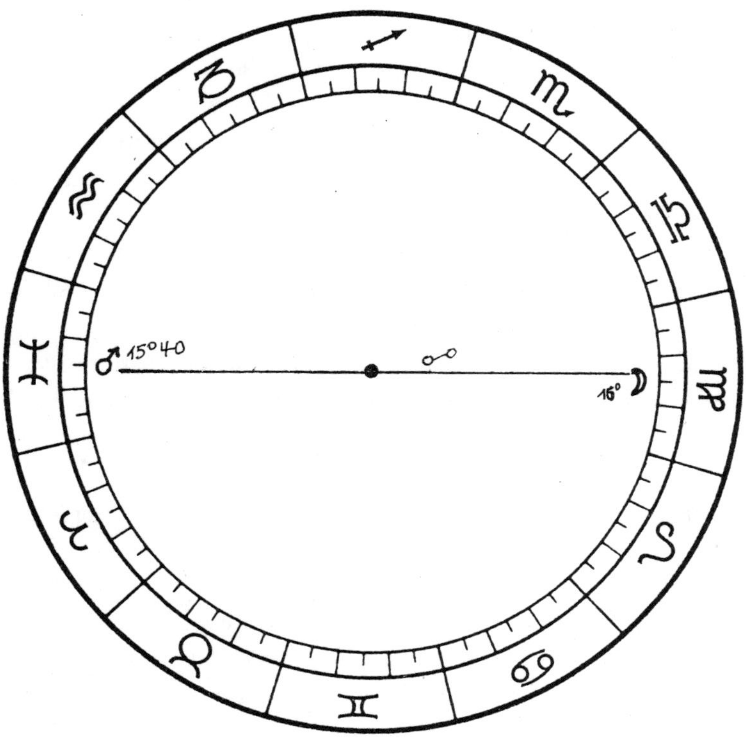

Mond Opposition Mars in den Zeichen Jungfrau und Fische: Bei solcher Oppositionsstellung wird viel gestritten und (wegen Jungfrau und Fischen) auch viel gelitten. Mond in der Jungfrau führt zu Minderwertigkeitskomplexen, die auch nicht durch Mars in den Fischen verkleinert werden können. Denn die Willensstärke wird durch Gefühle geschwächt. Der »Streitaspekt« Mond Opposition Mars kann jedenfalls nicht ausgebügelt werden, zumal er in weiblichen Tierkreiszeichen steht

und hochnäsig werden könnte. So gesehen, ist die Opposition auch ein Aspekt, der Spannungen lösen kann. Er setzt Warnzeichen, damit man immer wieder zu sich selbst und seinen inneren Werten zurückfindet. Wer zwei oder mehr Oppositionen in seinem Horoskop stehen hat, muß deshalb kein Verbrecher sein. Er muß nur schwer kämpfen, um mögliche Untiefen seines Charakters und seiner ererbten Anlagen auszugleichen, damit seine Umwelt sich das richtige Bild von ihm machen kann.

Oppositionen zur Sonne

Auf Probleme im persönlichen Bereich deutet die Opposition von Sonne und Mond

Sonne und Mond deuten oft Spannungen im ganz persönlichen Bereich an, die durchaus krank machen können. Das sind manchmal Sorgen, wie man die Familie finanziell gut über die Runden bringen kann. Das sind möglicherweise Konflikte mit dem Partner, Mißverständnisse vielleicht nur, die aus dem Weg geräumt werden müssen. Oder Probleme mit den Kindern, den Eltern, den Geschwistern, zu denen man »in Opposition« steht.

Sonne und Mars bringen Streitpunkte zutage, die auf jeden Fall ausgefochten werden. Man ergreift die falsche Partei und beharrt starrköpfig auf seinem Standpunkt. Im privaten Bereich könnte dieser Aspekt grundlose Eifersucht vermuten lassen.

Sonne und Jupiter fördern die Neigung, daß man sich die falschen Bezugspersonen aussucht und dadurch wider besseres Wissen auf die falsche Bahn gerät. Oder man will andere von sich und seiner Meinung fanatisch überzeugen. Dieser Aspekt deutet ein wenig auf Großmannssucht hin.

Die Kontaktarmut steht hier auch der Partnersuche im Weg

Sonne und Saturn lassen eine gewisse Kälte vermuten, mit der man seinen Mitmenschen gegenübertritt. Man hat wohl auch nicht genug Selbstvertrauen, um ein Problem eigenständig zu lösen. Man ist nicht besonders kontaktfähig.

Sonne und Uranus bewirken Streitlust. Man geht gern mit dem Kopf durch die Wand, wobei man sich Beulen holt. Der eigene Standpunkt wird oft wider alle Vernunft vertreten. Man diskutiert hitzig und setzt sich dabei leicht ins Unrecht.

Sonne und Neptun deuten auf Vorurteile hin. Man ist gegen jeden noch so netten Menschen eingenommen, schwimmt in Gefühlen, kann sie aber nie richtig anbringen. Manchmal wird man sogar Opfer seiner eigenen schlechten Gedanken.

Sonne und Pluto bewirken, wenn sie in Opposition zueinander stehen, daß man alles erzwingen will. Man ist scharf in seinen Äußerungen, um die Umwelt zu schockieren, um seinen Partner unter Druck zu setzen.

Oppositionen zum Mond

Mond und Merkur führen dazu, daß man sich selbst und anderen auf die Nerven geht. Man versucht, seine Gefühle anderen aufzuzwingen. Man neigt zu Verschwendungssucht, wodurch oftmals der Haussegen schief hängt.
Mond und Venus machen mißtrauisch, selbst gegen den liebenden Partner, den man beargwöhnt und kritisiert, wo es nur geht. Es können aber auch äußere Einflüsse sein, die einen bedrücken: Jemand will sich in die Partnerschaft einmischen.
Mond und Mars sind in einem »Streit«-Aspekt verbunden, der kleinste Anlässe zu Haupt- und Staatsaktionen aufbauschen läßt. Meist ist es der Krach in der häuslichen Sphäre: Streit wegen der Kinder, des zu geringen Haushaltsgeldes oder der angeblichen Verschwendungssucht des Partners.

Steht Mars in Opposition zum Mond, ist immer wieder die Finanzlage unklar

Mond und Jupiter bringen Mißtrauen ins Spiel. Man glaubt, daß man immer wieder von den Mitmenschen getäuscht wird. Im Familienkreis meckert man gerne. Dabei hat man mit sich selbst genug zu tun. Man neigt zu übermäßigem Genuß.
Mond und Saturn lassen oft den richtigen Halt vermissen. Man klammert sich an Traditionen, statt Neues zu erstreben. Man gibt sich in Gesellschaften steif und gelangweilt und schützt andere Pflichten vor, wenn man mal von gutmeinenden Zeitgenossen »gestellt« wird. Man hat auch im Beruf Probleme.
Mond und Uranus bewirken Launen, die jede Stimmung vermiesen können. Man ist leicht begeistert, doch diese Begeisterung hält nie lange an. Das kann in den zwischenmenschlichen Beziehungen Ärger geben: Man zeigt sich zu flatterhaft.
Mond und Neptun haben eine gewisse Labilität zur Folge. Hier ist es durchaus möglich, daß man einer Sucht verfällt. Man führt manche inneren Kämpfe, weil man im Widerstreit zum eigenen Unbewußten steht.
Mond und Pluto bringen Aggressivität und Launen mit sich, die zu Konflikten mit der Familie führen können, der man seinen Willen aufzwingen will. Es gibt auch Krach ums Geld.

Oppositionen zum Merkur

Merkur und Mars führen ebenfalls zu Geldstreitigkeiten. Mit scharfen Verstandeswaffen kämpft man gegen alles, das sich einem vermeintlich in den Weg stellt. Man kritisiert die kleinste Unebenheit im Charakter des Partners und mißachtet dann sogar dessen tiefe Gefühle.

Großzügiges Übersehen der eigenen Fehler läßt sich hier konstatieren

Merkur und Jupiter lassen zwar oft das Beste wollen, was sich dann aber häufig ins Gegenteil verkehrt. Man macht Versprechungen, obwohl man genau weiß, daß man diese nicht einhalten kann. Man fühlt sich über jeden erhaben und sieht die eigenen großen Fehler nicht.

Merkur und Saturn bilden eine Opposition, die zu einer ständigen Abwehrhaltung sogar gegenüber dem Nächsten führt. Überall vermutet man Intrigen. Das Mißtrauen sitzt oft so tief, daß es sich gegen einen selbst kehrt. Und dann versucht man, den Kummer zu ertränken ...

Der eigene Starrsinn kostet Nerven und Freunde

Merkur und Uranus müssen schon durch andere Aspekte neutralisiert werden, damit der Eindruck verwischt wird, man sei ein »sturer Hund«. Jedenfalls löst diese Opposition einen durch nichts zu überzeugenden Starrsinn aus.

Merkur und Neptun verleihen Scharfsinnigkeit. Man wird jeden Gegner gleich durchschauen und ihn mattsetzen können. Oft errät man auch die geheimsten Gedanken eines Partners. Das gibt Mißstimmungen, weil man möglicherweise vergißt, sich auszusprechen.

Neugierde, wie sie Merkur und Pluto fördert, hat oft unerfreuliche Folgen

Merkur und Pluto fördern die Neugierde im beruflichen, aber auch im ganz privaten Bereich. Im Arbeitsbereich mag das vielleicht angehen, weil man manches dabei herausfinden wird, was das eigene Wissen erweitert. Privat kann das jedoch zu Mißtrauen führen.

Oppositionen zur Venus

Venus und Mars wirken sich mit ihrer Oppositionsstellung in den zwischenmenschlichen Beziehungen negativ aus. Man ist zu empfindlich, fordert vom Partner die ausgefallensten Sexpraktiken oder läßt als der passive Teil alles über sich ergehen. Man bekommt häufig Streit wegen des Geldes und bauscht im Beruf manches auf, was man lieber unter den Teppich kehren sollte. Diese Opposition ist ein Trennungsaspekt.

Venus und Jupiter zeugen von jenen Menschen, die wegen ihrer übergroßen und doch nicht ernstgemeinten Freundlichkeit jedem auf den Wecker gehen können. Man ist eitel und genußsüchtig, wenn man diese Opposition in seinem Horoskop hat, kämpft aber mit Macht dagegen an. Dann ist man Diätfanatiker und verordnet sich immer wieder Schlankheitskuren. In einer Partnerschaft spielt man Liebe oft nur vor und denkt eigentlich an Befriedigung der eigenen Gelüste.

Venus und Saturn bringen in ihrer Oppositionsstellung nur Arbeit und Sorgen. In der Liebe hat man Kummer und fragt sich, ob der Partner es auch wirklich ernst meint. Im Beruf befürchtet man, daß man den dort gestellten Anforderungen nicht gerecht werden könnte. Und das liebe Geld kommt auch nicht so ein, wie man sich das wünscht. Hier braucht es starker anderer Aspekte, um das Rückgrat zu stärken.

Venus und Uranus lassen in den trüben Tümpeln widersprechender Gefühle waten. Man ist nicht unbedingt treu, schiebt aber immer anderen die Schuld zu, wenn's mal wieder schief geht. Man will frei sein in seinen Entscheidungen und legt sich darum oft mit denen an, die es gut mit einem meinen.

Venus und Neptun führen zu einem Wunschdenken, das sich in Launen und Stimmungen niederschlägt, die einem die anderen übelnehmen. Man schirmt sich und den jeweiligen Partner von der Öffentlichkeit ab und treibt's insgeheim möglicherweise mit einem anderen. Das Geld fließt einem durch die Finger. Es besteht die Gefahr, daß man einer Sucht verfällt.

Von Venus und Neptun verursachte Stimmungsschwankungen ärgern die Mitmenschen

Venus und Pluto sorgen für leidenschaftliche Gefühle. Man kann der Knecht sexueller Ausschweifungen werden.

Oppositionen zum Mars

Mars und Jupiter machen leicht zum Verschwender. Man ist ein großer Egoist, der die Gabe hat, viele Freundschaften zu schließen und sie dann für sich auszunutzen. Auch in dieser Opposition ist ein Widerstreit der Gefühle zu beobachten: Auf der einen Seite bringt man das Geld unter die Leute, um zu glänzen, auf der anderen ist man geizig und gönnt selbst seinem Nächsten nichts.

Mars und Saturn lassen Erziehungsschwächen im Elternhaus erkennen. Man gibt sich so, wie man dort behandelt

wurde. Bei harten Eltern wird man später seiner Umgebung um jeden Preis den eigenen Willen aufzwingen wollen. Wurde man verzogen, macht sich auch dies bemerkbar. Charakterlich scheint man nicht sehr gefestigt zu sein.
Mars und Uranus stehen für eine gewisse Unmäßigkeit. Man übertreibt bei der Arbeit, aber auch in der Liebe. Dadurch kann man dann beim Partner auf Abneigung stoßen. Das macht schlechte Laune und gibt Anlaß für manchen Streit, bei dem man mit Beleidigungen übelster Art kaum spart.

Steht Neptun in Opposition zum Mars, verletzt man leicht die Gefühle anderer

Mars und Neptun erzeugen unbewußte Aggressionen. Man will liebevoll sein und zerstört dann mit zu heftigem Draufgängertum die Stimmung. Dadurch können leicht die tiefsten Gefühle verletzt werden. Man strebt ein bißchen nach außen, und das kann im Berufsleben Verdruß bringen.
Mars und Pluto stehen für Begierde und Verstand. Man will mit Macht jeden unterdrücken, der eine andere Meinung hat. Es kann sogar vorkommen, daß jemand, der diese Opposition im Horoskop hat, mit äußerster Brutalität gegen vermeintliche persönliche Feinde vorgeht.

Oppositionen zum Jupiter

Jupiter und Saturn lassen die Lage oft zu ernst erscheinen. Meist hat man einige Schwierigkeiten, mit seiner Arbeit fertig zu werden, weil man sich immer mehr als nötig vornimmt. Man hat auch keine guten Beziehungen zu seiner Umwelt, was Freundschaften erschwert und intime Partnerschaften manchmal ausschließt. Die Pflicht geht hier vor, darüber wird das pulsierende Leben vergessen.

Unter Jupiter und Uranus ist man stets dem Neuen zugetan

Jupiter und Uranus machen abenteuerlustig. Man will immer wieder Neues erleben, wechselt dann oft den Beruf und den Partner. Erst wenn man sich den Wind hat richtig um die Nase wehen lassen, wird man seßhafter.
Jupiter und Neptun bewirken, daß man das Blaue vom Himmel verspricht – erfüllt wird kaum etwas. Man äußert ehrliche Gefühle und ist dann nicht bereit, dafür einzustehen. Auch im Beruf erscheint man ein wenig labil.
Jupiter und Pluto stehen für Geld und feste Werte, für Ruhm und Ehren. Aber es ist möglich, daß man durch übersteigerten Hochmut die schönsten Anlagen zerstört.

Oppositionen zum Saturn

Saturn und Uranus führen dazu, daß man für sich selbst beansprucht, was man einem anderen strikt verwehrt. Man arbeitet viel, um schnell weiterzukommen, will aber mit keinem die Früchte dieser Arbeit teilen. Das heißt: Man ist geizig auch im privaten Bereich.

Saturn und Neptun verstärken die Lebensangst. Man flüchtet sich aus der Verantwortung und täuscht Krankheiten vor, die dann eines Tages tatsächlich eintreffen. Man ist mißtrauisch gegen jedermann.

Saturn und Pluto könnten für manchen Unglück bedeuten, wenn er nicht noch widerstandsfähige Aspekte in seinem Horoskop stehen hat. Da ist immer wieder unterschwellig Angst vorhanden, ob man auch wirklich den Lebenskampf bestehen kann.

Eine unterschwellige Angst vor dem Leben macht sich hier bemerkbar

Oppositionen zum Uranus

Uranus und Neptun machen rastlos. Man entscheidet sich manchmal für eine den eigenen Grundsätzen konträr stehende Meinung oder Partei. Die Gefühle stehen immer ein wenig im Widerspruch.

Uranus und Pluto bewirken Fanatismus. Man hat seine Ideale, will sie aber um jeden Preis auch anderen Menschen aufzwingen. Man ist radikal in seinen Ansichten und verschafft sich damit unnötig Feinde, obwohl man eigentlich immer nur das Beste will.

Opposition zum Neptun

Neptun und Pluto lassen den Menschen zwischen Gefühl und Willen schwanken. Man kämpft manchmal für ideelle Ziele, die nie erreicht werden. Im intimen Bereich kann es zu Konflikten kommen, wenn der Partner ausgefallene Wünsche nicht erfüllen will oder kann.

Die astrologischen Symbole

Planetenzeichen				*Aspektzeichen*	
Sonne	☉	Jupiter	♃	Konjunktion	☌
Mond	☽	Saturn	♄	Sextil	⚹
Merkur	☿	Uranus	♅	Quadrat	□
Venus	♀	Neptun	♆	Trigon	△
Mars	♂	Pluto	♇	Opposition	☍

Die Sonne durchläuft das Tierkreiszeichen:

♈	Widder	vom 21. März bis 20. April
♉	Stier	vom 21. April bis 20. Mai
♊	Zwillinge	vom 21. Mai bis 21. Juni
♋	Krebs	vom 22. Juni bis 22. Juli
♌	Löwe	vom 23. Juli bis 23. August
♍	Jungfrau	vom 24. August bis 23. September
♎	Waage	vom 24. September bis 23. Oktober
♏	Skorpion	vom 24. Oktober bis 22. November
♐	Schütze	vom 23. November bis 21. Dezember
♑	Steinbock	vom 22. Dezember bis 20. Januar
♒	Wassermann	vom 21. Januar bis 19. Februar
♓	Fische	vom 20. Februar bis 20. März